심리구성체론의 동·서 비교:

새로운 심리학의 가능성 탐색 Ⅲ

–도덕심리학의 새 지평

조긍호(趙兢鎬)

1948년 경기도 양평에서 태어나, 서울대학교 문리과대학 심리학과와 같은 대학교 대학원을 나왔다. 전남대학교와 서강대학교 심리학과 교수를 거쳐, 현재 서강대학교 명예교수로 있다. "한국 사회 및 성격심리학회" 회장과 "한국심리학회" 회장을 역임하였으며, "대한민국 학술원상"(1999년), "서강학술상" (1999년), "한국심리학회 학술상" (2008년), "과학기술 우수논문상" (2010년), "한국심리학회 공로상" (2014년)을 수상하였다. 서구와 동아시아 사회의 문화차와 그 사상적 배경에 관심을 가지고 있으며, 특히 동아시아인의 특징적인 심리와 행동의 근원을 유학의 고전에서 찾아 그 심리학적 의미를 천착하는 작업에 몰두하고 있다. 저서로는 『불평등사상의 연구』(1992년, 공저, 서강대학교출판부), 『유학심리학: 맹자·순자 편』(1998년, 나남출판, 대한민국 학술원상 수상 저서), 『동양심리학: 서구심리학에 대한 대안 모색』(1999년, 공저, 지식산업사), 『한국인 이해의 개념틀』(2003년, 나남출판), 『이상적 인간형론의 동·서 비교: 새로운 심리학의 가능성 탐색 Ⅰ』(2006년, 지식산업사), 『동아시아 집단주의의 유학사상적 배경: 심리학적 접근』(2007년, 지식산업사), 『선진유학사상의 심리학적 함의』(2008년, 서강대학교출판부), 『사회관계론의 동·서 비교: 새로운 심리학의 가능성 탐색 Ⅱ』(2012년, 서강대학교출판부), 『사회계약론 연구: 홉스·로크·루소를 중심으로』(2012년, 공저, 서강대학교출판부), 『유학심리학의 체계 Ⅰ: 유학사상과 인간 심리의 기본구성체』(2017년, 서강대학교출판부) 등이 있으며, 논문으로는 「동아시아 집단주의와 유학사상: 그 관련성의 심리학적 탐색」(2007년, 한국심리학회지: 사회 및 성격, 21권 4호, 한국심리학회 학술상 수상 논문), 「문화성향과 분노통제: 분노수준과 공감의 매개효과를 중심으로」(2009년, 공저, 한국심리학회지: 사회 및 성격, 23권 1호, 과학기술 우수논문상 수상 논문) 등 80여 편이 있다.

서강학술총서
104

심리구성체론의 동·서 비교:

새로운 심리학의 가능성 탐색 III
-도덕심리학의 새 지평

조긍호 지음

서강대학교출판부

서강학술총서 104

심리구성체론의 동·서 비교:

새로운 심리학의 가능성 탐색 Ⅲ—도덕심리학의 새 지평

초판 1쇄 발행 | 2017년 12월 12일
2쇄 발행 | 2018년 8월 8일

지 은 이 | 조긍호
발 행 인 | 박종구
편 집 인 | 전종호
발 행 처 | 서강대학교출판부
등록 번호 | 제2002-000170호

주 소 | 서울특별시 마포구 백범로 35(신수동)
전 화 | (02) 705-8212
팩 스 | (02) 705-8612

ISBN 978-89-7273-340-9 94180
ISBN 978-89-7273-139-9(세트)

값 30,000원

* '서강학술총서'는 SK SUPEX 기금의 후원으로 제작됩니다.

책머리에

정년퇴임을 맞은 지도 벌써 다섯 학기가 훌쩍 지났다. 퇴임이란 남의 일만 같았는데 필자에게도 여지없이 닥치고야 말아, 세월의 흐름이 누구에게나 공평함을 실감하였다. 그러나 퇴임을 맞아 학교를 떠났다고 해서 섭섭하다거나 허전한 느낌은 들지 않았다. 다만 지금까지의 생애 중 거의 대부분을 어쨌든 학교 주변에서 어정거리며 살았는데, 학교를 떠나 살게 되니 좀 생소한 느낌이 들었을 뿐이다. 몸에 맞지 않는 옷을 입은 것 같이 어색하다는 느낌이었다.

요즈음 절감하는 것은 선인(先人)이 읊은 "소년은 쉬이 늙고 배움은 이루기 어렵나니"[少年易老學難成] 하는 가르침의 촌철살인(寸鐵殺人)하는 아픔이다. "그래, 벌써 이렇게 나이가 들었는데, 내 학문적인 수준은 너무나 보잘 것이 없구나!"라는 자괴감(自愧感)을 어찌할 수 없다. 젊은 시절 동안 이 구절에 이어지는 "단 한 순간이라도 가벼이 여기지 말지니라"[一寸光陰不可輕] 하는 경구를 앵무새처럼 입으로 읊조리기만 하고, 왜 실천에는 옮기지 못하였을까? 아, 야속한 세월이여!

이 책은 본래 4년 전(2013년)에 출간되었어야 했다. 그해 초봄의 문턱까지 이 책의 내용 중 제1부를 마치고, 마침 어머니의 상(喪)을 모신 터라 오래 전부터 계획했던 치산(治山) 작업 등이 겹쳐, 잠시 숨을 돌리자고 손을 놓았다가 그만 리듬을 놓쳐, 금쪽같은 4년을 허송하고 말았다. 애면글면 끌탕을 하다가 퇴임 후 2년 이상이 지나서야 겨우 다시 정신을 차려, 그럭저럭 이번 초가을이 되어서야 나머지를 마무리 지을 수 있었던 것이다. 늙으면서 게을러지는 것인지 아니면 본래 게을렀던 성품이 늙으면서 새록새록 되살아나는 것인지!

필자가 유학(儒學)사상에 담긴 심리학적 함의(含意)를 추출하고, 이를 통해 서구의 현대심리학과는 다른 새로운 심리학의 가능성을 탐색해 보려는 일을 필생의 소명(召命)으로 삼아 살아가고 있음은 필자를 오래 보아온 분들은 다 아실 것이다. 애초에 필자는 이를 정리하려면 열 한 권의 책이 필요하다고 보고, 정년퇴임할 때까지 아홉 책을 마치고 그 후에 두 책을 마저 채울 작정이었다. 그러나 퇴임 이전에 겨우 여섯 책을 마치고, 지난 늦봄에 마친 일곱째에 이어 이번 책이 여덟 권째일 뿐이니, 앞으로 쓸 책이 세 권이나 남아 있다. 최소한 서너 해 게으름을 피운 셈이다.

전에는 정년퇴임을 하면 시간이 충분하여, 저술 작업에만 몰두할 수 있을 것 같았다. 그러나 퇴임 이후 학교에서 주어지는 잡다한 일들에서 벗어났다고 해서 게으름이 줄어든 것 같지는 않으니, 그 동안의 게으름의 원천이 온전히 필자 자신의 천성(天性)에 놓여 있음이 분명하다. 이렇게 게으름의 소이(所以)가 모두 필자 자신에게서 비롯되고 있음을 깨닫게 되니, 앞으로도 계속 게으름을 피울 수밖에 없을 것이라는 걱정에 조바심은 더욱 깊어져 가고, 주름은 더욱 늘어만 간다. 게다가 그 동안 시간이 충분하였음에도 불구하고 요 모양이었는데, 세월이 얼마 남지 않은 앞으로는 화성(化性)의 기회가 더 이상 주어지기 힘들 것이어서 틀림없이 부끄러움이 더욱 늘어날 것만 같으니, 그 또한 부끄러울 따름이다. 부끄러움! 게으름과 함께 범부(凡夫)의 삶을 장식하는 또 다른 이름일진저!

이 책은 유학사상에 바탕을 둔 새로운 심리학의 가능성을 탐색해 보기 위해 필자가 구상하고 있는 "동·서 비교 시리즈"의 세 번째 저술이다. 필자는 유학사상의 대체를 인성론, 군자론, 도덕실천론, 수양론의 네 체계로 보고, 지난 30여 년의 세월 동안 각각으로부터 심리구성체론, 이상적 인간형론, 사회관계론, 자기발전론과 관련된 심리학적 함의를 천착하는 작업에 몰두해 왔다. 그리하여 유학사상으로부터 도출되는 이러한 심리학적 함의를 현대 서구심리학의 각 이론체계들과 비교하여 분석함으로써, 유학사상을 기반으로 하는 새로운 심리학의 가능성을 펼쳐 보이려 하였다. 2006년에 출간한 《이상적 인간형론의 동·서 비교》에서는 유학의 군자론과 서구의 성숙인격론에 담긴 이상적 인간형론의 차이를 통해 정신건강심리학과 관련하여 새로운 심리학의 가능성을 탐색해 보려 하였으며, 2012년에 출간한 《사회관계론의 동·서 비교》에서는 유학의 도덕실천론과 서구의 사회교환론에 담긴 사회관계론의 비교를 통해 사회심리학과 관련하여 새로운 심리학의 가능성을 모색해 보려 하였다. 이번 책은 유학의 인성론과 서구의 영혼론을 비롯한 심리요소론에 담긴 심리구성체론의 비교를 통해 도덕심리학의 새로운 지평을 탐구해 보고자 하는 것이다.

서구에서는 고대 그리스 시대부터 인간의 영혼 또는 심성을 이성·감성·욕구의 세 체계로 구분하여 개념화하는 지(知)·정(情)·의(意) 삼분체계론(三分體系論)을 기반으로 하여 이해하여 왔다. 서구인들은 이 세 체계 가운데 다른 동물과는 달리 인간만이 가지고 있는 고유한 특성은 이성에서 찾을 수 있다고 보고, 감성과 욕구 같은 동물적 측면은 인간을 진실로 인간답게 하는 요소인 이성의 지배를 통해서만 인간적 가치의 실현에 이를 수 있다는 이성우월주의(理性優越主義)의 관점을 지향해 왔다. 이러한 이성중심주의의 싹은 이미 플라톤에게서 발견할 수 있는 서구 철학의 전통이었으며, 특히 현대 서구 사회를 형성하고 있는 개인주의의 사상적 배경인 자유주의와 계몽주의는 모두 이성중심주의를 뼈대로 하여 성립하고 있는 이념체계인 것이다.

이와는 대조적으로, 고대로부터 오랫동안 동아시아 사회의 정신적 지주가 되어 왔던 유학사상에서는 인간의 본성을 덕성·지성·감성·욕구의 네 체계로 구성되는 것으로 보는 덕(德)·지·정·의 사분체계론(四分體系論)을 바탕으로 개념화하여 왔다. 동아시아인들은 이 네 체계 가운데 다른 동물과는 달리 인간만이 보유하고 있는 인간의 고유한 특성은 덕성이라고 보고, 따라서 기타 다른 특성은 덕성의 통제 하에서 덕성의 지배를 받아야 인간다운 삶을 이룰 수 있다는 덕성우월주의(德性優越主義)의 관점을 전개해 왔다. 그러므로 유학사상은 도덕성을 중심으로 하여 인간의 삶 그 자체와 삶의 과정에서 비롯되는 모든 문제들을 해결하려는 입장을 견지해 왔던 것이다.

이렇게 인간에게 본유적인 심리구성체를 지·정·의 삼분체계로 보느냐 아니면 덕·지·정·의 사분체계로 개념화하느냐 하는 서구와 동아시아의 차이는 심리학에서 다루어야 할 연구문제의 정립에 커다란 차이를 유발한다. 서구인들이 견지해 온 삼분체계론은 현대심리학의 연구에도 그대로 이어져, 인지(認知)와 정서(情緖) 그리고 동기(動機)의 문제가 심리학 연구의 중핵을 이루고 있었다. 전통적으로 현대심리학에서는 도덕성을 인지(피아제와 골버그 같은 인지발달론자들의 경우)나 정서 또는 욕구(프로이트의 경우)의 부속체계이거나 아니면 특수한 장면에서의 행동습관(행동주의자들의 경우)일 뿐이라고 보는 경향이 지배적이었다. 따라서 서구의 현대심리학 연구에서 도덕심리학은 인지심리학이나 정서심리학 또는 동기심리학의 하위 문제영역으로 간주될 뿐, 도덕성을 인지나 정서 및 동기와는 별개의 중핵적인 심리학의 연구문제로 추구하지 않는 전통이 강하였던 것이다.

그러나 동아시아 유학사상에서와 같이 인간의 본유적인 심리구성체를 덕·지·정·의 사분체계로 개념화하여 받아들이고, 이 네 구성체 사이의 관계를 덕성우월론의 관점에서 바라보게 되면, 도덕성은 심리학에서 탐구해야 할 가장 중핵적인 문제 영역으로 떠오르게 되며, 따라서 도덕심리학은 핵심적인 심리학의 연구 영역으로 부각될 수밖에 없을 것이다. 물론 서구에서도 최근에는 문화(文化)와 진화(進化) 과정 및 사회성(社會性)의 발달 과정에 대해 심리학자들이 관심을 기울이면서 도덕성이 새로운 심리학의 연구문제로 각광 받기 시작하고 있다. 이러한 서구의 최근 연구들에서는 인간의 도덕성이 인간 존재에게 본유적인 심성 내용이라는 사실과 도덕성이 인지나 정서 또는 동기라는 단일 구성체의 부속체계가 아니라 인간의 사회성에 기초한 다차원의 구성체라는 사실이 밝혀지고 있다. 이러한 연구들은 서구의 삼분체계론보다는 유학의 사분체계론으로부터 도출되는 관점에 더욱 정합적인 근거를 두고 있는 것으로 볼 수 있다. 이 책에서 필자가 제시하려고 한 논의의 요체는 바로 이러한 사실이었다.

이 책은 모두 3부로 구성되어 있다. 1부에서는 서구와 동아시아의 심리구성체론을 대비하여 보았다. 제1장에서는 서구의 삼분체계론과 이성우월주의의 관점을, 제2장에서는 유학사상의 사분체계론과 덕성우월주의의 관점을 집중적으로 고찰한 다음, 제3장에서는 이 두 관점을 비교하여 서구심리학에서는 도덕심리학이 논리적으로 부차적인 연구문제로서의 의미를 가지지만, 유학사상에서는 도덕심리학이 심리학에서 탐구해야 할 제1의 문제영역으로 부각된다는 사실을 확인하였다. 이러한 1부의 내용은 선행 졸저(《선진유학사상의 심리학적 함의》, 제2장, pp. 105-202)의 내용을 재정리하여 구성하였다.

2부에서는 서구의 현대심리학과 유학사상에서의 도덕성에 관한 대표적인 입장을 정리하였다. 우선 제4장에서는 전통적인 서구심리학에서의 대표적인 도덕성에 관한 연구를 형식주의자들(예: 칸트 등 합리론자들)의 이성중심적 철학이론의 영향을 받은 인지발달이론, 이와 대비되는 감성중심주의 이론(예: 흄 등 경험주의자들)의 영향을 받은 정신역동이론, 그리고 도덕성이라는 심성체계를 부정하고 단지 도덕행동만을 문제 삼는 결과주의자들(예: 벤담과 밀 등의 공리주의자들)의 영향을 받은 학습이론의 관점을 중심으로 살펴보았다. 이어서 제5장에서는 유학사상에서 전개되고 있는 공자, 맹자와 순자의 도덕성에 관한 이론체계를 도덕성의 본유성에 관한 관점과 도덕의 통합성에 관한 관점을 중심으로 고찰하였다. 그리고 제6장에서는 현대심리학과 유학사상의 도덕성에 관한 이론의 차이를 종합적으로 비교하여 보았다.

3부에서는 새로운 심리학의 핵심내용으로서의 도덕심리학에서 다루어야 할 내용에 대해서 고찰하였다. 제7장에서는 도덕성의 본유성의 문제에 대해 살펴보았으며, 제8장에서는 도덕성의 통합성의 문제에 대해 정리해 보았다. 이 두 장에서는 주로 2000년대에 들어서서 전개되고 있는 영장류심리학, 진화심리학, 영유아발달심리학, 사회 및 문화심리학의 연구에 토대를 두고 있는 도덕심리학의 연구 내용을 집중적으로 고찰하여, 이들 현대 서구 도덕심리학의 연구들이 서구의 삼분체계론보다는 유학의 사분체계론에서 도출되는 논리적 전개에 이론적 근거와 지향점을 두고 있다는 사실을 확인해 보려 하였다.

이 책도 여러 사람의 도움을 받아 이루어질 수 있었다. 그중에서 자료의 제공 등으로 실제적인 도움을 주신 몇몇 분들에게만 직접적인 감사를 표하고자 한다. 사회심리학자인 김혜숙 교수(아주대학교)는 2007년 봄 미국에서 연구년을 보내는 바쁜 와중에도 이곳에서 구하기 힘든 힐가드(E. R. Hilgard)의 논문을 우정 짬을 내어 찾아 보내주어, 필자가 서구의 삼분체계론의 역사적 전개과정에 대해 정리할 수 있도록 도와주었다. 진화심리학자인 전중환 교수(경희대학교)는 개인적인 의견 교환을 통해 진화심리학에서의 도덕성의 최신 연구경향에 대해 알게 해 주었으며, 특히 도덕심리학자인 하이트(J. Haidt)의 저술목록을 제공하여, 필자가 이 분야의 연구성과를 정리하는 데 도움을 주었다. 발달심리학자인 김근영 교수(서강대학교)는 유아의 사회적 참조 과정에 대한 연구성과와 관련문헌들을 제공하여 도덕성 발달에 관한 최신 연구경향을 접하게 해 줌으로써, 필자로 하여금 도덕성의 인간 본유성에 관한 확신을 더욱 다질 수 있도록 도와주었다. 조직심리학자인 장재윤 교수(서강대학교)는 영장류심리학자인 토마셀로(M. Tomasello)와 바이쉬(A. Vaish) 및 발달심리학자인 햄린(J. K. Hamlin)의 최신 논문을 제공하여, 도덕성의 본유성에 관한 진화심리학과 발달심리학 분야의 연구성과를 접할 수 있게 해 주었다.

한 사람이 공유하기 힘든 천재성과 포용성을 두루 갖추고 있어서 필자가 존경하는 선배인 안신호 교수(전 부산대학교)는 청평(淸平)과 용평(龍平)에서 열린 2014년과 2015년의 여름 두륜회(頭崙會) 모임에서 진화심리학의 논문들을 접할 때는 기능적 목적론이라는 환원주의의 오류에 빠지지 않도록 조심해야 한다는 사실을 새삼 일깨워 주어, 이 책의 뒷부분의 기술에 좀 더 신중을 기할 수 있도록 해주었다. 이외에도 필자의 대학원생인 이재호 군과 홍승범 군 및 남상희 양은 논문의 탐색과 복사 등의 잡다한 일과 공동독서를 통해 필자에게 많은 시간을 벌게 해 주었으며, 특히 이재호 군은 도덕성의 문제를 석사학위논문으로 작성하는 과정에서 필자에게 막연했던 초기의 생각이 구체적으로 정리될 수 있도록 도와주었다. 이들 모두에게 감사의 말씀을 전한다.

필자가 이 책을 준비하던 도중인 2013년 늦겨울의 끄트머리(2월 22

일)에 일 년 가까이 병석에 계시던 어머니께서 89세를 일기로 세상을 버리셨다. 어머니는 돌아가시면서까지 자식사랑이 지극하셨는데, 그 전날까지 매우 차갑던 날씨가 장례를 치루는 3일 동안에는 봄 날씨같이 따뜻하였다. 장례를 모시느라 자식들이 고생할 것을 염려하신 어머니의 마지막 배려라고 필자는 생각하고 있다. 어머니의 사랑에 대한 고마움은 남은 생애 동안 필자와 우리 가족 모두의 가슴속에 깊이 남아있을 것이다.

아내는 필자가 저술 작업을 핑계로 다른 일에서는 거의 손을 떼고 있는 가운데, 삶의 둥지를 옮기는 등 집안의 대소사를 도맡아 하여, 필자가 잡다한 일상사에서 벗어나 이 책의 집필에 전념할 수 있게 해주었을 뿐만 아니라, 바쁜 중에도 이 책의 진행 상황을 점검하고 독려하여 주었다. 이러한 아내의 전폭적인 지지와 은근한 압박이 있었음에도 불구하고, 이 책은 이렇게 4년이나 늦고야 말았다. 항상 그렇지만, 아내에게 미안할 따름이다.

아이들은 언제나와 마찬가지로 자기들 직분에 충실하여, 큰 아이와 작은 아이 모두 예정대로 학위를 마쳤다. 필자 내외에게 그들은 큰 자랑이다. 앞의 책을 큰 아이네에게 주었으니, 순서에 따라 이 책은 작은 아이네에게 준다. 언제나 열심인 민이와 그를 성심으로 보살펴 주는 연정이의 사는 모습이 보기 좋다. 아이들에게 조금이라도 기쁨이 되기를 바라며, 그들은 아버지처럼 "봄꿈이 채 깨기도 전에 벌써 가을이 무르익는 낭패"[未覺池塘春草夢 階前梧葉已秋聲]를 겪지 않았으면 좋겠다. 너무 어려운 주문일까?

그 외의 여러 가족들도 이런 저런 모양으로 필자에게 실질적인 도움을 주었다. 모두 너무너무 고맙다.

올해는 필자에게 자못 의미가 깊은 해이다. 필자가 심리학과 인연(因緣)을 맺은 지 반백년(半百年)이 되는 해이기 때문이다. 필자가 문리과대학(文理科大學) 심리학과에 입학한 해가 1967년이었으니, 올해로 벌써 50년이 되었다. 이 긴 세월 동안 이루어 놓은 학문적인 성취가 별로 보잘 것이 없으니 아쉽고 부끄러울 따름이다. 그래도 올해를 넘기지 않고 지난 초여름에 탈고한 먼저 책(《유학심리학의 체계 I》)과 이번 책을 출간하여, 스스로 심리학과 맺은 인연을 자축(自祝)하게 되었으니 다행이다.

또 한 가지 개인적으로 뜻 깊은 일은 올해 들어 필자와 아내가 세는 나이로 칠순(七旬)을 맞았다는 사실이다. 고희(古稀)를 맞았다고 해서 특별히 달라진 것 같지는 않으나, 확실히 전보다 많이 게을러지고 기력(氣力)이 줄어들었음을 부정할 수는 없다. “멍하니 앞산을 바라보는”[悠然見南山] 시간이 많아진 것을 보면, 이미 가을을 지나 겨울의 문턱에 들어섰음을 느낀다. 하여 “건강과 기억력이 더 쇠하기 전에 계획했던 책들을 모두 마칠 수 있을까?” 하는 조바심이 더욱 절실해진다. 그럴수록 게으름 속에서도 더욱 분발할 밖에 다른 도리가 없지 않은가!

2017년 초가을 백로지절(白露之節)에
지이재(止耳齋) 서창(西窓) 아래에서
부끄러움의 의미를 되새기며 삼가 적다

목 차

2부 도덕성에 관한 서구심리학과 유학사상의 이론 대비

1부
서구와 동아시아의 심리구성체론

인간의 정신세계를 몇 가지 기본적인 구성요소 또는 기능으로 구분하고, 각각의 본질적인 특성 및 작용과 그들 사이의 관계를 탐색하여 보려는 노력은 인간의 삶에 대한 철학적 탐구의 시초부터 있어 왔던 핵심적인 문제였다. 이러한 심리구성체론의 문제는 현대심리학의 이론적 바탕을 형성하고 있다. 심리학은 인간이 자기를 둘러싸고 있는 환경세계를 이해하고, 외부 환경세계에 의해 영향을 받으며, 또한 외부 환경세계에 작용을 끼쳐가는 과정을 객관적으로 분석하고자 하는 학문체계이므로, 이러한 외계에 대한 인식 및 이에 대한 적응의 과정에는 필연적으로 인간이 갖추고 있는 심리적 능력 또는 요소를 기반으로 하지 않을 수 없기 때문이다.

서구에서는 플라톤으로부터 인간의 심성을 지(이성)·정(감성)·의(욕구)의 세 체계로 삼분하는 사상이 발달하였으며, 이 중에서 인간의 가장 독특한 특징을 이루는 요소는 이성이라고 간주하는 전통이 면면히 이어져 왔다. 이러한 전통에 따라 현대심리학에서는 이들 심성의 세 요소를 각각 인지·정서·동기로 연구해 오고 있으며, 이 세 체계 사이의 관계를 이성중심주의(理性中心主義)의 관점에서 고찰하여, 정서나 동기 체계는 부차적인 체계이거나 인지 체계에 힘입어 생겨나는 하위 체계라고 보는 입장이 주조를 이루어 왔다.

동아시아의 사상적 배경인 유학사상의 인성론에서 제시하고 있는 심리구성체론은 이와는 다르다. 공자를 비롯한 유학자들도 서구 철학자들과 마찬가지로 인간의 심성에 지·정·의의 요소가 갖추어져 있다고 본다. 그러나 유학자들은 이 밖에 도덕성의 바탕이 인간의 심성에 본래부터 갖추어져 있다고 보아, 덕·지·정·의라는 사분체계로 인간의 심성을 이해하려 한다. 이 점이 유학사상에서 도출되는 심리구성체론의 기본 특징이다.

유학사상에서는 인간의 심성을 구성하는 이 네 체계 가운데 덕의 요소가 중심으로서, 이에 의해 나머지 심성 요소들(지·정·의)이 제어되고 통합될 것을 강조하는 덕성중심주의(德性中心主義)의 관점을 굳게 지니고 있다. 이는 유학이 성덕(成德)을 지향하는 사상 체계라는 사실에서 나오는 당연한 논리적인 귀결이다. 곧 유학사상에서는 인간이 가진 생물적·이기적 욕구와 감정 체계를 지양하고, 스스로가 도덕 주체임을 깨달아, 일상생활에서 도덕성을 실천하는 일을 인간 삶의 이상이라고 보고 있는 것이다.

이러한 동·서 심리구성체론의 차이를 대조해 보고자 하는 제1부에서는 우선 현대심리학의 배경이 되고 있는 서구 철학의 삼분체계론

(三分體系論)과 인지우월론(認知優越論)을 확인해 본(제1장) 다음, 공자·맹자·순자가 제시하는 사분체계론(四分體系論)과 덕성우월론(德性優越論)을 통해 유학사상의 심리구성체론을 살펴보고(제2장), 이어서 양자를 비교해 봄으로써(제3장), 심리구성체론의 동·서 차이에서 도출될 수 있는 새로운 심리학적 연구 문제를 찾아내기 위한 기초로 삼으려 한다.[1]

1 제1부는 전반적으로 졸저(조긍호, 2008, 제2장, pp. 105~202)의 내용을 그대로 옮겨오되, 이에 새로운 자료를 첨가하고 수정하여 보완하였다.

1장
서구의 삼분체계론과 이성중심주의

1장
서구의 삼분체계론과 이성중심주의

서구의 현대심리학은 인간의 심성을 지(이성)·정(감성)·의(욕구) 삼분체계로 파악하는 전통적인 서구 철학의 심리구성체론을 바탕으로 하여 성립하고 있다.[1] 곧 "서양에서는 플라톤에서부터 심성을 삼분하는 사상이 발달하여, 칸트에 이르러 지·정·의를 삼분하는 이론이 철학의 형이상학에 우세"[2]하게 되었고, 이러한 전통에 따라 "지적 체험(인지), 정적 체험(정서), 의지적 체험(동기)을 각각 독립된 심적 단위로 구분하여"[3] 연구하는 심리학이 발달하였다.

현대심리학에서는 이들 인지·정서·동기 사이의 관계를 이성중심주의(理性中心主義)의 관점에서 고찰하여,[4] 정서나 동기 체계는 인지

1 Hilgard, 1980; Parkinson & Colman, 1995.

2 정양은, 1986, p. 11.

3 정양은, 1970, p. 78.

4 정양은, 1970, 1976, 1986; Hilgard, 1980; Mandler, 2007.

체계의 부차적인 하위체계라고 보는 입장[5]이 주조를 이루고 있다. 비록 최근에 이러한 인지우월론에 대한 반론[6]이 나오고, 또한 동기와 정서가 역으로 인지에 미치는 영향이 매우 크다는 사실이 밝혀지고 있지만,[7] 아직까지 지적 체계와 과정을 중심으로 인간을 이해하려는 견해가 서구심리학을 지배하고 있다는 사실은 부인하기 힘들다.[8] 이러한 이성중심주의의 싹은 이미 플라톤에게서 발견할 수 있는 서구 철학의 전통이었으며,[9] 특히 현대 서구 사회를 형성하고 있는 개인주의의 사상적 배경인 자유주의와 계몽주의는 모두 이성중심주의를 개념적 뼈대로 하여 성립하고 있는 이념체계인 것이다.[10]

이렇게 현대 서구심리학의 바탕이 되어 온 심리구성체론은 지(지성)·정(감성)·의(욕구) 삼분체계론이며, 이는 세 요소 가운데 지성의 요소를 중심으로 삼는 이성중심주의의 맥락 위에 서 있다. 이러한 삼분체계론과 이성중심주의는 고대 그리스 시대로부터 면면히 이어져 온 서구 철학의 전통이었던 것이다.

---

5 예: Lazarus, 1982, 1984; Weiner, 1974.

6 예: Zajonc, 1980, 1984, 1998.

7 조은경, 1994; Fiske & Taylor, 1991; Parkinson & Colman, 1995.

8 정양은, 1995, 2003; Hilgard, 1980; Kunda, 1990; Mandler, 2007.

9 Bordt, 1999/2003, pp. 109-110.

10 노명식, 1991, pp. 37-43; Russell, 1959/2003, pp. 312-321, 342-343.

1. 서구의 삼분체계론적 전통

인간의 영혼이나 정신 또는 마음의 기능이나 이들이 본유적으로 갖추고 있는 능력 및 그 구성 요소들을 이성·감성·욕구, 곧 지·정·의의 세 체계로 정리하여 보려는 견해는 서구 사회에서 아주 뿌리가 깊은 사상이었다. 이는 고대 그리스 시대로부터 비롯되어, 중세를 거쳐 근대에 이르기까지 서구 철학의 전통적인 관점이었으며, 현대 서구심리학은 이러한 전통 위에서 태동되었던 것이다. 여기에서는 고대로부터 현대에 이르기까지 서구 사회의 사상적 전통이 되어 온 이러한 삼분체계론을 시대별로 간단히 살펴보기로 하겠다.[11]

1) 고대와 중세의 철학

서구 사회에서 인간 심성의 구성 요소를 지·정·의 세 체계로 보는 관점의 서막을 연 사람은 고대 그리스의 철학자인 플라톤(Platon, B. C. 428~348)이었다. 그는 인간의 영혼(psyche)이 욕망(epithumetikon)·열정(thumikon)·이성(logikon)으로 구성된다고 보았다.[12] 이 가운데 "욕망은 영양 섭취 및 종족 번식과 관련하며, 그래서 종의 보존을 실현시킨다. 열정은 권력·우월함·인정받음 등의 사회적 가치들을 추구한다.

11 이 장 가운데 18세기 이후의 조류는 주로 Hilgard(1980)에 기대어 정리하였다.

12 박전규, 1985, p. 44; Bordt, 1999/2003, pp. 107–111; Dickinson, 1967/1989, p. 148; Guthrie, 1960/2003, pp. 146–151; Höffe, 1994–1995/2001, Vol. 1, pp. 100–101; Ricken, 1988/2000, pp. 155–170.

욕망은 이성과는 무관한 본능적 충동이다. 열정은 그것이 판단력에 의해 해소될 수 있는 한에서 이성에 동참한다. 그러나 그것 자체는 이성적 판단은 아니다."[13] 이러한 두 하위 능력에 견주어 이성은 인간만이 가지고 있는 사고의 능력으로서, 욕망과 열정을 다스리는 역할을 한다는 것이 플라톤의 생각이다.

플라톤에게 있어서 "영혼이 그냥 하나가 아니라는 것은 영적 갈등 현상을 보면 명백해진다. 플라톤은 그런 갈등의 한 예로 갈증을 느끼지만, 물을 마시면 심각한 피해를 입게 되리라는 것을 알고 있는 환자를 들고 있다. 그 환자는 갈증을 느끼고 있는 한 뭔가를 마시려고 한다. 반면 물을 마시면 손해를 본다는 것을 아는 한 아무것도 마시지 않으려 한다. 그러나 동일한 사람이 물을 마시려고 하는 동시에 마시려고 하지 않는다고 말하는 것은 모순이다. 플라톤은 그 환자의 갈등을 모순되지 않게 이해하기 위해 그 환자의 영혼에서 두 가지 상이한 능력 또는 부분을 상정한다. 물을 마시려고 하는 영혼의 능력과 마시지 않으려고 하는 또 하나의 능력이 그것이다."[14] 여기서 첫 번째 능력이 욕망의 능력이다. 그것은 오늘날 우리가 생물체적 욕구라 부르는 것에 해당한다. 두 번째 능력은 이성의 능력으로, 사고를 통한 통제력을 행사하는 영혼의 부분이다. 플라톤은 "이들 두 가지 능력 외에 제3의 능력을 추가하는데, 그것은 오늘날 우리가 인간의 정서 또는 감정으로 이해하는 것에 대응한다. 예를 들어 환자가 충동에 못 이겨 물을 마신다면, 그는 자기 자신에 대해 화를 낼 것이다. 그는 자신이 이성의 말을 듣지 않고 물을

13 Ricken, 1998/2000, pp. 159–160.

14 Bordt, 1999/2003, p. 108.

마신 데 대해 화가 날 것이다. 이런 자기 자신에 대한 분노는 충동과도 다르고 이성과도 다를 것이다. 왜냐하면 그는 이성과 충동의 갈등에 대해 분노로써 입장을 밝히는 것이기 때문이다."[15]

이렇게 플라톤은 "인간의 영혼은 세 가지 부분 또는 능력으로 구성되어 있다"[16]고 본다. 이러한 플라톤의 영혼 삼체계설은 그가 제시한 국가의 구성 원칙으로부터 도출된다. 그에게 "국가는 확대된 인간이며, 인간은 축소된 국가이다. 영혼이 가지고 있는 능력들 사이의 관계는 국가를 구성하는 계층들 사이의 관계에 상응한다."[17] 그에 따르면, 국가는 철인(哲人)인 지배계층, 군인인 호위계층, 그리고 일반 대중인 생산계층으로 구성되는데, 각 계층에 지배적으로 요구되는 덕(aretē)이 지혜·용기·절제로서, 각각 인간의 영혼이 갖추고 있는 이성·열정·욕망의 최선 또는 최적의 발현 상태에 해당된다는 것이다. 이상적이고 평화로운 국가에 지혜·용기·절제의 덕을 갖춘 지배계층·호위계층·생산계층이 갖추어져 있어야 하듯이, 개인의 영혼에 이 세 가지 덕의 근원이 되는 이성·열정·욕망의 능력이 갖추어져 있다는 것이 플라톤의 영혼 삼체계설이다.

이러한 플라톤의 영혼 삼체계설은 아리스토텔레스(Aristoteles, B. C. 384~322)에게 이어졌다.[18] "그는 플라톤의 영혼 삼분법을 이어받았다. 이에 따라 그는 영혼을 영양혼(vegetative soul)과 감각혼(sensory

15 Bordt, 1999/2003, pp. 108-109.

16 Bordt, 1999/2003, p. 108.

17 Ricken, 1988/2000, p. 160.

18 Brett, 1921, Vol. 2, p. 139.

soul), 그리고 이성혼(rational soul)으로 나누고 있다. 이 중의 첫 번째 영양혼은 모든 생물이 지니고 있는데, 이 영양혼을 가진 생물은 모두 신진대사를 한다고 할 수 있다. 감각혼 즉 감수성은 동물과 인간에게 있지만 식물에는 없는 반면에, 이성혼 즉 이성은 인간에게만 특유한 것이다."[19] 여기서 영양혼·감각혼·이성혼은 대체로 플라톤의 욕망·열정·이성에 해당하는 것으로,[20] 이와 같이 아리스토텔레스는 플라톤의 영혼 삼체계설을 받아들이고 있는 것이다.

플라톤과 아리스토텔레스 같은 고대 그리스의 철학자들은 "영혼에 종교적이거나 초자연적인 속성을 부여하지는 않았는데, 인간의 영혼에 종교적이거나 초자연적인 속성을 첨가한 것은……중세의 기독교 철학

19 Russell, 1959/2003, p. 140: Russell은 아리스토텔레스의 영혼의 분류를 식물이 갖고 있는 영양혼, 동물이 갖고 있는 감각혼, 그리고 인간에게만 있는 이성혼으로 나누고 있지만, 아리스토텔레스는《영혼에 관하여》(유원기 역주, 2001)에서 좀 더 포괄적으로 제시하고 있다: "어떤 생물들은 영혼의 능력들 모두를, 어떤 생물들은 몇 가지를, 그리고 일부의 생물들은 단지 하나만을 갖는다. 우리가 앞에서 언급한 능력들은 영양섭취능력·욕구능력·감각능력·장소운동능력·사고능력이다. 식물들은 단지 영양섭취능력만을 가지며, 다른 것들은 그것 이외에 감각능력도 갖는다. 그러나 만약 감각능력을 가지면, 욕구능력도 갖게 된다. 욕구는 갈망·욕망·희망이며, 모든 동물들은 최소한 한 가지 감각, 즉 접촉의 감각을 갖는다. 감각이 있는 곳엔 즐거움(쾌락)과 고통, 그리고 즐거운 대상과 고통스러운 대상이 있으며, 또한 그것들이 있는 곳엔 갈망도 있다. 왜냐하면 욕구는 즐거운 것에 대한 욕구이기 때문이다.……어떤 동물들은 이것들 이외에 장소운동능력도 가지며, 인간 또는 인간과 유사하거나 더 우월한 다른 존재들은 추론적 사고능력과 지성도 갖는다"(《영혼에 관하여》, 2권 3장, 414a-414b: 유원기 역주, 2001, pp. 138-140에서 전재). 이 인용문에서 보듯이, 아리스토텔레스는 인간의 영혼을 크게 욕구·감성·이성으로 삼분하여 보는 플라톤의 입장을 받아들여 확대하는 이론을 제시하고 있는 것이다.

20 Wesley, 1972, p. 58.

자들이었다."[21] 이들 가운데 대표적인 사람은 "주로 플라톤의 영향을 받은 아우구스티누스(St. Augustinus, 354~430)"와 "아리스토텔레스 철학을 기초로 삼고 기독교의 교리를 합리화 시켰던 토마스 아퀴나스(St. Thomas Aquinas, 1225~1274)"[22]이었다.

플라톤의 영향을 받은 아우구스티누스는 그의 영혼 삼체계설을 그대로 받아들였는데, "그 당시 아우구스티누스가 사용한 용어는 인식·감정·의지의 삼중 구조를 시사하는 것이었다."[23] 아우구스티누스에 따르면, 악은 나쁜 의지의 산물인데, 이는 인식 능력인 이성에 의한 신성(神性)의 인식에 의해 종교적으로 제어될 수 있다고 보았다.

아리스토텔레스의 영향을 받은 아퀴나스는 아우구스티누스의 이러한 견해를 이어 받았다. "그는 아우구스티누스의 '의지'가 아리스토텔레스의 '이성'에 의해 지배되어야 하며, 아리스토텔레스의 '이성혼'은 불멸적이고 부활하는 것"이어서, 종교적 인식과 체험의 근거가 된다고 보았다. "아퀴나스는 아리스토텔레스의 '영혼'의 위계설을 수정하여, 인간에게는 단일한 영혼이 있을 뿐인데, 이러한 영혼은 비물질적이어서 불멸하는 이성 능력(rational faculty)과 물질적이어서 신체와 함께 소멸하는 감각 능력(sensory faculty)과 영양 능력(vegetative faculty)으로 구성된다고 주장하였다."[24]

이와 같이 중세 기독교 철학자들도 고대 그리스 철학자들과 마찬

21 Wesley, 1972, p. 58.

22 Russell, 1959/2003, p. 186.

23 Brett, 1921, Vol. 2, p. 20. (Hilgard, 1980, p. 108에서 재인용)

24 Wesley, 1972, p. 59.

가지로, 인간의 영혼 또는 마음이 지·정·의 세 요소로 구성되어 있다고 보아, 서구 철학의 전통을 형성하고 있다. 다만 고대의 플라톤과 아리스토텔레스는 영혼의 위계설[영양혼 → 감각혼 → 이성혼]을 전개하고 있는 데 반해, 중세 기독교 철학자들, 특히 아퀴나스는 이를 다만 영혼 또는 마음의 다양한 기능이나 능력으로 개념화하며, 이성에 종교적·초자연적 특성을 부여하고 있다는 정도의 차이만을 보이고 있다고 할 수 있을 것이다.

2) 17~18세기 자유주의자들의 사회계약론

서구 사회에서 기독교 철학(스콜라 철학)이 지배하던 중세에는 신의 속성과 의지에 따라 인간과 사회를 이해하려는 경향이 강하였으나, 14세기에 비롯된 르네상스와 16세기의 기독교개혁 운동으로 인하여 개인의 속성에 따라 인간과 사회를 이해하려는 인간중심주의의 기운이 팽배하게 되었으며, 그 연장선상에서 17세기에 들어서면서는 자유주의와 계몽주의가 대두되어 근대의 문이 활짝 열리게 되었다. 서구 사회에서 근대는 개인주의의 움직임이 거세게 밀어닥친 시기인데, 르네상스와 기독교개혁을 거쳐 서구 역사 전개의 대세로 자리 잡은 "개인화"의 물결은 인간 삶의 중심축이 신권(神權)이나 이를 등에 업은 왕권(王權)으로부터 개인이 태어날 때부터 보유하고 있는 자유롭고 평등한 인권(人權)으로 옮겨지는 계기가 되었다. 르네상스와 기독교개혁 운동을 중심으로 싹튼 개인주의는 때마침 발발한 영국의 정치혁명(청교도혁명·명예혁명)과 경제혁명(상업혁명)으로 인해 등장한 새로운 시민사회 운동과 맞물리면서 새 시대를 이끌어갈 새로운 가치관을 요구하게 되었는데, 이러한 새로운 가치관에 대한 요구는 르네상스의 직접적인 결과로 야기된 과학혁명을 통해 확고해진 이성중심주의를 인간과 사회의 제반 현실과 현상을 이해하는 기본적인 태도로 대두되게 하였다. 자유주의는 바로 이러한 개인주의와 이성중심주의를 배경으로 하여 17세기에 영국을 중심으로 하여 태동한 사상체계였으며, 이러한 움직임이 프랑스로 유입되어 계몽주의 운동을 촉발함으로써 서구 사회는 전근대에서 근대로 이행하게 되었던 것이다.[25]

자유주의는 개인을 사회제도 및 사회구조에 앞서는 것으로 보아, 사회보다 개인을 더 현실적이고 기본적인 것으로 간주하는 신념체계이다. 곧 자유주의는 사회의 존재론적 구성단위를 개체로서의 개인이라고 보는 신념체계로서, 이렇게 "개인이 사회에 우선하고, 개인이 사회보다 더 진실하다"고 간주함으로써, "논리상 사회는 개인들의 산술적 총계에 불과한 하나의 허구"[26]라고 인식한다. 이와 같이 자유주의의 세계관에서는 움직일 수 없는 중심점을 개인에게 부여하고 있고, 그렇기 때문에 자유주의는 개인보다 사회를 앞세우는 어떤 종류의 사회이론에 대해서도 시종일관 대항해 왔으며, 따라서 자유주의는 서구 개인주의의 이념적 배경이 되고 있는 것이다.[27]

이렇게 자유주의는 개인의 속성을 통해 인간과 사회를 이해하려는 사상체계인데, 이러한 자유주의의 특징은 17세기 영국의 홉스(Thomas

25 노명식, 1991, pp. 37–43; Russell, 1959/2003, pp. 312–321, 342–343.

26 노명식, 1991, pp. 31, 43.

27 조긍호, 2008, p. 76.

Hobbes, 1588~1679)와 로크(John Locke, 1632~1704) 및 18세기 프랑스의 루소(Jean-Jacques Rousseau, 1712~1778)가 선도적으로 제시한 사회계약론(社會契約論, social contract theory)에 잘 드러나 있다. 이들 사회계약론자들은 국가권력 및 사회형성의 근거와 정당성을 신의 의지와 명령에서 찾으려는 왕권신수론(王權神授論)이나 사회와 국가는 인간의 본성에 따라 자연스럽게 형성되는 것이라고 보는 아리스토텔레스 등의 자연국가론(自然國家論)과는 달리, 이기적 개인들의 자유의지에 따른 합리적 선택과 합의를 통해 사회와 국가가 설립되며, 바로 이러한 인위적 선택과 계약에서 국가권력과 사회 형성의 근거와 정당성을 찾으려는 인위적(人爲的) 국가론을 제시하고 있다.[28]

이들 계약론자들이 제시하는 "사회계약론은 공통적으로 자연인(自然人), 곧 인간은 어떠한 특성을 가지고 있는 존재인가 하는 자연인의 본성에 관한 논의, 아무런 인위적인 강제가 가해지기 이전 상태에서의 인간 삶의 모습에 관한 자연상태(自然狀態)의 특징에 관한 논의, 자연상태를 벗어나 시민상태로 이행하는 과정에서 체결하는 사회계약의 과정과 내용에 관한 논의, 그리고 계약에 의해 창출되는 국가권력의 내용과 구조에 관한 논의라는 기본틀을 갖추고 있다."[29] 이 중에서 이 글의 내용과 관련해서 중요한 것은 자연인의 본성에 관한 논의의 부분이다.

자유주의적 사회계약론의 초석을 놓은 홉스는 자연인은 대상에 접근하거나 회피하는 자발적 운동의 동인(動因)이자 이러한 접근과 회피

28 홉스·로크·루소의 사회계약론의 구체적인 내용에 대해서는 졸저(조긍호, 2012, pp. 291-441; 조긍호·강정인, 2012) 참조.

29 조긍호, 2012, p. 420; 조긍호·강정인, 2012, pp. 357-358.

행위의 성공과 실패로 인해 유발되는 감정인 정념(情念, passion), 자기보존을 위한 제반 욕구 및 자기보존 수단의 확보와 유지를 위한 권력추구의 욕망, 그리고 적절하고 합리적인 수단의 강구 능력인 이성의 세 가지 본성을 갖추고 있다고 본다.[30]

로크는 자기 인신(人身)의 보전과 자기이익(자산)을 추구하려는 욕구, 자발적으로 자기의 인신의 보전과 이익을 추구할 수 있는 자유의지, 그리고 스스로가 확보한 재산을 합리적으로 보호할 수 있는 능력인 이성의 세 가지에서 자연인의 본성을 찾고 있다. 이 중에서 자기이익추구의 자유(자유의지)는 자신의 생명과 자산의 향유에서 오는 만족감을 추구하고, 생명과 자산에 대한 타인의 위해와 침해에서 오는 불쾌감을 회피하려는 목적을 갖는 의지라는 점에서, 쾌락과 안전 추구의 자유라고 볼 수 있다. 그러므로 이는 근본적으로 감정적 측면의 자연인의 본성을 의미하는 것이다.[31]

루소는 인간이 자기보존의 이기적 욕구, 타인에 대한 연민과 동정심 같은 감성, 그리고 인간의 완성가능성의 근거인 이성의 세 가지 본성을 보유하고 있다고 본다. 이 가운데 이기적 욕구는 개인의 사적인 이익을 추구하는 "특수의지"(特殊意志, particular will)를 낳는 인간 행동의 제1동인이고, 타인에의 연민과 동정심은 인간을 사회적 존재로 만드는 원동력으로서, 공동의 이익을 추구하는 "일반의지"(一般意志,

30 조긍호, 2012, pp. 302-310, 421-422; 조긍호·강정인, 2012, pp. 91-103, 358-359.

31 조긍호, 2012, pp. 350-354, 422-423; 조긍호·강정인, 2012, pp. 197-203, 359-360.

general will)를 낳는 근거로 작용한다. 이성의 능력은 특수의지와 일반의지를 구분하고, 일반의지가 참된 이익이 된다는 사실을 깨닫게 해주어 합리적으로 이를 따르게 함으로써, 어리석고 유한한 일개 동물에 불과하였던 인간을 지성적인 동물로 변모시키는 원동력이라는 것이 루소의 생각이다.[32]

이상에서 고찰한 바와 같이, 사회계약론자들도 고대나 중세의 철학자들과 마찬가지로 인간의 본유적인 특성을 욕구·감성·이성의 세 가지로 개념화하여 파악하고 있다. 이러한 사실은 지·정·의 삼분체계로 인간의 심리구성체를 이해하려는 관점이 서구 사회에서 얼마나 견실하게 지속되고 있는지를 잘 드러내 준다.

3) 18세기 독일과 스코틀랜드의 철학과 능력심리학

근대에 들어서서 인간 심성의 삼분체계설이 본격적으로 전개된 것은 라이프니츠(Wilhelm Leibniz, 1646~1716)와 칸트(Immanuel Kant, 1724~1804) 사이의 18세기 독일에서였다. 이 시기 독일에서는 인간 심성이 갖추고 있는 여러 가지 능력을 확인해 내려는 능력심리학(能力心理學, faculty psychology)이 태동되어 탐구되고 있었으며, 곧 스코틀랜드 학파(Scottish School)와 연계하여, 고대 그리스 시대 이래 이어져 온 인간의 심성이 갖춘 능력의 지·정·의 삼체계설을 주장하고 전파하는 온상의 역할을 하였다. 마침 18세기 유럽 대륙의 시대 조류는 계몽

32 조긍호, 2012, pp. 393-401, 423-424; 조긍호·강정인, 2012, pp. 306-317, 360-361.

주의였는데, 계몽주의가 표방하는 개인과 그의 의식에 대한 관심, 개인의 심성이 갖추고 있는 능력들에 대한 무한한 신뢰라는 시대정신과 부합되면서, 능력심리학에서 주장하는 인간 능력의 삼분체계설은 인간 심성에 대한 타당한 이론으로서의 지위를 획득하게 되었다.[33]

독일에서 인간의 심성이 갖추고 있는 능력을 강조하는 능력심리학의 문을 연 사람은 월프(C. Wolff, 1678~1754)였다.[34] 그러나 그는 삼체계설 대신 마음의 능력을 인식과 욕망의 두 가지로 보고 있다. 그에 이어서 바움가르텐(A. G. Baumgarten, 1714~1762)은 마음이 가지는 감정의 능력을 상정하였다. 이 두 사람의 견해를 종합하여, 인간의 심성이 가지는 능력을 이해·감정·의지의 세 체계로 분류하는 이론을 제시한 사람이 멘델스존(M. Mendelssohn, 1729~1789)이다. 멘델스존에 이르러 "심리학은 그 자체 광범위한 계몽주의 운동의 중요한 분야가 되어, 경험의 주체인 인간을 새로운 최상위의 지위로 끌어올리게 되었다."[35]

멘델스존에 이어 인간의 마음이 인식·감정·의지의 세 가지 근본 능력을 갖추고 있다고 주장한 사람은 물리학이나 생리학과는 다른 심리학의 특성을 분트(Wilhelm Wundt, 1832~1920)보다 100년이나 앞서서 그 분석적이고 내성적인 방법에서 찾았던 테텐스(J. N.

---

33 Hilgard, 1980, pp. 107-111.

34 Hilgard, 1980, p. 108: 보통 "능력심리학"은 전적으로 "스코틀랜드 학파"와 관련하여 논의되고 있으나(예: Boring, 1950; Robinson, 1976), Hilgard(1980, pp. 108-110)는 이의 발상을 18세기 독일의 심리학자들과 철학자들에게서 찾고 있다.

35 Hilgard, 1980, p. 108.

Tetens, 1736~1805)였다.[36] 그는 자신의 경험을 조심스럽게 내성(內省, introspection)을 통해 관찰함으로써, 멘델스존이 도달했던 결론, 곧 마음의 삼분체계 능력설에 이르게 되었던 것이다.

능력심리학자들의 이러한 마음의 삼분체계 능력설은 칸트에 의해 지지를 받으면서, "당시 가장 영향력 있는 철학자의 지원을 받게 되었다." 칸트의 삼 비판서[순수이성 비판, 실천이성 비판, 판단력 비판] 가운데 "순수이성은 지성 또는 인지에 해당되고, 실천이성은 의지, 행위 또는 의욕에 해당되며, 판단력은 쾌 또는 고통의 감정에 해당된다."[37] 경험적 내성에 의해 삼체계 능력설을 주장한 테텐스와는 달리, 칸트는 인간의 선험적 능력에 대한 조심스러운 반성적 사고를 통해 삼분체계 능력설에 도달하게 되었다. 이러한 사실은 칸트 자신의 다음과 같은 진술에서 잘 드러나고 있다.

> 절대적이고 더 이상 다른 것으로 환원할 수 없는 세 가지 능력, 곧 인식·감정·욕망의 능력이 인간의 마음에 갖추어져 있다. 자연 현상에 대한 이론적 인식을 지배하는 법칙은 순수한 선험적 개념 안에서 오성(悟性, understanding)에 의해 제공된다. 욕망이 따라야만 하는 법칙은 자유라는 개념 안에서 이성(reason)에 의해 선험적으로 규정된다. 인식과 욕망 사이에는 쾌 또는 고통의 감정이 존재하는데, 이는 판단력(judgment)이 오성과 이성 사이를 중재하는 것과 마찬가지이다. 그러므로 우리는 판단력이 그 자체 오성의 원리나 이성의 원리와는 별개의 선험적인 원리를 갖추고 있다는 사

36 Brett, 1921, p. 328.

37 Hilgard, 1980, p. 109.

실을 인정해야만 한다.[38]

이 인용문에서 밝혀지고 있듯이, 칸트는 마음의 능력을 더 이상 다른 것으로 대체할 수 없는 세 가지, 곧 지·정·의로 개념화하여 받아들이고 있으며, 이러한 세 능력은 그 자체 선험적인 근거를 가지는 것이라고 주장하여, 마음의 삼체계설에 논리적인 확실성을 부여하고 있다.

독일에서 발달된 능력심리학은 스코틀랜드의 레이드(T. Reid, 1710~1796)와 스튜어트(D. Stewart, 1775~1828) 같은 사람들에 의해 받아들여져서, 19세기 중반 해밀턴(W. Hamilton, 1788~1856)으로까지 이어졌다. 레이드와 스튜어트 같은 스코틀랜드 학파는 인간이 가지고 있는 다양한 능력들을 찾아내는 일에 주력하였을 뿐, 마음의 삼분체계 능력설에는 그리 큰 관심이 없었다. 한 가지 예로, 레이드는 마음이 가지는 24개의 활동적 능력(예: 자기보존, 배고픔, 모방 본능, 권력욕, 자존감, 감사함, 연민, 의무감, 상상력 등)과 6개의 지적 능력(예: 지각, 판단, 기억, 개념화, 도덕적 선호 등)의 목록을 제시하고 있다.[39] 레이드와 스튜어트의 이와 같은 능력 목록은 모두 37개에 이르렀는데, 이는 골(F. J. Gall, 1758~1828)에 의해 받아들여져, 그가 골상학(骨相學, phrenology)의 논지에 따라 각 심적 능력에 대한 대뇌 국소화(局所化, localization)를 이론화하는 밑바탕이 되었다.[40]

레이드와 스튜어트 같은 스코틀랜드 학파가 이렇게 다양한 능력의

38 Kant, 1888, p. 311.

39 Boring, 1950, p. 205.

40 Boring, 1950, pp. 51–58, 205–207; Hilgard, 1980, p. 110.

목록 작성을 위해 노력했다고 해서, 그들의 이론을 능력의 삼체계설에 따라 해석할 수 없는 것은 아니다. 이들의 능력심리학의 관점을 19세기에 이어받은 해밀턴은 "인간의 정신 현상은 세 가지 자연적 범주 또는 일차적인 종류로 나뉜다: 그들은 인식 또는 인지 현상, 감정 또는 쾌와 고통의 현상, 그리고 의욕 또는 의지와 욕망의 현상이다"[41]라고 진술하여, 독일의 철학자와 심리학자들이 견지하고 있었던 서구 전통의 인간 능력 삼체계설을 이어받고 있었던 것이다.

스코틀랜드 학파의 능력심리학과 골상학의 연결은 마음 또는 정신의 능력 또는 기능을 대뇌 기능에서 찾아보려 했다는 점에서 심리학의 과학화에 공헌한 측면이 있다. 그러나 골상학의 이론적 근거가 희박하다는 사실이 밝혀졌을 뿐만 아니라, 19세기에 들어서 낭만주의가 지배적인 조류로 등장함에 따라 인간 마음의 개별적이고 서로 다른 많은 능력들의 확인보다는 인간 정신 작용의 전반적인 통일성의 검증이 시대정신으로 부각됨으로써, 스코틀랜드 학파의 능력심리학은 퇴조할 수밖에 없었다.[42] 또한 이렇게 다양한 개별적 능력의 존재에 대한 가정은 어떠한 설명 능력도 갖지 못한다는 점이 밝혀졌다는 사실도 능력심리학의 퇴조에 영향을 끼친 요인이었다. "왜냐하면, 이러한 능력들이 존재한다고 주장할 수 있는 유일한 증거는 바로 그러한 심리 현상들이 있다는 것"으로 "이러한 능력들은 새로운 심리 현상들을 우리에게 제공해주거나, 이미 알려져 있는 심리 현상들에 관하여 보다 정확한 이해를

41 Hamilton, W., Sr., 1854, Vol. 2, p. vii. (Hillgard, 1980, p. 110에서 재인용)

42 Boring, 1950, pp. 57-58.

제공해 주지"[43] 못하기 때문이다.

4) 19세기 영국의 연합주의 심리학

19세기에 들어서면서 영국의 심리학자들을 중심으로 연합주의(聯合主義, associationism) 심리학이 대두되면서, 인간 심성이 갖추고 있는 서로 다른 다양한 능력의 존재 여부에 관심을 갖는 입장에 대한 비판이 이어져, 능력심리학이 퇴조하게 되었다. 이들은 정신 작용의 통합성에 대한 관심에서, 통일되고 종합적인 인간 정신을 구성하는 요소들의 연합 과정의 연구에 열을 쏟았다. 그러나 이들이 능력의 개념을 비판하기는 하였지만, 능력심리학자들이 제시했던 심성의 삼체계설 자체를 폐기했던 것은 아니었다. 예를 들면, 브라운(T. Brown, 1779~1820) 같이 스코틀랜드 학파에 몸담았다가 이를 비판하고 연합주의의 주장을 편 학자도 능력의 개념을 철저히 비판하기는 했지만, 마음의 삼체계설에 대해서는 여전히 강한 지지를 보였다. 곧 19세기에 들어서서도 "마음의 삼체계설은 여전히 대중적인 인기를 누리고 있었던 것이다." 이들은 "모든 정신 생활의 표현은 인식·감정·욕망이 각 순간에 하나의 기능으로 나타나서, 한때는 이 중 어느 하나가, 다른 때는 또 다른 것이 지배적으로 나타나게 된다"고 봄으로써, 마음이 서로 다른 세 가지 능력을 갖추고 있는 것이 아니라, 통합적인 마음의 작용 또는 기능이 각 순간에 서로 다른 세 가지 측면으로 드러날 뿐이라고 보고 있는 것이다.[44]

---

43 Shaffer, 1981/1983, p. 9.

44 Hilgard, 1980, pp. 108-111. (직접 인용은 각각 p. 111과 pp. 109-110임)

19세기에 들어서서 꽃피게 된 영국 연합주의 심리학의 대표자는 베인(A. Bain, 1818~1903)이었다. 그가 출간한 두 권의 책[45]은 "19세기 내내 영국 심리학계에서 표준적인 교과서로 받아들여졌다."[46] 그는 영국 연합주의 철학의 대표자인 밀(John Stuart Mill, 1806~1873)과 교유하였는데, 이 과정에서 밀 부자(父子, 아버지인 James Mill, 1773-1836과 아들인 John Stuart Mill)의 연합의 법칙에 기초한 마음의 연합주의적 구성의 교의를 받아들이게 되었다. 보링(E. G. Boring)에 따르면, "밀 부자와 베인은 당시까지 전개되어 온 철학적 심리학의 수준을 과학적 심리학이 곧바로 넘겨받아 연구할 수 있을 정도의 위치로까지 끌어올렸다."[47] 베인의 작업은 미국심리학계에도 영향을 미쳤는데, 미국심리학의 비조라 일컬어지는 "윌리암 제임스(William James, 1842~1910)도 자기 저술[48]의 무려 27쪽에서 베인을 비교적 길게 인용하면서 자기의 이론적 입장을 지지하는 전거로 삼고 있기도 하다."[49]

베인이 영국 심리학계에서 차지하는 이러한 지배적인 위상에 비추어 볼 때, 마음의 삼체계설에 대한 그의 입장은 19세기 영국 심리학계의 공식적인 견해라고 볼 수 있다. 베인은 《감각과 지성(*The senses and intellect*)》이라는 저술의 서문에서 "마음의 표출은 전적으로 연합의 법칙에 따른다"고 하여 자기가 능력이라는 개념을 버렸음을 분명히 선언

45 *The Senses and Intellect* (1855); *The Emotions and the Will* (1859).

46 Hilgard, 1980, p. 111.

47 Boring, 1950, p. 210.

48 *The Principles of Psychology* (1890).

49 Hilgard, 1980, p. 111.

하였지만, 마음이 표출하는 현상은 보통 다음의 세 가지 측면에서 이해할 수 있다고 진술하여, 자기가 마음의 삼체계설을 지지하고 있음을 확실히 하고 있다.

> Ⅰ. 그것이 전부는 아니지만, 쾌와 고통을 포괄하는 감정(FEELING): 정서(emotion)·열정(passion)·정의(情誼, affection)·정조(情操, sentiment) 들이 감정을 나타내는 명칭들이다.
> Ⅱ. 감정에 의해 방향 지워지는 인간 행위 전체를 포괄하는 결의(VOLITION) 또는 의지(will).
> Ⅲ. 사고(THOUGHT), 지성(intellect) 또는 인지(cognition).[50]

이 인용문에서 분명히 드러나듯이, 베인은 인간의 심리 현상이 감정·결의·사고, 곧 정·의·지의 세 가지 현상으로 경험된다고 봄으로써, 플라돈으로부터 이어지는 인간 심성의 삼분체계설을 이어받고 있다. 다만 그는 이러한 삼체계가 능력심리학자들이 주장하듯이 인간의 마음이 갖추고 있는 세 가지 서로 다른 능력이나 기능이 아니라, 인간의 마음이 작용하여 겉으로 표출되는 세 가지 범주의 현상이라고 보고 있을 뿐이다. 그에 따르면, 이러한 세 가지 범주의 현상들의 다양한 특징들을 연합 법칙에 의해 더하기 하여 묶어 내면, 인간의 마음이 갖는 총체적 본성에 이르게 된다는 것이다. 이러한 베인의 삼분체계설과 연합주의는 19세기 영국의 연합주의 심리학을 따르는 사람들의 공통적인 견해였다.

50 Bain, 1868, p. 2. (Hilgard, 1980, p. 111에서 재인용)

5) 19세기 이후의 현대 미국심리학

페이(J. W. Fay)[51]와 로백(A. A. Roback)[52]에 따르면, 미국 대학에 유럽의 심리학을 처음 소개한 것은 스코틀랜드의 학자들이었다. 위더스푼(J. Witherspoon, 1722~1794)은 18세기 중엽에, 그리고 맥코쉬(J. McCosh, 1811~1894)는 19세기 중엽에 스코틀랜드로부터 미국으로 건너와 심리학을 가르쳤는데, 그들이 가져온 것은 스코틀랜드 학파의 능력심리학과 인간이 본유하고 있는 능력의 삼분체계설이었던 것이다. 그러므로 미국의 심리학계에서도 인간 심성의 삼분체계설은 대중적인 지지를 받고 있는 뿌리 깊은 견해이다.

19세기 말엽 영국의 연합주의심리학이 미국에 도입되면서 스코틀랜드 학파의 영향을 받은 능력심리학의 교의는 반박되기 시작하였으나, "이 당시 미국에서 새로이 움트고 있던 실험심리학에 참여하고 있었던 사람들 사이에서도 영국에서와 마찬가지로 때때로 마음의 삼분체계설이 언급되어 받아들여지고 있었다."[53] 곧 영국의 연합주의 심리학자들과 마찬가지로 미국의 실험심리학자들도 능력의 개념은 부정하였으나, 인간 심성의 삼분체계설은 받아들이고 있었던 것이다.

윌리엄 제임스를 비롯하여 19세기 말엽과 20세기 초반에 미국심리학의 초석을 놓았던 학자들은 심리학의 실험심리학(實驗心理學, experimental psychology)화, 곧 실험실 안에서의 객관적인 실험(내성

51 Fay, 1939.

52 Roback, 1964.

53 Hilgard, 1980, p. 112.

에 의한 자기 관찰이 아니라 제삼자 행동의 객관적인 관찰)을 통한 심리학의 연구에 경도되어 있었으므로, 마음의 삼분체계설 같은 이론적 추구에는 그리 큰 관심을 기울이지 않았다. 하지만 이 당시 이들에 의해서도 "지·정·의 같은 마음의 삼분체계는 심리학의 용어로서 아주 친숙하게 사용되고 있었다."[54] 다만 이들은 이러한 삼분체계설이 능력심리학에서와 마찬가지로 마음이 본유하고 있는 서로 다른 개별적인 능력들로 받아들여지지나 않을까 하는 사실을 염려하고 있었던 것이다. 이는 의식(意識, consciousness)의 기능을 이론화하면서, 마음의 세 가지 능력의 개별성이 인간 발달의 초기부터 생리적인 근거를 갖추고 있다는 능력심리학의 교의를 비판하고 있는 워렌(H. Warren, 1867~1934)의 다음과 같은 진술에서 잘 드러나고 있다.

> 인지의 특별한 징표는 그 표현적 본성 속에 갖추어져 있다; 이러한 특징을 제공하는 대부분의 감각은 외적인 근원을 갖는 것이다. 이렇게 인간 의식의 인지적, 정적, 그리고 의지적 측면 사이의 구별은 인간 마음에 본유적이거나 내적인 또는 생리적인 근원을 갖는 차이에 의해서 나오는 것이 아니라, 대체로 외적이고 체계적인 그리고 감각운동적인 감각들 사이의 차이에 상응해서 나오게 된

54 Hilgard, 1980, p. 113; Wozniak(1992/2011)은 19세기 미국의 철학자인 Upham (Thomas Cogswell Upham, 1799~1872)이 이미 1869년에 《정신철학요소: 지·정·의의 3영역(*Elements of Mental Philosophy: Embracing the Three Departments of the Intellect, Sensibility, and Will*)》이라는 저서에서 정신생활의 삼요소설을 주장하고 있으며, "업햄이 미국적 사고와 문화에 가장 중요하게 공헌한 것은 여러 세대에 걸쳐 미국학자들에게 인간의 의식적 경험에 대한 탐색을 심리학적 이해의 원천으로 소개한 것"(p. 166)이라고 지적하여, 이미 19세기에 미국심리학계에서 삼분체계설이 광범위하게 받아들여졌음을 알 수 있게 한다.

> 다고 말할 수 있다; 인지적 의식은 외부 세계에 대한 체험을 제공한다; 정(情)적 의식은 우리로 하여금 우리 자신의 유기체적 상태와 접촉하게 한다; 의지적 의식은 운동 생활을 체험하게 하여, 자발적 활동의 근거를 제공한다.[55]

물론 20세기 초반 미국심리학계에도 지·정·의 삼분체계의 본유성에 대한 주장을 하는 사람이 없었던 것은 아니다. 미국 기능주의심리학의 초기를 열었던 앤젤(J. R. Angell, 1869~1949)도 그러한 사람이었다. 그는 미국심리학회장 취임 연설에서 다음과 같이 말하고 있다.

> 인지·감정·의지가 다만 정신 활동의 기본적으로 서로 다른 양식에 불과할 뿐인가? 확실히 이러한 구분은 그 자체, "정신 생활의 이러한 근본적인 속성들은 이에 상응되고 서로 구별되는 개별적인 요소들이 마음속에 존재하고 있다"는 확신을, 최소한 암묵적으로라도, 수반하고 있다.……분명히 한정된 기능을 수행하는 서로 다른 개별적인 형태의 정신 활동들이 존재하고 있다는 생각에는 명백한 증거가 있으며, 그 동안 타기되어 왔던 능력심리학조차도 이 점에서는 완전히 올바를 뿐만 아니라 타당하기까지도 한 것이다.[56]

그러나 이 시기 미국심리학계의 주류는 역시 워렌 같이 의식이 작용하는 세 측면, 곧 의식의 세 요소로 지·정·의 삼 체계를 받아들이는 견해였다. 이러한 견해는 본능심리학(本能心理學, instinct theory)의 문

55 Warren, 1906, p. 220. (Hilgard, 1980, p. 113에서 재인용)

56 Angell, 1907, p. 83. (Hilgard, 1980, pp. 113-114에서 재인용)

을 연 맥두갈(W. McDougall, 1871−1944)에게서 절정을 이루었다.[57] 이러한 입장을 맥두갈은 다음과 같이 진술하고 있다.

> 우리는 왕왕 지적 또는 인지적 활동에 대해 이야기하거나, 의지적 활동 또는 해결·선택·분투·추구 같은 활동에 대해 이야기하거나, 또는 감정 상태에 대해 이야기하기도 한다. 일반적으로 모든 정신 활동은 이러한 세 측면, 곧 지·정·의라는 세 측면을 갖추고 있다는 사실이 인정되고 있다. 그리고 우리가 이 세 용어 가운데 어느 하나를 정신 활동의 어느 단계에든 적용하고자 할 때, 우리는 우리가 이름 붙이려 하는 측면이 그 순간에 이 세 가지 중에서 가장 두드러진 측면을 드러내는 것일 뿐이라는 사실을 알고 있기도 하다. 모든 정신 활동은 이 세 측면의 순환으로 구성되는 것이다.[58]

이상에서 보았듯이, 지·정·의 삼 세계를 인간이 본유적으로 갖추고 있는 마음의 서로 다른 능력 또는 기능으로 볼 것인지, 아니면 정신 활동의 원천인 마음 그 자체는 통합적인 통일체이지만 그 작용의 측면이 세 가지로 드러나는 것일 뿐인지 하는 관점의 차이는 보이지만, 미국의 심리학계에서도 19세기 중반부터 마음의 삼체계설이 일반적으로 받아들여지고 있었던 것이다.

그러나 미국심리학계에서, 곧 현대 서구심리학계에서 마음의 삼체계설에 관한 논의는 맥두갈과 더불어 막을 내리게 되었다. 올포트

57 Hilgard(1980, p. 114)에 따르면, McDougall은 본능이론을 창안하고 이를 계속 주장한 사람으로 인식되고 있으나, 나중에는 미국의 반본능(anti−instinct) 운동에 몸담았으며, 행동의 동기적 힘을 나타내는 용어로 instinct 대신 propensity를 사용할 것을 제안하였다.

58 McDougall, 1923, p. 266. (Hilgard, 1980, p. 114에서 재인용)

(G. Allport, 1897~1967)가 지적했듯이, 1920년대 행동주의(行動主義, behaviorism)의 득세와 함께 심리학계에서 "거대통합이론"(synoptic theories)들이 자리를 잃게 되면서, 마음의 삼체계설 같이 일반적으로 받아들여지고 있었던 견해들도 퇴색할 수밖에 없었다. 자극-반응의 좁은 틀로 인간을 이해하려는 행동주의의 입장에서는 더 이상 인간의 정신 과정에 대한 통합적이고 포괄적인 분류를 할 필요성을 느끼지 못하게 되었던 것이다.[59]

하지만 1960년대 인지 과정에 대한 관심이 되살아나 행동주의가 퇴조하고 "인지 혁명"(認知革命, cognitive revolution)이 시작되면서 사정은 달라졌다. 인간의 마음에 대한 관심이 심리학자들 사이에 다시 되살아나게 되었던 것이다. 그러나 이 당시의 관심은 주로 인지, 곧 마음의 지적인 측면 또는 지적인 마음에 국한되고 있었다. 아직 삼체계설이 부활한 것은 아니었던 것이다. 1980년대 말 사회심리학자들을 중심으로 정서와 동기 과정에 미치는 문화의 영향에 관한 연구들이 이어지면서, 인지심리학에서 탐구되어 오던 인지의 부속체계로서의 정서와 동기가 아니라, 정서와 동기 과정 그 자체에 대해 심리학자들의 관심이 되살아나게 되었다.[60] 그리하여 1990년대 이후 심리학계에서는 다시 정서와 동기 과정에 대해서도 인지 과정에 대해서와 마찬가지로 관심을 가지고 연구하게 되었다. 이러한 사실에 비추어 보면, 지·정·의 삼체계설은 현재에도 서구심리학계에서 일반적으로 받아들여지고 있는 인간의 마음에 관한 보편적인 기본 관점이라 할 수 있을 것이다.

59 Allport, 1940.

60 Pittman, 1998, p. 549; Tomkins, 1981, pp. 306, 328.

2. 서구의 이성중심주의적 전통

이상에서 보았듯이, 인간 심성을 구성하는 심리구성체를 지·정·의 삼분체계로 보는 것은 현대심리학이 받아들인 서구 철학의 전통이었다. 이 가운데 정(情)은 현대심리학에서 정서(emotion)로, 의(意)는 동기(motivation)로 탐구되어, 인간 행동의 열소적(熱素的, hot) 압력 체계[61] 또는 행동 동원 체계[62]에 대한 연구의 맥을 구성하였다. 반면에 지(知)는 감각(sensation)·지각(perception)·학습(learning)·문제해결(problem solving)·기억(memory) 등 넓은 의미의 인지심리학(cognitive psychology)으로 탐구되었다. 이는 인간이 자신과 타인 및 외부 대상 세계를 인식하고, 그 결과로써 지식이 획득되고 축적되어 활용되는 인간 행동의 냉소적(冷素的, cold) 측면에 대한 연구를 이루었다.

전통적으로 현대의 서구심리학은, 특히 1960년대의 인지 혁명 이후에는 인지우월주의(認知優越主義)에 의해 지배되어, 열소적 요인인 정서와 동기를 인간 행동의 설명에 부차적인 체계로 보아, 인지의 부속체계로 간주하는 입장이 주류를 이루었다.[63] 현대 서구심리학의 이러한 인지우월주의의 입장은 서구 사회에 면면히 이어져 온 이성중심주의의 결과이다. 서구 사회에서는 고대 그리스 시대부터 지·정·의 삼 체계 가운데 지적인 활동의 원천인 이성을 우위에 놓고, 이를 중심으로 인간 존재를 이해하려는 전통이 강하였다. 여기에서는 고대 그리스 철학으

---

61 Kövecses, 1990.

62 Duffy, 1962.

63 Markus & Zajonc, 1985.

로부터 현대심리학에 이르기까지 서구 사회의 사상적 전통이 되어 온 이러한 이성중심주의를 시대별로 간단히 살펴보기로 하겠다.

1) 고대와 중세의 철학

서구에서 인간 심성의 구성 요소를 이렇게 지·정·의 세 요소로 보는 입장은 플라톤으로부터 시작되어 꾸준히 이어오는 전통인데, 앞에서 보았듯이 그는 인간의 영혼이 욕망·열정·이성의 세 요소로 구성되어 있다고 보았다. 플라톤이 이렇게 영혼의 세 가지 요소를 상정한 것은 정의(正義)의 개념을 규정하기 위한 전제 조건이었다. 플라톤이 제시한 정의와 영혼의 세 요소 사이의 관계는 다음과 같이 정리할 수 있다.

> 인간의 정의(正義)는 영혼의 세 부분이 서로 바른 관계를 유지하는 데서 성립한다. 바른 관계는 영혼의 세 부분이 각자 자기 몫을 행함으로써, 즉 각자에게 합당한 일을 행함으로써 달성된다. 이성의 경우 합당한 일은 바르게 사고하는 것이고, 열정의 경우는 적절히 반응하는 것이고, 욕망의 경우는 인간의 삶을 적절한 방식으로 규정하는 것이다. 그러나 열정과 욕망이 적절히 반응하게 하기 위해서는 이성이 바르게 사고할 뿐만 아니라, 일정한 방식으로 정서와 충동을 다스림으로써, 결과적으로 열정과 욕망이 이성을 따르게 할 필요가 있다. 이성의 다스림은 열정이나 욕망에 대한 억압의 한 형식으로 이해되어서는 안 되고, 인간의 감정과 충동의 질서로 이해되어야 한다. 질서는 이를테면 인간의 정서적 반응이 욕망을 따르지 않고 이성을 따르는 데에 세워진다……열정과 욕망은 이성의 다스림을 통해서만 전체로서의 영혼이 일종의 내적

> 조화를 달성하게끔, 다시 말해서 인간이 아무런 내적 갈등도 겪지 않게끔 정돈될 수 있다. 이런 내적 조화가 곧 인간의 정의이다. 왜냐 하면, 그런 인간은 이런 내적 성향 때문에 정의롭게 말고는 달리 행동하지 못할 것이기 때문이다.[64]

비교적 길게 따온 이 인용문에서 서구 사상이 따르고 있는 이성중심주의의 교의가 플라톤에서부터 이미 시작되고 있다는 사실을 유추할 수 있다. 플라톤은 열정과 욕망이 이성의 지배를 통해서라야 제대로 기능을 수행할 수 있다고 봄으로써, 사람의 심성(영혼)을 구성하는 세 가지 요소 중에서 이성을 가장 핵심적인 위치에 놓아, 인간을 "이성 주체"로 파악하는 전통의 초석을 놓고 있는 것이다.

플라톤이 이렇게 이성의 우월성을 상정하게 된 것은, 그가 열정과 욕망은 영혼의 하위 능력이지만, 이성은 상위의 능력이라 보기 때문이다. 그는 이상적인 국가의 성립 근거를 이성을 통해 갖추게 되는 덕(德, aretē)인 "지혜"의 담지자인 지배계층, 열정의 최적 발현을 통해 얻어지는 덕인 "용기"의 담지자인 호위계층, 그리고 욕망의 적합한 충족과 억제를 통해 보유하게 되는 덕인 "절제"의 담지자인 생산계층이 엄격한 상하의 위계질서 속에서 각자의 역할을 충실히 수행하는 데에서 찾고 있다. 곧 [욕망 → 열정 → 이성]의 위계구조로 인간의 영혼이 갖추고 있는 능력들 사이의 관계를 파악하는 것이 플라톤의 기본 관점인 것이다.

> 국가는 확대된 인간이며, 인간은 축소된 국가이다; 영혼이 가지고 있는 능력들 사이의 관계는 국가를 구성하는 계층들 사이의 관계

64 Bordt, 1999/2003, pp. 109–110.

에 상응한다. 이상적인 국가의 통치는 정의로운 통치이며, 이것은 구성원 모두의 동의에 기초하는 통치이다. 이에 상응하는 원칙이 영혼의 여러 능력들 사이에서도 유효하다. 이성은 영혼의 다른 두 능력에 의존한다. 이성의 지시는 오직 그들이 따르고 복종해 주어야만 효력을 가진다. 열정과 욕망이 이성에 의해 인도된다는 것은 이들에게 이로움이 된다. 왜냐하면, 이들은 이성의 인도 없이는 이들이 지향하는 가치들을 제대로 찾아가지 못할 위험에 빠지기 때문이다. 오직 이성만이 선(善)을 인식할 수 있다; 이성만이 깊이 따져 생각할 수 있으며, 모든 것의 경중을 재고 헤아릴 수 있으며, 앞으로의 변화를 미리 예견할 수 있다. 이성은 영혼의 다른 능력들보다 상위에 위치하며, 그럼으로써 영혼의 다른 능력들에 대해서도 올바르게 대처할 수 있다. 이성적 지배의 목표는 인간의 모든 충동과 능력들의 전체적인 조화를 실현하는 일인 것이다.[65]

이렇게 플라톤은 영혼의 위계구조설의 근거를 이상국가 체제에 관한 이론에서 유추해 내고 있다. 이와는 대조적으로, 아리스토텔레스는 영혼의 위계구조설의 근거를 영혼의 각 능력이 어떻게 인간에게 갖추어지게 되었는지 하는 발생 근거에서 찾고 있다. 그에 따르면, 욕망의 원천인 영양혼은 식물적 근거를 갖는 것이다. 이는 인간과 동물만이 아니라 식물들도 갖추고 있는 가장 하위의 영혼이다. 열정의 원천인 감각혼은 식물에게는 없고, 인간과 동물만이 보유하고 있는 것이다. 정서적 반응은 인간과 동물 같이 감각 능력을 갖추고 있는 존재들의 특징일 뿐, 식물은 갖추지 못한 능력이다. 그러므로 감각혼은 영양혼보다 상위에

65 Ricken, 1988/2000, p. 160.

있는 영혼이다. 마지막으로 지적 활동의 원천인 이성혼은 인간에게만 갖추어져 있다. 따라서 이성적 능력은 영혼이 갖추고 있는 세 능력 가운데 최상위에 자리 잡고 있다.[66] 이와 같이 아리스토텔레스는 이성중심주의의 근거를 [식물적 영혼(영양혼) → 동물적 영혼(감각혼) → 인간적 영혼(이성혼)]이라는 영혼의 계열적 발생순서에서 찾고 있는 것이다.

플라톤과 아리스토텔레스 같은 고대 그리스 철학자들의 영혼 삼분체계설을 이어 받은 중세 기독교 철학자들은 지·정·의 세 체계 사이의 관계에 대해서도 그리스 철학자들의 견해를 그대로 이어 받았다. 이들 기독교 철학자들은 이성·감성·욕구의 세 체계 가운데 이성만이 신의 존재와 그 의지를 인식하여 종교적 체험을 할 수 있는 근거가 된다고 보아, 고대 그리스 철학자들의 이성중심주의의 교의를 계승하고 있다.

플라톤의 영향을 받은 아우구스티누스는 인식 능력인 이성을 영혼의 최상위의 위치에 놓고, 이렇게 최상위 능력인 이성이 하위 능력들인 감정과 의지를 지도하여 개인이 악에 빠질 가능성을 방지하도록 하여야 한다고 주장하였다. 아리스토텔레스의 영향을 받은 아퀴나스는 이성은 비물질적이고 불멸적인 영혼이라고 보아, 물질적이고 신체와 함께 소멸하는 감각과 영양의 능력보다 상위에 있는 영혼의 능력이므로, 이성이 감각과 영양의 능력을 통제해야 인간은 신성을 체험할 수 있게 된다고 보았다. 이와 같이 기독교 철학자들은 이성에 신의 존재와 신성의 체험 능력을 부여함으로써, 이를 인간 영혼의 중심체계로 간주하는

66 Barnes, 1982/1989, pp. 122-127; Russell, 1959/2003, p. 140; Wesley, 1972, p. 58.

관점을 굳게 지켜 나가고 있는 것이다.[67]

2) 17~18세기 자유주의자들의 사회계약론

이기적인 욕망이 인간 행동의 근본적인 동인(動因)이라는 관점은 자유주의의 가장 큰 특색 중의 하나이다. 자유주의적 인간관에 의하면 개인을 움직이게 하는 욕구는 매우 적극적인 것으로서, 개인은 자기 자신의 행복과 쾌락 및 만족을 추구하는, 기본적으로 이기적인 정열과 욕망에 의해 활동하고 행동하는 존재라는 사실을 전제로 하여 이러한 자유주의적 인간관이 성립되고 있다. 이렇게 개인의 행동의 제일의 동인은 자기 자신의 이익과 행복, 곧 이기적인 쾌락의 추구에 있다고 자유주의자들은 보며, 이러한 쾌락 추구를 위해 적극적으로 노력할 권리가 모든 개인에게 천부적으로 주어져 있을 뿐만 아니라, 아무런 외적인 간섭과 제재만 없다면, 최대한의 쾌락 추구라는 자기본위적 목표가 달성될 수 있다고 보는 것이 자유주의의 기본 관념이다. 말하자면, "자유주의는 인간의 욕망은 저절로 있는 것이고, 인간의 기본적 성품의 일부이며, 외적 압력을 전혀 받지 않고 형성되는 것"이라고 본다. 그리하여 "자유주의는……사람들은 자기들이 원하는 바가 무엇이며, 자기들의 이해관계가 무엇인지를 다 알고 있고, 표현할 수 있다고 강조"[68]하는 것이다.

67 Höffe, 1994–1995/2001, Vol. 1, pp. 311–357, 401–442; Russell, 1959/2003, pp. 186, 197–200, 228–234; Wesley, 1972, pp. 58–59.

68 노명식, 1991, p. 39.

여기에서 자유주의의 욕망관과 이성관이 만나게 된다. 자유주의에서는 인간은 이기적인 쾌락 추구의 욕망과 함께 이성의 주체로서, 자기가 가지고 있는 욕망의 내용을 인식함은 물론, 이를 자기에게 유리하게 충족시킬 수 있는 방식을 합리적으로 선택할 수 있는 존재라고 보는 것이다. 이렇게 자유주의에서는 욕구의 인식과 그 실현 방법의 선택은 전적으로 개인이 가지고 있는 이성의 결과라고 보아, 욕망에 대한 이성의 우월성을 가정하고 있다.

자유주의의 욕망관과 이성관이 만나게 되는 또 하나의 접점은 개인 사이의 욕망 충돌의 가능성에서 찾을 수 있다. 누구든지 천부의 재산권과 소유권에 따라 자기의 이기적 욕구의 충족을 도모하다 보면, 필연적으로 욕구의 충돌이 빚어지게 되고, 그렇게 되면 사회는 혼란에 빠져 서로 간에 공멸의 상태에 이르게 될 수밖에 없을 것이다. 이러한 충돌을 피하기 위해 개인들의 동의 하에 욕구 조정의 체제를 만들기로 합의하게 되고, 그 결과 나타나는 것이 국가체제라고 자유주의자들은 주장한다. 이것이 바로 "사회계약설"의 요지인데, 이러한 계약설의 근저에는 개인 존재가 가지고 있는 이성 혹은 합리성에 대한 믿음이 놓여 있는 것이다. 이렇게 개인들의 욕망의 충돌이 낳을 파괴적 혼란을 방지해 주는 장치가 바로 개인이 본유적으로 갖추고 있는 이성 혹은 합리성이라고 보는 것이 개인주의의 기본 이념이다.

욕망이 있고, 그 욕망을 추구하는 추진력이 있는 것만으로는 그 욕망의 충족이 보장되지 않는다. 이는 자기에게 가장 적절하고 유리한 방법을 선택하여 행동으로 옮겨야 욕망의 충족 여부가 결정된다. 이성은 이러한 선택의 기능을 수행하는 인간의 본성이다. 이성은 개인이 가진 서로 다른 욕망들이 경쟁할 때, 그리고 나의 욕구와 타인의 욕구가 충돌할 때 "가장 경제적인 방법으로 최대의 만족을 얻는 방법을 가르친다." 따라서 "이성은 본질적으로 자기이익을 가장 효과적으로 추구할 수 있는 계산 능력"[69]을 본질로 한다. 이렇게 욕망이 이성보다 선행하는 것일지는 모르지만, 그 충족 여부는 전적으로 그 충족 방법에 대한 합리적인 계산과 선택에 달려 있게 마련이고, 이러한 관점에서 보면 인간의 삶에 있어서 이성은 욕망보다 우월한 것이다.[70]

이러한 맥락에서 자유주의적 사회계약론자들의 이성중심주의적인 입장을 이해할 수 있다. 앞에서도 보았듯이, 사회계약론자들은 아무런 인위적 강제력이 존재하기 이전의 자연상태를 가정하여 자기들의 논리 전개의 기초로 삼고 있다. 이러한 자연상태는 본질적으로 또는 여러 가지 취약성(홉스·로크)이나 자연스러운 진화의 결과(루소)로 인해 자연인의 본성을 실현하기 어려운 상태라는 것이 그들의 논리적인 귀결이다. 인간의 이기적인 욕구의 무제한적인 추구로부터 자연상태의 혼란이나 취약성이 필연적으로 나올 수밖에 없다는 것이다. 이러한 자연상태의 혼란이나 취약성으로부터 벗어나는 길은 자연인이 가지고 있는 욕구추구의 권리(자연권)를 제한하는 공동생활의 규약을 만드는 수밖에 없다. 그리하여 자연상태에서 자연인들은 자기들이 보유하고 있는 욕구추구의 자연권을 사회에 양도하기로 하는 계약을 서로 간에 체결하게 되고, 그렇게 하여 설립되는 국가권력에 따르기로 협약하게 된다는 것이 사회계약론자들의 관점이다. 이렇게 자연권을 제한하여 사회에 양도하는

69 노명식, 1991, p. 41.

70 조긍호, 2008, pp. 83-85.

사회계약을 맺게 되는 근거는 자연인이 본유적으로 갖추고 있는 이성의 힘에 있다고 사회계약론자들은 주장한다. 즉, 이성의 능력이 자연상태의 혼란으로부터 사회에 안전과 평화를 가져오는 근본적인 요인이라는 것이다.

이와 같이 계몽사상으로 이어진 자유주의에서는 인간의 이성에 대해 서구 사상사에서 그 어느 때보다 더 적극적이고도 낙관적인 입장을 표명한다. "이 흐름의 자유주의자들에게 있어서 이성은 계산 능력보다 더 높은 차원의 것으로서, 개인생활과 사회생활을 그 이성의 이상(理想) 위에 수립할 수 있다고 믿는다."[71] 그들은 개인이나 사회는 이러한 합리적인 이성의 기능에 의해 자연과 인간성에 대한 합리적 이해를 할 수 있게 된다고 생각한다. 그뿐만 아니라 자유주의자들은, 이러한 합리적 이해에 근거하여 불합리하거나 비합리적인 정열·욕망·증오·편견·습관·전통 따위의 굴레에서 벗어나게 되고, 그 결과 인류의 진보와 행복에 보편적으로 적용할 수 있는 원리들을 체계적으로 도출할 수 있게 된다고 믿는다. 이렇게 이성은 인간과 자연 및 인류 사회를 지배하는 보편적 원리를 발견해 낼 수 있는 과학적 탐구의 근거이며, 결과적으로 인류 사회의 진보는 바로 이성이 인간에게 본유적으로 갖추어져 있다는 사실 때문에 가능하게 된다고 자유주의자들은 보고 있는 것이다. 그들의 이러한 주장의 이면에는 서구 사회에 면면히 이어져 온 이성중심주의의 전통이 놓여 있다.

---

71 노명식, 1991, p. 42.

3) 18~19세기 유럽 대륙의 철학과 심리학

18~19세기는 서구 사회에 계몽주의와 낭만주의의 사조가 위세를 떨치던 시기였다. "계몽운동은 본질적으로 자립된 지적 활동의 가치를 더 높이는 일이었으며, 참으로 글자 뜻 그대로 이제까지 암흑이 지배해 오던 곳에 광명의 빛을 비추는 것을 목표로 삼았었다."[72] 이와 마찬가지로 낭만주의의 가장 중요한 영향은 "이성을 지나치게 강조하게 된 일인데, 이 노선에 따른 사람들은 인류의 현안 문제에 우리의 정신을 좀 더 치밀하게 집중하기만 하면, 인류의 모든 어려운 문제가 영구히 해결될 수 있다는 실현성 없는 희망을 갖게 되었다."[73] 이렇게 계몽주의와 낭만주의가 서구 사회를 풍미하던 18세기와 19세기 서구의 "모든 사상가가 함께 강조하고 있었던 것은 이성의 탁월성이었다. 사람들 위에 그 동안 군림해 오던 종교를 타파해 버린 프랑스 대혁명 이후에는 최고의 것이 사람들에 의해 정해지게 되었으며,……본질적으로 이 일은 이성을 신으로 모시는 일이었다."[74]

이러한 입장에서 18~19세기 서구의 사상가들은 인간의 영혼 또는 마음을 구성하는 세 체계 가운데 지적 능력의 체계인 또는 지적 활동을

---

72 Russell, 1959/2003, p. 338.

73 Russell, 1959/2003, p. 340; 그러나 같은 쪽에서 Russell은 "그런데 낭만주의는 다른 한편으로 이성에 대해 과소평가하는 경향도 똑 같이 보여주고 있다"면서, "이 비이성주의적 태도는―이 태도를 보여주고 있는 가장 잘 알려진 실례는 실존주의라고 하겠는데―여러 가지 점에서 산업사회가 개인의 생활을 잠식하는 일이 확대일로에 있는 현실에 대한 반발이라고 보아야 할 것"이라 적어, 낭만주의의 이성중심주의에 대해 어느 정도 유보적인 단서조항을 붙이고 있다.

74 Russell, 1959/2003, pp. 342-343.

담당하는 이성의 우월성을 중심으로 마음의 삼분체계설을 개념화하고 있다. 칸트는 선험적 인지 능력의 원천을 순수이성에서, 욕구와 의지적 선택 능력의 원천을 실천이성에서, 그리고 감정과 정념의 원천을 판단력에서 찾고 있는데, 이는 기본적으로 지성의 능력에서 인간이 보유하고 있는 지·정·의 삼 체계의 근거를 구하려는 태도를 드러내는 것이라고 볼 수 있다.

영국을 중심으로 하여 전개된 연합주의심리학에서는 이러한 인지우월주의가 더욱 확실히 자리를 잡게 되었다고 볼 수 있다. "연합주의자들은 아리스토텔레스의 연합의 원리가 지식·사고·심상·관념 같은 모든 정신적 내용의 선택과 저장, 그리고 구성 과정에서 핵심적 역할을 하게 된다고 믿고 있었다."[75] 이들에 따르면, 감정과 욕구 같은 의식의 다른 측면들도 각각에 대한 관념들의 연합 과정으로 분석할 수 있다고 한다. 이렇게 이들도 지·정·의 세 측면의 의식이 지적인 측면을 중심으로 하여 구성된다는 인지우월주의의 기치를 드높이고 있는 것이다.

연합주의자들의 이러한 인지우월주의의 입장은 19세기 영국 연합주의심리학의 대표자인 베인의 관점에서 잘 드러나고 있다. "그는 의식의 삼 체계를 서술하면서 사고 또는 인지로부터 시작하는 대신,[76] 감정과 [결의에 의한] 활동에 우선성을 두고, [감각을 포함하여] 사고는 그 뒤로 돌리고 있다."[77] 그는 감정의 존재는 인간의 마음이 가지고 있는

75 Wesley, 1972, p. 59.

76 앞 항목의 "(3) 19세기 영국의 연합주의 심리학"에 인용된 Bain(1868)의 글(주 50) 참조.

77 Hilgard, 1980, p. 111.

징표 가운데 가장 의심할 나위가 없는 것이라고 확신하고 있다. 이러한 사실은 인간의 활동 가운데서 감정 반응 현상이 가장 먼저 나타난다는 감정의 우선성에서뿐만 아니라, 동물 창조의 서로 다른 순서에서도 똑같은 증거를 찾아볼 수 있기 때문이라는 것이다. 곧 식물계나 무생물계에는 감정이 없으므로, 감정 현상이 인간 의식 가운데 가장 먼저 생겨나는 부분임이 분명하다는 것이다.

다음으로 마음을 가지고 있는 것으로 인정되는 모든 동물들은 활동할 수 있다는 사실로부터 의지적이거나 욕구적인 의식의 범주가 존재하고 있다는 확실한 근거를 찾을 수 있다고 베인은 본다. 이어서 남는 것은 기억·추론·판단·상상과 같은 활동을 포괄하는 사고와 지능 및 인지의 광범위한 영역인데, 이러한 광범위한 인지 기능의 수행 과정에서 베인은 변별·비교·파지(把持)의 기능에 핵심적인 중요성을 부여하고 있다. 그에 따르면, 이러한 변별·비교·파지의 기능은 인간에게만 고유한 기능으로, 아리스토텔레스의 연합의 법칙이 적용되는 의식의 영역이다. 따라서 이는 인간의 의식을 구성하는 가장 핵심적인 측면이라는 것이 베인의 견해이다.

이러한 베인의 견해는 아리스토텔레스의 영혼 발생위계설과 유사한 점이 있다. 어쨌든 베인을 포함하는 영국의 연합주의 심리학자들은 지·정·의 삼 체계 가운데 지적인 측면을 중심으로 하여 인간의 의식 현상을 파악하려는 인지우월주의의 관점을 견지함으로써, 플라톤으로부터 이어져 온 서구 사회의 이성중심주의적 전통을 이어가고 있는 것이다.

4) 20세기 중반의 인지심리학과 인지우월주의

18세기 중엽 스코틀랜드 학파의 능력심리학이 미국 사회에 소개되면서부터, 미국의 심리학계에서 마음의 삼분체계설은 보편적으로 받아들여지는 표준적인 견해였다. 능력심리학 같이 지·정·의 삼 체계를 마음이 본유적으로 갖추고 있는 세 가지 서로 다른 능력의 체계로 보든지, 아니면 연합주의심리학 같이 이를 통합적인 의식이 특정한 순간에 겉으로 드러나는 세 차원의 의식 현상으로 보든지 간에, 미국에서도 지·정·의 삼 체계 사이의 관계를 파악하는 인지우월주의의 뿌리는 매우 깊다. 헤이븐(J. Haven, 1816~1874)이 이미 19세기 중엽 곧 "인지심리학이 그 최대 절정에 이르기 한 세기 전에 이미 지·정·의 세 체계 중 인지를 과다하게 강조하는 풍조에 대해 강력하게 경고"[78]하고 있다는 사실은 서구 사회에 인지우월주의가 어느 정도나 깊이 뿌리를 내리고 있는지에 대한 좋은 증거가 된다.

심리학자들이 이렇게 지적인 요소를 중심으로 마음의 삼 체계를 파악하는 인지우월주의에 기울어지게 된 데에는 서구 사회에 오랫동안 이어져 온 사상적 배경도 큰 몫을 하였지만, 과학적 탐구를 지향해 온 심리학의 학문적 성격도 일정 부분 영향을 미쳤다. 심리학은 인간의 심성에 대한 객관적·과학적 탐구를 모토로 삼고 철학으로부터 독립하였다. 그러므로 심리학과 철학의 가장 기본적인 차이는 그 방법론에 있다. 철학의 제일 방법은 논리적인 사색이지만, 심리학의 제일 방법은 실증적인 관찰이다. 초기에 심리학자들이 채택한 실증적 관찰의 방법

78 Hilgard, 1980, p. 112.

은 내성(內省, introspection)법이었다. 이는 외부에서 주어지는 자극에 대한 자기 자신의 의식 내용을 스스로가 관찰해서 보고하는 방법이다.

초기의 심리학자들은 이러한 내성 방법을 통해 인간의 의식을 구성하는 요소들을 찾아내려 하였다. 외부에서 주어지는 자극을 통해 얻어지는 감각 내용이나 관념 내용을 스스로가 관찰하여 연구자에게 보고하면, 내성하는 사람 자신일 수도 있고 제삼자일 수도 있는 연구자는 이 내용들을 분석하여 제시되는 자극에 대한 의식의 구성 요소들을 확인하려 하는 것이다. 이러한 내성법에 의해 탐구되는 주제는 대체로 감각과 지각 같은 지적인 내용의 것이었다. 그것이 가장 손쉽고도 객관적으로 접근할 수 있는 의식의 내용이기 때문이다. 이러한 맥락에서 심리학자들이 인간 의식의 문제를 인지적인 측면을 중심으로 바라보게 된 근거의 일단을 찾아볼 수 있을 것이다.[79]

그러나 이러한 내성 방법은 곧 그 객관성에 대해 의심을 받게 되었다. 자기의 의식 내용을 스스로가 관찰하여 보고하는 내성 자료의 객관적인 신빙성을 믿기 힘들다는 것이었다. "심리학 이론의 성공을 위한 기준이 내성 같은 개인의 사적인 체험에만 의존한다면, 그러한 증거는 공공성을 확보할 수 없다"[80]는 것이 비판의 요지였다. 이러한 비판을 가장 격렬하게 제시한 사람들은 왓슨(John B. Watson, 1878~1958)을 중심으로 한 행동주의자들이었다.

이들은 내성 방법은 주관적이어서 과학적 자료 수집 방법으로 가치가 없으므로, 이를 버리고 제삼자의 객관적인 행동을 또 다른 제삼

---

79 Fiske & Taylor, 1991, pp. 6-14.

80 Fiske & Taylor, 1991, p. 7.

자가 관찰하는 자연과학적인 실험(實驗, experiment) 방법을 심리학의 연구 방법으로 채택해야 심리학이 과학으로 성립할 수 있다고 주장하였다. 더 나아가 이들은 객관적인 행동의 설명에서도 의식이나 마음 같은 주관적인 용어를 버리고, 오로지 객관적으로 측정된 자극-반응(stimulus-response)의 체계로만 이해하여야 심리학의 과학화가 이루어질 수 있다고 보았다. 다음은 이러한 주장을 담은 왓슨의 글의 일부이다.

> 행동주의자의 입장에서 보면, 심리학은 순전히 자연과학의 객관적인 실험 분과가 되어야 하며, 그 이론적 목표는 행동의 예측과 통제에 두어야 한다. 내성은 결코 심리학의 기본적인 방법이 될 수 없으며, 그 자료의 과학적인 가치가 결단코 의식에 기초한 해석에 의존하여 얻어질 수는 없다. 심리학이 절대로 의식에 대해 언급하지 말아야 할 때가 온 것이다.[81]

이러한 행동주의는 1910년대에 태동되어 1960년대 초반까지 미국뿐만 아니라 전 세계의 심리학계를 지배하는 흐름이 되었다. 이러한 행동주의의 시대에 의식이나 마음은 심리학계에서 폐기 처분되어, 심리학자들이 이러한 개인 내적 구성물의 의미를 함축하고 있는 단어를 더 이상 심리학의 용어로 사용하지 않게 되었다. 그러나 1950년대를 거쳐 1960년대 초반에 이르러 인지에 대한 관심이 되살아나면서, 의식의 문제가 심리학의 전면에 부활하게 되었다.[82]

---

81 Watson, 1913, p. 158.

82 Mandler, 2007, pp. 93-107.

1960년대에 인지에 대한 관심이 되살아나게 된 데에는 첫째, 자극–반응의 개념틀로 언어 습득과 언어 사용 현상을 설명하려는 시도들이 실패로 끝나고 말았다는 사실, 둘째 지식과 기술 습득에 관한 연구들을 통해 "정보 처리"(information processing)라는 새로운 접근법이 도입되었다는 사실, 그리고, 셋째 컴퓨터의 출현과 발달로 인해, 자극과 반응 사이에 개재하는 것으로 추정되기는 하지만, 겉으로는 관찰할 수 없는 정신 과정을 추적하여 연구할 수 있는 방법이 개발되었다는 사실들이 놓여 있다.[83]

이러한 배경에서 되살아난 인지 과정에 대한 관심은 "1950년대부터 미국심리학계를 중심으로 전개된 '인지 혁명'을 이끌었다."[84] 이러한 인지 혁명의 결과, 지·정·의 세 측면의 인간 의식 가운데 인지를 중심으로 하고, 나머지는 인지의 부속체계 또는 하위체계로 보려는 인지심리학이 1960년대 이후의 미국을 위시한 서구심리학의 핵심 조류를 형성하게 되었다. 이렇게 행동주의를 퇴장시키고 의식이나 마음의 문제를 심리학의 전면에 다시 등장시킨 사건이 "정서 혁명"이나 "동기 혁명"이 아니라 "인지 혁명"에 의해 주도되었다는 사실은, 서구 사회에서 이성중심주의의 뿌리가 얼마나 강고한지를 웅변적으로 드러내 주고 있는 사건이라 할 수 있을 것이다.

83 Fiske & Taylor, 1991, pp. 7–9.

84 Mandler, 2007, p. 165.

3. 서구의 심리구성체론 종합

지금까지 고대 그리스 철학자들의 영혼론으로부터 시작하여 중세 기독교 철학자들의 관점과 17~18세기 자유주의자들의 사회계약론에 제시되어 있는 인간 심성의 요소론을 살펴본 다음, 18세기 이후 현대에 이르기까지의 서구 철학자들과 심리학자들의 인간 심성 또는 능력의 요소와 차원에 관한 관점 및 이들 사이의 관계에 대한 입장들을 개략적으로 살펴보았다. 이를 통해 서구 사회에는 인간의 심리구성체가 지(이성)·정(감성)·의(욕구)의 세 체계로 이루어지고 있다는 삼분체계론이 지배하여 왔으며, 이 세 체계 가운데 이성을 중심으로 하여 인간의 삶과 사회 질서를 파악하려는 이성중심주의의 전통이 강하게 영향을 끼쳐 왔음을 확인할 수 있었다. 이는 현대심리학의 연구에도 그대로 이어지고 있는 경향이다.

1) 서구의 삼분체계론

서구에서 인간 심성의 구성 요소를 지·정·의의 세 체계로 보는 관점의 서막을 연 사람은 고대 그리스의 철학자인 플라톤과 아리스토텔레스였는데, 그들의 이론은 그 후 서구 철학사를 면면히 지배해 온 전통적인 관점이 되었다.[85] 플라톤은 영적 갈등 상황(예: 물을 마시고 싶지

85 Russell(1959/2003)은 "철학적 문제치고 이 두 철학자[플라톤과 아리스토텔레스]가 조금이나마 가치 있는 발언을 해놓지 않은 문제가 없는 까닭에, 오늘날 이 두 사람의 철학을 무시하고 아예 원점에서부터 독창적으로 시작하는 철학자가 있다면 그가 누구든 그의 노력이 완전히 헛수고에 그칠 수도 있는 위험을 감수하고

만, 마셔서는 안 되는 상황)으로부터 연역하여 인간의 영혼이 욕망과 이성과 열정으로 구성된다고 보았다. 이러한 그의 영혼 삼체계설은 그의 국가 구성 원칙으로부터 도출된다. 그는 한 국가가 성립되기 위해서는 지혜의 담지자인 지배계층, 용기의 담지자인 호위계층, 절제의 담지자인 생산계층이 있어야 하듯이, 한 개인의 영혼에도 이 세 가지 덕의 근원인 이성·열정·욕망이 갖추어져 있어야 한다고 보았던 것이다.

플라톤의 삼체계설은 아리스토텔레스에게 이어졌다. 아리스토텔레스는 플라톤과 달리 발생적 순서에 따라 영혼의 삼 체계 사이에 위계를 부여하여, 식물은 영양혼(욕망)만을 가지고, 동물은 이 이외에 감각혼(열정)을 가지며, 인간은 이 두 가지 영혼에 더하여 이성혼(이성)을 가지고 있다는 이론을 제시하였다.

이러한 고대 그리스 철학의 영혼 삼체계설은 아우구스티누스와 아퀴나스 같은 중세의 기독교 철학자들에게로 이어졌다. 이들은 각각 플라톤과 아리스토텔레스의 이론을 물려 받았는데, 다만 이성에 종교적이거나 초자연적인 속성을 첨가하여, 이성의 능력을 통해 유한한 존재인 인간이 불멸하는 전능자인 신의 존재를 인식하고 또 신의 속성에 대해 이해할 수 있다고 보았다는 점이 특이할 뿐이었다.

중세로부터 벗어나 근대 사회로 진입하면서도 심성의 삼분체계론은 그대로 이어졌다. 서구 사회의 근대는 "개인화"의 물결이 휘몰아친 시대로 특징지을 수 있는데, 17~18세기의 자유주의사상과 계몽주의

나서야 할 것"(p.84)이라 공언하고 있다. 이런 관점에서 보면, 심리구성체의 문제에 대해서도 플라톤과 아리스토텔레스의 이론이 이후 전개되는 서구 철학사의 지주가 되고 있는 사실을 이해할 수 있다.

운동에서 서구 개인주의는 사상적으로 만개하게 되었다. 이 시기에는 신(神)의 의지나 속성에 의해 인간의 삶과 사회행위를 이해하려는 중세의 이념이 퇴조하고, 개인의 속성에서 인간의 삶과 사회형성 및 질서의 원동력을 찾으려는 관념이 등장하였다. 다양한 분야에서 이러한 운동이 벌어졌는데, 그 대표적인 사람들은 홉스와 로크 및 루소 같은 사회계약론자들이었다.

이들 사회계약론자들은 아무런 인위적인 강제력이 존재하기 이전의 자연상태를 상정하고, 이러한 자연상태에서의 인간 곧 자연인의 속성에서 사회형성과 국가권력의 원천을 찾아보려는 사람들이었다. 그런데 이들도 자연인은 자기이익추구의 욕구(홉스·로크·루소), 이익추구의 성공과 실패에서 오는 감정(홉스·로크) 또는 자연상태에의 열정과 타인에 대한 연민과 동정심 같은 감성(루소) 및 합리직 선택의 근거인 이성(홉스·로크·루소)을 갖추고 있으며, 이 세 가지가 인간의 본유적인 심성 요소라고 보고 있다.

18세기에 들어서면서 대륙의 관념론자들도 고대로부터 내려온 삼분체계설을 물려받고 있었는데, 그 대표자는 칸트라고 볼 수 있다. 칸트는 유명한 삼 비판서[순수이성 비판, 실천이성 비판, 판단력 비판]를 통해 인간의 선험적 능력을 고찰하고, 지·정·의 세 체계는 그 자체 선험적인 근거를 가지는 것이라고 주장하여, 삼분체계설에 논리적인 확실성을 부여하였다.

칸트가 활동하던 시기에 독일에서는 멘델스존과 테텐스 같은 사람들에 의해 능력심리학이 태동되어 연구되었는데, 이들은 지·정·의 세 요소를 인간의 마음이 작용하는 세 차원의 능력이라 보고, 각각의 작용을 내성 방법에 의해 탐구하기 시작하였다. 그러니까 18세기 독일에서는 삼요소설이 삼능력설로 연구의 방향을 달리하였을 뿐, 인간의 심성에 대한 삼분체계설은 그대로 유지되고 있었다고 볼 수 있다.

이러한 능력심리학이 스코틀랜드로 건너가 마음의 다양한 능력을 찾아내려는 경향을 띠면서 삼체계설이 잠시 주춤하다가, 19세기의 영국에서 연합심리학이 대두되어 마음의 통합성을 강조하게 됨으로써 그 세력이 일정 부분 회복되었다. 브라운과 베인 같은 연합주의 심리학자들은 마음의 다양한 능력을 찾아 단순히 나열하려는 스코틀랜드 능력심리학의 교의를 비판하고, 마음의 통합적인 작용 또는 그 기능을 연합의 원리에 따라 정리하려 하였다. 그들에 따르면 인식·감정·욕망은 서로 관련을 맺지 않는 별개의 체계가 아니라, 서로 연합되어 작용하면서 정신생활의 각 순간에 지배적으로 나타나는 기능이라고 보았다. 그러므로 이들 연합심리학자들도 마음의 삼분체계설을 받아들이고 있었다고 볼 수 있다.

이러한 삼분체계설은 20세기에 발달한 미국심리학에서도 그대로 받아들여지고 있었다. 그러나 1920년대 이후 행동주의가 득세하면서 자극–반응의 좁은 틀로 인간의 행동을 이해하려는 견해가 미국심리학을 지배하게 되면서, 마음의 삼분체계설은 현대심리학에서 설 자리를 잃게 되었다. 하지만 삼분체계설이 다시 현대심리학에서 지배적인 인간 심성 이해의 틀로 받아들여지는 데에는 그리 오랜 시간이 걸리지 않았다. 1950년대를 거쳐 1960년대에 "인지 혁명"이 대두하면서 마음의 지적인 측면에 관한 관심이 되살아나고, 1980년대 인지적 판단에 대한 정서 반응의 우선성에 관한 논의가 불붙으면서[86] "정서 혁명"이 전개

86 예: Frijda, 1986, 1988; Lazarus, 1982, 1984; Tomkins, 1981; Zajonc, 1980, 1984.

되어 정적 측면에 대한 관심이 회복되었다. 이어서 1990년대에는 인간 삶에서의 동기 과정의 중요성 및 문화에 따른 동기의 내용의 차이에 대한 연구들과 함께[87] "동기 혁명"이 진행되어 욕구적 측면에의 관심이 새로워지면서, 전통적인 삼분체계설은 서구의 지배적인 심리구성체론으로서의 위상을 다시 되찾게 되었던 것이다.[88]

2) 서구의 이성중심주의

서구에서 이성중심주의의 전통을 연 사람도 플라톤과 아리스토텔레스였다. 플라톤은 정의의 관념과 국가론에 입각해서 이성중심주의를 설파하고 있다. 그에 따르면, 영혼의 세 부분(이성·열정·욕망)이 서로 바른 관계를 유지하는 것이 바로 정의인데, 열정과 욕망은 이성의 지배 아래 있을 때 제대로 기능을 수행할 수 있다고 보아, 이성중심주의의 초석을 놓고 있다. 이성은 국가 구성의 세 계층 중에서 지배계층의 덕인 지혜의 근거이고, 열정과 욕망은 각각 호위계층과 생산계층의 덕인 용기와 절제의 근거로서, 제대로 작용하는 정의로운 국가는 지배계층인 철인이 호위계층과 생산계층을 통제함으로써 각자의 역할을 제대로

87 예: D'Andrade, 1992; Munro, 1997; Pittman, 1998.

88 LeDoux(2002/2011)는 최근의 신경과학 분야의 연구를 종합하여, "오랜 역사를 거치면서 마음은 인지·감정·동기의 3대 요소가 섞여 있는 3부작으로 인식되어 왔다"(p. 293)면서, 각각에 작용하는 대뇌 신경기제의 확인을 통해 "마음은 인지·감정·동기화 기능들에 전념하는 시냅스 네트워크를 포함하는 하나의 종합 시스템"(p. 427)이라고 주장하여, 서구의 삼분체계론이 현대심리학뿐만 아니라 신경과학 분야의 연구에도 지배적인 영향을 끼치고 있는 논리체계라는 사실을 지적하고 있다.

수행하도록 감독해야 이루어질 수 있으므로, 열정과 욕망은 이성의 지배를 받을 수밖에 없다는 것이 플라톤의 관점이었다. 이렇게 플라톤은 영혼의 위계구조설을 바탕으로 이성중심주의를 제창하고 있는 것이다.

아리스토텔레스도 영혼의 위계구조설을 펴고 있는데, 그는 이러한 위계의 근거를 각각의 발생 근거에서 찾는 관점을 제시하고 있다. 즉, 욕망의 원천인 영양혼은 식물적인 영혼일 뿐이고, 감정의 원천인 감각혼은 동물적인 영혼일 뿐이며, 지적 활동의 원천인 이성혼은 인간만이 갖추고 있는 영혼이기 때문에, 이성이 최상의 위계에 있는 영혼이라는 것이 아리스토텔레스의 이성중심주의의 요체였다.

플라톤과 아리스토텔레스를 이어받은 중세 기독교 철학자들도 이성중심주의의 교의를 펴고 있다. 욕망과 열정은 인간을 악으로 빠뜨리게 하는 원천이고, 이성은 신의 존재에 대한 인식과 신성 체험의 원천이기 때문에, 이성으로 욕망과 열정을 통제해야 인간은 신의 의지에 부합하는 착한 삶을 영위할 수 있다고 보는 것이 아우구스티누스와 아퀴나스 같은 기독교 철학자들의 이성중심주의의 대의이다.

르네상스와 기독교개혁 운동 이후 근대로 접어들면서도 이러한 이성중심주의의 전통은 그대로 이어졌다. 아니 오히려 과학혁명에 이어 자유주의가 대두되면서 이성중심주의의 경향은 더욱 강화되었다고 볼 수 있다. 자유주의사상의 맥락에서 사회와 국가권력 형성의 원천을 자유로운 개인들 사이의 계약에서 찾으려는 사회계약론자들에게서 이러한 이성중심주의는 절정을 맞는다. 홉스와 로크 및 루소 같은 계약론자들은 욕구와 감정에 따라서만 삶을 영위하는 자연상태에서는 상호 간의 이익갈등으로 인해 혼란이 유발되어, 결과적으로 개인의 자유가 억압되고 개인의 삶이 피폐해질 수밖에 없는데, 이때 개인들이 이성에 의해 합리적인 계약을 체결함으로써 안전과 평화의 체제인 국가를 설립하게 된다고 주장한다. 이렇게 욕구와 감정은 혼란과 투쟁의 원천이지만 이성은 안전과 평화의 원천으로서, 인간의 삶은 이성의 지도 아래 이루어져야 한다는 것이 사회계약론자들의 이성중심주의의 논지인 것이다.

18세기 계몽주의자들은 인간의 이성 능력에 따라 개인과 사회의 무지몽매함을 제거하고 진보를 도모할 수 있다고 주장하여 이성의 우월성을 강조하였다. 칸트 같은 합리론자들도 인간의 지성의 능력에서 지·정·의 삼 체계의 근거를 구하려는 이성중심주의의 입장에 서 있다. 영국의 연합주의 심리학자들도, 특히 베인 같은 사람은 아리스토텔레스의 영혼의 발생위계설을 받아들여, 인지 기능이 인간의 의식을 구성하는 핵심적인 측면이라는 관점에서 이성중심주의의 관점을 견지하고 있다.

이러한 이성중심주의의 경향은 20세기의 미국심리학에도 그대로 유입되었다. 1920년대 행동주의의 득세에 따라 의식이나 마음 같은 개념들이 심리학에서 추방되면서 지성뿐만 아니라 감성과 욕구도 심리학 연구의 대상이 되지 못하고, 따라서 이러한 이성중심주의가 사라지는 듯 했으나, 1950~1960년대에 "인지 혁명"에 의해 되살아났다. 1980년대 이후 "정서 혁명"과 "동기 혁명"이 진행되면서 감성과 욕구에 대한 관심도 부활하고 있으나, 아직 미국심리학을 지배하고 있는 경향이 인지우월주의라는 사실은 부인하기 힘들다.[89] 인간 이해의 근거로서의 삼

89 정양은, 1995, 2003; Hilgard, 1980; Kunda, 1990; Mandler, 2007.

분체계설의 토대를 허물고자 했던 행동주의에 대한 반론이 정서 연구자나 동기 연구자에 의해서가 아니라 인지 연구자들에 의해 먼저 제기되었다는 사실은 서구 사회에서 이성중심주의의 전통이 얼마나 강고한지를 입증하는 사례라고 볼 수 있을 것이다.

2장

유학사상의 인성론:
사분체계론과 덕성중심주의

2장

유학사상의 인성론: 사분체계론과 덕성중심주의

유학의 체계는 우주 안에서 인간이 차지하는 독특한 위상을 인간이 갖추고 태어나는 본성에서 찾으려는 인성론(人性論)을 바탕으로 하여 성립하고 있다.[1] 전통적으로 유학의 인성론은 동물과 다른 인간의 본성이 착한지 아니면 악한지 하는 문제를 중심으로 고찰되어 왔다. 이러한 배경에서 유학사상사에서 인성론의 비조를 "맹자의 성선설(性善說)과 순자의 성악설(性惡說)의 두 주류로 삼기 일쑤"[2]인 까닭을 찾아볼 수 있다.

그러나 여기에서는 그러한 선·악의 관점을 떠나, 유학사상에서 인

---

1 김충렬, 1982, pp. 180-182; 馮友蘭, 1948/1977, pp. 105-107; Needham, 1969/1986, Vol. Ⅱ, pp. 21-29.

2 김충렬, 1982, p. 170.

간의 심성에 본유하는 것으로 여기는 특성은 그것이 동물적인 근거를 가지는 것이든, 아니면 인간에게만 고유한 것이든 상관없이 모두 인간의 본성이라 보는 관점에서 인성론을 고찰하고자 한다. 말하자면, 이 책에서 인성론은 인간의 심성 체계를 구성하는 심리구성체론(心理構成體論)과 같은 의미를 내포하는 개념으로 사용되고 있다.

이 책에서 유학의 인성론을 심리구성체론의 관점에서 살펴보려는 까닭은, 유학의 인성론이 가지는 심리학적 함의는 인성의 선·악 여부의 확인을 통해 찾아질 수 있는 것이라기보다는, 인간에게 본유적으로 갖추어져 있는, 그리하여 인간 심성을 구성하는 원초적인 요소로서 심리학적 연구의 대상이 되어야 할 내용들을 확인하는 작업을 통해 찾아질 수 있을 것이기 때문이다.

1. 유학사상의 사분체계론

유학사상사에서 다른 이론체계와는 달리 인성론의 경우에만 공자를 그 시조로 여기지 않게 된 것은, 그가 맹자나 순자 같이 성선이나 성악이라는 분명한 입장을 제시하지 않았을 뿐만 아니라, 사람이 본래 갖추고 태어나는 인간의 본성을 지칭하는 성(性)이 《맹자(孟子)》에서는 35회, 그리고 《순자(荀子)》에서는 92회나 쓰이고 있지만, 《논어(論語)》에서는 오직 2회만 쓰이고 있을 뿐[3]이라는 사실에서 기인한다고도 볼

3 Harvard-Yenching Institute, 《孟子引得》 (1940), 《荀子引得》 (1950), 《論語引得》 (1940) 참조.

수 있다. 공자가 직접 성에 대해 말한 것은 "사람의 본성[性]은 서로 비슷하지만, 익히는 바[習]에 따라 서로 달라진다"[4]는 것뿐이고, 제자들과 나눈 대화에서 공자는 이에 대해 거의 언급하지 않았다. 공자의 제자인 자공(子貢)은 "선생님께서 성(性)과 천도(天道)에 대해 말씀하시는 것은 들을 수 없었다"[5]고 하여, 공자가 인간의 본성에 대한 이론을 직접 제시하지는 않았음을 분명히 하고 있다.

그러나 "공자가 본 성(性)은 그 선·악이 전혀 인위적인 것"[6]이라는 의미에서 그가 성선이나 성악의 관점을 피력하지 않았을 뿐, 그에게서 사람의 본성에 관한 논의를 찾아볼 수 없는 것은 아니다. 오히려 그는 사람들은 서로 비슷한 본성을 갖추고 태어나지만, 그 익히는 바에 따라 서로 달라지게 된다는 사실을 분명히 밝혀, 후대에 전개되는 성선설과 성악설의 기초를 열었다.[7] 또한 사분체계의 유학적 심리구성체론과 이 네 요소 중 덕성이 가장 중핵이라는 덕성중심주의의 기치는 공자에게서부터 이미 발견되는 유학의 가장 핵심적인 논지이다. 그러므로 비록 명시적으로 선·악의 관점에서 인성론을 전개하지는 않았으나,[8] 이후의 유학자들이 제시하는 모든 인성론의 배경에는 공자의 인간론이 자리 잡고 있다고 볼 수 있는 것이다.[9]

---

4 性相近也 習相遠也 (《論語》, 陽貨 2: 이는 朱熹의 《論語集註》의 편차에 따른 《論語》 陽貨篇 2장을 가리킨다. 앞으로 《論語》의 인용은 이 예를 따른다.)

5 子貢曰 夫子之文章 可得而聞也 夫子之言性與天道 不可得而聞也 (公冶長 12)

6 김충렬, 1982, p. 173.

7 김충렬, 1982, p. 170-175.

8 김충렬, 1982, pp. 170-175; 馮友蘭, 1948/1977, pp. 105-107.

9 이강수, 1982, p. 200.

유학사상사에서 본격적인 인성론은 맹자의 성선설(性善說)에서 비롯된다. 공자는 자기의 도가 인(仁) 곧 도덕성의 인식과 이의 실천으로 관통된다고 주장하였지만,[10] "어째서 인간이 인을 실천해야 하는가에 대한 이유를 설명하지 아니하였다. 맹자는 이러한 질문에 해답을 주려고 하였으며, 이것이 바로 성설설이다."[11] 이러한 맹자의 성선설은 유학사상사에서 획기적인 의의를 갖는 것이다. "왜냐하면, 맹자의 성선설이 나옴으로 해서 유가는 비로소 인간을 만물과 구별하고 도덕의 총부로 보는 천지지성(天地之性) 또는 천명(天命)과 연결시킬 수 있는 근본이 섰기 때문이다."[12] 실로 맹자 사상의 핵심은 성선설에 있으며, 다른 문제에 대한 그의 입론들은 모두 성선설에 뿌리를 두고 있다고 볼 수 있다. 그의 성선설은 남송 시대 신유학(新儒學)에 힘입어 《맹자》가 《논어》와 《대학(大學)》 및 《중용(中庸)》과 함께 사서(四書)의 하나로 받아들여져, 유학의 가장 중요한 경전으로 그 위상이 격상됨에 따라 자연히 유학의 정통 인성론으로 인정되었다.[13]

이에 비해 순자의 인성론은 성악설(性惡說)로 알려져 있다. 이는 《순자》 32편 가운데 제23편인 성악편(性惡篇)에 근거하는 것이다. 그러나 최근에는 순자의 인성론을 성악설로 단정짓는 것은 순자의 전체 이론체계를 잘못 이해하게 만들 소지가 많다는 주장이 설득력을 얻어가

10 子曰 參乎 吾道一以貫之 曾子曰 唯……夫子之道 忠恕而已矣 (里仁 15); 子貢問曰 有一言而可以終身行之者乎 子曰 其恕乎 己所不欲 勿施於人 (衛靈公 23)

11 馮友蘭, 1948/1977, p. 106.

12 김충렬, 1982, pp. 173-174.

13 Needham, 1969/1986, Vol. Ⅱ, pp. 21-29.

고 있다. 이렇게 성악설을 순자의 핵심 이론체계로 보는 것이 옳지 않다는 주장은 대체로 세 가지 방향에서 제기되고 있다. 이들은 문헌학적인 비판, 성악설 자체가 갖는 논리적 모순성에 대한 비판 및 이와 밀접한 관련이 있기는 하지만 성악설과 순자의 다른 이론체계와의 모순성에 대한 비판 등이다.[14]

이러한 비판들에 근거하여 곽말약(郭沫若)은 "성악설은 순자가 맹자에게 지기 싫어서 억지로 주장한 것에 불과하며, 그의 심리설이나 교육설과도 일정한 유기적 관련이 없는 것"[15]이라 주장하고 있으며, 많은 학자들이 순자의 성악설은 예(禮)·사(師)·법(法)·군주(君主)의 정치를 중시하려는 전국(戰國) 말기의 시대적 요구를 반영한 것일 뿐, 엄밀한 논증이 부족한 이론이라 폄하하고 있다.[16] 이들은 순자도 성(性)은 본래 악을 지향하는 것이라고 했지 선한 쪽으로 방향을 바꿀 가능성까지 부인하는 것은 아니며, 따라서 이는 인성향악설(人性向惡說)이라고 보는 것이 타당하다는 주장을 펴고 있다. 곧 맹자의 성선설과 순자의 성악설은 사람의 어느 측면을 중심으로 고찰했느냐의 차이에 불과하므로, 맹자의 이론은 심(心)의 자각 작용을 중시한 심선설(心善說), 순자의 이론은 정(情)의 자연스러운 충동을 중시한 정악설(情惡說)이라고 보는 것이 타당하다는 것이다.[17] 이러한 배경에서 필자는 좁은 의미에서의 전통적인 성악이란 입장에서 떠나서, 순자가 전반적으로 인성에 본유한

14 이에 대해서는 郭沫若(1945/1991, pp. 256–265), 김승혜(1990, pp. 220–221, 244–245) 및 졸고(조긍호, 1995, pp. 4–6; 1998, pp. 215–219) 참조.

15 郭沫若, 1945/1991, p. 265.

16 예: 徐復觀, 1969; 陳大齊, 1954.

17 김충렬, 1982, p. 175.

것으로 보고 있는 요소들을 확인하고, 이를 넓은 의미에서 성(性)이라 보는 입장을 취하고자 한다.

여기에서는 후대에 전개된 모든 유학사상의 뿌리인 이들 선진(先秦)유학자들의 관점을 기반으로 하여, 서구의 삼분체계론과는 달리 유학사상에서 제시하고 있는 인간의 본유적인 사분체계의 인성론을 고찰해 보기로 하겠다.

1) 공자의 사분체계론

공자가 《논어》에서 사람들이 서로 비슷하게 갖추고 태어나는 본성의 내용으로 제시하는 요소들을 찾아내기 위해서는 덕·지·정·의와 같은 용어들이 사용되고 있는 예를 살펴보아야 할 것이다. 그러나 이러한 용어들이 공자 시대에도 오늘날과 같은 의미를 가지고 있었다고 보기 어려운 경우가 많으므로, 각 심리구성체가 내포하는 내용들이 《논어》에서 제시되고 있는 구체적인 사례나 구절들을 살펴보는 간접적인 확인 방법을 사용할 수밖에 없다. 이는 《맹자》나 《순자》의 경우에도 마찬가지이다.

(1) 욕구 체계

사람의 욕구 체계를 지칭하는 욕(欲)이란 글자는 《논어》에서 45회 나오고 있는데,[18] 이 중 32회 정도가 그 추구 대상이 분명하게 제시되어

18 《論語引得》 참조.

욕구나 동기 상태를 지칭하는 용어로 사용되고 있다. 이 밖에 《논어》에서 그 추구 대상이 분명히 명시되어 있어, 욕구 또는 동기에 관한 진술임이 분명한 부(富)·귀(貴)·생(生)·이(利)·식(食)·색(色)들에 관한 용례를 분석해 보면, 공자가 특정한 상황에서 특정한 대상을 추구하려는 사람의 욕구 체계를 인간이 태어날 때부터 갖추고 태어난 본성의 한 요소로 인정하고 있음을 알 수 있다. 이러한 분석에 근거해서 보면, 《논어》에서 공자가 직접 제시하고 있거나 암묵적으로 인정하고 있는 본유적 욕구들은 상당히 다양한데,[19] 이들은 크게 네 가지 종류로 묶을 수 있다.

첫째는 생물체적 "생존 욕구"로, 여기에는 식(食)·색(色)·거(居)·생(生) 같은 욕구가 포함된다. 공자는 생물체로서 갖추고 있는 생존 욕구가 사람에게 본유적으로 갖추어져 있는 욕구체계의 하나라고 본다. 이러한 사실은 다음 진술들에서 잘 드러나고 있는데, 첫 인용문에서는 생존 욕구의 본유성에 대해 언급하고 있고, 그 다음 인용문에서는 어떻게 보면 이러한 생존 욕구가 도덕성의 실천보다 더 강하고 근본적일 수도 있음을 진술하고 있다.

> [주나라 무왕 이래로 성인들은] 생존 욕구[食]의 충족을 도덕성[喪祭]의 실천과 마찬가지로 사람들의 삶에서 소중하게 여겨 왔다.[20]

> 나는 도덕성의 실천[好德]을 생존 욕구의 충족[好色]만큼 중시하는 사람을 아직 보지 못하였다.[21]

19 이들 욕구들의 출처에 대해서는 졸저(조긍호, 2007, pp. 366–367) 참조.

20 所重民食喪祭 (《論語》, 堯日 1)

21 吾未見好德如好色者也 (子罕 17; 衛靈公 12)

둘째는 "자기이익추구의 욕구"로, 여기에는 부(富)·귀(貴)·이(利)·탐욕[得] 및 빈천(貧賤) 회피 같은 욕구가 포함된다. 다음의 첫 인용문에서는 부귀 추구 욕구와 빈천 회피 욕구의 본유성에 대해 언급하고 있고, 그 다음 인용문에서는 앞의 생존 욕구와 자기이익추구 욕구의 충족은 외적 조건에 달려 있다는 사실에 대해 언급하고 있다.

> 부자가 되는 것[富]과 귀하게 되는 것[貴]은 사람들이 본디부터 바라는 것이고……가난하게 되는 것[貧]과 천하게 되는 것[賤]은 사람들이 본래 싫어하는 것이다.[22]

> 생존 욕구의 충족[死生]은 천명[외적 조건]에 달려 있고, 부자가 되고 귀하게 되는 것[富貴]도 하늘[외적 조건]에 달려 있다.[23]

셋째는 자기제시의 "사회적 욕구"로, 여기에는 언(言)·자기 자랑[伐]·투쟁[鬪] 및 남을 이기고자 함[勝人] 같은 욕구가 포함된다. 이러한 "자기제시의 욕구"를 추구하다 보면, 사회생활의 조화를 해치기 쉬우므로 적극적으로 억제해야 한다는 것이 공자의 생각이다. 다음의 첫 인용문에서는 자기표현의 억제에 대해서 강조하고 있고, 그 다음 인용문에서는 이러한 욕구의 제어가 도덕성을 실천하는 근간임을 설파하고 있다.

> 군자는 그 말은 참아서 하고, 도덕적 실천은 빠르게 하려 하는 사

22 富與貴 是人之所欲也……貧與賤 是人之所惡也 (里仁 5)

23 死生有命 富貴在天 (顔淵 5)

람이다.[24]

> 남을 이기기를 좋아함[克], 자기 공로를 자랑함[伐], 남을 원망함[怨], 탐욕함[欲], 이 네 가지를 억제하고 행하지 않으면, 도덕성[仁]을 실천하고 있다고 할 수 있겠지요?[25]

넷째는 동물과는 달리 인간을 진실로 인간답게 하는 근거로서의 도덕적 지향성의 욕구이다. 여기에는 선(善)의 지향[欲仁·欲義·欲禮·欲善], 도덕체득 및 실천, 역할 수행 같은 욕구들이 포함된다. 이들은 동물들과는 달리 인간만이 본유적으로 갖추고 있는 도덕성을 체득하고, 이를 실생활 장면에서 실천하려는 의지를 낳는 욕구들로서, 인간에게 본유적으로 갖추어져 있는 것이다.

> 도덕적 지향성[仁]이 내 몸 밖에 멀리 있는 것이 아니다. 내가 도덕성을 추구하고자 하면, 내 몸 속에서 곧바로 올라오게 된다.[26]

이러한 네 가지 욕구 가운데 생존 욕구, 이기적 욕구 및 사회적 욕구들은 외적 조건에 의해 그 충족 여부가 결정되어 내재적인 통제 가능성이 없으므로, 이를 그대로 방치하거나 추구할 경우 여러 가지 폐단에 빠지게 되기 때문에, 이들을 절제하고 제어할 필요가 있다는 것이 공자의 생각이다. 이러한 외적 조건의 통제를 받는 욕구의 절제와 제어에 관한 공자의 논지는 다음과 같은 진술들 속에서 엿볼 수 있다.

---

24 君子欲訥於言 而敏於行 (里仁 24)

25 克伐怨欲不行焉 可以爲仁矣 (憲問 2)

26 子曰 仁遠乎哉 我欲仁 斯仁至矣 (述而 29)

> 군자는 먹는 데서 배부르기를 구해서는 안 되고, 거처하는 데서 편안하기를 구해서는 안 된다.[27]

> 의롭지 못하면서 부자가 되고 또 귀하게 되는 것, 나는 이를 뜬구름과 같이 부질없는 것으로 여긴다.[28]

> 어진 사람은 그 말을 참고 조심한다.[29]

> 군자에게는 경계해야 할 일이 세 가지가 있다. 젊었을 때에는 혈기가 안정되어 있지 않으므로 여색[色]을 경계해야 하고, 장년기에 이르러서는 혈기가 바야흐로 강하므로 싸움[鬪: 남을 이기려는 욕구]을 경계해야 하며, 노년기에 이르러서는 혈기가 이미 쇠잔했으므로 탐욕[得]을 경계해야 한다.[30]

위의 첫 번째 인용문에서는 생물적 생존 욕구의 절제를 강조하고 있고, 두 번째 인용문에서는 자기이익추구 욕구의 제어를 논술하고 있으며, 세 번째 인용문에서는 자기제시 욕구의 제어[31]에 대해 주장하고

---

27 子曰 君子食無求飽 居無求安 (學而 14)

28 不義而富且貴 於我如浮雲 (述而 15)

29 仁者 其言也訒 (顔淵 3)

30 孔子曰 君子有三戒 少之時 血氣未定 戒之在色 及其壯也 血氣方剛 戒之在鬪 及其老也 血氣旣衰 戒之在得 (季氏 7)

31 《論語》에서는 특히 자기제시 욕구의 제어를 강조하고 있는데, 《論語》에 출현하는 124회의 言 중에서 자기제시 욕구의 제어와 관련된 표현이 대략 1/3 정도(40여 회)에 이른다는 사실이 이를 입증한다(《論語引得》 참조). 이러한 표현에는 여기서 제시한 "말을 참고 조심하는 것" 말고도 "말에는 믿음이 있도록 해야 한다"(言而有信, 學而 7; 言必信, 子路 20), "일에는 민첩하고, 말은 신중히 해야 한다"(敏於事而愼於言, 學而 14; 君子欲訥於言 而敏於行, 里仁 24), "말보다 행동이 앞서야 한다"(先行 其言而後從之, 爲政 13; 古者 言之不出 恥躬之不逮也, 里仁 22)거나 "禮가 아니면 말하지 말라"(非禮勿言, 顔淵 1)는 것이 있다. 이렇게

있다. 그리고 마지막 인용문에서는 생존 욕구[色], 자기제시 욕구[鬪] 및 이기적 욕구[得]의 세 가지는 인생의 청년기, 장년기 및 노년기에 특히 삼가고 제어해야 한다고 보는 흥미 있는 견해를 밝히고 있다. 각 시기의 신체적인 에너지[血氣]의 성쇠에 따라 제어 또는 절제해야 할 욕구가 달라진다는 것이다.

이와 같이 생물적이고 이기적인 욕구들은 그 충족 여부가 외적 조건에 달려 있어서 스스로가 통제할 수 있는 동기가 아닐 뿐만 아니라, 이러한 동기를 무분별하게 추구하다 보면 삶의 전체 과정에서 많은 문제를 일으키는 폐단에 빠지게 된다. 그러므로 이러한 욕구들은 될 수 있는 대로 제어하고 통제하는 것이 바른 삶의 자세라는 주장이 《논어》에서 도출되는 욕구 이론의 특징이다.[32]

그러나 도덕적 지향의 욕구는 그 충족 여부가 본인이 스스로 하기에 달려 있는 욕구이다. 그러므로 이는 적극적으로 추구하여 도덕적 수양을 이루도록 노력해야 한다는 것이 공자의 욕구 이론의 또 한 가지 요체이다. 이러한 논지는 다음 인용문에 잘 드러나 있다.

> 군자는 도덕적 지향성의 욕구[道]를 추구하지, 생존 욕구[食]를 추구하지 않는다……군자는 도덕적 지향성의 욕구를 충족하지 못할까봐 걱정하지, 생존 욕구를 충족하지 못할까봐 걱정하지 않는다.[33]

자기제시 욕구의 제어를 강조하는 것은 "말을 잘 꾸미고 얼굴 빛을 곱게 하는 사람은 인(仁)이 부족"(巧言令色 鮮矣仁, 學而 3; 陽貨 17)하게 마련이어서, "말을 삼가는 것[訥]은 인(仁)에 가까워지는 한 가지 조건"(剛毅木訥 近仁, 子路 27)이 된다고 보았기 때문이다.

32 이에 대해서는 졸저(조긍호, 2007, pp. 377-379, 385-388, 392-394) 참조.

33 君子謀道不謀食……君子憂道不憂貧 (衛靈公 31)

(2) 감정 체계

오늘날 감정 또는 정서를 지칭하는 용어인 정(情)은 《논어》에서 모두 두 번 나오는데,[34] 모두 "진심"이나 "진실"의 뜻으로 쓰이고 있어,[35] 오늘날과 같은 감정이나 정서의 뜻은 없다. 그렇다고 해서 《논어》에 감정 체계에 대한 논의가 없는 것은 아니다. 《논어》는 "배우고 익히는 기쁨[說]"과 "친구가 찾아오는 즐거움[樂]" 및 "남이 나를 알아주지 않아도 성내지 않음[慍]" 같은 정서에 관한 논의[36]에서 시작하고 있는 것이다.

《논어》에는 《예기(禮記)》의 예운편(禮運篇)에서 처음 제시되어 유학적 정서이론의 한 축을 이루고 있는 칠정(七情)[37]에 해당하는 "기쁨[喜]·성냄[怒]·슬픔[哀]·두려움[懼]·사랑함[愛]·미워함[惡]·하고 싶어함[欲]"이 모두 합해 92회[38]나 제시되고 있다. 그뿐만 아니라 《논어》에는 이 밖에도 좋아함[好]·즐거워함[樂]·부끄러워함[恥]·불쌍히 여김[矜]·걱정함[患]·근심함[憂]·무서워함[恐]·싫어함[疾]·원망함[怨]·분하게 여김[忿] 같은 다양한 정서들이 다수 제시되고 있어, 공자가 사람의 감정 체계를 인간이 본디부터 갖추고 태어난 본성의 한 가지로 여기

34 《論語引得》 참조.

35 上好信 則民莫敢不用情 (子路 4); 曾子曰 上失其道 民散久矣 如得其情 則哀矜而勿喜 (子張 19)

36 學而時習之 不亦說乎 有朋自遠方來 不亦樂乎 人不知而不慍 不亦君子乎 (學而 1)

37 何謂人情 喜怒哀懼愛惡欲 七者弗學而能……故聖人之所以治人七情 脩十義 講信脩睦 尙辭讓 去爭奪 舍禮何以治之 飮食男女 人之大欲存焉 死亡貧苦 人之大惡存焉 故欲惡者 心之大端也 人藏其心 不可測度也 美惡皆在其心 不見其色也 欲一以窮之 舍禮何以哉 (《禮記》, 禮運 301): 이는 王夢鷗 註譯 (1969) 《禮記今註今譯》 (臺北: 臺灣商務印書舘)의 禮運篇 p. 301을 가리킨다. 앞으로 《禮記》의 인용은 이 예에 따른다.

38 《論語引得》 참조.

고 있음을 알 수 있게 한다.[39] 《논어》에서 제시되는 이들 정서들은 크게 두 가지로 나눌 수 있다.

첫째로 칠정에 속하는 희(喜)·노(怒)·구(懼)·오(惡)와 환(患)·우(憂)·공(恐)·질(疾)·원(怨)·분(忿) 들은 모두 자기 자신을 참조 대상으로 하여 외부 대상이나 조건에 의해 촉발되는 "자아중심적 정서"(ego-focused emotion)들이다. 공자는 이러한 자아중심적 정서는 외적 조건에 따라, 또는 외적 조건이 자기의 포부나 바람 및 욕구와 일치하거나[喜·伐] 불일치하기[怒·懼·惡·慍·患·憂·怨·恐·畏·疾·忿] 때문에 나타나는 외발(外發)적인 것으로, 내적으로 통제하고 조절해야 할 정서들이라고 보고 있다. 이러한 사실은 다음 인용문들에 잘 드러나 있다.

> 남이 나를 알아주지 않는 것을 걱정하지 말고, 남에게 알려질 수 있도록 자기를 닦아야 한다.[40]

> 군자(君子)는 마음이 너그러워 항상 여유가 있지만, 소인(小人)은 늘 걱정스러워 한다.[41]

둘째로 칠정에 속하는 애(哀)와 애(愛)를 포함하여 열(說)·호(好)·락(樂)·치(恥)·긍(矜) 들은 《논어》에서 대체로 타인을 참조 대상으로 하는 "타인중심적 정서"(other-focused emotion) 또는 규범에의 일치 여부에 의해 유발되는 "규범지향적 정서"(norm-oriented emotion)들이다. 이러한 정서들은 타인에 대한 관심과 배려 또는 도덕 원칙 및

39 이들 정서의 출처에 대해서는 졸저(조긍호, 2007, pp. 277-279) 참조.

40 不患莫己知 求爲可知也 (里仁 14)

41 君子坦蕩蕩 小人長戚戚 (述而 36)

사회규범을 기반으로 하여 유발되는 내발(內發)적인 것으로, 일상적 삶의 과정에서 적극적으로 함양하고 키워나가야 하는 정서라는 것이 공자의 생각이다. 다음의 첫 인용문에서 공자는 이러한 타인중심적 정서가 도덕성의 기초라는 사실을 시사하고 있으며, 그 다음 인용문에서는 규범지향적 정서를 적극 권장하는 관점을 피력하고 있다.

> 제자인 번지(樊遲)가 인(仁)에 대해 여쭙자, 공자께서는 "남을 아끼고 사랑하는 것"이라고 말씀하셨다.[42]

> 몸가짐에 부끄러움을 느껴 고치려 노력하면……선비[士]라 이를 만하다.[43]

이렇게 공자는 인간에게는 태어날 때부터 다양한 감정체계가 갖추어져 있기는 하지만, 도덕적 지향성의 지도 아래 자아중심적 정서를 억제하고, 타인 및 규범지향적 정서를 함양하도록 하는 것이 도덕적 완성을 지향해 가는 인간 삶의 기본적인 태도라고 보고 있는데, 이것이 공자의 정서 이론의 요지이다.[44] 공자는 이렇게 자아중심적 정서를 억제하고 타인 및 규범지향적 정서를 함양하는 것이 군자가 되는 지름길이라는 사실을 자주 피력하고 있다. 다음은 그 한 가지 예이다.

> 군자는 마음이 태평하여 남을 업신여기거나 교만하지 않지만, 소

---

42 樊遲問仁 子曰 愛人 (顔淵 22)

43 行己有恥……可謂士矣 (子路 20)

44 이에 대해서는 졸저(조긍호, 2007, pp. 287-289, 295-296, 299-301) 참조.

인은 남을 업신여겨 교만할 뿐 마음이 태평하지 못하다.[45]

(3) 지적 능력 체계

《논어》에서 지적 인식 능력과 이러한 인식 능력의 작용 결과를 나타내는 용어인 지(知)는 모두 118회[46] 나오는데, 이 가운데 "지혜"[智] 그 자체 또는 "지혜로운 사람"을 가리키는 경우가 23회이다. 그러니까 지혜를 가리키는 23회를 제외한 95회의 용례들이 《논어》에서 지적 능력 체계와 관련된 진술이라고 볼 수 있다.

이러한 95회의 사용 예들은 크게 세 부류로 나눌 수 있는데, 이 가운데 "인식 작용 일반"을 가리키는 용례가 14회, 인식 결과인 "지식 내용"을 가리키는 용례가 17회, 그리고 인식의 대상을 특별히 명시함으로써 "인식 능력"을 시칭하는 경우가 64회이었다. 인식 능력의 본유성을 드러내기 위하여 구체적으로 들고 있는 인식 대상들에는 자기[己]와 타인[人] 등 사람이 17회, 인(仁)·예(禮)·덕(德) 같은 도덕성과 그 내용이 22회, 천명(天命)·생사(生死)·시간·세월 같은 자연 현상 또는 그 이치에 관한 것이 12회, 그리고 기타 여러 가지 구체적인 사실에 관한 것이 13회 포함되어 있다.[47]

이와 같이 《논어》에서 지(知)는 지혜나 지혜로운 사람, 지적 능력, 지적 작용 및 지적 활동의 결과 획득되는 지식 내용을 두루 가리키는

---

45 君子泰而不驕 小人驕而不泰 (子路 26)

46 《論語引得》 참조.

47 이들 지적 능력과 그 작용 결과의 출처에 대해서는 졸저(조긍호, 2008, pp. 113-115) 참조.

용어로 사용되고 있다. 이러한 사실은 공자가 지적 능력 체계를 인간에게 태어날 때부터 갖추어져 있는 본성의 하나로 여기고 있음을 드러내주는 것이다. 다음 진술문들은 이러한 추론의 타당성을 잘 알려 주는 예들이다.

> 유(由)야! 내 너에게 안다는 것이 무엇인지 가르쳐 주겠다. 아는 것을 안다고 하고, 모르는 것을 모른다고 하는 것, 이것이 바로 앎의 본질이다.[48]

> 내가 아는 것[지식]이 많은가? 나는 아는 것이 없노라.[49]

> 남이 나를 알아주지 않음을 걱정하지 말고, 오로지 내가 남을 알지 못함을 걱정해야 한다.[50]

> 천명을 알지 못하면 군자가 될 수 없고, 예를 알지 못하면 홀로 설 수 없으며, 상대방의 말을 알지 못하면 그 사람을 알 수 없다.[51]

여기서 첫 번째 인용문은 인식 작용 일반에 관해 진술하고 있고, 두 번째 인용문은 인식 결과인 지식의 많고 적음에 대해 언급하고 있으며, 세 번째와 네 번째 인용문은 구체적인 인식 대상을 명시함으로써 인식 능력의 본유성을 암묵적으로 제시하고 있다.

이렇게 공자가 지적 능력 체계를 인간이 본디부터 갖추고 있는 본

---

48 由 誨女知之乎 知之爲知之 不知爲不知 是知也 (爲政 17)

49 吾有知乎哉 無知也 (子罕 7)

50 不患人之不己知 患不知人也 (學而 16)

51 不知命 無以爲君子也 不知禮 無以立也 不知言 無以知人也 (堯曰 3)

성으로 보고 있다는 사실은 《논어》에서 학(學)과 교(敎)라는 글자가 64회와 7회[52]나 나오고 있다는 사실에서도 잘 드러난다. 배우는 활동과 가르치는 활동의 근저에는 인간이 지적 능력을 갖추고 있다는 전제가 깔려 있다고 볼 수 있기 때문이다. 유학사상에서는 인간의 가소성을 바탕으로 하여 "무한한 가능성"을 갖추고 있는 존재로 인간을 파악하는데,[53] 이러한 배경에는 사람들이 본래부터 지적 능력을 갖추고 있다는 사실이 전제되어 있는 것이며, 이러한 인간 파악의 관점은 공자로부터 비롯된 유학사상의 기본적인 견해인 것이다.

(4) 도덕성의 체계

《논어》에서 드러나는 인간을 파악하는 기본 관점은 인간 존재의 가소성과 함께 사회성과 도덕성이다. 이 가운데 사회성과 도덕성은 서로 떼어서 생각할 수 없는 특성들이다. 도덕성이란 사회적 존재인 인간이 사회 속에서 타인들과 관계를 맺으면서 살아가는 과정에서 요구되는 기본적인 특성이기 때문이다. 이러한 점에서 도덕성의 기초는 바로 "타인과 사회에 대한 관심과 배려"라고 볼 수 있다.[54]

공자는 자기 사상의 핵심인 인(仁)이 바로 "타인과 사회에 대한 관심과 배려"라고 보아, 도덕성의 근거를 사회적 존재 특성에서 구하고

---

52 《論語引得》 참조.

53 이에 대해서는 졸저(조긍호, 2006, pp. 308-312, 318-320; 2007, pp. 109-112, 122-127; 2008, pp. 65-75; 2012, pp. 132-136) 참조.

54 이에 대해서는 졸저(조긍호, 2006, pp. 297-308, 313-318; 2007, pp. 99-109, 113-122; 2008, pp. 43-65; 2012, pp. 119-131) 참조.

있다. 그는 인이란 "자기가 하려 하지 않는 것을 남에게 베풀지 않는 일"[55]이라거나 "자기가 서고자 하면 남을 먼저 세워주고, 자기가 이루고자 하면 남이 먼저 이루게 해주는 일,"[56] 또는 "남을 사랑하는 일,"[57] 그리하여 "어려운 일은 남보다 먼저 하지만, 그 대가는 남보다 나중에 받는 일"[58]이어서, "개인의 사욕(私欲)을 이기고 예(禮)로 돌아가는 것이 인을 행하는 일"[59]이라 제시함으로써, 타인에 대한 관심과 배려가 인, 곧 도덕성의 중핵이라 보고 있는 것이다.

다음 인용문들에서 보듯이, 《논어》에는 이러한 도덕적 지향성이 인간의 본성에 본디부터 갖추어져 있다는 사실에 대해 자주 언급하고 있다.

> 인(仁)이 멀리 있는가? [그렇지 않다.] 내가 인을 행하고자 하면, 곧바로 인이 [마음속으로부터 올라와] 이르게 된다.[60]

> 개인의 사욕을 이기고 예로 돌아가는 것이 인을 행하는 일이니, 단 하루라도 사욕을 이기고 예로 돌아갈 수 있으면, 천하가 인으로 돌아오게 될 것이다. 인을 행하는 것은 자기에게 달려 있는 일이지, 어찌 남에게 달려 있는 일이겠는가?[61]

> 무릇 인이란 자기가 서고자 하면 남을 먼저 세워 주고, 자기가 이

55 己所不欲 勿施於人 (顔淵 2; 衛靈公 23)

56 夫仁者 己欲立而立人 己欲達而達人 (雍也 28)

57 樊遲問仁 子曰 愛人 (顔淵 22)

58 仁者先難而後獲 可謂仁矣 (雍也 20)

59 顔淵問仁 子曰 克己復禮爲仁 一日克己復禮 天下歸仁焉 (顔淵 1)

60 仁遠乎哉 我欲仁 斯仁至矣 (述而 29)

61 克己復禮爲仁 一日克己復禮 天下歸仁焉 爲仁由己 而由人乎哉 (顔淵 1)

> 루고자 하면 남이 먼저 이루게 해 주는 일이다. 능히 가까이 자기 몸에서 취해 남에게 미루어 갈 수 있으면, 인을 행하는 방도라고 이를 만하다.[62]

위의 첫 번째 인용문에서는 도덕성이 사람의 외부에 멀리 있는 것이 아니라, 본디부터 바로 자기 마음속에 갖추어져 있기 때문에, 이를 행하고자 하면 곧바로 마음속으로부터 올라오게 된다고 하여, 도덕성의 본유성에 대해 직접 언급하고 있다. 그렇기 때문에 이러한 도덕성의 실천은 자기 자신에게 달려 있는 일이지, 외적 조건이나 타인에게 달려 있는 일이 아니라고 두 번째 인용문에서 주장할 수 있는 것이다. 이렇게 도덕성이 인간 본성에 본디부터 갖추어져 있으므로, 나나 타인이나 하고자 하는 것과 이루고자 하는 것은 대체로 비슷하고, 따라서 자기에게 비추어 남에게 미루어 가는 일이 바로 인간에게 본디부터 갖추어져 있는 도덕성을 일상생활에서 실천하는 방안이 된다고 세 번째 인용문에서 주장하게 되는 것이다.

사람이 태어날 때부터 갖추고 있는 이러한 도덕성은 구체적으로 일상생활에서 인(仁)이나 선(善) 및 의(義)의 추구, 효제(孝弟)의 실천, 그리고 사회 속에서 요구되는 역할 수행에 대한 지향성들로 드러나게 된다[63]는 것이 《논어》에서 제시하고 있는 공자의 관점이다.

62 夫仁者 己欲立而立人 己欲達而達人 能近取譬 可謂仁之方也已 (雍也 28)

63 이들 도덕적 지향성의 출처에 대해서는 졸저(조긍호, 2007, pp. 366-367) 참조.

2) 맹자의 사분체계론

맹자는 자주 인간 본성의 착함을 말하곤 하였는데,[64] 그의 성선설은 유명한 사단설(四端說)[65]을 근거로 한다. 그렇다면, 맹자는 인간에게 본래부터 갖추어져 있는 본성이 모두 선하다고 보는 것인가? 그렇지는 않다. "흔히 성선 하니까 맹자가 인간의 본성을 모두 선하다고 규정한 것 같이 받아들이기 쉬운데, 맹자에 있어서도 생리적인 면이 없어진 것은 아니다. 다만 맹자는 성의 심리적인 면을 제시하여 그것에 선단(善端)이 있음을 주장하고, 그것을 확충함으로써 생리적 성, 즉 악에 기울어질 수 있는 부분을 선되게 할 수 있다는 사실을 제시했을 뿐이다."[66]

맹자는 동물과 구별하여 인간만이 가진 특성의 측면에서 성선을 말하고 있다. 곧 맹자가 말하는 성(性)은 인간이 다른 동물과 구별되는 까닭, 다시 말하면 사람만이 독특하게 가지고 있는 특성을 말하는 것이며, 그런 점에서 사람의 본성은 착하다는 것이다. 이는 성에 관한 전통적 해석의 시각[67]에서 "태어난 그대로를 성이라 한다"는 고자(告子)의

64 孟子道性善 言必稱堯舜 (《孟子》, 滕文公上 1: 이는 朱熹의 《孟子集註》의 편차에 따른 滕文公上篇 1장을 가리킨다. 앞으로 《孟子》의 인용은 이 예를 따른다.)

65 惻隱之心 仁之端也 羞惡之心 義之端也 辭讓之心 禮之端也 是非之心 智之端也 人之有是四端也 猶其有四體也 (公孫丑上 6)

66 김충렬, 1982, p. 174: 맹자 性善說의 심리학적 함의에 대해서는 졸고(조긍호, 1990) 참조.

67 성(性)은 고문(古文)에서는 생(生)과 같은 글자였으므로, 사람들은 매번 이른바 성을 사람이 태어나면서부터 갖추고 있는 생리적 특성으로 여겼다(勞思光, 1967/1986; 양승무, 1986). 이것이 성론(性論)의 전통적 입장이었다. 그러나 "맹자에 이르러 성론은 전통과 반전통으로 갈라졌다. 전통적 입장에 선 고자(告子)는 여전히 생리적 측면에서 성을 규정, 생지위성(生之謂性)을 주장했고, 반전통적 입장이 된 맹자는 처음으로 심리적인 면에서 성을 설명, 성선설을 내세웠다. 일

생지위성론(生之謂性論)에 대한 맹자의 비판에서 잘 드러난다.

> 고자가 "태어난 그대로를 성(性)이라 한다"고 말하였다. 이에 대해 맹자가 "태어난 그대로를 성이라 하는 것은 흰 것을 희다고 말하는 것과 같은 의미인가?"라고 물었더니, 고자가 "그렇다"고 답하였다. 이에 대해 맹자는 또 "깃털의 흰 것을 희다고 하는 것은 눈[雪]의 흰 것을 희다고 하는 것과 같으며, 눈의 흰 것을 희다고 하는 것은 옥의 흰 것을 희다고 하는 것과 같은가?"라고 물었는데, 고자의 대답은 역시 "그렇다"는 것이었다. 그러니까 맹자는 다시 "그렇다면, 개의 성이 소의 성과 같고, 소의 성이 사람의 성과 같다는 말인가?"라고 물었다.[68]

이 인용문에서 보듯이, 고자는 태어나면서부터 갖추어져 있는 것을 성이라 보고 있다. 그리하여 그는 식욕과 색욕 같은 생리적·감각적 욕구를 성이라 보고,[69] 이는 인간과 동물이 다를 것이 없으므로, 사람을 포함한 모든 동물의 본성은 다 같으며, 따라서 태어난 그대로의 특성, 곧 생명 현상으로서의 성은 선도 악도 아닌 중성적인 것으로 볼 수밖

반적으로 맹자의 성선을 유가의 전통으로 보지만, 인성론사(人性論史)에서는 그야말로 반전통론자였던 것이다"(김충렬, 1982, p. 173). 이러한 지적에서 볼 수 있듯이, 맹자의 성론은 동물과는 다른 인간만이 가지고 있는 독특한 특성의 측면에서 전개한 것이라는 사실은 맹자에 관한 여러 연구자들의 견해가 공통적이다(예: 김충렬, 1982; 勞思光, 1967/1986; 배종호, 1982; 양승무, 1986; 이강수, 1982; 이상은 1976; 馮友蘭, 1948/1977, Legge, 1970 등).

68 告子曰 生之謂性 孟子曰 生之謂性也 猶白之謂白與 曰 然 白羽之白也 猶白雪之白 白雪之白 猶白玉之白與 曰 然 然則犬之性 猶牛之性 牛之性 猶人之性與 (告子上 3)

69 告子曰 食色性也 (告子上 4)

에 없다는 성무선·무불선설(性無善·無不善說)을 주장하기에[70] 이르는 것이다.

그러나 맹자는 일체의 사물의 성은 각각이 독특하게 가지고 있는 특성에서 찾아야 한다고 본다. 따라서 개와 소, 그리고 사람은 타고난 특성이 서로 다르므로, 각각의 성은 서로 다르다는 것이다. 그러나 맹자도 인간이 동물적 특성을 갖추고 있다는 사실을 부정하는 것은 아니다. 다만 인간의 본성은 모든 동물이 공통적으로 갖추고 있는 특성에서가 아니라, 인간만이 독특하게 갖추고 있는 특성에서 찾아야 한다고 보았을 뿐인 것이다. 그렇다면, 맹자가 동물들과 공통적인 것이든 아니면 인간만의 고유한 것이든 간에, 인간이 본유적으로 갖추고 있는 본성이라고 보고 있는 요소들에는 무엇이 있는가?

(1) 욕구 체계

《맹자》 전체에서 사람의 욕구 체계를 지칭하는 욕(欲)이란 글자는 93회 나오는데,[71] 이 가운데 50회 정도가 명시적으로나 암묵적으로 그 추구 대상이 제시되어 욕구나 동기 상태를 지칭하고 있다. 이 밖에 《맹자》에서 식(食)·색(色)·부(富)·귀(貴)·이(利)와 같이 추구 대상이 분명하여 욕구 체계에 대한 진술임이 확실한 용례를 분석해 보면, 맹자도 사람에게 생리적·감각적 욕구와 이기적 욕구 같은 생물체로서 가지는 욕구가 선천적으로 갖추어져 있음을 인정함을 알 수 있다.[72] 이렇게 맹

70 公都子曰 告子曰 性無善無不善也 (告子上 6)

71 《孟子引得》 참조.

72 蒙培元, 1990/1996, pp. 64-73.

자는 인간이 태어나면서부터 다양한 욕구 체계를 갖추고 있음을 인정하고 있는데, 이들은 크게 네 가지로 구분할 수 있다.[73]

첫째는 "생존 및 감각추구 욕구"로, 이에는 식(食)·색(色)·생(生) 같은 생존 욕구와 아름다운 색깔·소리·맛·냄새·편안함 같은 이목구비(耳目口鼻)와 사지(四肢)의 감각을 추구하는 욕구들이 포함된다. 이는 《논어》에서 제시되고 있는 생존 욕구와 같이 인간의 생물체적 존재 특성에서 비롯되는 욕구인데, 다만 《맹자》에서는 감각추구 욕구를 강조하고 있는 점이 흥미롭다.[74] 맹자는 고자와의 인내의외지변(仁內義外之辯)에서 고자가 "식욕과 색욕은 인간의 본성이다"라고 한 데 대해 직접적인 비판을 가하지 않고, 그의 의외설(義外說)에 대한 비판만을 함으로써,[75] 사람이 식(食)·색(色) 같은 생존 욕구를 가지고 있음을 부정하지 않고 있다. 또한 맹자가 감각추구의 욕구를 본유적인 욕구의 하나로 인정하고 있다는 사실은 다음 인용문에 잘 드러나 있다.

> 그러므로 무릇 같은 종류끼리는 모두 서로 비슷한 법이다. 어찌 홀로 사람에게 있어서만 그렇지 않다고 의심하겠는가? 성인도 나와 같은 종류의 인간이다……그러므로 맛에서는 누구나 입으로

73 이들 욕구의 출처에 대해서는 졸저(조긍호, 2007, pp. 368-370) 참조.

74 맹자가 공자와는 달리 감각추구의 욕구를 강조하고 있는 까닭에 대해서는 졸저(조긍호, 2007, pp. 368-369, 주 31) 참조.

75 告子曰 食色性也 仁內也 非外也 義外也 非內也 孟子曰 何以謂仁內義外 (告子上 4): 이 인용문에서 맹자는 고자가 "食·色은 性이다. 仁은 내재하는 것이지 외재하는 것은 아니고, 義는 외재하는 것이지 내재하는 것은 아니다"라고 한 데 대해, 義外說에 대한 비판만을 할 뿐 食色性也라는 또 다른 주장에 대해서는 아무런 비판을 하지 않고 있다. 이는 맹자도 食·色과 같은 생물학적 생존 욕구가 인간에게 본유하고 있다는 사실을 받아들이고 있음을 의미하는 것이다.

> 똑같이 맛있는 음식을 즐기고자 함이 있고, 소리에서는 누구나 똑같이 귀로 아름다운 소리를 즐기고자 함이 있으며, 색깔에서는 누구나 눈으로 똑같이 아름다운 것을 즐기고자 함이 있는 것이다.[76]

둘째는 "자기이익추구의 욕구"로, 이에는 부(富)·귀(貴)·이(利) 같은 것들이 포함된다. 이러한 자기이익추구의 욕구가 인간에게 갖추어져 있다는 사실을 맹자는 다음과 같이 진술하고 있다.

> 천하의 선비들이 자기를 좋아해 주는 것은 사람들이 모두 바라는 바이고……아름다운 여색은 사람들이 모두 바라는 바이며……부(富)도 사람들이 모두 바라는 바이고……귀(貴) 또한 사람들이 모두 바라는 바이다.[77]

셋째는 "사회적 욕구"로, 지배[王·君·廣土衆民]·지위[仕·位·爵]·명예[譽]를 추구하는 욕구들이 포함된다. 이는 《논어》에서 말하는 자기제시의 사회적 욕구와 같은 종류의 욕구로 볼 수 있는데, 《맹자》에서는 언(言)·벌(伐)·승인(勝人) 같이 자기제시와 관련된 욕구 대신에 지배·지위·명예 같은 권력지향의 욕구들이 강조되는 점이 흥미롭다.[78] 이러한 권력추구의 욕구도 다른 욕구와 마찬가지로 적극적으로 제어되어야 한다고 보는 점은 맹자도 공자와 입장이 같다. 이는 다음 인용문

---

76 故凡同類者擧相似也 何獨至於人而疑之 聖人與我同類者……故曰 口之於味也 有同耆焉 目之於聲也 有同聽焉 目之於色也 有同美焉 (告子上 7)

77 天下之士悅之 人之所欲也……好色人之所欲……富人之所欲……貴人之所欲 (萬章上 1)

78 이러한 공자와 맹자의 차이의 원인에 대해서는 졸저(조긍호, 2007, pp. 369-370, 주 38) 참조.

에 잘 드러나 있다.

옛 사람들은 하늘이 내리는 작위[天爵: 인의와 충신을 행하고, 선을 행하기를 즐겨 게을리 하지 않는 일]를 닦으면, 사람이 주는 작위[人爵: 공경대부 같은 세속적 지위]는 저절로 따라왔다. 그러나 오늘날의 사람들은 인작을 구하기 위해서 천작을 닦는 체하고, 이미 인작을 얻은 다음에는 그 천작을 버릴 뿐이니, 이것은 크게 사리분별을 못하는 것으로, 끝내는 반드시 그 인작마저 잃게 될 것이다.[79]

넷째는 인간을 인간답게 하는 근거로서의 도덕적 지향성의 욕구이다. 이에는 인의(仁義), 예(禮), 의리(義理)의 체득, 인정(仁政)의 실시 및 역할 수행 같은 욕구가 포함된다.

군주가 도덕성[仁]을 지향하여 추구하면 아무도 도덕성을 추구하지 않을 사람이 없고, 군주가 사회적인 정의[義]를 지향하여 추구하면 아무도 정의를 추구하지 않을 사람이 없을 것이다.[80]

도덕적 지향성 이외의 나머지 욕구들(생존·감각 욕구와 사적 이익추구 욕구 및 권력지향의 욕구들)은 모두 그 충족 여부가 외적 환경 조건에 달려 있으므로,[81] 이들이 사람에게 본유적으로 갖추어져 있다고는 하더

79 有天爵者 有人爵者 仁義忠信樂善不倦 此天爵也 公卿大夫 此人爵也 古之人 修其天爵 而人爵從之 今之人 修其天爵 以要人爵 既得人爵 而棄其天爵 則惑之甚者也 終亦必亡而已矣 (告子上 17)

80 君仁 莫不仁 君義 莫不義 (離婁下 5)

81 求則得之 舍則失之 是求有益於得也 求在我者也 求之有道 得之有命 是求無益於得也 求在外者也 (盡心上 3)

라도, 이를 동물과 다른 인간의 고유한 특성으로 볼 수는 없다는 것이 성선설의 요지이다. 그 대신 사람에게는 다른 동물과는 달리 인의예지의 근거가 갖추어져 있고,[82] 이는 인간만이 독특하게 갖추고 있는 것으로, 이를 인간의 본성으로 보아야 한다는 것이다.[83] 그러나 위에서 보았듯이 맹자가 인간에게 생물체적 욕구를 비롯해서 다양한 욕구 체계가 갖추어져 있다는 사실을 부정하는 것은 아니다. 다만 이러한 욕구들이 도덕성의 지도와 감독을 받아야 함을 강조하고 있을 뿐인 것이다.[84] 맹자는 이러한 논점을 다음과 같이 진술하여 제시하고 있다.

> 삶[生: 생존 욕구] 또한 내가 바라는 것이고, 의[義: 도덕적 욕구] 또한 내가 바라는 것이다. 그런데 이 두 가지를 함께 얻을 수 없다면, 삶[생존 욕구]을 버리고 의[도덕적 욕구]를 취해야 한다. 삶[生] 또한 내가 바라는 것이지만, 삶보다 더 간절하게 바라는 것[義]이 있으므로, 구차하게 삶을 얻고자 하지 않는 것이다. 죽음[死: 생존 욕구] 또한 내가 싫어하는 것이지만, 죽음보다 더 간절하게 싫어하는 것[不義]이 있으므로, 환난을 피하려 하지 않는 것이다. 가령 사람들이 바라는 것 중에 삶보다 더 심하게 바라는 것이 없다면 무릇 모든 삶을 얻을 수 있는 방도를 어찌 강구해 보려 하지 않겠으며, 또한 가령 사람들이 싫어하는 것 중에 죽음보다 심한 것이 없다면 무릇 모든 환난을 피할 수 있는 방도를 어찌 강구해 보려 하지 않겠는가? 이런 때문에 살 수 있는 방도가 있는

82 人之有是四端也 猶其有四體也 (公孫丑上 6); 仁義禮智非由外鑠我也 我固有之也 (告子上 6); 君子所性 仁義禮智根於心 (盡心上 21)

83 蒙培元, 1990/1996, pp. 64-90.

84 이에 대해서는 졸저(조긍호, 2007, pp. 379-381, 389-390, 394-396) 참조.

데도 불구하고 도덕적 지향성을 택할 뿐 삶의 방도를 택하지 않으며, 이런 때문에 화를 피할 수 있는 방도가 있는데도 불구하고 도덕적 지향성을 택할 뿐 화를 피하는 방도를 택하지 않는 것이다.[85]

(2) 감정 체계

《맹자》에 정(情)이란 글자는 모두 네 번 나오는데,[86] 여기서도 "본질·실정·본성"의 뜻으로 쓰일 뿐, 정서나 감정이라는 의미는 찾아볼 수 없다.[87] 이렇게 맹자 시대에도 공자 시대와 마찬가지로 정(情)이란 용어가 유개념(類概念)으로서의 정서 또는 감정을 지칭하는 의미는 아직 띠지 않고 있다. 그러나 유학적 정서 이론의 중심인 사단칠정론(四端七情論) 가운데 사단이 《맹자》 공손추상편(公孫丑上篇) 6장에 처음 제시되고 있고, 또 맹자가 칠정에 대해 직접 언급하고 있지는 않지만, 이에 해당되는 감정들[喜·怒·哀·懼·愛·惡·欲]과 여타 감정들[예: 恥·樂·患·憂·畏·怨·恐 등]이 자주 제시되고 있다는 사실[88]은 맹자도 정서를 인간에게 본유한 특성으로 보고 있다는 증거가 된다. 《맹자》에 제시되고 있는 정서도 《논어》에서와 마찬가지로 두 가지로 대분해 볼

85 生亦我所欲也 義亦我所欲也 二者不可得兼 舍生而取義者也 生亦我所欲 所欲有甚於生者 故不爲苟得也 死亦我所惡 所惡有甚於死者 故患有所不辟也 如使人之所欲莫甚於生 則凡可以得生者 何不用也 使人之所惡莫甚於死者 則凡可以辟患者 何不用也 由是 則生而有不用也 由是 則可以辟患而有不爲也 (告子上 10)

86 《孟子引得》 참조.

87 夫物之不齊 物之情也 (滕文公上 4); 聲聞過情 君子恥之 (離婁下 18); 乃若其情則可以爲善矣 乃所謂善也 (告子上 6); 是豈人之情也哉 (告子上 8)

88 이러한 정서들의 출처에 대해서는 졸저(조긍호, 2007, pp. 279-280) 참조.

수 있다.

첫째로 칠정에 속하는 희(喜)·노(怒)·구(懼)·오(惡)와 환(患)·우(憂)·공(恐)·외(畏)·원(怨) 들은 《맹자》에서 부정적으로 평가되어 내적으로 통제하고 조절해야 하는 정서들로서, 자기 자신을 참조 대상으로 하여 외부 대상이나 조건에 의해 촉발되는 "자아중심적 정서"들이다. 이러한 자아중심적 정서들이 억제되고 통제되어야 하는 까닭은 이들이 외부 대상이나 조건에 의해 유발되는 재외자(在外者)[89]에 속하는 정서들이기 때문이다. 이들이 재외자에 속하는 정서들이라는 사실은 다음과 같은 진술들에서 드러난다.

> 손가락이 남보다 못생겼으면 이를 싫어할 줄 알지만, 마음이 남보다 못하면 이는 싫어할 줄 모른다.[90]

> 가르치는 사람은 반드시 올바른 길로써 하는데, 올바른 길로써 가르치는데도 행해지지 않으면, 이어서 성을 내게 된다.[91]

여기서 위의 인용문에서는 싫어하는 감정이 남보다 못생긴 손가락이라는 외부 대상에 의해 유발되고 있다. 그 다음 인용문에서는 자기가 올바른 길로 가르치는데도 상대방이 이를 받아들이지 않으므로, 외적 조건과 자기의 기대가 일치하지 않기 때문에 성을 내는 감정이 유발되고 있다. 이와 같이 "자아중심적 정서"들은 외부 대상이나 조건 자체 또는 외부 대상에 대해 개인이 가지고 있는 기대가 이루어지고 있느냐

---

89 求之有道 得之有命 是求無益於得也 求在外者也 (盡心上 3)

90 指不若人 則知惡之 心不若人 則不知惡 (告子上 12)

91 教者必以正 以正不行 繼之以怒 (離婁上 18)

의 여부에 따라 유발되는 정서들이다. 따라서 이러한 정서의 유발에는 도덕 주체인 개인의 능동성이나 주도성이 전혀 개입되지 못하여 도덕적 수양에 도움이 되지 않으므로, 통제되거나 억제되어야 한다고 맹자는 주장하는 것이다.

둘째로 칠정에 속하는 애(哀)와 애(愛)를 포함하여 락(樂)·치(恥) 및 사단(四端)은 타인 및 사회적 규범을 참조 대상으로 하는 "타인 및 규범 지향 정서"로서 적극 권장되고 있다. 특히 사단은 대인관계에서 타인을 지향 대상으로 하는 사회적 정서로서,[92] 도덕성의 출처가 되기도 하는 것이어서,[93] 맹자뿐만 아니라 이후의 유학자들이 크게 중시하는 정서이다. 맹자는 이렇게 도덕성의 근거가 인간에게 본래부터 갖추어져 있는 자연스러운 심리적 정감[四端]에 있다고 보고, 이를 함양하여 기름으로써 도덕적 자각을 이루고, 이를 일상생활에서 실천하는 것이 바른 삶의 태도라고 보고 있다. 곧 다른 사람에 대한 관심과 배려에 근거를 두고 있는 "타인지향적 정서"와 바른 삶을 지향하는 "규범지향적 정서"는 모든 도덕성의 연원으로서, 적극 보호하고 권장되어야 한다는 관점이 맹자가 제시하는 정서이론의 핵심인 것이다.

"타인 및 규범 지향 정서" 중 사단 이외에 맹자가 중시하여 권장하는 정서는 "부끄러워함"[恥]이다. 이러한 사실은 맹자 자신의 다음과 같은 진술에 드러나 있는데, 이 인용문들에서 보듯이 자기가 남보다 못

---

92 정양은, 1970, pp. 86–90; 한덕웅, 1994, pp. 108–134, 221–222: 맹자가 주장하는 측은(惻隱), 수오(羞惡) 같은 사회적 정서의 본유성에 대해서는 다음 "도덕성의 체계"에 대한 논의 참조.

93 蒙培元, 1990/1996, pp. 65–70.

하다거나 자기의 행위가 도덕 원칙에 어긋남을 부끄러워하는 일을 강조하고 권장함으로써, 맹자는 도덕적 수양의 근거를 인간의 자연스러운 타인 및 규범 지향적 정서에서 찾는 관점을 드러내고 있다.

> 사람은 부끄러움을 느끼지 않을 수 없다. 스스로 부끄러워하지 않음을 부끄러워하게 되면, 부끄러운 일이 없어질 것이다.[94]

> 부끄러워하는 것은 사람에게 매우 큰 일이다. 임기응변의 공교로운 짓을 하는 사람은 부끄러워할 줄 모른다. 자기가 남보다 못하다는 사실을 부끄러워하지 않는다면, 남보다 나은 일이 무엇이 있겠는가?[95]

이렇게 맹자도 공자와 마찬가지로 다양한 정서들은 모두 인간이 본디부터 갖추고 태어나는 것이기는 하지만, 도덕적인 지향성의 지도 아래 자아중심적 정서를 억제하고, 타인 및 규범 지향적 정서를 함양하도록 하는 것이 도덕적 완성을 지향해 가는 인간 삶의 기본적인 태도라고 보고 있는 것이다.[96]

---

94 孟子曰 人不可以無恥 無恥之恥 無恥矣 (盡心上 6)

95 孟子曰 恥之於人大矣 爲機變之巧者 無所用恥焉 不恥不若人 何若人有 (盡心上 7): 이는 趙岐의《孟子章句》등 古注에 따른 해석이고, 朱熹의《孟子集註》등 新注에서는 不恥不若人을 但無恥一事不如人 則事事不如人矣라 해석하여, "부끄러워함이 없는 한 가지 일이 남만 못하다면, 일마다 남보다 못할 것이다"라 풀이하고 있다. 여기서는 古注의 풀이가 더 자연스럽다고 보아, 이를 택하였다.

96 이에 대해서는 졸저(조긍호, 2007, pp. 289−292, 296−297, 301−303) 참조.

(3) 지적 능력 체계

《맹자》에서 지적 인식 능력과 그 작용 결과를 나타내는 "지"(知)는 모두 114회[97] 나오는데, 이 가운데 "지혜"(智) 또는 "지혜로운 사람"이나 "깨달은 사람"을 가리키는 경우가 8회, 그리고 도덕성의 인식 능력을 가리키는 양지(良知)로 쓰이는 경우가 1회이다. 그러므로 이들 9회를 제외한 105회 정도가 《맹자》에서 지적 능력 체계와 관련된 진술이라고 볼 수 있다.

이러한 105회의 사용 예들도 《논어》의 경우와 마찬가지로 크게 "인식 작용 일반", "지식 내용" 그리고 "인식 능력"의 세 부류에 대한 진술로 나누어 볼 수 있다. 이 가운데 보편적인 "인식 작용"에 대한 진술이 25회, 이러한 인식 작용의 결과인 "지식 내용"을 가리키는 진술이 17회 정도이고, 나머지 63회는 인식의 대상을 특별히 명시함으로써 인간이 갖추고 있는 "인식 능력"을 지칭하는 진술이다. 이렇게 인식 능력의 본유성을 드러내기 위하여 구체적으로 들고 있는 인식 대상들에는 자기와 타인 등 사람이 11회, 인·의·도·덕 같은 도덕성과 그 내용이 15회, 천·명·생사·장래의 예측 같은 시간 및 자연 현상과 그 이치에 관한 것이 9회, 기타 여러 가지 구체적 사실에 관한 것이 28회 포함되어 있다.[98]

이상에서 보듯이, 《맹자》에서 "지"(知)라는 용어는 《논어》에서와 마찬가지로 지혜나 지혜로운 사람, 지적 능력, 지적 작용, 그리고 그러한

97 《孟子引得》 참조.

98 이들 지적 능력 및 그 작용 결과의 출처에 대해서는 졸저(조긍호, 2008, pp. 128-131) 참조.

지적 활동의 결과 획득되는 지식 내용을 두루 가리키는 말로 사용되고 있다. 이러한 사실은 맹자가 지적 능력 체계를 인간이 태어날 때부터 갖추고 있는 본성의 하나로 받아들이고 있음을 드러내 주는 것이다. 맹자는 이러한 지적 능력을 통해 인간의 본성을 이해하게 되어, 스스로가 도덕 주체라는 사실에 대한 인식에 도달할 수 있다고 보고 있다. 곧 맹자는 인간이 지적 능력을 통해 인식해야 할 가장 중요한 것은 바로 스스로에게 갖추어져 있는 도덕성의 기초라고 보는 것이다. 이러한 사실은 다음과 같은 진술들에 잘 드러나 있다.

> "마음"[心]이라는 기관은 생각을 한다. 이렇게 마음으로 생각하기 때문에, 스스로가 갖추고 있는 도덕성을 깨달아 얻을 수 있다. 그러나 생각하지 않으면, 그것을 깨달아 얻지 못한다. 이는 하늘이 나에게 부여해 준 능력인 것이다.[99]

> 그 마음을 다하는 사람은 스스로에게 갖추어져 있는 본성을 깨달아 알게 된다. 자기의 본성을 깨달아 알게 되면, 곧 천명을 알게 된다.[100]

> 무릇 자기 자신에게 사단이 갖추어져 있다는 사실을 깨달아 이를 넓혀서 채울 줄 알게 되면, 가히 불이 처음 타오르고 샘물이 처음 흘러나오는 것과 같을 것이니, 진실로 이를 채울 수 있으면 천하를 보전할 수도 있을 것이지만, 이를 채우지 못하면 부모를 섬기

99 心之官則思 思則得之 不思則不得也 此天之所與我者 (告子上 15)

100 盡其心者 知其性也 知其性 則知天矣 (盡心上 1)

기에도 부족할 것이다.[101]

사람들은 닭이나 개를 잃고 나서는 이를 찾을 줄 알되, 자기 마음을 잃고서는 찾을 줄 알지 못한다. 학문의 도란 다른 것이 아니라, 그 잃어버린 마음을 찾는 것일 뿐이다.[102]

이 첫 번째 인용문에서 맹자는 "마음"이 갖추고 있는 생각하는 작용은 하늘이 부여해 준 것이라고 진술하여, 지적 능력의 본유성을 직접 언급하고 있다. 이러한 지적 능력을 발휘하여 깨달아야 할 것은 스스로가 갖추고 있는 인간의 본성이며, 이는 생각하는 지적 능력을 부여해 준 하늘의 명령이라고 두 번째 인용문에서 맹자는 주장하고 있다. 세 번째 인용문에서 보면, 이렇게 깨달아 알아야 할 인간의 본성 가운데 가장 핵심적인 것은 스스로에게 갖추어져 있는 사단과 같은 도덕성이다. 그러므로 도덕의 본유성을 깨달아 스스로가 도덕 주체임을 인식하기 위해서는 마음의 생각하는 인식 기능을 잃지 않도록 해야 한다고 네 번째 인용문에서 밝히고 있는 것이다.

《맹자》 전체에서 학(學)과 교(敎)라는 글자가 32회와 35회[103]나 나올 정도로 맹자가 배움과 교육을 강조하는 배경에는 이렇게 인간이 지적 능력을 본유하고 있다는 사실이 깔려 있다. 위의 네 번째 인용문에서 천하에 왕 노릇 하는 것보다 더 즐거운 일이라고 여길 정도로 중시

101 凡有四端於我者 知皆擴而充之矣 若火之始然 泉之始達 苟能充之 足以保四海 苟不充之 不足以事父母 (公孫丑上 6)

102 人有鷄犬放 則知求之 有放心而不知求 學問之道無他 求其放心而已矣 (告子上 11)

103 《孟子引得》 참조.

하는 교육[104]의 목표를, 바로 이러한 본유적인 마음의 생각하는 작용을 잘 간직하여 스스로가 갖추고 있는 도덕성을 인식하는 일에서 찾고 있다는 사실은, 맹자가 지적 능력 체계의 본유성을 얼마나 강조하고 있는지 알 수 있게 하는 것이다.

(4) 도덕성의 체계

맹자의 성선설은 도덕성의 기초[四端] 또는 인의예지 같은 도덕성 그 자체가 인간 본성 속에 본디부터 갖추어져 있다는 사실을 전제로 하여 성립되고 있다. 다음 진술들은 이러한 점을 잘 드러내 주고 있다.

> 곤경에 빠진 사람을 불쌍히 여기는 마음[惻隱之心]이 없으면 사람이 아니요, 자기의 옳지 않음을 부끄러워하고 남의 옳지 않음을 미워하는 마음[羞惡之心]이 없으면 사람이 아니요, 사양하고 공경하는 마음[辭讓之心]이 없으면 사람이 아니요, 옳고 그름을 가리려는 마음[是非之心]이 없으면 사람이 아니다. 남을 불쌍히 여기는 측은지심은 인의 기초[仁之端]요, 옳지 않음을 부끄러워하고 미워하는 수오지심은 의의 기초[義之端]요, 남에게 양보하는 사양지심은 예의 기초[禮之端]요, 옳고 그름을 가리려는 시비지심은 지의 기초[智之端]이다. 사람이 이 네 가지 기초[四端]를 갖추고 있다는 사실은 마치 사람에게 팔과 다리가 갖추어져 있는 것과 마

104 孟子曰 君子有三樂 而王天下不與存焉 父母俱存 兄弟無故 一樂也 仰不愧於天 俯不怍於人 二樂也 得天下英才而敎育之 三樂也 君子有三樂 而王天下不與存焉 (盡心上 20): 이 유명한 삼락론(三樂論)에서 맹자는 군자의 세 가지 즐거움 중 마지막을 "천하의 영재를 얻어서 그들을 가르치는 일"로 잡고 있는데, "천하에 왕 노릇 하는 일은 군자의 즐거움 속에 들지 못 한다"는 말을 두 번씩이나 언급하여 그가 교육을 얼마나 중시하였는지 알 수 있게 한다.

찬가지다.[105]

측은지심을 사람이면 누구나 가지고 있고, 수오지심을 사람이면 누구나 가지고 있으며, 공경지심[여기서 공경지심은 사양지심과 같은 것임]을 사람이면 누구나 가지고 있고, 시비지심을 사람이면 누구나 가지고 있다. 측은지심은 인이고, 수오지심은 의이고, 공경지심은 예이고, 시비지심은 지이다. 인의예지 같은 도덕성은 외부로부터 사람에게 스며들어 온 것이 아니고, 사람이 본디부터 갖추고 있는 것이다. 다만 이러한 사실을 깨닫지 못하고 있을 뿐이다.[106]

군자가 사람의 본성으로 삼는 것은 인의예지 같은 도덕성으로서, 이는 사람의 마음에 뿌리를 두고 있는 것이어서, 그 겉으로 드러남이 얼굴에 그대로 나타나며, 등에 가득하며, 팔 다리에 베풀어져서, 굳이 말하지 않아도 팔 다리가 저절로 깨달아 행하게 된다.[107]

위의 첫 인용문에서는 인·의·예·지 같은 도덕성의 기초인 측은지심·수오지심·사양지심·시비지심의 사단이 인간에게 본유적으로 갖추어져 있음을 말하고 있다. 이 첫 인용문에서는 측은·수오·사양·시비

105 無惻隱之心 非人也 無羞惡之心 非人也 無辭讓之心 非人也 無是非之心 非人也 惻隱之心 仁之端也 羞惡之心 義之端也 辭讓之心 禮之端也 是非之心 智之端也 人之有是四端也 猶其有四體也 (公孫丑上 6)

106 惻隱之心 人皆有之 羞惡之心 人皆有之 恭敬之心 人皆有之 是非之心 人皆有之 惻隱之心 仁也 羞惡之心 義也 恭敬之心 禮也 是非之心 智也 仁義禮智非由外鑠我也 我固有之也 弗思耳矣 (告子上 6)

107 君子所性 仁義禮智根於心 其生色也 睟然見於面 盎於背 施於四體 四體不言而喩 (盡心上 21)

가 각각 인·의·예·지의 기초, 곧 사단이라고 진술하고 있으나, 두 번째 인용문에서는 측은·수오·공경(사양)·시비가 곧 인·의·예·지 그 자체, 곧 도덕성 그 자체라고 진술하고 있다. 이에 대해 주희(朱熹)는 고자상편(告子上篇) 6장에 붙인 주(註)에서 "공손추상편(公孫丑上篇) 6장에서는 이 네 가지 마음을 넓혀서 채우게 하려고 네 가지 기초[四端]라 한 것이고, 여기에서는 다만 그 쓰임[用]을 바탕으로 하여 그 본체를 드러내고자 했을 뿐"[108]으로, 둘 사이에 근본적인 차이가 있는 것은 아니라 보고 있다. 곧 측은·수오·사양·시비를 인·의·예·지 같은 도덕성의 기초로 보던, 아니면 도덕성 그 자체로 보던 간에, 인간에게 도덕성이 본디부터 갖추어져 있는 본성이라는 것이 맹자의 주장이며, 이것이 그의 성선설의 근본 취지인 것이다. 위의 세 번째 인용문에서 맹자는 인의예지 같은 도덕성은 사람의 본성에 본디부터 갖추어져 있는 것임을 다시 한번 강조하고 있다.

이와 같이 인간의 본성에 도덕성이 본유하고 있다는 사실은 도덕적 인식 능력과 도덕적 행위 능력인 양지(良知)와 양능(良能)이 인간에게 본디부터 갖추어져 있다는 맹자의 진술에서도 잘 드러난다.

> 사람에게는 배우지 않고서도 실천할 수 있는 도덕적 실천 능력이 있으니 그것이 바로 본유적인 양능이며, 또한 생각하지 않고서도 인식할 수 있는 도덕적 인식 능력이 있으니 그것이 바로 본유적인 양지이다. 어린아이는 태어나면서부터 누구나 다 자연히 자기 어버이를 사랑할 줄 알게 마련이고, 점차 자라나게 되면서는 자연히

108 前篇言是四者爲仁義禮智之端 而此不言端者 彼欲其擴而充之 此直因用以著其本體 故言有不同耳 (《孟子集註》)

> 자기 형을 공경할 줄 알게 마련이다. 어버이를 친애하는 것[親親]이 바로 인이고, 어른을 공경하는 것[敬長]이 바로 의이다. 인과 의 같은 도덕성은 다른 것이 아니라, 바로 이러한 친친과 경장의 마음을 천하의 다른 사람에게까지 넓혀가는 일인 것이다.[109]

주희는 양지·양능에서 "양(良)이란 것은 본래 잘하는 것을 말한다"면서, 정자(程子)의 말을 인용하여, "양지와 양능은 모두 후천적인 작위의 근거가 없는 것이니, 이는 바로 선천적으로 갖추어진 것이지, 후천적인 인위(人爲)에 달려 있는 것은 아니다"[110]라고 해석하고 있다. 후한(後漢, 25~220) 시대 조기(趙岐, ?~201)도 양능을 "인간 본성에 스스로 실천할 수 있는 것", 양지를 "인간 본성에 스스로 알 수 있는 것"이라 해석하여, 양지·양능은 인성에 본유하는 능력이라는 주장을 펴고 있다.[111] 그러므로 생각하지 않고도 알 수 있는 능력인 양지는 선천적인 도덕적 인식 능력을 말하는 것이고, 배우지 않고도 실천할 수 있는 능력인 양능은 선천적인 도덕적 실천 능력을 말하는 것이라 볼 수 있다. 이와 같은 맥락에서 생각해 보면, 맹자가 말하는 본유적인 도덕성이란 곧 선천적인 도덕적 인식 능력과 도덕적 실천 능력을 의미하는 것이라고 추론할 수 있다. 말하자면, 도덕성이란 스스로가 도덕 주체임에 대한 자각과 스스로가 갖추고 있는 도덕성의 일상적 실천에 의해 그 본유성의 여부가 드러나는 인간 본성의 일부인 것이다.

---

109 人之所不學而能者 其良能也 所不慮而知者 其良知也 孩提之童 無不知愛其親也 及其長也 無不知敬其兄也 親親 仁也 敬長 義也 無他 達之天下也 (盡心上 15)

110 良者本然之善也 程子曰 良知良能 皆無所由 及出於天 不繫於人 (《孟子集註》)

111 不學而能 性所自能 良甚也 是人之所能甚也 知亦猶是能也 (《孟子章句》)

3) 순자의 사분체계론

순자는 치란·길흉 같이 인간사와는 관계없는 객관적이고 기계적인 자연 현상으로서의 하늘[天]의 파악에 근거하여, 천지와 직분을 달리 하는 사람의 독자성을 밝혀내고[天人之分], 사람은 이러한 독자성으로부터 연유되는 고유 직분을 충실히 수행함으로써 천지에 동참하게 된다[參於天地]는 독특한 천인관계론(天人關係論)을 전개하고 있다. 그러므로 천인지분(天人之分)에 따라 사람이 해야 할 일[所爲]과 해서는 안 될 일[所不爲]을 명확히 하여[明於天人之分], 소불위(所不爲)에 속하는 하늘에 달린 것[在天者]을 사모하거나 알려고 하지 말고, 소위(所爲)에 속하는 자기에게 달린 것[在己者]을 갈고 닦고 익혀서 바르게 하는 것이 바로 참어천지(參於天地) 하는 길이라고 보는 것이 순자의 천인관계론의 핵심이다.[112] 이렇게 사람의 능동성과 자율성을 강조하는 순자의 천인관계론의 논리적 뼈대는 바로 "분"(分)과 "합"(合)에 있다. 이러한 "분"과 "합"의 개념은 그의 인성론·예론·수양론 등 전체 이론의 논리적 기초로 그대로 이어지고 있는 것이다.[113]

순자에게 인성론은 천인지분을 통해서 하늘로부터 독립된 사람이 할 수 있고 또 해야 할 일[所爲]을 찾아내는 근거가 된다는 점에서 중요성을 갖는다. 순자는 이를 우주 만물과 다른 사람의 독특성에서 찾고 있다. 그는 사람에게 있는 것을 태어나면서부터 가지고 있는 자연적

112 이에 관해서는 김승혜(1990, pp.288-305), 정인재(1992) 및 졸고(조긍호, 1994) 참조.

113 김승혜, 1990, pp.273-276, 297-299; 조긍호, 1994.

인 것과 후천적으로 갖추게 된 인위적인 것으로 나누고, 전자를 성(性), 후자를 위(僞)[114]라 부르고 있다. 이러한 성위지분(性僞之分)은 천인관계론에서의 천인지분의 인성론적 전개인 셈이다. 그렇다면, 순자가 인간에게 본유적으로 갖추어져 있는 자연적인 성이라고 보는 요소들에는 어떠한 것들이 있는가?

114 이는 "거짓"이나 "꾸밈"의 뜻이 아니라 "인위"(人爲)의 뜻이다. 왕선겸(王先謙)의 《순자집해(荀子集解)》에서는 《荀子》에 나오는 위(僞)는 대체로 위(爲)로 보아야 한다고 논술하고 있는데(《荀子》, 正名 2의 心慮而能爲之動 謂之僞의 해설에서 王은 荀書多以僞爲爲라 기술하고 있다), 특히 성(性)과 대립되어 위(僞)가 쓰일 때는 항상 위(爲)를 가리키는 것이다. Dubs(1927, pp. 82-83)는 송(宋)대에 주희(朱熹) 등에 의해 순자의 인성론이 이단으로 배척된 데에는 두 가지 요인이 있는데, 그중 하나가 순자의 본의와는 달리 위(僞)를 "거짓"이나 "꾸밈"의 뜻으로 해석한 것이라고 본다. 즉, 人之性惡 其善者僞也 (性惡 1)를 "사람의 본성은 악하다. 그 착한 것은 인위적인 노력의 소산이다"(p. 83)로 해석하지 않고, "(사람의 본성이기도 한) 자연은 악하다. 그 (겉보기에) 착한 것은 사악한 것이다"(p. 83, 괄호 안은 원문 그대로임)라고 해석한 때문이라는 것이다. Dubs가 순자 배척의 또 하나의 요인으로 제시하고 있는 것은, 맹자와 순자가 "인간 본성"(human nature)을 지칭하는 용어로 사용하고 있는 성(性)이란 글자를 주희는 "우주의 자연"(the Nature of the Universe)으로 해석하여, 우주론적 개념(cosmological concept)으로 만들었다는 점이다. 이러한 맥락에서 주희는 성악(性惡)이란 말을 "자연은 악하다"(p. 82) 또는 "우주는 악하다"(p. 82)로 해석했고, 만유의 생성 근거로서의 "자연"을 악하다고 보는 입장을 받아들일 수 없었다는 것이다. 이러한 두 가지 배경에서 주희와 그의 추종자들이 "순자를 비난하고 배척한 것은 그야말로 자연스러운 결과였다"(p. 83)는 것이다. 이러한 논의가 맞는다면, 신유학자들의 순자 폄하론은 이승환(1998)이 제시하는 바의 "해석의 5단계" 중 제1단계인 "어원학적 이해"(philological understanding)의 장벽을 넘지 못한 데에 그 원천이 있다고 볼 수 있을 것이다. 즉, 주희 시대(1100년대 후반)의 글자의 뜻을 가지고 1,400여 년 전의 순자(B.C. 250년대)를 해석하려 한 데서 나온 오류인 것이다.

(1) 욕구 체계

욕(欲)은 《순자》 전체에서 242회 출현하는데,[115] 이 중 171회 정도가 명시적으로나 암묵적으로 추구 대상이 분명히 제시되어, 확실하게 욕구나 동기에 관한 진술로 볼 수 있으므로, 이를 분석 대상으로 삼았다. 이 밖에 이(利)·작(爵)·부(富)·귀(貴)·식(食)·색(色) 들에 관해 언급한 내용 가운데서도 욕구나 동기에 관한 진술임이 분명한 것은 분석 대상에 포함시켰다. 이러한 분석에 따르면, 《순자》에서 제시되는 욕구론도 대체로 《논어》와 《맹자》에서 제시되는 욕구론의 특징을 공유하고 있어서, 공·맹·순 세 사람의 욕구이론이 일치함을 알 수 있다. 《순자》에서 제시되는 욕구들은 대체로 다섯 가지로 대분해 볼 수 있다.[116]

첫째는 "생존 및 감각추구 욕구"로, 여기에는 식(食)·음(飮)·의(衣)·거(居)·색(色)·수(壽)[生·命]·감각적 쾌락 및 편안함[安佚] 같은 욕구가 포함된다. 이는 생물체로서의 기본적인 욕구로, 다음 인용문들에서 이러한 욕구의 본유성에 대한 순자의 관점이 잘 드러나 있다.

> 무릇 사람에게는 한 가지로 똑같은 바가 있다. 굶주리면 배불리 먹기를 바라고, 추우면 따뜻해지기를 바라며, 피로하면 휴식을 취하기를 바란다. 또한 이익을 좋아하고, 손해를 싫어한다. 이것은 사람이 태어나면서부터 갖추고 있는 바로서, 그렇게 되기를 기다려서 그러한 것이 아니다. 이는 성인인 우(禹)나 악인인 걸(桀)이나 똑같다.[117]

---

115 《荀子引得》 참조.

116 이러한 욕구들의 출처에 대해서는 졸저(조긍호, 2007, pp. 370-373) 참조.

117 凡人有所一同 飢而欲食 寒而欲煖 勞而欲息 好利而惡害 是人之所生而有也

> 무릇 눈이 아름다운 색깔을 좋아하고, 귀가 듣기 좋은 소리를 좋아하며, 입이 맛있는 음식을 좋아하고, 마음이 이익을 좋아하며, 몸과 피부가 편안함을 좋아하는 것은 모두 사람의 본성에서 나온 것으로, 느껴서 스스로 그러한 것이지, 그렇게 되기를 기다리고 일삼아 행한 다음에 생겨난 것은 아니다.[118]

> 사람은 누구나 눈으로는 지극히 아름다운 색깔을 보려 하고, 귀로는 지극히 아름다운 소리를 들으려 하며, 입으로는 지극히 아름다운 맛을 보려 하고, 코로는 지극히 아름다운 냄새를 맡으려 하며, 마음으로는 지극한 편안함을 누리고자 한다. 이 다섯 가지는 사람의 본성에서 반드시 없을 수 없는 것이다.[119]

둘째는 "인지적 욕구"로, 이는 《순자》에서 특유하게 제시되는 욕구인데, 예(禮)와 인(仁)의 인식·표출[言·辯], 마음에 두고 생각함[慮], 사물의 이치를 알고자 함[志], 지각 및 변별[知·異·辨] 같은 욕구가 이에 속한다. 순자가 이렇게 사람의 인지적 욕구를 강조하는 입장을 취하는 것은 감각기관과 인식능력인 지(知)가 사람에게 본유적으로 갖추어져 있다[120]고 보기 때문인데, 바로 이러한 인식능력인 지의 추진 동인으로 작용하는 것이 인지적 욕구라고 볼 수 있다. 곧 사람은 본유적으로 갖

是無待而然者也 是禹桀之所同也 (《荀子》, 榮辱 31: 이는 富山房本 漢文大系 卷十五 《荀子集解》의 榮辱篇 p. 31을 가리킨다. 이 책에서 《荀子》의 인용은 이 예를 따른다.): 非相 8-9에도 凡人有所一同을 제외한 똑같은 귀절이 나온다.

118 若夫目好色 耳好聲 口好味 心好利 骨體膚理好愉佚 是皆生於人之情性者也 感而自然 不待事而後生之者也 (性惡 6)

119 目欲綦色 耳欲綦聲 口欲綦味 鼻欲綦臭 心欲綦佚 此五綦者 人情之所必不免也 (王覇 13)

120 所以知之在人者 謂之知 (正名 3)

추고 있는 감각기관과 인식능력인 지를 동원하여 사물의 이치를 알 수 있게 되는데,[121] 그러한 지의 추동력이 바로 인지적 욕구라고 볼 수 있는 것이다. 이는 인간을 덕성 주체(德性主體)일 뿐만 아니라 지성 주체(知性主體)로 파악하는 순자의 입장에서 나오는 특징이라 볼 수 있다.[122] 이러한 인지적 욕구는 감각기관의 고유 능력으로부터 비롯되는 것인데, 이러한 인식은 인간 삶에 활용 가치가 있는 것에 국한되어야 한다고 순자는 본다. 이러한 사실은 차례로 다음 인용문에 잘 드러나 있다.

> 눈으로는 아름답고 추한 여러 색깔을 변별하여 받아들이고, 귀로는 맑고 탁한 소리를 변별하여 받아들이며, 입으로는 짜고 시고 달고 쓴 여러 맛을 변별하여 받아들이고, 코로는 향기롭고 비린 여러 냄새를 분별하여 받아들이며, 피부로는 차고 더우며 아프고 가려운 감각을 변별하여 받아들인다. 이는 사람이 누구나 태어나면서부터 갖추고 있는 바로서, 그렇게 되기를 기다려서 그러한 것이 아니다. 이는 성인인 우나 악인인 걸이나 똑같다.[123]

> 하늘에 대해 알고자 하는 것은 그 드러난 현상 중에서 사전에 기약할 수 있는 것에 그쳐야 하고, 땅에 대해서 알고자 하는 것은 그 드러난 마땅함 중에서 농사에 도움이 되는 것에 그쳐야 하며, 네 계절에 대해 알고자 하는 것은 그 자연적인 질서 중에서 사람이

121 凡以知 人之性也 可以知 物之理也 (解蔽 25)

122 牟宗三, 1979, pp. 224−225; 蔡錦昌, 1989, pp. 82−86; 蔡仁厚, 1984, pp. 405−409; 黃公偉, 1974, pp. 454−458: 이에 대해서는 졸고(조긍호, 1995, pp. 2−18; 1998, pp. 210−245) 참조.

123 目辨黑白美惡 耳辨音聲淸濁 口辨鹹酸甘苦 鼻辨芬芳腥臊 骨體膚理辨寒暑疾養 是又人之所常生而有也 是無待而然者也 是禹桀之所同也 (榮辱 31)

일삼을 만한 것에 그쳐야 하고, 음양(陰陽)에 대해 알고자 하는 것은 알려진 것 중에서 올바르게 다스리는 데 도움이 될 만한 것에 그쳐야 한다.[124]

셋째는 "자기이익추구의 욕구"로, 부(富)·귀(貴)·이(利) 같은 욕구가 이에 해당된다. 이러한 자기이익추구 욕구의 본유성에 대한 순자의 입장은 다음 인용문들에 잘 드러나 있다.

> 무릇 귀(貴)하기로는 천자(天子)가 되고 싶고, 부(富)하기로는 천하를 소유하고 싶은 것, 이는 사람의 본성으로 모두 똑같이 바라는 것이다.[125]

> 의[義: 도덕성]와 이[利: 이기적 욕구]는 사람이 함께 가지고 있는 것이다. 비록 요(堯)나 순(舜) 같은 성인도 사람들의 이익추구 욕구를 다 없앨 수는 없지만, 이익추구 욕구가 의를 좋아하는 마음[도덕성]을 이기지 못하게 할 수는 있다.[126]

넷째는 "사회적 욕구"로, 여기에는 투쟁[勝人]·호영(好榮)·오욕(惡辱)·친애(親愛)·지위[爵]·명예[功名]·사회생활[群]·지배 및 타인의 인정 같은 욕구가 포함된다. 다음 인용문들에는 각각 사회생활의 욕구, 영화를 좋아하고 치욕받기를 싫어하는 욕구[好榮·惡辱] 및 지배 욕구

---

124 所志於天者 已其見象之可以期者矣 所志於地者 已其見宜之可以息者矣 所志於四時者 已其見數之可以事者矣 所志於陰陽者 已其見知之可以治者矣 (天論 26)

125 夫貴爲天子 富有天下 是人情之所同欲也 (榮辱 39)

126 義與利者 人之所兩有也 雖堯舜 不能去民之欲利 然而能使其欲利不克其好義也 (大略 20)

의 본유성에 대해 언급하고 있다.

> 사람에게는 태어나면서부터 사회생활[群]의 욕구가 갖추어져 있다. 사회생활을 하면서 직분을 나누어 하지 않으면 다투게 되고, 다투면 혼란해지며, 혼란해지면 궁핍하게 된다.[127]

> 영화로움을 좋아하고 치욕 받기를 싫어하며, 이익을 좋아하고 손해를 싫어하는 것, 이것은 군자나 소인이나 똑 같이 갖추고 있는 욕구이다.[128]

> 무릇 귀하기로는 천자가 되고 싶어 하고, 부하기로는 천하를 소유하고 싶어 하며, 성왕(聖王)이 되어 이름을 드날리고, 사람들을 모두 지배하되 남의 지배를 받지 않으려 하는 것, 이것은 사람의 본성으로서 누구나 똑같이 바라는 것이다.[129]

다섯째는 인간에게만 갖추어져 있어 인간을 인간답게 하는 도덕적 지향성의 욕구이다. 여기에는 수신(修身), 예[禮義] 및 정의[合義·公義]의 추구, 인륜의 실천, 인정(仁政)을 펼치고자 하는 욕구들이 포함된다.

> 의[義: 도덕적 욕구]와 이[利: 이기적 욕구]는 사람이 함께 가지고 있는 것이다. 비록 요(堯)·순(舜) 같은 성인도 사람들의 이익 추구 욕구를 다 없앨 수는 없지만, 이익 추구 욕구가 의를 좋아하는 마

127 人之生不能無群 群而無分則爭 爭則亂 亂則窮矣 (富國 21-22); 王制篇 21에도 故人生不能無群 群而無分則爭 爭則亂 亂則離 離則弱 弱則不能勝物이라고 하여, 같은 내용이 제시되고 있다.

128 好榮惡辱 好利惡害 是君子小人之所同也 (榮辱 28)

129 夫貴爲天子 富有天下 名爲聖王 兼制人 人莫得而制也 是人情之所同欲也 (王制 19)

음[도덕적 욕구]을 이기지 못하게 할 수는 있다.[130]

이렇게 순자도 공자나 맹자와 마찬가지로 사람에게 생존 및 감각추구 욕구, 자기이익추구 욕구 같은 생물체적 욕구와 사회적 욕구뿐만 아니라 도덕적 지향성의 욕구가 태어나면서부터 갖추어져 있다고 본다. 이들 가운데 생물체적 욕구들(생존 및 감각추구 욕구와 이기적 욕구)과 사회적 욕구의 충족 여부는 외적 조건에 달려 있어서 자발적인 통제가 불가능하다고 본다는 점에서는 순자도 공자 및 맹자와 의견을 같이 한다. 순자는 도덕성의 실천으로 인한 즐거움은 사람의 내부로부터 나오는 것이기 때문에 이를 "의로운 즐거움"[義榮]이라 부르고, 생물체적 욕구의 충족으로 인한 즐거움은 밖으로부터 오는 것이기 때문에 이를 "조건적 즐거움"[勢榮]이라 부르고 있다.[131] 그는 전자는 "내가 하기에 달린 것"[在我者]이지만 후자는 "외적 조건에 달린 것"[在天者]이기 때문에, 사람은 외적 조건에 달린 것에 연연해 하지 말고 자기가 하기에 달린 것에 삼가 힘씀으로써, 날로 발전이 있도록 해야 한다[132]고 주장한다. 이렇게 순자도 공자나 맹자와 마찬가지로 생물체적 욕구와 사회적 욕구의 본유성을 인정하지만, 인간의 가장 중핵적 심성 체계는 역시 도덕적 지향성이 되어야 한다는 견해를 간직하고 있는 것이다.

---

130 義與利者 人之所兩有也 雖堯舜 不能去民之欲利 然而能使其欲利不克其好義也 (大略 20)

131 志意修 德行厚 知慮明 是榮之由中出者也 夫是之謂義榮 爵列尊 貢祿厚 形勢勝 上爲天子諸侯 下爲卿相士大夫 是榮之從外至者也 夫是之謂勢榮 (正論 28-29)

132 若夫心意修 德行厚 知慮明 生於今而志乎古 則是在我者也 故君子敬其在己者 而不慕其在天者……君子敬其在己者 而不慕其在天者 是以日進也 (天論 28-29)

군자는 도덕적 지향의 욕구[公義]를 추구함으로써 개인적인 사적 욕구[私欲]을 극복할 수 있다.[133]

(2) 감정 체계

인간의 감정 체계를 지칭하는 "정"(情)이란 글자가 《순자》에는 모두 118회나 나오고 있는데, 이 중 대부분(91회)은 정(情)자 홀로 의미를 가지는 것이고, 성정(性情, 2회)·정성(情性, 18회)·정욕(情欲, 4회)·천정(天情, 3회) 등으로 두 글자가 연합해서 쓰임으로써 의미를 가지게 되는 경우가 27회나 된다.[134] 《순자》에서 쓰이는 정(情)도 대부분은 《논어》나 《맹자》에서와 마찬가지로 "진실·진정·진실된 마음" 등의 뜻을 가진다. 그러나 《순자》에서 정은 인간이 태어나면서부터 갖추고 있는 생물적 욕구와 정서적 측면을 포괄하는 용어로 쓰이는 경우도 많다는 점이 특이한 사실이다. 대체로 성정·정성·정욕이라고 연용되어 쓰일 때에는 생물적 욕구 체계를 지칭하는 의미를 가지고 있지만, 천정(天情)으로 연용되어 쓰일 때[135]와 정(情) 한 글자로만 쓰이는 몇몇의 경우[136]에는 각 개별적인 감정 반응을 아우르는 유개념(類概念)으로서의 감정 또는 정서의 의미로 사용되고 있다. 다음은 《순자》에서 유개념으로서의 정서의 의미로 쓰이고 있는 예들이다.

133 此言君子能以公義勝私欲也 (修身 40)

134 《荀子引得》 참조.

135 天論 24, 25.

136 正名 2, 22.

사람의 육체가 갖추어지고 정신이 생겨나면, 여기에는 좋아함[好]·미워함[惡]·기쁨[喜]·성냄[怒]·슬픔[哀]·즐거움[樂]이 갖추어져 있게 되는데, 이를 "자연적 정서"[天情]라고 한다.[137]

사람의 본성에 갖추어져 있는 좋아함[好]·미워함[惡]·기쁨[喜]·성냄[怒]·슬픔[哀]·즐거움[樂]을 일러 "정"(情)이라 한다.[138]

이러한 예들에서 보면, 순자는 정(情)에 감정 또는 정서의 의미를 부여하고 있으며, 따라서 유학자들 중에서 정을 정서의 유개념으로 사용하는 것은 순자가 효시를 이룬다고 하겠다. 이러한 정은 순자에게 있어서 욕(欲)과 함께 사람이 태어날 때부터 갖추고 있는 성(性)을 구성하는 한 가지 요소이다. 이러한 사실은 다음 진술문에 잘 드러나 있다.

성(性)이란 하늘이 이루어 낸 것[性者天之就]이다. 정(情)은 성의 바탕[情者性之質]이다. 그리고 욕(欲)은 외부 사물에 대한 정의 반응[欲者情之應]이다.[139]

여기서 "성자천지취(性者天之就)란 성은 선천적으로 타고나는 것으로, 태어나면서부터 갖추어져 있음을 말한다. 정자성지질(情者性之質)이란 성은 정을 그 바탕[本質]으로 하는 것으로, 정 말고는 성이 없으므로, 정이 곧 성으로서, 성과 정은 동질적이고 동위적(同位的)임을 말한다.……그리고 욕자정지응(欲者情之應)이란 욕은 정에 대한 반응

137 形具而神生 好惡喜怒哀樂臧焉 夫是之謂天情 (天論 24)

138 性之好惡喜怒哀樂 謂之情 (正名 2)

139 性者天之就也 情者性之質也 欲者情之應也 (正名 22)

으로 생겨나는 것임을 가리킨다. 말하자면, 귀와 눈이 아름다운 소리와 색깔을 좋아하는 것은 욕인데, 이러한 욕은 사랑하고 좋아하는 감정[愛好之情]에 대한 반응으로 생겨나는 것"[140]임을 나타내고 있다. 이렇게 보면, 순자가 보는 좁은 의미의 성은 정과 욕을 의미하는 것으로, 이러한 "정(情)·욕(欲)은 이성적인 것이 아니라 감성적인"[141] 인간 구조의 측면을 나타내는 것이다.

이와 같이 《순자》에서 성은 그의 인간구조론이 제시하는 인간의 모든 생득적 특성인 생물체적 욕구와 정서[欲·情], 그리고 다음에 기술될 지적 능력[知]과 도덕적 행위 능력[能]을 모두 포괄하는 넓은 의미로 쓰이기도 하고, 또 생물체적 욕구와 정서[欲·情]만을 지칭하는 좁은 의미로 쓰이기도 한다.[142] 이렇게 좁은 의미에서 정과 욕만을 의미할 때 성은 악하게 될 가능성이 많다고 순자는 개념화하고 있다. 이 점이 바로 순자의 이론이 성악설로 알려진 근거인데, 따라서 정과 욕은 인간의 삶과 행위의 최고 규범인 예(禮)에 의해 조절되고 통제되어야 한다고 순자는 보고 있는 것이다.[143]

《순자》에도 다양한 개별 정서들이 언급되고 있는데,[144] 이들은 《논어》 및 《맹자》에서와 마찬가지로 크게 두 종류로 나뉜다. 첫째는 "자아중심적 정서"로, 칠정 가운데 희(喜)·노(怒)·구(懼)·오(惡)를 비롯하여

140 蔡仁厚, 1984, p. 390.

141 黃公偉, 1974, p. 465.

142 김승혜, 1990, pp. 235-239; 조긍호, 1994, pp. 44-47; 1995, pp. 2-12.

143 조긍호, 1997, 1998, 2000, 2003.

144 이들 정서의 출처에 대해서는 졸저(조긍호, 2007, pp. 281-283) 참조.

원(怨)·공(恐)·환(患)·우(憂) 등이 이에 속한다. 공자·맹자와 마찬가지로, 순자도 외적 조건에 의해 유발되는 이러한 자아중심적 정서의 억제를 강조한다. 그는 유발 조건이 외적 대상이나 상황에 달려 있는 이런 재천자(在天者)인 정서는 조건적 즐거움[勢榮][145]을 가져올 뿐이라고 본다. 따라서 그 유발 조건이 밖에서 주어지는 이러한 자기중심적 정서들은 대체로 사람의 마음을 가려 도를 올바로 인식하지 못하게 하고, 결과적으로 사람을 악으로 인도하는 원천이 된다는 것이 순자의 생각이다.

> 무엇이 사람의 마음을 가려지게 만드는가? 좋아서 하고 싶은 것[欲]이 가려지게 만들고, 싫어하는 것[惡]이 가려지게 만든다.…… 무릇 모든 사물을 변별하게 되면, 서로 가려지지 않는 것은 아무것도 없다. 이것이 "마음 씀의 공통적인 걱정거리"[心術之公患]인 것이다.[146]

여기서 "욕오(欲惡)는 말하자면 호오(好惡)와 같은 것으로",[147] 이에 가리워진다는 것은 좋아서 하고자 하는 것과 싫어서 피하고자 하는 것, 곧 욕구와 감정 때문에 바른 것을 보지 못하는 폐단을 말한다. 이렇게 정서와 욕구는 인식능력[知]과 도덕적 행위능력[能]이 제대로 기능

145 ……是榮之由中出者也 夫是之謂義榮……是榮之從外至者也 夫是之謂勢榮……是辱之由中出者也 夫是之謂義辱……是辱之由外至者也 夫是之謂勢辱 是榮辱之兩端也 故君子可以有勢辱 而不可以有義辱 小人可以有勢榮 而不可以有義榮 有勢辱無害爲堯 有勢榮無害爲桀 義榮勢榮 唯君子而後兼有之 義辱勢辱 唯小人然後兼有之 是榮辱之分也 (正論 29-30)

146 故爲蔽 欲爲蔽 惡爲蔽……凡萬物異 則莫不相爲蔽 此心術之公患也 (解蔽 3; 《荀子集解》에서는 첫 구의 故를 胡의 誤字로 보아, 何의 뜻으로 풀고 있다.)

147 蔡仁厚, 1984, p. 420.

을 발휘하지 못하도록 가리는 역할을 한다고 순자는 파악하고 있는 것이다. 그렇기 때문에, 순자는 자아중심적인 개인적인 감정은 철저히 통제되고 조절되어야 한다고 본다.

둘째는 "타인중심적 정서" 또는 "규범지향적 정서"로, 이에는 애(哀)·애(愛)·호(好)·낙(樂)·치(恥) 같은 정서들이 포함된다. 공자나 맹자와 같이 순자도 이러한 정서들은 도덕적 수양에 긍정적인 영향을 미치는 정서들이라고 보아, 적극 권장하고 있다. 이러한 대표적인 정서가 "부끄러워함"[恥]이다. 순자는 부끄러워하는 일이 도덕적 수양의 원동력이 될 수 있음을 다음과 같이 지적하고 있다.

> 군자는 스스로 귀하게 될 수는 있어도, 남이 반드시 자기를 귀하게 여기도록 만들 수는 없으며, 스스로 유용한 사람이 될 수는 있어도 남이 반드시 자기를 기용하여 쓰도록 만들 수는 없다. 그러므로 군자는 자기 덕이 닦이지 않은 것을 부끄러워하지 남에게 업신여김을 당하는 것을 부끄러워하지 않으며, 스스로 신임이 부족한 것을 부끄러워하지 남이 자기를 믿어주지 않는 것을 부끄러워하지 않으며, 스스로가 능력이 부족함을 부끄러워하지 남에게 기용되지 않은 것을 부끄러워하지 않는다. 이런 까닭에 군자는 명예에 유혹되지 않고, 남의 비방을 두려워하지 않으며, 도에 따라 실천하고, 단정하게 자기 몸을 닦음으로써, 외부 사물에 미혹당하지 않게 된다. 이런 사람이야말로 진정한 군자인 것이다.[148]

148 君子能爲可貴 不能使人必貴己 能爲可信 不能使人必信己 能爲可用 不能使人必用己 故君子恥不修 不恥見汙 恥不信 不恥不見信 恥不能 不恥不見用 是以不誘於譽 不恐於誹 率道而行 端然正己 不爲物傾側 夫是之謂誠君子 (非十二子 36)

이 인용문에서 제시하듯이, 순자는 "부끄러워함"은 자기의 덕이 닦이지 않은 것, 스스로가 신임이 부족한 것, 스스로 능력이 부족한 것 때문에 유발되는 감정이라고 보고 있다. 이러한 점을 순자는 또한 "어려서 열심히 공부하지 않아서, 늙어서도 아무런 가르칠 것이 없는 것, 이것이 바로 부끄러움"[149]이라고 표현하고 있다. 이렇게 순자는 부끄러워한다는 감정은 스스로가 열심히 노력하지 않거나 도덕적 수련을 게을리 함으로써, 인간적 수양을 이루지 못한 데서 유발된다는 사실을 분명히 하고 있다. 곧 호(好)·낙(樂)·치(恥) 같은 마음속에서 우러나오는 감정들은 스스로의 수양 수준에 따라 유발되는 정서[在己者·在我者]이기 때문에, 인격 수양의 바탕으로 작용하여 자기개선을 이루는 근거가 되고,[150] 따라서 적극 권장해야 한다고 순자는 주장하는 것이다.

앞에서도 보았듯이, 순자는 자기 자신이 하기에 달린 도덕적 수양에서 오는 즐거움을 "마음속으로부터 나오는 도의적 즐거움"[義榮], 이기적이고 사적인 욕구의 충족에서 오는 즐거움을 "밖으로부터 주어지는 조건적 즐거움"[勢榮], 도덕적 수양이 미흡하여 사람의 도리를 못하기 때문에 받게 되는 치욕스러움을 "마음속으로부터 나오는 도의적 치욕"[義辱], 다른 사람의 근거 없는 모욕이나 업신여김 때문에 받게 되는 치욕스러움을 "밖으로부터 주어지는 조건적 치욕"[勢辱]이라 부르고,

149 幼不能彊學 老無以教之 吾恥之 (宥坐 8)

150 故君子敬其在己者 而不慕其在天者 是以日進也 小人錯其在己者 而慕其在天者 是以日退也 故君子之所以日進 與小人之所以日退一也 君子小人之所以相縣者在此耳 (天論 29): 이 점이 바로 개인 존재를 덕성 주체로 파악하여, 모든 책임을 스스로가 지려 하는 삶의 태도를 낳게 되는 배경이다. 이에 관해서는 졸저(조긍호, 2003, pp. 369–379; 2006, pp. 449–453; 2007, pp. 119–127, 217–226; 2008, pp. 55–65; 2012, pp. 119–136) 참조.

이들 사이의 관계를 다음과 같이 진술하고 있다.

> 그러므로 군자는 조건적 치욕을 받을 수는 있어도 도의적 치욕은 받지 않는다. 소인은 조건적 즐거움은 누릴 수 있어도 도의적 즐거움은 누리지 못한다. [도의적 즐거움을 추구하다가] 조건적 치욕을 받으면 요(堯)임금 같은 성인이 될 수 있지만, 조건적 즐거움을 [추구하여] 많이 누리고자 하면 걸(桀) 같은 폭군이 될 수밖에 없는 것이다.[151]

애(哀)·애(愛)·호(好)·낙(樂)·치(恥) 같은 정서는 도의적 즐거움인 의영(義榮)이나 도의적 치욕인 의욕(義辱)을 가져오는 정서들이다. 여기서 도의적 즐거움과 도의적 치욕은 개인의 도덕적 수양에 달린 재기자(在己者)이고, 조건적 즐거움과 조건적 치욕은 외적 조건에 따라 유발 여부가 결정되는 재천자(在天者)이다. 따라서 인간은 의영과 의욕을 가져오는 자기수양에 힘써야 하고, 결국 이러한 의영과 의욕에 따라 유발되는 "타인지향적 정서" 또는 "규범지향적 정서"를 권장하는 것이 순자의 정서이론의 요체인 것이다.

(3) 지적 능력 체계

《순자》에서 지적 능력의 체계를 의미하는 용어인 "지"(知)는 모두 482회나 출현하여,[152] 순자가 인간의 지적 능력의 체계를 얼마나 중시

---

151 故君子可以有勢辱 而不可以有義辱 小人可以有勢榮 而不可以有義榮 有勢辱無害爲堯 有勢榮無害爲桀 (正論 29-30)

152 《荀子引得》 참조.

했는지 알 수 있게 한다. 이 가운데 "지혜"나 "지혜로운 사람" 또는 "깨달은 사람"을 가리키는 경우가 97회이고, 나머지 385회가 "지적 능력 체계"를 지칭하는 용어로 사용되고 있다.

《순자》에서 특이한 점은 "지적 능력의 본유성"을 지(知)라는 용어로 표현하는 경우가 25회나 되고 있다는 사실이다. 이는 순자가 인간 존재를 "도덕 주체"로서만이 아니라 "지성 주체"로도 파악하고 있음을 드러내 주는 것으로, 이러한 맥락에서 순자가 "인지적 욕구"를 인간의 욕구 체계의 하나로 파악하는 특이성을 보이는 배경을 이해할 수 있다. 이 밖에 "인식 작용 일반"을 나타내는 경우가 158회, 인식 활동의 결과 갖추어지는 "지식 내용"을 가리키는 경우가 46회, 그리고 구체적인 인식 대상을 명시함으로써 "인식 능력"을 지칭하는 경우가 156회나 된다. 이렇게 인간이 갖추고 있는 인식 능력의 본유성을 드러내기 위하여 구체적으로 들고 있는 인식 대상들로는 자기와 타인 같은 사람이 26회, 인·의·예·지·도·덕 같은 도덕성과 그 내용이 50회, 천명·생사·시간 같은 자연 현상과 그 이치에 관한 것이 8회, 그리고 기타 여러 가지 구체적인 사실에 관한 언급이 72회 사용되고 있다.[153]

이상에서 보듯이, 《순자》에서도 "지"(知)는 《논어》나 《맹자》에서와 마찬가지로 지혜나 지혜로운 사람, 지적 능력, 지적 작용 및 지적 활동의 결과 획득되는 지식 내용을 두루 가리키는 용어로 사용되고 있다. 그런데 다른 경전들과는 달리, 《순자》에서 "지"는 지적 능력의 본유성을 지칭하는 용어로 사용되는 경우가 25회나 되고 있다는 점이 흥미를

153 이들 지적 능력과 그 작용 결과의 출처에 대해서는 졸저(조긍호, 2008, pp. 147–151) 참조.

끈다. 이러한 사실은 순자가 인간의 본성을 다른 무엇보다 지적 능력의 체계를 중심으로 파악하고 있다는 점[以智識心][154]을 직접 드러내 주고 있다. 《순자》에서 강조되고 있는 지적 능력의 본유성에 대한 주장은 다음과 같은 진술문들에 그대로 드러나고 있다.

> 알 수 있는 근거[所以知]가 사람에게 갖추어져 있는 것을 지[知: 지적 능력]라 하고, 이러한 지적 능력의 결과 받아들인 내용이 외부 사물과 합치되는 것을 또한 지[知: 지식 내용]라 한다.[155]

> 사람은 태어나면서부터 지적 능력을 갖추고 있는데, 이러한 지적 능력을 발휘하여 사물을 기억할 수 있다.……또한 사람의 마음에는 태어나면서부터 지적 능력이 갖추어져 있는데, 이러한 지적 능력을 발휘하여 사물들을 변별할 수 있다.[156]

> 무릇 알 수 있는 지적 능력은 사람의 본성에 본디 갖추어져 있는 것이고, 이를 통해 알 수 있는 것은 사물의 이치이다. 사람의 본성에 갖추어져 있는 바의 지적 능력을 가지고, 이를 통해 인식할 수 있는 바의 사물의 이치를 구해 알아야 한다.[157]

> 이렇게 길거리의 보통 사람들도 누구나 다 인·의 같은 도덕성과 사회 규범 및 정의 원칙을 깨달아 알 수 있는 바의 바탕을 갖추고 있다.……오늘날 길거리의 보통 사람들도 누구나 다 안으로 부모와 자식 사이의 의로운 도덕 원칙을 깨달아 알 수 있고, 밖으로 군

154 蔡仁厚, 1984, pp. 405-409.

155 所以知之在人者 謂之知 知有所合 謂之知 (正名 3)

156 人生而有知 知而有志……心生而有知 知而有異 (解蔽 12)

157 凡以知 人之性也 可以知 物之理也 以可以知人之性 求可以知物之理 (解蔽 25)

주와 신하 사이의 올바른 행위 원칙을 깨달아 알 수 있는 것이다. 그러므로 도덕성과 사회 규범을 깨달아 알 수 있는 바의 바탕이 ……길거리의 보통 사람 누구에게나 다 갖추어져 있다는 사실은 너무나 자명한 일인 것이다.[158]

위의 네 인용문들에서는 모두 사람에게 지적 능력의 체계가 갖추어져 있으며, 이는 인간의 본성이라 진술함으로써 이의 본유성에 대해 강조하고 있다. 이러한 지적 능력을 통하여 사람들은 외부 사물들에 대한 합당한 지식 내용을 얻게 될 뿐만 아니라(첫 번째 인용문), 외부 사물들을 구별하여 인식하고, 이들 사이의 차이를 기억하게 된다(두 번째 인용문). 사람들은 이러한 본유적인 지적 능력에 힘입어 외부 사물들에 대한 구체적인 지식 내용뿐만 아니라, 사물들의 이치도 또한 깨달아 알 수 있게 되며(세 번째 인용문), 더 나아가 도덕성과 올바른 행위 원칙에 대해서도 인식할 수 있는 것이다(네 번째 인용문).

이와 같이 순자도 공자나 맹자와 마찬가지로 지적 능력의 체계를 인간이 본디부터 갖추고 있는 본유적인 본성의 한 요소로 인정하고 있다. 특히 순자는 지적 능력의 인간 본유성과 그 다양한 기능에 대해 공자나 맹자보다도 더욱 강조함으로써,[159] 선진유학자들 가운데 누구보다도 지적 능력 체계의 중요성을 강조해서 인간을 이해하려는 관점을 강하게 보여주고 있는 것이다.

---

158 然而塗之人也 皆有可以知仁義法正之質……今塗之人者 皆內可以知父子之義 外可以知君臣之正 然則其可以知之質……其在塗之人明矣 (性惡 13-14)

159 김승혜, 1990, pp. 233-242; 정인재, 1981; 牟宗三, 1979, pp. 224-225; 蔡錦昌, 1989, pp. 55-94; 蔡仁厚, 1984, pp. 405-428; 黃公偉, 1974, pp. 454-458.

(4) 도덕성의 체계

순자도 공자 및 맹자와 마찬가지로 사람에게 선천적으로 도덕성과 도덕적 행위 능력이 갖추어져 있다고 보고, 사람이 우주 안에서 가장 귀한 존재가 되는 까닭을 이러한 도덕적 본유성에서 찾고 있다. 이러한 사실은 다음의 진술문들에 잘 드러나 있다.

> 물과 불 같은 무생물에게는 자연적인 기(氣)는 있지만, 생명[生]은 없다. 풀과 나무 같은 식물들에게는 생명은 있지만, 지각 능력[知]은 없다. 새와 짐승 같은 동물들에게는 지각 능력은 있지만, 도덕성[義]은 없다. 사람에게는 기도 있고, 생명도 있고, 지각 능력도 있으며, 또한 더 나아가 도덕성도 갖추어져 있다. 그러므로 사람은 천하에서 가장 귀한 존재인 것이다.[160]

> 사람이 사람된 까닭은 단지 사람들이 다른 동물들과는 달리 두 발로 직립하여 서고, 또 몸에 털이 없기 때문만은 아니다. 이는 사람이 옳고 그름을 가려[辨] 도덕적으로 행동할 수 있기 때문이다. 무릇 새나 짐승들에게도 부모와 자식의 관계는 있지만 부모와 자식 사이의 친애함은 없으며, 수컷과 암컷은 있지만 남녀 사이의 분별함은 없다. 그러므로 [옳고 그름을 가려 도덕적으로 행동하는 것은 본디부터 갖추어져 있는 사람의 본성이므로] 사람의 도리에 옳고 그름을 가려 도덕적으로 행동하지 않을 수가 없는 것이다.[161]

160 水火有氣而無生 草木有生而無知 禽獸有知而無義 人有氣有生有知 亦且有義 故最爲天下貴也 (王制 20)

161 人之所以爲人者 非特以其二足而無毛也 以其有辨也 夫禽獸有父子 而無父子之親 有牝牡 而無男女之別 故人道莫不有辨 (非相 9-10)

위의 첫 인용문에서 보면, 인간은 "무생물 → 식물 → 동물 → 사람"으로 이어지는 우주의 위계 질서 가운데 최상위에 자리하고 있는 존재인데, 그 까닭은 바로 우주 안에서 사람만이 도덕성[義]을 갖추고 있는 존재이기 때문이라고 하여, 순자가 인간의 도덕적 본유성을 매우 강조하고 있음을 알 수 있다. 두 번째 인용문에서는 이러한 입장을 더 강하게 함축하여, 인간이 인간으로 인정받고 대접받을 수 있는 근거는 바로 이렇게 인간이 본유적으로 갖추고 있는 도덕성[辨]을 일상생활에서 실천할 수 있기 때문이라고 주장한다.

순자는 이렇게 인간이 인간일 수 있는 근거를 도덕적 본유성과 이의 일상적 실천에서 찾고 있다. 이러한 그의 관점은 자연스럽게 사람이 태어나면서부터 도덕적 행위 능력을 갖추고 있다는 주장으로 이어진다. 그는 인간에게 갖추어져 있는 이러한 도덕적 행위 능력을 "능"(能)이라 표현하고 있다.

> 도덕성을 실천할 수 있는 근거[所以能]가 사람에게 갖추어져 있는 것을 능[能: 도덕적 행위 능력]이라 하고, 이러한 도덕적 행위 능력을 통해 실천한 행위들이 객관적인 도덕 원칙과 합치되는 것을 또한 능[能: 도덕적 행위]이라 한다.[162]

> 사람의 바탕이 되는 본성에 있는 지적 인식 능력[知]과 도덕적 행위 능력[能]은 군자나 소인이나 마찬가지이다.……그러므로 소인의 지적 인식 능력과 도덕적 행위 능력을 자세히 살펴보면, 그들이 군자가 하는 일을 똑같이 하고도 남음이 있을 만큼 충분히 갖

162 所以能之在人者 謂之能 能有所合 謂之能 (正名 3)

추고 있음을 알 수 있다.[163]

> 무릇 우(禹) 임금 같은 성인이 우 임금이 될 수 있었던 까닭은 그가 인·의 같은 도덕성과 사회 규범 및 올바른 도덕 원칙을 일상생활에서 실천하여 행할 수 있었기 때문이다. 그러므로 도덕성과 사회 규범 및 올바른 행위 원칙에는 이를 인식하여 알 수 있고, 또 이를 일상생활에서 실천해 낼 수 있는 이치가 갖추어져 있는 법이다. 이렇게 길거리의 보통 사람들에게도 누구에게나 도덕성과 사회 규범 및 올바른 행위 원칙을 깨달아 알 수 있는 바의 바탕이 갖추어져 있을 뿐만 아니라, 이러한 도덕성과 사회 규범 및 올바른 행위 원칙을 일상생활에서 실천할 수 있는 바의 능력이 본디부터 갖추어져 있는 것이다.[164]

위의 첫 인용문에서는 도덕성을 실천할 수 있는 도덕적 행위 능력[能]이 인간에게 본유적으로 갖추어져 있음을 분명히 밝히고 있다. 그런데 여기서 한 가지 분명하게 해 두어야 할 것은, 두 번째와 세 번째 인용문에서 보듯이 순자도 맹자와 마찬가지로 도덕적 행위 능력과 도덕적 인식 능력을 함께 언급하여, 도덕성의 인식은 그 실천을 목표로 하는 것으로 보고 있다는 사실이다. 이는 지행합일(知行合一)을 강조하는 유학사상의 기본 입장에 비추어 볼 때, 매우 당연한 논리적인 귀결이라 할 수 있다. 이러한 도덕적 인식 능력과 도덕적 행위 능력의 관계에 대해 순자는 "도를 알기만 하는 것은 이를 행하는 것만 못하다. 배움

163 材性知能 君子小人一也……故熟察小人之知能 足以知其有餘可以爲君子之所爲也(榮辱 28-30)

164 凡禹之所以爲禹者 以其爲仁義法正也 然則仁義法正 有可知可能之理 然而塗之人也 皆有可以知仁義法正之質 皆有可以能仁義法正之具 (性惡 13)

이란 배운 것을 실제로 행하는 데에서 끝나는 것이다. 이렇게 배운 것을 행하면 밝게 통하게 되고, 밝게 통하면, 성인이 된다"[165]고 하여, 도덕적 인식은 그 실천을 위한 도구일 뿐임을 분명히 하고 있다. 다음 인용문은 여기서 더 나아가 도덕적 인식과 실천의 구체적 내용에 대해 진술하고 있다.

> 마음으로 도[道: 인성에 본유적인 도덕성]를 인식하지 않을 수 없다. 마음으로 도를 인식하지 못하면, 도를 옳다고 받아들이지 않고, 그 대신 도가 아닌 것을 옳다고 받아들이게 될 것이다.…… 마음으로 도를 인식하게[知道] 된 다음에라야 도를 올바른 것으로 인정하여 받아들이게[可道] 되고, 도를 올바른 것으로 인정하여 받아들인 다음에라야 도덕적 실천 능력을 통해 도를 지키고[守道] 그럼으로써 도가 아닌 것을 금할 수 있게[禁非道] 되는 것이다.……이렇게 사람이 마음으로 도를 인식하여……도에 밝게 되고, 이러한 도를 실천하여 일상생활에서 행하게 되면, 도를 몸소 체현하는 사람[體道者]이 되는 것이다.[166]

이 인용문에서는 [지도(知道) → 가도(可道) → 수도(守道) → 금비도(禁非道)]의 순서를 도덕성의 인식과 그 일상적 실천의 순서로 제시하고 있다. 여기서 "지도"는 도덕성의 인식을 말하고, "가도"는 상황에 알맞는 도덕적 행위의 선택 작용을 말하는 것으로, 이러한 "가도"를 포함하여 "수도"와 "금비도"가 곧 도덕성의 일상적 실천을 말하는 것으로

165 知之不若行之 學至於行之而止矣 行之明也 明之爲聖人 (儒效 33)

166 心不可以不知道 心不知道 則不可道 而可非道……心知道然後可道 可道然後能守道 以禁非道……人何以知道 曰 心……知道察 知道行 體道者也 (解蔽 10-13)

볼 수 있다. 이렇게 보면, 순자도 맹자와 마찬가지로 도덕성의 인식은 이의 일상적 실천을 목표로 하는 것이라는 관점을 가지고 있다고 추론할 수 있다. 다만 인간의 지성주체로서의 측면을 강조하는 순자는 도덕성의 실천은 스스로가 본유하고 있는 도덕성에 대한 확실한 인식과 상황에 알맞는 내용의 선택을 전제로 하여 이루어지는 것이라는 견해를 강하게 피력하고 있다는 특징을 보이고 있는 것이다.

2. 유학사상의 덕성중심주의

이상에서 밝혀졌듯이, 선진유학자들은 사람이 태어날 때부터 생물체 및 사회적 존재로서 가지는 욕구[意], 자기 자신 또는 다른 사람을 참조 대상으로 하여 촉발되는 감정[情], 외계에 대한 인식의 근거가 되는 지적 능력[知], 그리고 사회적 존재인 인간이 타인과 사회에 대해 가지는 관심과 배려의 근거가 되는 도덕적 지향성[德]을 갖추고 있는 것으로 보고 있다. 곧 사람의 본성을 덕·지·정·의라는 사분체계로 개념화하여 받아들이는 것이다. 그렇다면, 인성을 구성하는 이 네 요소 사이의 관계를 그들은 어떻게 설정하고 있는가?

1) 공자: 덕성의 통합성과 덕성우월주의

공자는 인간의 본성을 이루는 덕·지·정·의 네 체계 가운데 도덕성에 의해 나머지 요소들이 조절되고 제어되어야 한다는 덕성우월주의의 관점을 강하게 제시하고 있다. 이는 다음과 같은 인용문들에서 잘 드러나고 있는 공자의 핵심적인 주장이다.

> 부(富)와 귀(貴)는 사람들이 바라는 것이지만, 그 도(道)로써 얻은 것이 아니라면, 이에 머무르지 말아야 한다.[167]

> 군자는 걱정하거나 두려워하지 않는다.……안으로 살펴보아 잘못이 없는데, 무엇을 걱정하며, 또 무엇을 두려워하겠는가?[168]

> 군자는 도덕성의 실천[道]을 도모하지, 생물체로서 가지는 욕구의 충족[食]을 도모하지 않는다.……군자는 도덕성의 실천 여부에 대해 걱정하지, 생물체로서 가지는 욕구 충족의 여부에 대해 걱정하지 않는다.[169]

> 지적 능력이 충분하더라도 도덕성이 능히 이를 지켜주지 못하면, 비록 일시적으로 지식을 얻거나 어떤 지위를 차지할 수는 있을지라도, 머지않아 반드시 잃게 될 것이다.[170]

위의 첫 번째 인용문에서는 생존 및 자기이익추구의 욕구가 도덕적 지향성에 의해 제어되어야 함을 말하고 있고, 두 번째 인용문에서는 도덕성이 외부 대상에 의해 유발되는 자기중심적 정서 반응을 제어해야 함을 강조하고 있다. 이러한 사실을 세 번째 인용문에서 종합적으로

167 富與貴 是人之所欲也 不以其道得之 不處也 (《論語》, 里仁 5)

168 君子不憂不懼……內省不疚 夫何憂何懼 (顔淵 4)

169 君子謀道 不謀食……君子憂道 不憂貧 (衛靈公 31)

170 知及之 仁不能守之 雖得之 必失之 (衛靈公 32)

확인할 수 있다. 그리고 네 번째 인용문에서는 지적 활동도 도덕성의 통제를 받아야 함을 역설하고 있다. 이렇게 공자는 지·정·의 같은 인성의 요소들이 도덕적 지향성에 의해 통제되어야 한다는 덕성우월주의의 기치를 드높이고 있는 것이다.[171]

이렇게 덕성이 지·정·의 같은 다른 요소들보다 우월한 까닭을 공자는 자기의 도(道)가 덕성으로 통합되어 있기 때문이라 보고 있다. 이러한 사실은 《논어》에 다음과 같이 진술되어 있다.

> 공자께서 "삼(參)아! 내 도는 하나의 이치로 관통되어 있다"고 말씀하시자, 증자(曾子)가 "예"라고 대답하였다. 그런 다음 공자께서 방에서 나가시자, 제자들이 "무슨 말씀입니까?"라고 증자에게 물었다. 이에 대해 증자는 "선생님의 도는 '자기를 다하는 일'[忠]과 '자기를 미루어 남에게 미치게 하는 일'[恕]일 뿐이다"라고 대답하였다.[172]

여기서 자기를 다하는 충(忠)은 인, 곧 자기에게 본유적인 도덕성의 자각과 체득을 의미하는 것이고, 자기를 미루어 남에게까지 미루어 가는 서(恕)는 이러한 도덕성의 실천을 말하는 것이다.[173] 이렇게 자기를 다하고 또 자기를 남에게까지 미루어가는 "충"과 "서"를 도덕성의 중추인 인의 본질로 보는 관점은, 공자 자신이 "인이란 개인의 사욕과 감정을 억제하고[克己] 사회생활의 규범 체계[도덕성의 체계]로 돌아가

171 이에 대해서는 졸저(조긍호, 2007, pp. 205-208, 299-301, 392-394) 참조.

172 子曰 參乎 吾道一以貫之 曾子曰 唯 子出 門人問曰 何謂也 曾子曰 夫子之道 忠恕而已矣 (里仁 15)

173 盡己之謂忠 推己之謂恕 (朱熹, 《論語集註》)

는 것[復禮]"[174]이라고 한 설명에서 뚜렷이 드러난다. 여기서 "극기"(克己)는 자기의 인격을 닦는 일로서, 도덕적 주체성을 체득하여 자기를 다하게 되는 "충"을 말하는 것이고, "복례"(復禮)는 사람들과 맺는 관계 안에서 예에 맞는 바를 실천하는 일로서, 자기를 미루어 남에게까지 미치도록 실천하는 "서"와 같은 것으로 볼 수 있다. 이렇게 보면, "충·서"와 "극기·복례"는 "자기에게서 시작되어 남에게로 확대되는 인의 사회적 성격을 드러낸다"[175]고 볼 수 있다.

이렇게 인의 실천 곧 극기와 복례를 행하는 요체는 스스로에게 갖추어져 있는 도덕성을 통해 감각과 지각뿐만 아니라 삶의 모든 언행을 통제하는 일이라는 것이 공자의 생각이다. 이러한 사실은 제자인 안연(顔淵)과의 다음과 같은 문답에 잘 드러나 있는데, 이 문답을 통해 공자는 덕성우월주의의 기치를 드높이고 있는 것이다.

> 안연이 인(仁)에 대해 여쭙자, 공자께서는 "자기의 사적인 욕구와 감정을 이기고[克己] 도덕성의 체계로 돌아가는 것[復禮]이 바로 인을 행하는 길이다. 하루라도 극기복례를 하게 되면, 천하가 모두 인으로 돌아가게 될 것이다. 인을 행하는 것은 도덕주체인 자기에게 달려 있는 일이지, 어찌 남에게 달려 있는 일이겠느냐?"고 대답하셨다. 이어서 안연이 "인을 행하는 세목에 대해 여쭙겠습니다"고 말씀드리자, 공자께서는 "예가 아니면[도덕성에 어긋나는 일이라면] 보지도 말고, 예가 아니면 듣지도 말고, 예가 아니면 말하지도 말도, 예가 아니면 행동하지도 말아야 하느니라"고 말씀하

174 克己復禮爲仁 (顔淵 1)

175 김승혜, 1990, p. 113.

셨다. 그러자 안연이 "제가 비록 불민(不敏)하오나, 반드시 이 말씀을 따르겠습니다"고 말씀드렸다.[176]

이 인용문에서 "예가 아니면, 보지도 듣지도 말하지도 행동하지도 말라"고 한 것은, 예 곧 도덕성에 따라 감각과 지각 및 일상생활의 언동을 통제하는 것이 도덕성의 일상적 실천의 지름길임을 말하고자 한 것이라고 볼 수 있다. 즉 도덕성에 따라 삶의 모든 측면을 통어하는 일이 도덕 인식과 실천을 통해 성덕에 이르는 유일한 방법이라는 것이 공자의 주장인 것이다.

이와 같이 도덕적 지향성은 곧 도덕적 본유성의 인식과 체득, 그리고 이의 일상적 실천을 의미하는 것이다. 유학은 바로 이러한 과정을 통해 성덕에 이르고자 하는 이념 체계라는 점에서, 도덕적 지향성이 인성의 가장 중핵적인 요소가 되어야 하는 논리가 도출되는 것이다. 이러한 맥락에서 공자는 "자기가 하고자 하지 않는 바를 남에게 베풀지 않는 일, 곧 인의 실천은 사람이 일생을 통해 굳게 지녀야 하는 유일한 행동 원칙"[177]이라고 역설하고 있다. 그에 따르면, 도덕적 지향성은 누구에게나 본디부터 갖추어져 있는 본성이기 때문에, 도덕성 곧 인을 실천하는 데에 힘이 부족한 사람은 없다[178]고 한다. 그러므로 공자는 "군자가 인을 떠나서는 그 이름을 이룰 수 없는 법이다. 따라서 군자는 밥을

176 顔淵問仁 子曰 克己復禮爲仁 一日克己復禮 天下歸仁焉 爲仁由己 而由人乎哉 顔淵曰 請問其目 子曰 非禮勿視 非禮勿聽 非禮勿言 非禮勿動 顔淵曰 回雖不敏 請事斯語矣 (顔淵 1)

177 子貢問曰 有一言而可以終身行之者乎 子曰 其恕乎 己所不欲 勿施於人 (衛靈公 23)

178 有能一日用其力於仁矣乎 我未見力不足者 (里仁 6)

먹는 짧은 동안에도 인을 떠나서는 안 되고, 경황 중이나 위급한 때에도 반드시 인을 행해야 한다"[179]고 하여, 도덕적 지향성이 인간의 모든 생활의 중심이 되어 인성의 다른 요소들(지·정·의)을 통어해야 한다는 덕성중심주의를 제창하고 있는 것이다.

이렇게 도덕적 본유성을 자각하고, 이를 일상생활에서 실천하는 사람이 인간 삶의 이상적 상태, 곧 성덕(成德)에 이른 군자이다. 이들은 "생물적·이기적 욕구에만 밝은 소인과는 달리 도덕적 지향성에 밝게 되고,"[180] 뿐만 아니라 "덕이 닦여지지 않은 것, 배움을 연마하지 못한 것, 의(義)를 듣고도 이를 몸소 체현하지 못한 것, 그리고 착하지 않은 점을 고치지 못한 것을 항상 반성하고 걱정하는 태도"[181]를 지니며 살고 있다. 이렇게 성덕에 이른 군자의 삶은 도덕적 지향성에 의해 지·정·의 같은 심성의 요소들이 조절되고 통합되어, 도덕 인식과 도덕 실천이 삶의 중추적 동인이 되어 있는 상태로서, 이것이 바로 모든 사람의 삶의 이상이라는 주장이 《논어》에서 도출되는 덕성중심주의의 핵심 요지인 것이다.

2) 맹자: 마음[心]의 기능과 덕성우월주의

맹자도 인간에게 도덕성의 인식 및 그 실천 능력의 체계, 지적 능력의 체계, 감정체계, 그리고 욕구체계가 본유적으로 갖추어져 있다고

179 君子去仁 惡乎成名 君子無終食之間違仁 造次必於是 顚沛必於是 (里仁 5)

180 君子喩於義 小人喩於利 (里仁 16)

181 子曰 德之不修 學之不講 聞義不能徙 不善不能改 是吾憂也 (述而 3)

본다. 그런데 맹자에게 있어서 욕구체계나 감정체계뿐만 아니라, 지적 능력의 체계까지도 모두 도덕성을 바탕으로 하여 이의 실천을 지향하는 체계로 통합되고 있으며, 이것이 바로 그의 성선설의 요지이다. 맹자는 이러한 통합 기능을 생각의 기관인 마음[心]에 부여하고 있다.

> 눈과 귀 같은 감각기관은 생각하지 못하고 외부의 물체에 가려진다. 감각기관이 외부 사물과 교접하면, 거기에 이끌려 버릴 뿐이다. 그러나 마음의 기관은 생각을 한다. 생각하면 스스로가 도덕 주체임을 자각하게 되고, 생각하지 않으면 이를 자각하지 못하게 된다. 이는 하늘이 사람에게 부여해 준 것이다.[182]

여기서 마음의 생각하는 작용은 가치 의식의 자각을 말하는 것이다. 곧 가치 의식의 자각이 마음의 작용이다.[183] 맹자에게 "심(心)은 도덕정감(道德情感)일 뿐만 아니라 또한 인식주체(認識主體)이고, 인식작용과 공능(功能)을 가지고 있으며, 양자는 합해서 하나인 것이다. 사(思)의 작용을 통해서 도덕정감은 자각적인 도덕이성(道德理性)으로 변한다."[184]

이러한 마음의 생각하는 작용을 통해 맹자는 도덕 주체로서의 인

182 耳目之官 不思而蔽於物 物交物 則引之而已矣 心之官則思 思則得之 不思則不得也 此天之所與我者 (《孟子》, 告子上 15)

183 心之官則思의 내용을 "마음의 작용은 가치 의식을 자각하는 것"이라고 보는 관점은 《孟子》를 연구하는 여러 학자들(김충렬, 1982; 勞思光, 1967/1986; 蒙培元, 1990/1996; 배종호, 1982; 양승무, 1986; 이강수, 1982; 이상은, 1976; 馮友蘭, 1948/1977, Legge, 1970)의 공통된 견해이다.

184 蒙培元, 1990/1996, p. 75.

간 존재에 대해 해명을 하고 있는 것이라고 볼 수 있다.[185] 이로써 보면, 맹자가 말하는 성선은 곧 가치 의식의 자각 주체가 개인 자신이며, 이러한 가치 의식의 자각심이 본래 인간에게 갖추어져 있다는 점에서 인간 본성은 착하다는 의미라고 추론할 수 있다. 말하자면, 마음의 생각하는 기능을 통해 인간에게 본유적인 도덕성을 인식하고, 동물적 욕구와 감정 체계를 제어하며, 자각된 도덕성을 일상생활에서 실천하는 것이 성선(性善)한 존재로서의 인간의 삶의 이상이라는 것이 맹자 성선설의 요체인 것이다.

위의 인용문에서 맹자가 직접 언급하고 있지는 않지만, 감각기관은 외부 사물에 따라 유발되는 생물체적 욕구와 감정 같은 심성 요소의 주관자라고 볼 수 있다. 마음의 관장을 받는 도덕성의 인식과 그 실천의 문제는 개인이 하기에 달린 것, 곧 재아자(在我者)이지만, 감각기관의 관장을 받는 욕구와 감정의 충족 및 그 촉발의 여부는 외부 사물이나 조건에 의존하는 것, 곧 재외자(在外者)라는 것이 맹자의 관점이다. 그러므로 맹자는 심성의 구성 요소들 가운데 재외자인 욕구와 감정 체계들은 재아자인 도덕성의 통제와 지도를 받아야 한다고 본다. 이렇게 맹자도 공자와 마찬가지로 덕성우월주의의 기치를 드높이고 있는 것이다. 이러한 사실은 다음 진술문들에 잘 드러나고 있다.

> 삶[生: 생존 욕구] 또한 내가 바라는 것이고, 의[義: 도덕적 지향성] 또한 내가 바라는 것이다. 그런데 이 두 가지를 함께 얻을 수 없다면, 삶[생존 욕구]을 버리고 의[도덕적 지향성]를 취해야 한

185 勞思光, 1967/1986, p. 131.

> 다. 삶 또한 내가 바라는 것이지만, 삶보다 더 간절하게 바라는 것[義]이 있으므로, 구차하게 삶을 얻고자 하지 않는 것이다.……만일 사람이 바라는 것 가운데 삶보다 더 큰 것이 없다면, 누구라도 무릇 삶을 보장해 줄 수 있는 일이라면, 무엇이라도 해보려 하지 않겠는가?……이렇게 삶보다 더 간절하게 바라는 것이 있는데……오직 어진 사람만이 이러한 마음을 갖는 것은 아니다. 사람은 누구나 다 이러한 마음을 가지고 있지만, 오직 어진 사람만이 이러한 마음을 잃지 않고 간직하는 것이다.[186]

> 사람에게는 귀한 부분도 있고 천한 부분도 있으며, 작은 것도 있고 큰 것도 있는데[여기서 귀하고 큰 것은 생각의 기관인 심(心), 천하고 작은 것은 감각적 욕구와 자기중심적 정서의 기관인 이목지관(耳目之官)을 가리킴], 작은 것으로 큰 것에 해를 끼쳐서는 안 되며, 천한 것으로 귀한 것에 해를 끼쳐서도 안 된다. 그 작은 것을 기르는 사람은 소인(小人)이고, 그 큰 것을 기르는 사람은 대인(大人)이다.[187]

여기서 첫 번째 인용문은 욕구체계의 조절에 대해 언급하고 있다. 이를 "군자가 사람의 본성으로 삼는 것은 인의예지로서, 이는 마음에 뿌리를 두고 있는 것이어서, 그 겉으로 드러남이 그대로 얼굴에 나타나며, 등에 가득하며, 사체에 베풀어져서, 사체가 굳이 말하지 않아도 저

186 生亦我所欲也 義亦我所欲也 二者不可得兼 舍生而取義者也 生亦我所欲 所欲有甚於生者 故不爲苟得也……如使人之所欲莫甚於生 則凡可以得生者 何不用也……是故所欲有甚於生者……非獨賢者有是心也 人皆有之 賢者能勿喪耳 (告子上 10)

187 體有貴賤 有小大 無以小害大 無以賤害貴 養其小者爲小人 養其大者爲大人 (告子上 14)

절로 깨달아 행해진다"[188]는 주장과 결부시켜 보면, 맹자가 주장하고자 하는 바가 분명하게 드러난다. 우선 인간에게는 생물체로서 가지는 생존 및 이기적 욕구와 함께 인의예지를 추구하는 도덕적 지향성이 본유적으로 갖추어져 있다는 것이다. 그런데 이 중에서 전자는 외적 조건에 의해 그 충족 여부가 결정되는 욕구, 곧 내재적으로 통제 불가능한 욕구들이고, 후자는 스스로의 자발적인 노력에 의해 충족되는 지향성, 곧 내재적으로 통제 가능한 도덕성의 근거이다. 이렇게 "충족 여부가 스스로에게 달려 있는 도덕성[在我者]은 구하면 얻어지고 내버려 두면 없어지는 것이어서, 애써 노력하면 반드시 충족되게 마련이지만, 충족 여부가 외적 조건에 달려 있는 생물체로서의 욕구[在外者]는 구하는 데 방법이 따로 있고 또 얻어지느냐의 여부는 외적 조건[命]에 달려 있으므로, 애써 구하려 해도 별로 잘 충족되지 않기"[189] 때문에, 재외자(在外者)인 생물체적 욕구들이 아니라 재아자(在我者)인 도덕적 지향성이 인간의 중핵적 심성 체계가 되어야 한다는 것이 맹자의 성선설의 기본 논지인 것이다.

위의 두 번째 인용문은 욕구와 감정의 통제 전반에 대해 진술하고 있다. 맹자는 공손추상편(公孫丑上篇) 6장에서 측은지심·수오지심·사양지심·시비지심이 각각 인·의·예·지의 기초로서, 이를 사단(四端)이라 표현하고 있지만, 고자상편(告子上篇) 6장에서는 이를 인·의·예·지 그 자체라고 표현하고 있기도 하다. 이렇게 인·의·예·지 같은 도덕의

188 盡心上 21.

189 求則得之 舍則失之 是求有益於得也 求在我者也 求之有道 得之有命 是求無益於得也 求在外者也 (盡心上 3)

근거인 측은·수오·사양·시비의 네 가지 기초가 인간에게 본유적으로 갖추어져 있고, 그렇기 때문에 인간의 본성은 착하다는 것이 맹자의 성선설이다. 이러한 사단은 기본적으로 대인관계에서 타인을 지향 대상으로 하는 사회적 정서이다. 따라서 사단을 사람이 본유적으로 갖추고 있다는 사실은 "도덕성의 출처가 사람의 [본유적인] 심리정감(心理情感)에 있음"[190]을 의미하는 것이다. 곧 맹자는 도덕의 근거가 인간에게 본유적으로 내재해 있는 자연스러운 정감(情感)에 있다고 보는 것으로, 사람은 자기에게 본유적으로 갖추어져 있는 이러한 선(善)의 기초를 확충하도록 노력해야 한다는 것이 바로 맹자의 생각이다. 말하자면, 맹자는 사단과 같은 사회 및 타인 지향적 정서의 함양을 적극적으로 권장하는 입장을 취하는 것이다.

이와 같이 맹자도 공자와 마찬가지로 도덕성이 인간 심성의 중핵적 체계가 되어야 한다는 덕성우월론의 관점을 굳게 간직하고 있다. 이러한 사실은 맹자가 생물적·감각적 욕구나 감정 체계를 중심으로 해서가 아니라, 인의예지 같은 도덕성을 중심으로 해서 인간을 파악하려는 성선설의 입장을 견지하고 있다는 사실에서 그 근거를 찾아볼 수 있다. 이는 다음과 같은 진술에서 잘 표현되고 있는 맹자의 독특한 입장이다.

> 입의 맛에 관한 것, 눈의 색에 관한 것, 귀의 소리에 관한 것, 코의 냄새에 관한 것, 사지의 편안함에 관한 것은 성[性: 타고난 본성]이다. 그러나 거기에는 명[命: 외적 조건]이 있으니, 군자는 이를 성[인간에게 고유한 본성]이라 일컫지 않는다. 인(仁)의 부자(父

190 蒙培元, 1990/1996, p. 67.

子)에 관한 것, 의(義)의 군신(君臣)에 관한 것, 예(禮)의 손님과 주인에 관한 것, 지(智)의 현명한 사람에 관한 것, 성인(聖人)의 천도(天道)에 관한 것은 명[命: 하늘이 부여한 것]이다. 그러나 거기에는 성[性: 사람이 고유하게 할 일]이 있으므로, 군자는 이를 명[외부로부터 부여된 특성]이라 일컫지 않는다.[191]

이 인용문에서 맹자는 감각기관의 관장을 받는 생물체적 욕구와 감정 체계는 타고난 본성이기는 하지만, 그 충족 여부와 촉발 조건이 외부 환경 세계에 달려 있는 재외자들이기 때문에, 이를 인간의 중핵적인 심성의 체계로 삼을 수는 없다고 주장한다. 그 대신 마음의 생각하는 작용의 관장을 받는 인의예지 같은 도덕적 지향성이 실천하기는 비록 어려울지라도, 이의 실천 여부는 개인의 노력 여하에 달려 있는 재아자이므로, 이것이 인간 심성의 중핵적 요소가 되어야 한다는 것이다.

맹자는 이와 같이 도덕성이 인간 심성의 중핵이 되면, 인간이 가지고 있는 욕구와 감정이 모두 도덕적 욕구와 도덕적 감정의 상태로 승화하게 된다고 본다. 그렇게 되면 "해야 할 일"[所爲]과 "해서는 안 될 일"[所不爲] 및 "바라야 할 것"[所欲]과 "바라서는 안 될 것"[所不欲]을 잘 구별하게 된다. 곧 "사람은 하지 않는 일이 있게 된 후에야 해야 할 일을 이룰 수 있게 되므로,"[192] 소위(所爲)와 소불위(所不爲), 소욕(所欲)과 소불욕(所不欲)[도덕적 지향성과 그 밖의 욕구들]을 잘 구별하여야,

191 口之於味也 目之於色也 耳之於聲也 鼻之於臭也 四肢之於安佚也 性也 有命焉 君子不謂性也 仁之於父子也 義之於君臣也 禮之於賓主也 智之於賢者也 聖人之於天道也 命也 有性焉 君子不謂命也 (盡心下 24)

192 人有不爲也 而後可以有爲 (離婁下 8)

"할 일만을 행하고 해서는 안 될 일은 하지 않으며, 바랄 것만을 바라고 바라서는 안 될 것은 바라지 않는 경지"[193]에 이르게 된다. 이것이 바로 욕구와 감정의 승화가 이루어진 상태이다. 이렇게 되면 "인의[仁義: 도덕적 지향성]에 배가 불러서 맛있는 음식[생물적·이기적 욕구와 이의 충족으로 인한 즐거움의 감정]을 더 이상 바라지 않게"[194] 되는 바, 이러한 욕구와 감정의 승화에 관한 맹자의 견해는 그가 제시하는 덕성우월주의의 논지를 잘 드러내 주고 있는 것이다.

3) 순자: 도덕 인식 및 실행의 기관인 심(心)과 덕성우월주의

순자도 공자·맹자와 마찬가지로 욕구의 체계, 감정 반응의 체계, 지적 인식 능력의 체계 및 도덕적 행위 능력의 체계가 사람에게 본유적으로 갖추어져 있는 특성들이라고 본다. 그렇다면, 각각의 기능을 주재하는 기관은 무엇인가? 순자는 이를 감각기관[天官]과 마음[心]에서 찾고 있다.

> 귀·눈·코·입·몸[피부]은 각각 특유하게 외부 사물에 접하여 이를 받아들일 뿐, 서로의 기능을 바꾸어 할 수는 없는데, 이를 일러 "자연적인 감각기관"[天官]이라 한다. 마음[心]은 사람의 한가운데에 자리 잡고 있어서 오관을 다스리는 것으로, 이를 일러 "자연적인 군주"[天君]라고 한다.[195]

---

193 無爲其所不爲 無欲其所不欲 如此而已矣 (盡心上 17)

194 飽乎仁義也 所以不願人之膏粱之味也 (告子上 17)

195 耳目鼻口形能 各有接而不相能也 夫是之謂天官 心居中虛 以治五官 夫是之謂天君

이 중에서 감각기관은 욕구와 정서의 담당 기관이다. 아름다운 색깔을 좋아하는 것, 듣기 좋은 소리를 좋아하는 것, 맛있는 음식을 좋아하는 것, 편안함을 좋아하는 것 등 생물체적 욕구와 감정 반응은 모두 눈·귀·입·피부 같은 감각기관의 기능[196]이라고 순자가 보고 있음은 앞에서 이미 지적한 바 있다. 순자는 감각기관에 의해 외부 사물을 변별해서 받아들임에 따라 좋아하거나 싫어하는 등의 감정 반응과 바라거나 피하려는 등의 욕구 반응이 나타나게 된다고 보고 있다.[197] 채인후(蔡仁厚)는 순자의 욕(欲)과 정(情)은 "모두 생물체의 생명적인 내용으로서, 사람에게 남아 있는 동물적 본성을 말하는 것이다. 말하자면, 여기서는 '사람이 동물인 근거'로서의 자연생명적인 징표만을 볼 수 있을 뿐, '사람이 사람된 근거'로서의 도덕 가치의 내용은 볼 수 없다"[198]고 주장하면서, 따라서 "사람이 동물인 근거"로시의 욕과 정은 인간이 동물과 공유하는 감각기관에서 담당하는 심리구성체라고 본다.

그러나 "사람이 사람된 근거"를 이루는 변(辨)[199]과 의(義)[200]의 근거인 지(知)와 능(能)은 사람의 고유 기관인 심(心)의 기능에 속한다. 지

(《荀子》, 天論 24-25): 王先謙(1891)의 《荀子集解》에서는 形能은 形態의 誤字로 보고 있다.

196 若夫目好色 耳好聲 口好味 心好利 骨體膚理好愉佚 是皆生於人之情性者也 (性惡 6)

197 何緣而以同異 曰 緣天官 凡同類同情者 其天官之意物也同……形體色理 以目異 聲音淸濁調竽奇聲 以耳異 甘苦鹹淡辛酸奇味 以口異 香臭芬鬱腥臊洒酸奇臭 以鼻異 疾養滄熱滑鈹輕重 以形體異 (正名 6-8)

198 蔡仁厚, 1984, p. 390.

199 人之所以爲人者……以其有辨也 (非相 9-10)

200 人有氣有生有知 亦且有義 故最爲天下貴也 (王制 20)

적 인식 능력[知]이 마음[心]의 기능에 속한다는 사실은 "심은 징지(徵知)를 가지고 있어서"[201] 사람은 이 마음을 통해 비로소 도(道)를 알 수 있게 된다[202]는 순자 자신의 기술에서 단적으로 드러난다. 여기서의 징지(徵知)에 대해 양량(楊倞)은 《순자주(荀子注)》에서 "징(徵)은 부른다·모은다[召]는 말로써, 징지란 심이 만물을 불러 모아서 이를 인식하게 됨을 말한다"[203]고 해석하고 있다. 그 이후 이에 대한 해석은 "증명(證明)",[204] "지용(智用), 즉 지성(知性)",[205] "이해(理解)",[206] "전반적 오성(overall understanding)",[207] "감각적 인상에 대한 의미 부여(gives meaning to impression)"[208] 등 매우 다양하게 제시되어 왔다. 이들을 종합해 보면, 징지란 "지식으로 하여금 근거 있게 하는 것으로서, 잡다하게 받아들인 감각 또는 인상을 수집하여, 조리 있게 정리하고 해석하며 종합하여 주는 작용이다."[209] 곧 "오관(五官)을 통해 감각으로 경험한 잡다한 사실들을 해석하고 정리하여 통일된 인식에 도달"하게 하는 것으로서, "개별적으로 경험된 것들의 전체적 의미를 분명히 해 줌으로써 오관의 작용을 완성시키는 것"[210]이 바로 심의 징지인 것이다. 이렇게 보면,

201 心有徵知 (正名 8)

202 人何以知道 日 心 (解蔽 11)

203 徵召也 言心能召萬物而知之 (《荀子注》)

204 胡適, 1961, p. 51.

205 牟宗三, 1979, p. 262.

206 蔡仁厚, 1984, p. 438.

207 Watson, B., 1963, p. 142.

208 Dubs, 1928/1966, p. 285.

209 정인재, 1981, p. 334.

210 김승혜, 1990, p. 241.

이는 현대심리학에서의 인지(認知) 능력 및 작용과 같은 것이라 볼 수 있는데, 순자는 이렇게 지적 인식 능력의 기능을 심(心)에 부여하고 있다.

이어서 순자는 도덕적 행위 능력[能]을 담당하는 기관 또한 심(心)이라 보고 있다. 이는 "마음이 도를 인식한[知道] 연후에야 도를 옳은 것으로 받아들이게 되고[可道], 그런 후에야 도를 지키고[守道], 그럼으로써 도가 아닌 것을 금할 수[禁非道] 있게 된다"[211]는 기술에서 잘 드러나고 있다. 앞에서도 언급하였듯이, 여기서 도를 옳은 것으로 받아들이는 가도(可道)는 도덕적 선택 작용을 말하고, 이를 일상생활에서 지키는 수도(守道)와 도가 아닌 것을 금하는 금비도(禁非道)는 도덕적 실천을 말하는 것이다. 이러한 도덕적 선택과 실천이 바로 도덕적 행위라고 보면, 이의 근거는 지도(知道)에 있으며, 지도의 주체는 바로 심(心)이므로, 심이 바로 도덕적 행위 능력의 주체임이 분명해지는 것이다.

이상에서 보았듯이, 순자는 정(情)과 욕(欲)은 감각기관, 그리고 지(知)와 능(能)은 심에서 담당하는 심리구성체라 보고 있다. 그렇다면, 감각기관과 심은 서로 어떠한 관계에 있는가? 앞의 인용문에서 감각기관은 천관(天官), 심은 이들을 다스리는 천군(天君)이라 표현한 데에서[212] 이미 이 둘 사이의 관계가 드러나고 있다. 순자는 또 다른 곳에서 "심(心)은 [감각기관을 포함해서] 신체의 군주[形之君]이고 정신작용의 주인[神明之主]이다. 명령을 내리기는 하지만, 명령을 받는 적은 없다"[213]고 기술하여, 둘 사이의 관계를 분명히 하고 있다. 곧 심(心)은 절

---

211 心知道然後可道 可道然後能守道 以禁非道 (解蔽 11)

212 天論 24-25.

213 心者形之君也 而神明之主也 出令而無所受令 (解蔽 14)

대적인 자율성과 능동성을 가지고 있는 주체이고, 감각기관은 이의 지배를 받는 존재라는 것이다. 따라서 "심(心)이 시키지 않으면, 희고 검은 것이 앞에 있어도 눈은 이를 보지 못하며, 옆에서 천둥이 치고 북이 울려도 귀는 이를 듣지 못하는 것이다."[214]

이렇게 도덕성의 인식과 실천의 기관인 마음이 욕구와 감정의 기관인 감각기관을 제어해야 한다는 견해는 곧바로 도덕성의 체계에 의해 욕구나 감정, 그리고 심지어는 지적 능력의 체계까지도 통제되어야 한다는 덕성우월론으로 이어진다. 다음 진술문들은 이러한 주장을 펴고 있는 예들이다.

> 눈으로 하여금 예[禮: 도덕성의 체계]가 아니면 보려 하지 않게 하고, 귀로 하여금 예가 아니면 들으려 하지 않게 하며, 입으로 하여금 예가 아니면 말하려 하지 않게 하고, 마음으로 하여금 예가 아니면 생각하지 않게 해야 한다.[215]

> 《서경(書經)》에 이르기를 "자기대로의 좋아하는 감정을 억누르고, 오직 옛 성왕이 정하신 법[도덕 원칙]을 따르며, 또 자기대로의 싫어하는 감정을 나타내지 말고, 반드시 옛 성왕의 법을 따르라"고 하였으니, 이것은 군자가 공의[公義: 도덕성의 체계]로써 개인적 감정과 욕구를 이겨야 함을 말한 것이다.[216]

---

214 心不使焉 則白黑在前 而目不見 雷鼓在側 而耳不聞 (解蔽 2)

215 使目非是無欲見也 使耳非是無欲聞也 使口非是無欲言也 使心非是無欲慮也 (勸學 21): 여기서의 是는 사람의 正道, 곧 禮를 말하는 것인데, 이는《論語》顔淵 1장의 非禮勿視 非禮勿聽 非禮勿言 非禮勿動과 같은 입장이다.

216 書曰 無有作好 遵王之道 無有作惡 遵王之路 此言君子之能以公義勝私欲也 (修身 40): 天論 37에는 끝 절만 此之謂也라 바뀌었을 뿐, 같은 내용이 보인다.

> 무엇이 사람의 마음을 가려지게 만드는가? 좋아서 하고 싶은 것[欲]이 가려지게 만들고, 싫어하는 것[惡]이 가려지게 만든다.…… 무릇 모든 사물을 변별하게 되면, 서로 가려지지 않는 것은 아무것도 없다. 이것이 "마음 씀의 공통적인 걱정거리"[心術之公患]인 것이다.……성인은 "마음 씀의 걱정거리"[心術之患]와 그 "가려지고 막히는 폐해"[蔽塞之禍]를 알고 계셨다. 그리하여 좋아서 하고 싶어 하는 감정도 없고, 싫어서 피하고자 하는 감정도 없이……모든 사물을 함께 벌여 놓고, 그 가운데에 도덕성이라는 기준을 드리움으로써, 모든 변별적 감정이 서로 가려 올바른 마음의 도리[도덕성의 체계]를 어지럽히지 못하도록 하셨다.[217]

위의 첫 번째 인용문에서는 도덕성에 의한 욕구와 지적 작용의 통제에 대해 언급하고 있고, 두 번째 인용문에서는 도덕성에 따른 감정과 욕구의 통어에 대해 진술하고 있으며, 세 번째 인용문에서는 도덕성의 체계에 의한 지적 작용의 제어에 대해 논의하고 있다. 이와 같이 순자도 공자나 맹자와 마찬가지로 도덕성의 체계에 의해 욕구 체계, 감정 체계, 그리고 지적 능력의 체계까지도 전반적으로 통합되고 제어되어야 한다는 강한 덕성우월론의 관점을 견지하고 있는 것이다.

---

217 故爲蔽 欲爲蔽 惡爲蔽……凡萬物異 則莫不相爲蔽 此心術之公患也……聖人知心術之患 見蔽塞之禍 故無欲無惡……兼陳萬物 而中縣衡焉 是故衆異不得相蔽以亂其倫也 (解蔽 3-10): 《荀子集解》에서는 첫 구의 故를 胡의 誤字로 보아, 何의 뜻으로 풀고 있다.

3. 유학사상의 심리구성체론 종합

지금까지 공자와 맹자, 그리고 순자가 태어날 때부터 인간의 본성에 본래 갖추어져 있는 심성의 구성 요소에는 어떠한 것들이 있으며, 또한 이들 사이의 관계는 어떠하다고 보고 있는지에 관한 이론, 곧 선진유학자들이 전개하여 온 인성론에 대해 살펴보았다. 그리고 이러한 이론적 고찰을 통해 유학사상에서 제시하고 있는 심리구성체론을 이끌어 낼 수 있었다. 그것은 곧 인간의 심성은 덕(도덕성)·지(지적 능력)·정(감정)·의(욕구)의 네 요소로 구성되어 있다는 사분체계론과, 이들 가운데 도덕성이 중핵이어서 나머지 요소들은 모두 덕성에 의해 통제되어야 한다고 보는 덕성중심주의를 근간으로 하는 것이었다. 이제 여기에서는 이러한 유학사상에서 도출되는 심리구성체론을 종합하여 정리해 보기로 하겠다.

1) 유학사상의 사분체계론

전통적으로 현대 서구심리학은 인간의 심성을 지·정·의 삼분체계의 구조로 파악하는 입장에 근거하여 성립하고 있다. 현대심리학에서는 이들 각각을 인지·정서·동기의 문제로 다루며 연구해 오고 있는데, 이들 세 체계 사이의 관계를 놓고도 인지우월론(認知優越論)의 관점에서 지적 체계를 중심으로 보는 관점이 현대심리학을 지배해 왔던 것이다.

그러나 유학자들이 보는 심리구성체론은 이와는 다르다. 유학의 창시자인 공자는 분명한 인성론을 제시하고 있지는 않지만, 그는 인간에게 태어날 때부터 욕구 체계, 감정 반응의 체계, 지적 인식 능력의 체계, 그리고 도덕적 지향성의 체계 같은 네 가지 요소가 본유적으로 갖추어져 있다고 보고 있다. 누구나 자신에게 갖추어져 있는 도덕성을 스스로 다할 뿐만 아니라, 이를 다른 사람에게까지 미루어가는 일[忠·恕]이 바로 공자의 사상 전체를 꿰뚫는 핵심[218]이라는 사실은, 그가 이 네 체계 가운데 도덕성의 체계를 가장 중시하였음을 단적으로 드러내 준다.

맹자는 유학사에서 처음으로 분명한 인성론인 성선설을 제시하고 있는데, 그도 또한 공자와 마찬가지로 욕구 체계, 감정 반응의 체계, 지적 인식 능력의 체계, 그리고 도덕성의 체계가 인간에게 본유적으로 갖추어져 있다고 본다. 그의 성선설의 핵심은 이러한 인간 본성의 네 요소 가운데 도덕성의 요소를 중심으로 하여 인간의 특성을 이해하려 한다는 점이다. 곧 인성을 구성하는 다른 요소들, 특히 욕구와 감정 반응의 체계는 인간과 동물이 공유하는 것이므로, 이를 인간을 규정하는 본성으로 볼 수는 없다는 것이 맹자의 생각이다. 그 대신 그는 인간만이 독특하게 갖추고 있는 특성, 곧 도덕성에서 인간의 본성을 찾아야 한다는 입장인 것이다. 그에 따르면, 이러한 도덕성이 인간에게 본디부터 갖추어져 있다는 사실은 사단의 존재,[219] 인의예지 같은 도덕성의 본유성,[220] 그리고 이러한 본유적인 도덕성을 인식하고 일상생활에서 실천할 수 있는 능력인 양지(良知)와 양능(良能)의 구비성에서 찾아볼 수 있다.

이러한 심리구성체 가운데 맹자가 가장 중시한 것은 도덕적 인식

218 《論語》, 里仁 15; 衛靈公 23.

219 《孟子》, 公孫丑上 6.

220 告子上 6; 盡心上 21.

능력과 도덕적 행위 능력이다. 맹자에게 양지와 양능은 “아주 어린아이라도 태어나면서부터 누구나 자기 어버이를 친애할 줄 알고, 자라나서는 누구나 자기 형을 공경할 줄 아는 것”[221]이다. 어버이를 친애하는[親親] 인(仁)의 시초와 어른을 공경하는[敬長] 의(義)의 시초를 깨달아 알고, 이를 실천할 수 있는 능력이 양지와 양능, 곧 도덕적 인식 능력과 도덕적 행위 능력인 것이다. 이렇게 맹자가 말하는 도덕적 인식 능력과 도덕적 행위 능력은 스스로가 도덕 주체임을 인식할 수 있는 능력[良知]과 이를 일상생활에서 실천할 수 있는 행위 능력[良能]을 가리키는 것이다. 말하자면, 맹자에게 양지와 양능은 도덕성이라는 하나의 체계를 구성하는 동전의 앞면과 뒷면 같아서, 떼어내고자 해도 떼어낼 수 없는 능력들인 것이다. 여기에 인간 본성의 중핵을 도덕성에서 찾는 맹자 인성론의 관건이 놓여 있다.

순자도 공자 및 맹자와 마찬가지로 사람에게는 태어날 때부터 욕구 체계, 감정 반응 체계, 지적 인식 능력의 체계, 그리고 도덕적 행위 능력의 체계가 갖추어져 있다고 본다. 그런데 순자에게서 특이한 점은 그가 지적 능력의 체계를 그 어느 선진유학자보다도 강조하여, 인간을 지성주체로 보고 있다는 사실이다. 그러나 그에게서도 이러한 지적 능력을 통해 사람이 인식해야 할 가장 중요한 것은 스스로가 본유하고 있는 도덕성이다. 이러한 도덕성의 인식은 상황에 맞는 도덕적 행위의 선택과 이를 기초로 한 도덕성의 일상적 실천의 근거로서 중요하다는 것이 순자의 기본 입장인 것이다.

---

221) 盡心上 15.

이러한 순자의 관점은 지(知)와 능(能)에 관한 그의 견해를 통해 이해할 수 있다. 여기서 지는 외부의 사물을 받아들여서 종합하고, 분별하고, 판단하는 지성적인 인식 능력이다. "무릇 알 수 있는 것은 사람의 본성이고, 이를 통해 알게 되는 것은 사물의 이치이다"[222]라는 순자 자신의 진술에서도 분명히 드러나듯이, "인식할 수 있는 근거가 사람에게 갖추어져 있는 것"이 바로 지인 것이다.[223] 이어서 능은 옳은 것으로 판단된 도리를 행하고 지킴으로써 도덕성의 실천에 이를 수 있는 도덕적 행위 능력이다. 곧 "도를 알기만 하는 것은 이를 행하는 것만 못하다. 배움이란 배운 것을 실제로 행하는 데서 끝나는 것이다"[224]라는 진술에서 순자가 말하는 바의, 알게 된 도를 실제로 "행할 수 있는 근거가 사람에게 갖추어져 있는 것"이 바로 능인 것이다.[225]

이렇게 《순자》에서 지와 능은 도덕적 인식과 도덕적 행위의 근거가 되는 심리구성체이다. 맹자와 마찬가지로 순자에게도 도덕적 인식과 도덕적 실천은 서로 떼어서 생각할 수 없는 도덕성 자체의 부분들이다. 곧 순자에게 지적 능력을 통한 도덕성의 인식은 이의 실행을 위한 전제이며, 도덕성을 인식하는 목표는 바로 도덕적 행위 능력을 통한 도덕성의 실천인 것이다.

이와 같이 유학자들은 생물체적이고 이기적이며 사회적인 욕구 체계[欲], 외부 사물이나 자기 자신 또는 타인을 지향 대상으로 하여 유

222 《荀子》, 解蔽 25.

223 正名 3.

224 儒效 33.

225 正名 3.

발되는 감정 반응의 체계[情], 외부 환경 세계와 자기 자신 및 타인, 그리고 스스로가 갖추고 있는 도덕성을 인식할 수 있는 지적 능력의 체계[知], 그리고 도덕적 지향성과 도덕 의지 및 도덕적 행위 능력으로 드러나는 도덕성의 체계[德]의 네 가지로 인간의 심리구성체를 파악하고 있다고 볼 수 있다. 곧 선진유학에서는 심리구성체가 도덕성·지성·욕구 및 정서의 체계로 이루어져 있다고 보는 셈이다. 이러한 관점에서는 도덕성이 종래의 심리학에서 추구했던 인지·동기·정서와 별도로 연구되어야 할 필연성이 도출되며, 여기에 바로 서구심리학과 다른 유학심리학이 성립될 수 있는 밑바탕이 놓여 있다고 볼 수 있을 것이다.

2) 유학사상의 덕성중심주의

유학의 심리구성체론에서 특별히 주의해서 생각해 보아야 할 것은, 이 체계에서 지적 인식 능력과 도덕적 행위 능력을 별개의 심리구성체로 상정하기는 하지만, 이 양자의 기능은 유학의 근본 목적인 성덕(成德)이라는 한 가지 목표로 통합되는 것이어서, 따로 떼어 고찰할 수가 없다는 사실이다. 스스로에게 갖추어져 있는 도덕성과 스스로가 도덕 주체라는 사실에 대한 인식은 일상생활에서 도덕을 실천할 것을 목표로 하는 것이고, 또 후자(도덕 실천)는 전자(도덕 인식)를 근거로 하기 때문이다.

이렇게 도덕적 인식과 이의 일상적 구현은 도덕 주체로서 인간이 이루어야 하는, 서로 분리할 수 없는 양 측면이라는 것이 유학사상의 특징이다. 유학자들은 인식 없는 실행이나 실행을 전제로 하지 않는 인식은 모두 공허한 것으로 보고 배격하는 입장을 취하며, 도덕 주체인 인간에게서 이 두 측면(인식과 실행)이 통합되는 것이 바로 덕을 이루어 군자가 되는 길이라고 보는 것이다.[226]

도덕적 인식과 그 실행이 통합되어야 한다는 것은 공자로부터 이어지는 유학의 전통이다. 유학의 가장 핵심적 경전인 《논어》는 공자의 "배우고[지적 능력에 의한 인식] 그것을 때에 맞추어 익히면[도덕적 행위 능력을 통한 실행] 또한 기쁘지 아니 하겠는가?"[227]라는 말씀에서 시작하여, 도덕적 인식과 그 실행의 통합을 강조하는 유학의 전통을 열고 있다. 이러한 입장을 공자는 "도(道)를 깨달아 알기만 하는 사람은 그것을 실천해 보아서 좋아하는 사람만 못하고, 그것을 좋아하기만 하는 사람은 그것을 체현하여 즐기는 사람만 못하다"[228]고 표현하기도 하여, 도덕성의 인식과 실행이 통합되어야 함을 역설하고 있는 것이다.

맹자도 공자의 입장을 이어받아, 도덕적 인식과 실행의 통합이 중요함을 다음과 같이 진술하고 있다.

> 군자가 올바른 방법으로 깊이 탐구하여 나아가는 것은 스스로 깨달아 얻고자 하는 것이다[도덕 인식]. 스스로 깨달아 도를 얻으면 이에 처하는 것이 안정되고, 그렇게 되면 도를 활용하는 데 더욱 깊이가 있게 된다[도덕 실천]. 이렇게 도를 활용하는 데 깊이가 있게 되면, 자기의 좌우 가까이에서 항상 그 근원을 파악하게 된다.

226 김승혜, 1990; 勞思光, 1967/1986; 蔡仁厚, 1984; Nisbett, 2003; Tu, Wei-Ming, 1985.

227 學而時習之 不亦說乎 (《論語》, 學而 1)

228 知之者不如好之者 好之者不如樂之者 (雍也 18)

그러므로 군자는 스스로 도를 깨달아 얻고자 하는 것이다.[229]

맹자는 이렇게 도를 깨달아 인식하는 일[明道]과 이를 일상생활에서 실행하는 일[集義]의 조화[配義與道], 곧 도덕 인식과 실행의 통합을 군자가 되는 핵심이라고 본다. 이는 그가 유명한 호연지기(浩然之氣)에 관한 논의에서 밝히고 있는 입장이다.[230]

도덕적 인식과 실천의 통합에 대해서 공자와 맹자보다 더 집중적으로 논의하고 있는 사람은 순자이다. 순자에게 도는 곧 인도(人道)이고,[231] 이는 곧 예의(禮義)이다.[232] 예의는 일상생활, 사적 감정, 자연 질서, 사회 질서 같은 인간 생활 전반의 규범이므로, 이는 실생활의 실천을 전제로 하는 것이다.[233] 그렇다면, 이러한 예의에 대한 인식은 이의 실천과 불가분의 관계에 있을 수밖에 없다. 양자 사이의 관계에 대한 순자의 입장은 앞에서도 인용된 다음의 진술에 잘 드러나 있다.

마음이 도를 인식한[知道] 다음에야 도를 옳은 것으로 받아들이게 되고[可道], 도를 옳은 것으로 받아들인 다음에야 비로소 도를 지키고[守道], 그럼으로써 도가 아닌 것을 금할 수[禁非道] 있게 된다.……도를 인식하여 밝게 깨닫고[知道察], 인식한 도를 실행하

229 君子深造之以道 欲其自得之也 自得之 則居之安 居之安 則資之深 資之深 則取之左右逢其原 故君子欲其自得之也 (《孟子》, 離婁下 14)

230 敢問浩然之氣 曰 難言也……其爲氣也 配義與道 無是 餒也 (公孫丑上 2)

231 道者非天之道 非地之道 人之所以道也 君子之所道也 (《荀子》, 儒效 9-10)

232 禮者人道之極也 (禮論 13)

233 唐君毅, 1986; 牟宗三, 1979; 柳熙星, 1993; 張其昀, 1984; 蔡錦昌, 1989; 蔡仁厚, 1984; 馮友蘭, 1948/1977; 黃公偉, 1974; Cua, 1985; Dubs, 1927.

면[知道行], 도와 일체를 이룬 사람[體道者]이 되는 것이다.[234]

이 인용문에서 "도를 인식하고, 옳은 것으로 받아들이는 일[知道·可道]"은 "도를 인식하여 밝게 깨달은 상태[知道察]"에 해당하고, "도를 지키고, 도 아닌 것을 금하는 일[守道·禁非道]"은 "인식한 도를 실행하는 상태[知道行]"에 해당하는 것이다. 그러니까 도의 인식[察道]은 도를 인식하여 옳은 것으로 받아들이는 일을 말하고, 도의 실행[行道]은 도를 지키고 도 아닌 것을 금하는 일을 말하는 셈이다. 이렇게 "지도찰(知道察)·지도행(知道行)의 구절에 근거하여 마음이 능히 지도(知道)·가도(可道)·수도(守道)·금비도(禁非道)할 수 있다는 말을 살펴보면, 순자가 주장하는 인지심(認知心)은 실제로 지(知)·행(行)의 두 방면을 아울러 포괄하는 것으로, 다만 인지의(認知義)뿐만 아니라, 실천의(實踐義)도 포함하는 것임을 알 수 있다."[235]

이상의 논의들에서 분명히 드러나듯이, 유학사상에서는 도덕적 인식과 실행은 서로 분리하여 생각할 수 없으며, 양자의 통합이 이상적 인간이 되는 지름길이라고 본다. 따라서 유학사상에서 보는 도덕성의 문제를 고찰하기 위해서는 도덕적 인식만이 아니라, 그 실천의 문제를 함께 고려할 필요가 있다. 이렇게 도덕적 인식과 이의 실천의 통합을 이룬 사람들이 바로 군자나 성인인 것이다.

이에 비해, 이기적·생물체적 욕구와 감정 반응이 삶의 중심이 되고 있는 사람이 소인이다. 도덕성을 밝게 인식하여 이를 일상생활에서 실

234 心知道然後可道 可道然後能守道 以禁非道……知道察 知道行 體道者也 (解蔽 11-13)

235 蔡仁厚, 1984, p. 416.

천하는 군자[236]는 이러한 욕구와 감정을 잘 통제하여, 이들이 항상 도덕성의 지도 아래 있도록 한다.[237] 이렇게 도덕성이 심성의 중핵적 요소가 되어야 한다는 것이 공자로부터 이어지는 유학의 전통이다.

이와 같이 도덕성의 인식과 실천이 인간 심성의 중핵적 요소이어서, 생물체적·이기적 욕구와 감정 반응의 체계가 도덕성의 체계에 의해 통제받아야 하는 까닭을 맹자와 순자는 두 가지 근거에서 찾고 있다. 그 하나는 도덕성의 인식과 실천은 본인이 하기에 달려 있는 것, 곧 스스로 통제할 수 있는 것[在我者·在己者]이지만, 생물체적 욕구의 충족과 감정 반응의 유발 조건은 외부 상황의 요인에 달려 있는 것, 곧 본인이 스스로 통제할 수 없는 것[在外者·在天者]이기 때문이다.[238] 또 하나는 생물체적·이기적 욕구와 감정 반응의 관장 기관은 눈·코·입·귀·피부 같은 감각기관[五官]이지만, 도덕성의 관장 기관은 마음[心]으로서,[239] 마음은 사람의 한 가운데 자리 잡고 있어서 감각기관을 다스리는 군주가 되기 때문이다.[240]

이러한 이론적 배경을 바탕으로 하여 선진유학자들은 강한 덕성중심주의의 견해를 굳게 간직하고 있으며, 이러한 태도는 이후 전개된 모든 유학사상의 전통이 되어 왔다. 이와 같이 인간 심성을 구성하는 구성체들 가운데 도덕성이 핵심이라는 덕성우월론의 관점에 서게 되면,

236 子曰 君子喻於義 小人喻於利 (《論語》, 里仁 16)

237 里仁 5; 顔淵 1, 4; 衛靈公 31, 32.

238 《孟子》, 盡心上 3; 《 荀子》, 天論 28-29; 正論 28-30.

239 《孟子》, 告子上 15; 《荀子》, 解蔽 10-13; 正名 6-8; 性惡 6.

240 《荀子》, 天論 24-25; 解蔽 14.

심성을 구성하는 요소들 사이의 관계도 도덕성의 요소를 중핵으로 하고, 나머지 요소들, 특히 욕구와 감정의 체계는 도덕성에 지배되는 부차 체계라고 볼 수밖에 없을 것이다. 여기에서 바로 지성중심주의의 맥락 아래 인지우월론의 관점에서 전개되어 온 현대 서구심리학과는 다른 양상을 띠는 덕성중심주의의 유학심리학이 성립할 수 있는 근거를 찾아볼 수 있을 것이다.

3장
동·서 심리구성체론의 비교

3장
동·서 심리구성체론의 비교

지금까지 고대 그리스 시대의 철학자들로부터 현대심리학자들에 이르기까지 서구인들이 제시해 온 인간 심성에 관한 이론들과 공자·맹자·순자 같은 선진유학자들의 인성론을 살펴보았다. 이러한 논의에서 분명해진 것은 서구와 동아시아에서 전개되어 온 심리구성체론, 곧 인간의 마음[심성]을 구성하는 요소 또는 측면들과 이들 사이의 관계에 관한 이론이 서로 매우 다르다는 사실이다.

이러한 동·서 심리구성체론은 두 지역인들이 인간 존재를 파악하는 기본 관점들과 밀접하게 관련되어 있을 것이라 볼 수 있다. 세계 속에서 또는 세상사와의 관계 속에서 인간 존재를 파악하는 관점[인간관]은 필연적으로 인간을 인간이게 하는 체계인 심성을 파악하는 문제[심리구성체론]와 긴밀히 연결될 수밖에 없을 것이기 때문이다. 이러한 맥락에서 여기에서는 인간 존재를 파악하는 서구 자유주의사상과 동아시아 유학사상의 차이가 두 지역인들이 제시해 온 심리구성체론의 특징에 어떻게 드러나고 있는지를 우선 살펴보고, 이어서 이를 기초로 지금까지 고찰해 온 동·서 심리구성체론을 종합적으로 대비해 보기로 하겠다.

1. 동·서의 인간관과 심리구성체론

13~14세기 이탈리아에서 태동된 르네상스는 중세의 신(神)중심의 세계관에서 탈피하여 그리스·로마 시대의 세계관으로 복귀하고자 한 복고적인 문예부흥 운동이었다. 르네상스 시대 서구인들이 회복하려 했던 것은 신 및 자연과 대립된 인간중심의 세계관, 인간 능력의 핵심을 이성에서 찾으려는 이성중심의 인간관, 그리고 인간을 포함한 세계의 모든 사물이 그 자체 변치 않는 본질적인 속성을 갖추고 있다는 실체로서의 물질관 등이었다. 르네상스 운동은 한 마디로 세계와 인간의 재발견을 통해 개체의 개성과 합리적 선택을 중시하는 혁신운동이었던 것이다. 이러한 르네상스 운동은 개인의 양심과 종교의 자유를 부르짖고 등장한 16세기 기독교개혁 운동과 이어져, 17세기에 들어서면서 자유주의사상으로 발전함으로써 개인의 자유와 자연권 사상이 태동하는 밑거름이 되었다. 이러한 자유주의사상은 서구 사회에 개인주의 문화가 등장하는 기반이 되었는데, 이러한 맥락에서 서구 개인주의사회의 지배적인 인간관은 바로 르네상스 시대의 인간관[개성존중, 이성존중, 실체적 인간이해]을 바탕으로 하고 있는 것이라 볼 수 있다.

이러한 르네상스 시대의 인간관은 자유주의자들에 의해 철저히 계승되었다. 자유주의는 개인의 "자유와 자유의지", "이성과 진보", 그리고 "평등과 존엄성"의 가치들을 핵심적으로 추구하는 사상체계이다. 자유주의가 추구하는 이러한 세 차원의 가치에서 자유주의 체계가 사회 구성의 기본단위인 개인 존재를 파악하는 관점을 직접 끌어낼 수 있다. "자유와 자유의지"의 가치에서는 인간 존재의 상호 독립성을 강조하여, 개체적 존재로서의 개인을 "자유의 보유자"로 파악하는 입장이 나온다. 이어서 "이성과 진보"의 가치에서는 인간의 합리성을 강조하여, 개인을 "이성의 주체"로 여기는 입장이 나온다. 그리고 "평등과 존엄성"의 가치에서는 인간의 자기완비성을 강조하여, 개인을 언제 어디에서나 일관적인 "안정적 실체"로 개념화하는 입장이 나오게 된다.[1]

개체성을 중핵으로 하여 인간을 파악하는 이러한 서구 자유주의사상의 관점과는 대조적으로, 유학은 인간의 사회적 존재 특성을 기반으로 하여 성립하고 있는 사상체계이다. 유학사상은 인간이 태어날 때부터 도덕적 바탕을 본유하고 있다는 인간 존재의 사회성과 도덕성을 근거로 삼는 점에 그 특징이 있다. 어떻게 보면, 유학사상의 핵심은 바로 "인간의 존재 확대"라고 볼 수 있다. 유학은 인간이 인간된 까닭을 도덕적 존재로서의 인간의 사회성에서 찾음으로써 존재 확대의 가능성을 따져보고, 존재 확대의 이상적 모형을 군자(君子)와 성인(聖人)으로 설정하여 삶의 목표로 삼은 다음, 그러한 목표를 이루기 위한 방법을 제시하고 있는 사상체계인 것이다.

1 서구 자유주의의 인간관에 대해서는 졸저(조긍호, 2006, pp. 426-441; 2007, pp. 81-97; 2008, pp. 75-92; 2012, pp. 109-119) 참조.

유학자들이 이렇게 인간의 존재 확대를 부르짖게 되는 근거는 그들의 인간 파악의 기본틀에 놓여 있다. 유학, 특히 그 원형이 되는 선진(先秦)유학 경전 전체를 꿰뚫고 있는 인간 파악의 기본 입장은 대체로 세 가지로 정리해 볼 수 있다. 곧 유학사상에서는 인간을 사회적 관계체(關係體), 능동적인 덕성 주체(德性主體), 그리고 무한한 가능체(可能體)로 파악하여, 사람들은 누구나 개체로서 지닌 존재 가치를 뛰어넘어, 사회에 대한 책임을 스스로 짊어지고 실천해야 하는 존재로서, 능동적·주체적인 도덕 인식과 실천을 통하여 존재 확대를 이루어낼 수 있는 가능성을 보유하고 있다는 것이다.

유학자들이 인간을 이러한 세 가지 관점에서 파악하고 있다는 사실은, 유학의 창시자인 공자의 《논어》 첫 머리 학이편(學而篇) 1장에 제시되어 있는 삼호(三乎)에 관한 언급과, 공자에 이어 선진유학 체계를 완성한 맹자의 《맹자》 진심상편(盡心上篇) 20장에 제시되어 있는 군자삼락(君子三樂)에 관한 논의에서 잘 드러난다.

> 배우고 그것을 항상 익히면, 또한 기쁘지 아니하겠는가? 벗이 먼 곳으로부터 찾아오면, 또한 즐겁지 아니하겠는가? 남이 알아주지 않는다고 하더라도 원망하지 않는다면, 또한 군자답지 아니하겠는가?[2]

> 군자에게는 세 가지 즐거움이 있는데, 천하에 왕 노릇 하는 일은 여기에 들지 못한다. 부모님이 함께 생존해 계시고, 형제들에게

2 學而時習之 不亦說乎 有朋自遠方來 不亦樂乎 人不知而不慍 不亦君子乎 (《論語》, 學而 1)

아무런 탈이 없는 것, 이것이 첫 번째 즐거움이다. 위로 하늘에 부끄러움이 없고, 아래로 사람들에게 부끄러움이 없는 것, 이것이 두 번째 즐거움이다. 천하의 뛰어난 인재들을 얻어서 이들을 가르쳐 기르는 것, 이것이 세 번째 즐거움이다. 군자에게는 이러한 세 가지 즐거움이 있을 뿐, 천하에 왕 노릇 하는 일은 이러한 군자의 즐거움에 들지 못한다.[3]

여기서 공자의 1호[學而時習之 不亦說乎]와 맹자의 3락[得天下英才而教育之 三樂也]은 "무한한 가능체"[배움을 통해 군자와 성인까지도 될 수 있는 존재]인 인간 존재의 특성을, 2호[有朋自遠方來 不亦樂乎]와 1락[父母俱存 兄弟無故 一樂也]은 "사회적 관계체"[가족 및 다른 사람과 맺는 관계 속에서 다른 사람들과 함께 어울리면서 살아가야 하는 존재]인 인간 존재의 특성을, 그리고 3호[人不知而不慍 不亦君子乎]와 2락[仰不愧於天 俯不怍於人 二樂也]은 "능동적 덕성 주체"[자기가 모든 일의 주체로서, 스스로에게서 모든 일의 원인을 찾고, 스스로 모든 책임을 져야 하는 존재]인 인간 존재의 특성을 드러내고 있는 것이다. 이렇게 선진유학자들은 인간 존재의 사회성(공자의 2호와 맹자의 1락), 도덕적 주체성(3호와 2락), 그리고 가변성(1호와 3락)에 초점을 맞추어 인간의 기본 특성을 파악하고 있다.[4]

서구에서 르네상스운동이 벌어지던 비슷한 시기 동아시아에서 태

---

3 君子有三樂 而王天下不與存焉 父母俱存 兄弟無故 一樂也 仰不愧於天 俯不怍於人 二樂也 得天下英才而教育之 三樂也 君子有三樂 而王天下不與存焉 (《孟子》, 盡心上 20)

4 동아시아 유학사상의 인간관에 대해서는 졸저(조긍호, 2006, pp. 297-320, 441-464; 2007, pp. 98-134; 2008, pp. 43-75; 2012, pp. 119-139) 참조.

동된 신(新)유학도 남북조(南北朝)와 수(隋)·당(唐) 시대 유학에 차용된 불교와 도교의 영향을 제거하고 유학의 새로운 형이상학 체계의 정립을 통해 선진(先秦) 시대의 순수한 유학의 체계로 돌아가고자 한 복고운동이었다. 신유학자들은 공자와 맹자 및 순자 같은 선진시대 창시자들의 사상을 획기적으로 변화시키려고 했던 것이 아니라, 그들의 이론체계를 자신들이 창안한 이기론(理氣論)을 통해 새롭게 해석하려고 하였을 뿐이었다. 따라서 신유학자들은 선진유학자들이 사회성·도덕성·가변성을 주축으로 하여 인간을 이해하고자 하는 관점을 충실히 이어받고 있다. 이러한 유학의 체계를 이념적 기반으로 하여 발전된 동아시아 집단주의사회의 지배적인 인간관은 따라서 선진유학자들의 인간이해의 입장을 바탕으로 하고 있는 것이다.

여기서 서구의 개체성 중심의 인간파악의 관점은 동아시아의 사회성 중심의 인간파악의 관점과 대(對)가 되고, 서구의 합리성(이성) 중심의 인간관은 동아시아의 도덕성 중심의 인간관과 대를 이루며, 서구의 실체성(불변성) 중심의 인간이해는 동아시아의 가변성 중심의 인간이해의 관점과 대를 이루어, 두 문화권의 지배적인 문화유형인 개인주의와 집단주의의 기본 골격을 형성하고 있다고 추론할 수 있다.[5]

1) 인간의 존재의의: 개체성 대 사회성

서구 사회에 개인주의문화가 태동되는 직접적인 배경이 된 자유주의사상과 동아시아 집단주의문화의 기반이 되고 있는 유학사상의 핵

5 이 절은 졸저(조긍호, 2012, pp. 760-772)의 내용을 거의 그대로 따왔다.

심적인 차이는 인간의 존재의의를 어디에서 찾을 것인가의 문제에 대한 견해의 차이에서 도출된다. 르네상스와 기독교개혁 운동을 바탕으로 하여 발전한 자유주의는 인간의 존재의의를 상호 분명한 경계를 가진 독립적인 개인의 "개체성"에서 찾으려는 입장을 기초로 하여 성립되고 있는 사상체계이다. 이 체계에서는 사회란 독립적이고 평등한 개체들의 집합 그 이상도 그 이하도 아니라고 본다. 즉 인간의 존재의의는 각 개인의 개체성을 주축으로 하여 드러나게 된다고 보는 것이 자유주의의 기본 입장이다.

이렇게 인간의 존재의의를 개체성에서 찾으려는 자유주의 이념에서 개인 존재를 파악하는 관점은 무엇보다도 개체로서의 개인을 "자유의 보유자"로 인식하는 것이다. 16세기 이래 서구 사회에서는 개인이 신앙의 자유, 양심의 자유, 표현의 자유, 정치적 자유, 경제적 자유 및 사생활의 자유 같은 여러 자유를 보유하고 있다는 개인적 자유의 관념이 지배해 왔으며, 이러한 생각이 자유주의 이념의 토대가 되고 있다. 자유주의가 추구해 온 최고의 이념은 이와 같이 개인적 자유의 확보에 있었는데, 이러한 관념의 배후에는 자연권 사상이 놓여 있다. 곧 개인은 생명·재산·행복 추구에 대한 기본권을 천부적으로 부여받고 있으며, 이러한 기본권을 행사하거나 보호하기 위한 필수적인 장치가 바로 개인적 자유라는 것이다. 이러한 자유의 관념에는 개인이 그 어느 누구의 부당한 간섭이나 제재도 받지 않고, 자기에게 가장 유리하거나 적합하거나 또는 타당한 신앙·양심·사상·도덕률·정치 및 경제 체제를 자율적으로 선택할 수 있다는 독립성과 자율성에 대한 신념이 바탕에 깔려 있다.

자유의 보유자로 개인을 파악하는 관점은 곧 개인의 "독립성"과

"자율성"을 중시하는 삶의 태도를 낳게 되며, 결국 독립성과 자율성을 높이 평가하고, 이를 일상생활에서 추구하는 심리적·행동적 경향을 촉발하게 된다. 이러한 개인 존재의 독립성과 자율성에 대한 강조는 개인의 사회행위의 원동력을 자유의 보유자인 개인이 갖추고 있는 독특한 내적 속성(성격·능력·욕구·감정 따위)에서 찾는 입장을 낳게 된다. 따라서 개인주의사회에서는 주의(注意)의 초점이 개인 존재 및 그의 내적 속성에 쏠리게 마련인 만큼, 결과적으로 개인주의 사회인이 보이는 자기중심적인 심리와 행동의 특징이 유발되는 것이다.

이에 비해, 오랫동안 동아시아 사회의 이념적 바탕이 되어 왔던 유학사상은 인간의 존재의의를 인간 존재의 "사회성"에서 찾으려 하는 이론체계이다. 인간은 사회관계 속의 존재로서 이러한 관계를 떠나서는 그 존재의의 자체가 사라진다고 보는 것이 유학사상이다. 이 체계에서는 사회란 개체들의 집합이 아니라, 개인들이 맺고 있는 관계들을 단위로 하여 구성되는 커다란 유기체라고 본다. 따라서 인간의 존재의의는 각자가 타인과 맺는 관계, 곧 상호의존성을 핵으로 하는 사회성 속에서 드러나게 된다고 보는 것이 유학사상의 기본 입장이다.

이렇게 인간의 존재의의를 타인 및 집단과의 관계와 같은 사회성에서 찾으려 하는 유학사상은 인간을 "사회적 관계체"로 보는 입장에서, 개인 존재를 사회관계 속에 내포된 "역할·의무 및 타인에 대한 관심과 배려의 복합체"로 간주하는 관점을 굳게 지니고 있다. 유학사상에서는 사회를 이루는 기본단위는 부자·군신·부부·장유·붕우 같은 사람들 사이의 관계라고 본다. 이러한 관점을 바탕으로 각 관계에서 관계 당사자들에게 요구되는 쌍무적인 역할과 의무의 수행을 통해 관계의 조화와 질서가 달성되고, 그렇게 되면 조화롭고 평화로운 이상사회가 이루진다고 여긴다. 유학사상에서는 사회행위의 원동력을 개인이 처한 사회관계 속의 역할과 의무에서 찾게 되며, 결과적으로 이러한 역할과 의무의 근거인 관계 당사자들 사이의 상호연계성이나 상대방에 대한 관심과 배려를 중시하게 된다.

이렇게 개인 존재를 역할·의무·배려의 복합체로 간주하는 관점은 관계 당사자들 사이의 "연계성"과 "조화성"을 중시하는 삶의 태도를 낳으며, 결국 상호의존성과 조화성을 높이 평가하고, 이를 일상생활에서 추구하는 심리적·행동적 경향을 낳는다. 이러한 관계 당사자들 사이의 상호의존성과 조화성의 강조는 자기 자신보다는 관계를 맺고 있는 상대방이나 집단이, 그리고 자기의 내적 속성보다는 공적 규범과 상황적 요구가 주의의 초점으로 부각되게 할 것이고, 결과적으로 집단주의 사회인이 보이는 타인 또는 집단중심적인 심리와 행동의 특징으로 연결되는 것이다.

인간의 존재의의를 이렇게 개인의 개체적 특성에서 찾을 것이냐 아니면 상호의존적인 관계 속의 사회적 특성에서 찾을 것이냐 하는 관점의 차이는 사회관계에서 무엇을 "주의의 초점"으로 잡을 것이냐 하는 차이를 낳게 되고, 사회관계에서 상응하는 중시 내용의 차이를 유발하게 된다. 즉, 서구 사회에서는 개체로서의 자기 자신이 주의의 초점으로 부각되어 개인의 독립성과 자율성 및 독특성을 강조하는 개인주의 문화가 형성되고, 동아시아 사회에서는 개인을 둘러싸고 있는 타인과 상황 및 타인과 맺는 관계가 주의의 초점으로 부각되어 개인들 사이의 상호의존성과 조화성 및 타인에 대한 관심과 배려가 중시되는 집단주의 문화가 형성되는 배경에는, 일차적으로 인간의 존재의의를 개체성에서 찾으려 하느냐[서구] 아니면 사회성에서 찾으려 하느냐[동아시아] 하는 관점의 차이가 놓여 있는 것이다.

이렇게 인간의 존재의의를 개체성에서 찾느냐 아니면 사회성에서 찾느냐 하는 차이는 필연적으로 인간의 사회행위의 원동력을 개인의 속성에서 찾을 것이냐 아니면 개인의 특성뿐만 아니라 타인과 사회에 대한 관심에서 찾을 것이냐 하는 관점의 차이를 유발한다. 그러므로 자유주의의 인간관에서는 모든 사회행위의 원동력을 개체로서의 개인이 독특하게 가지고 있는 지적인 측면, 감정적인 측면 및 욕구적인 측면에서 찾게 된다. 이에 비해 유학사상의 인간관에서는 지·정·의 같은 개인적 측면에서뿐만 아니라, 타인과 사회와의 관계에서 도출되는 도덕적·사회적인 측면에서 개인의 사회행위의 원동력을 찾으려는 관점이 도출된다. 이렇게 보면, 서구의 삼분체계론과 동아시아의 사분체계론은 각각 인간의 존재의의를 개체성과 사회성에서 찾으려는 입장의 차이에서 파생된다고 추론할 수 있을 것이다.

2) 인간의 고유한 특성: 합리성 대 도덕성

서구 자유주의와 동아시아 유학사상의 또 다른 핵심적인 차이는 동물과 달리 인간만이 독특하게 갖는 고유한 특성을 무엇으로 보느냐 하는 관점의 차이이다. 자유의 주체로 개인을 파악하는 입장에 이어 자유주의의 이념은 개인을 자신의 행복과 만족을 추구하는 존재, 곧 이기적인 정열과 욕망에 따라 활동하고 행동하는 존재라고 보는 전제 위에 성립하고 있다. 이렇게 사람들 모두가 이기적인 욕망을 추구하다 보면, 필연적으로 욕구 충돌이 빚어질 수밖에 없다. 그러므로 사람들은 필연적으로 욕구 충돌에서 오는 파국을 피하고, 그러면서도 최대한 각자의 이익을 보장하는 선에서 욕구와 감정을 조정하는 체제(사회와 국가)를 만들 필요에 봉착하게 되는데, 이러한 상황에서 동물과 다른 인간만의 고유한 특성이 요구된다고 자유주의자들은 전제한다. 동물들은 그러한 욕구 조정의 체제를 만들 능력을 결여하고 있지만, 인간은 그러한 능력을 보유하고 있으며, 이것이 바로 동물과 다른 인간의 고유한 특성이라는 것이다.

인간의 심성 또는 영혼을 구성하는 이성·감성·욕구의 세 가지 요소 중에서 욕구와 감성은 인간뿐만이 아니라 다른 동물들도 갖추고 있는 특성이지만, 이성은 인간만이 갖추고 있는 특성으로서 다른 동물은 갖추고 있지 못하다고 간주하는 것이 서구의 전통이었다. 그러므로 인간이 갖추고 있는 삼 체계 중에서 이성이 가장 우월한 특성이라는 이성 우월주의의 관점으로 인간을 이해하려는 것이 고대로부터 면면히 이어져 온 서구 철학의 특징이었다. 이러한 전통은 자유주의자들도 그대로 이어받고 있는데, 이렇게 서구 사회에서는 "이성 주체"로서의 인간의 "합리성"을 인간의 고유한 특성으로 중시하고 있는 것이다.

이렇게 개인이 본래부터 지닌 이성의 힘이 빛을 발휘하게 되는 것은 개인들 사이의 욕구 및 감정의 충돌이 빚어져 혼란이 야기되는 지점에서라고 자유주의자들은 본다. 곧 "이성의 주체"로서 개인들은 욕구 충돌에서 오는 파국을 피하고, 그러면서도 최대한 각자의 이익을 보장하는 선에서 욕구를 조정하는 체제를 만들기로 합의하게 되고, 그 결과 나타난 것이 사회계약에 의한 국가체제라는 것이다. 이렇게 국가와 사회는 개인의 이성의 산물이라는 것이 자유주의자들의 생각이다. 이러한 이성은 자신에게 유익한 것을 합리적으로 계산하고 선택하는 능력으로 드러난다.

그러므로 이성 주체로 개인 존재를 파악하는 자유주의 입장에서는 인간의 "합리성"을 강조하게 되며, 이성의 힘에 대한 강한 신뢰가 삶의 신조로 부각된다. 그 결과 이성의 주체인 인간이 외부 환경 세계를 통제할 수 있다고 믿고, 결국 "외부 환경을 통제의 대상으로 보는 태도"를 갖게 된다. 그리하여 이들은 이성 주체인 자기를 적극적으로 표출하고, 자기에게 이익을 가져올 수 있는 요인(자기의 장점이나 긍정적 특성·능력·감정 들)을 확장시키려 노력하며, 자기의 현재와 미래를 과도하게 낙관적으로 인식하는 경향을 띤다. 따라서 이들에게는 개인주의 사회인이 보이는 바와 같은 적극적인 "자기주장"을 높이 평가하는 심리와 행동의 특징이 두드러지게 되는 것이다.

이에 비해, 동아시아 유학사상에서는 인간의 심성은 지성·감성·욕구의 세 요소 이외에 도덕성으로 이루어져 있다는 사분체계론으로 이해한다. 이 중에서 나머지 요소들은 동물들도 갖추고 있으나 도덕성은 인간에게만 고유한 특성이므로, 인간은 도덕성을 주축으로 하여 파악하여야 하는 존재라는 덕성우월주의가 유학자들이 인간을 이해하는 기본 관점이었다. 이러한 입장은 선진유학자들에게서 시작되어 신유학자들에게로 이어져 온 유학사상의 전통으로, 유학사상은 인간의 본유적인 도덕성을 중핵으로 하여 성립되고 있는 이론체계이다. 이렇게 동아시아 사회에서는 인간을 "덕성 주체"로 개념화하여, 타인과 집단에 대한 관심과 배려[6] 곧 "도덕성"을 동물과 다른 인간의 기본적인 특성으로 강조하는 것이다.

이성 주체로 개인 존재를 인식하는 자유주의 이념과는 대조적으로, 유학사상에서는 인간의 능동성과 주체성이 타인에 대한 관심과 배려라는 덕성에서 최대로 드러난다고 본다. 유학사상에서는 인간을 "능동적이고 주체적인 존재"로 파악하는 관점을 가지고 있는데, 이들에게 능동성과 주체성이란 인의예지(仁義禮智) 같은 도덕의 근거가 개인에게 본래부터 갖추어져 있다는 사실을 자각하고, 이를 실생활에서 실행하는 일을 뜻한다.

그러므로 유학자들에게 인간의 능동성과 주체성은 모든 일의 책임을 도덕 주체인 자기에게서 구하는 태도와 직접 연결되고 있으며, 따라서 자기의 이기적이고 사적인 욕구와 감정을 억제하는 일이 능동성과 주체성을 발휘하여 삶의 목표인 도덕적 완성을 이루는 지름길이 된다고 본다. 그 결과 유학사상에서는 통제의 대상을 "덕성 주체"인 자기 자신에게서 찾음으로써, "겸양"과 "자기억제"를 강조하게 되며, 이러한 경향은 결과적으로 집단주의 사회인이 보이는 자기은폐적인 심리와 행동의 특징을 낳는 배경이 되고 있는 것이다.

이와 같이 동물과 다른 인간의 고유한 특성을 합리성의 근거인 이

6 서구의 학자 중에서 루소는 특이하게 타인에 대한 연민과 동정심을 인간의 본유적인 특성이라고 본다. 이러한 연유에서 보통 루소를 성선론자(性善論者)라고 부르는데, 루소도 인간만의 고유한 특성을 인간의 완성가능성의 근거인 이성에서 찾고 있다는 점에서 이러한 루소의 관점을 동아시아 유학사상의 관점과 같다고 볼 수는 없으며, 따라서 이를 서구의 전통적인 견해라 보기는 힘들다. 이에 대해서는 졸저(조긍호, 2012, pp. 375-418; 조긍호·강정인, 2012, pp. 245-352) 참조.

성에서 찾을 것이냐 아니면 타인과 집단에 대한 관심과 배려의 근거인 도덕성에서 찾을 것이냐 하는 입장의 차이는 "통제의 대상"을 환경 세계라고 볼 것이냐 아니면 자기의 사적인 욕구와 감정이라고 볼 것이냐 하는 차이를 낳게 되고, 결과적으로 사회관계에서 상응하는 중시 내용의 차이를 유발하게 된다. 즉, 서구 사회에서는 합리적인 이성의 힘을 통해 환경 세계를 자기에게 맞추어 변화시키려는 과정에서 적극적으로 자기를 드러내고 주장하는 것을 자연스럽게 여겨 추구하는 개인주의 문화가 형성되고, 동아시아 사회에서는 도덕성에 기초하여 자기 자신의 내적 욕구와 감정을 타인이나 집단과의 관계를 고려하여 통제하려는 과정에서 자기를 드러내지 않고 타인을 우선적으로 배려하는 집단주의 문화가 형성되는 이면에는, 또한 인간의 고유한 특성을 이성에서 찾을 것이냐[서구] 아니면 도덕성에서 찾을 것이냐[동아시아] 하는 관점의 차이가 도사리고 있는 것이다.

이러한 맥락에서 분명하게 드러나듯이, 동물과 다른 인간의 고유한 특성을 이성이라고 보느냐 아니면 덕성이라고 보느냐 하는 차이는 인간의 심성을 구성하는 체계들 사이의 관계를 이성을 중심으로 하여 개념화 하느냐 아니면 덕성을 중심으로 하여 개념화 하느냐 하는 차이를 유발한다. 그러므로 자유주의의 인간관은 감성이나 욕구보다 이성의 우월성을 강조하는 서구의 전통적인 이성중심주의의 관점을 이어받고 있는 반면, 유학사상의 인간관은 지·정·의에 대한 덕성의 우월성을 전제하는 덕성중심주의를 표방하게 된다. 이렇게 서구의 이성중심주의는 인간을 이성 주체로 파악하는 자유주의의 인간관과 연결되고, 동아시아의 덕성중심주의는 인간을 덕성 주체로 이해하는 유학사상의 인간관에서 직접 도출되는 것이다.

3) 인간의 변이가능성: 완비성 대 가변성

서구 자유주의와 동아시아 유학사상에서 인간을 파악하는 관점의 세 번째 차이는 인간을 고정 불변의 실체로서 이해하느냐 아니면 끊임없이 변화하는 과정 속의 가변체로 인식하느냐 하는 것이다. 세계를 이루고 있는 개별적인 대상들은 그 자체로 고정적이고 불변적인 속성을 지니고 있으며, 따라서 그 세계에 살고 있는 사람들도 역시 저마다 고정적이고 불변적이며 안정적인 속성을 갖춘 존재라고 보는 것은 고대 그리스 시대 이래 면면히 이어져온 서구 문명의 전통이었다. 자유주의 사상가들은 사람은 누구나 스스로의 행동을 주도할 수 있는 불변적이고 안정적인 내적 속성을 완비하고 있으며, 또한 이를 개발하여 자기실현을 이룰 수 있는 자율성을 갖추고 있다는 점에서 인간은 평등하고, 그러한 내적 속성들은 각 개인에게 특유하다는 점에서 인간은 존엄하다고 보았다. 즉 그들은 인간의 평등성과 존엄성의 근거를 누구나 안정적인 속성을 갖추고 있는 실체(實體)라는 사실, 곧 인간의 "완비성"에서 찾으려 하였던 것이다.

이와 같이 자유주의의 이념에서 개인 존재를 파악하는 세 번째 관점은 개인을 "안정적이고 고정적이며 불변하는 실체"로 인식하는 것이다. 곧 개체로서의 개인은 고정적인 성격 특성과 능력 및 동기들을 갖추고 있으며, 이러한 고정적 속성들은 시간과 상황에 따라 달라지지 않는 "안정성"과 "불변성"을 띤다는 것이 자유주의자들의 관점이다.

개인 존재를 고정적·안정적·불변적 실체로 파악하는 이러한 입장은 현대 서구인들에게 그대로 이어져서, 그들은 개인의 성격과 능력은 시간과 상황이 달라져도 변화하지 않는다는 "실체설적 신념체계"를 강하게 드러낸다. 따라서 개인의 내적 성향들 사이, 외적 행동들 사이, 그리고 내적 성향과 외적 행동 사이에는 어떠한 경우에도 안정적이고 불변적인 일관성이 존재하는 것으로 파악하는 경향을 보인다. 그 결과 그들은 "안정성"과 "일관성"을 추구하는 심리와 행동의 특징을 강하게 드러내며, 자기발전이란 자신이 갖추고 있는 안정적인 장점을 찾아내어 확충하는 "장점확충"을 통해 이루어지는 것으로 본다.

이에 비해, 유학은 성덕(成德)을 지향하는 체계로서, 인간이란 가르침[敎]과 배움[學]을 통해 누구나 덕을 이룰 수 있는 무한한 가능성을 갖추고 있는 "가변체"라고 파악하는 입장을 바탕으로 하여 성립한다. 인간은 선인(先人)들이나 먼저 도(道)를 이룬 사람들의 가르침을 따라 배움으로써 자기성찰과 자기개선을 이루어내고, 그럼으로써 현재의 불완전한 소인(小人)의 상태에서 장차 이상적인 군자(君子)와 성인(聖人)의 상태로 변화될 수 있는 가변적인 존재이며, 인간의 삶은 이러한 궁극적인 성덕의 상태를 지향해 가는 과정이라고 유학자들은 본다. 곧 개인은 "가변적이고 과정적인 존재"이지, 절대로 불변적이거나 고정적인 존재로 볼 수는 없다고 유학자들은 간주하는 것이다. 이러한 맥락에서 유학자들은 관계 속의 존재인 인간은 타인과 맺는 관계의 양상에 따라 달라지는 역할과 의무에 맞추어 스스로를 변화시키는 "가변성"을 갖추고 있다는 사실을 강조한다.

이렇게 인간을 고정적이고 불변적인 존재가 아니라 과정적이고 가변적인 존재라고 보는 유학사상의 관점에서는 자기의 단점을 확인하고 수용하며, 배움을 통해 이를 개선함으로써 자기향상을 이룰 수 있다고 보아, 인간의 "자기개선"을 강조한다. 개인 존재의 가변성과 자기개선을 강조하는 이러한 유학사상의 입장은 현대 동아시아인들에게도 그대로 이어져서, 개인의 성격과 능력은 시간과 상황에 따라 역동적으로 변화될 수 있다는 "증가설적 신념체계"를 강하게 드러낸다. 따라서 자기의 부정적 요인(단점과 부정적 특성·감정들)도 무난히 수용하고, 이를 개선하는 일을 가치롭게 여기며, 성취 장면에서 능력보다는 노력을 높이 평가하는 경향을 낳게 된다. 그 결과 이들에게서는 상황에 따른 행위 가변성을 중시하고 자기의 단점을 수용하고 고치려는 심리와 행동의 특징이 강하게 나타나는 것이다.

과거-현재-미래의 시간적 연속선상에서 인간의 현재적 상태를 과거로부터 물려받아 미래로 이어져 갈 안정적 실체로 받아들일 것이냐 아니면 인간을 무한한 변화 과정 속의 존재라고 볼 것이냐 하는 관점의 차이는 "자기발전의 원동력"을 기존해 갖추고 있는 장점의 확충 과정에서 찾을 것이냐 아니면 자기의 단점을 찾아 이를 고쳐나가는 자기개선의 과정에서 찾을 것이냐 하는 차이를 낳게 되고, 결과적으로 사회관계에서 상응하는 중시 내용의 차이를 유발한다. 즉, 서구 사회에서는 자기발전의 원동력을 안정적이고 불변적인 실체로서의 자기가 갖추고 있는 장점의 확충에서 찾는 개인주의 문화가 형성되고, 동아시아 사회에서는 가변적이고 과정적인 존재로서의 자기가 가지고 있는 단점을 확인하고 고쳐 나가는 자기개선을 자기발전의 원동력으로 간주하는 집단주의 문화가 형성되는 배경에는, 또 한 가지 인간을 완비적 실체로 볼 것이냐[서구] 아니면 가변적 변이체로 볼 것이냐[동아시아] 하는 입장의 차이가 개재하고 있는 것이다.

이렇게 서구에서 인간을 고정적이고 불변적인 실체로 이해하는 관점도 그들이 인간의 고유한 특성을 이성이라고 보아 이성우월주의를 주장하는 입장과 자연스럽게 연결된다. 이성은 누구에게나 갖추어져 있는 안정적이고 합리적인 계산 능력이어서, 일상생활의 과정에서 각자가 자기에게 가장 적합한 행위를 자율적이고도 합리적으로 계산하고 선택할 수 있는 근거가 되기 때문이다. 그러므로 서구인들은 이성에 따라 합리적으로 합의한 원칙(예: 계약)은 보편적인 타당성을 갖는 것이어서, 상황이 아무리 달라진다고 해도 결코 변경될 수 없다고 본다.[7] 그러나 유학사상에서 인간을 가변체로 이해하는 관점은 인간의 고유한 특성을 도덕성이라고 보아 덕성우월주의를 주장하는 입장과 자연스럽게 연결된다. 유학자들은 도덕성이란 고정 불변하는 것이 아니라 상황과 관계에 따라 달라지는 것이어서, 삶의 과정에서 확충해야 하는 것으로 보기 때문이다.[8] 이렇게 서구의 이성중심주의는 인간을 고정적 실체로 이해하는 자유주의적 인간관과 연결되고, 동아시아의 덕성중심주의는 인간을 가변체로 파악하는 유학사상의 인간관에서 그 논리가 도출된다고도 볼 수 있는 것이다.

7 이에 대해서는 졸저(조긍호, 2012, pp. 253-256) 참조.

8 도덕의 원칙이 고정 불변한 것이 아니라 상황과 관계에 따라 달라지는 것이라는 유학자들의 관점은 도덕 판단의 고정적인 보편원칙을 강조하는 섭공(葉公)과 상황과 관계에 따른 변이를 강조하는 공자의 대립(葉公語孔子曰 吾黨有直躬者 其父攘羊 而子證之 孔子曰 吾黨之直者 異於是 父爲子隱 子爲父隱 直在其中矣, 《論語》, 子路 18)에 잘 드러나 있다. 이에 대해서는 6장(p. 367)에서 자세하게 논의될 것이다.

4) 동·서의 인간관과 심리구성체론의 관계

이상에서 보듯이, 서구인들은 인간의 존재의의를 개체로서의 존재 특성[개체성]에서 찾고, 인간의 고유한 특성을 합리성의 근거인 이성이라고 여기며, 시간적인 연속선상에서 인간은 안정적이고 불변적인 완비적 실체라고 인식한다. 이에 비해 동아시아인들은 인간의 존재의의를 사회적 존재 특성[사회성]에서 찾고, 인간의 고유한 특성을 다른 사람에 대한 관심과 배려의 근거인 도덕성이라고 여기며, 소인의 상태에서 군자의 상태로 변화할 수 있는 과정적 가변체라고 인식한다.

이러한 인간관의 차이는 두 문화권에 각각 개인주의 문화와 집단주의 문화가 형성되는 배경으로 작용하였다. 그리하여 서구인들은 일상생활에서 자율성·독립성·독특성을 중시하고, 적극적인 자기주장을 가치롭게 여기며, 삶의 과정에서 안정성과 일관성을 높이 평가하여 자기고양을 통해 자기발전을 이루려는 경향을 강하게 드러낸다. 이에 비해, 동아시아인들은 일상생활에서 상호의존성·조화성·유사성을 중시하고, 자기의 욕구와 감정을 드러내지 않는 자기억제를 가치롭게 여기며, 삶의 과정에서 가변성과 유연성을 높이 평가하여 자기성찰과 자기개선을 통해 자기발전을 이루려는 경향을 강하게 드러낸다.

두 문화권의 이러한 차이들은 서구와 동아시아에서 각각 삼분체계론과 사분체계론, 그리고 이성우월주의와 덕성우월주의의 심리구성체론을 철학적 전통으로 심어 왔다는 배경에서 도출되는 것이다.

(1) 서구 자유주의의 인간관과 심리구성체론

자유주의의 영향을 받은 개인주의자들은 사회란 평등하고 독립된 개인들의 복수적인 집합에 불과하다고 보아, 개인의 개체성과 독립성을 기반으로 하여 인간 사회를 이해하려는 입장을 취한다. 이들에 따르면, 개인은 모든 행위의 원천이 되는 성격·감정·의도·동기 및 지적 능력을 포함한 제반 능력 따위의 내적 속성들을 갖추고 있어서, 이러한 내적 속성들이 개인의 모든 행위의 근본적인 원인으로 작용한다. 이러한 내적 속성들을 갖추고 있는 개인은 스스로 자기의 행위를 선택하여 수행할 수 있는 자율성을 갖춘 "자유의 보유자"라고 보는 것이 자유주의자들의 인간 파악의 핵심 관점이다. 그러므로 개인주의 사회에서는 개인의 자율적 선택과 독특성의 추구를 강조하는 경향이 강한 것이다.

자유주의사상에서는 인간의 이기적인 욕망과 자기본위의 감정을 자연스러운 것으로 보아, 개인적인 욕구의 적극적인 추구와 감정의 적극적인 표출을 긍정적으로 인정한다. 그러나 이들은 또한 개인적 욕구와 감정의 적극적인 추구와 표출은 개인 사이의 갈등과 다툼을 야기하게 된다는 사실을 인정한다. 이 지점에서 합리적인 이성이 빛을 발하게 된다는 것이 자유주의자들의 견해이다. 개인적 욕구와 감정의 무제한적인 추구 및 표출은 필연적으로 개인 간의 이익갈등을 유발하게 될 것이므로, 이러한 갈등을 해소하고 조화로운 관계의 유지를 위한 조치가 요구되는 바, 이것이 바로 이성의 능력을 통한 합리적 계약이라는 것이다. 곧 합리적 계산 능력을 통한 자기이익의 확보가 사회갈등 해소의 배경이라는 것이 자유주의자들의 견해이다. 이렇게 사회의 조화는 타인에 대한 우선적 배려에서 나온다고 보는 유학자들과는 달리, 자유주의자들은 이성의 능력을 통한 합리적인 계산에서 나온다고 보는 차이를 보이고 있다.

자유주의 사상가들은 또한 욕구추구와 감정표출의 자율성을 갖춘 합리적 이성의 보유자인 개인은 그 자체 안정적이고 일관된 자기완비체라고 본다. 이들은 개인의 안정성과 일관성을 강조하여 봄으로써, 인간 존재를 고정적이고 안정적인 실체라고 간주하는 것이다. 곧 인간은 일관되고 안정적이며 자율적인 이성적 존재라는 것이 이들의 인간 파악의 기본 입장인 것이다.

이렇게 개인을 "자유의 보유자", "이성 주체", "안정적 실체"로 개념화하여 이해하는 자유주의자들은 인간의 사회행위의 원동력을 세 가지 측면에서 찾는 관점을 견지하고 있다. 그 하나는 자기이익추구의 욕구이다. 둘째는 이러한 욕구추구의 결과에 의해 유발되는 감정이다. 자기이익추구에 성공하면 기쁨이나 자부심 같은 긍정적 감정이 유발되고, 실패하면 슬픔이나 실망감 같은 부정적 감정이 유발된다. 이러한 긍정적 감정을 추구하고, 부정적 감정을 회피하려는 경향은 인간의 행위를 유발하는 또 하나의 유인가를 갖는다. 마지막으로는 합리적인 계산을 통해 개인 사이의 이익갈등을 잠재우고 사회에 안전과 평화를 가져올 수 있는 이성이다. 이러한 맥락에서 서구의 심리구성체론이 지(이성)·정(감성)·의(욕구)의 삼분체계론을 근간으로 하는 배경을 이끌어낼 수 있는 것이다.

인간 행위의 원동력으로 작용하는 이 세 요소 또는 능력 중에서 중심적인 역할을 하는 것은 이성이다. 이는 인간을 이성 주체로 개념화하여, 개인들이 욕구와 감정에 따라 행동하는 데서 나오는 혼란과 갈등을 이성의 능력에 의해 조정하고 통제해야 하기 때문이다. 즉, 자유주의자들은 자기이익추구와 개인적인 감정의 발산에서 나오는 혼란을 해소할 수 있는 근거를 합리적 계산 능력인 이성에 부여함으로써, 욕구와 감정에 대한 이성의 우월성을 인정한다. 이러한 배경에서 서구의 심리구성체론에서 이성중심주의를 강조하는 까닭을 유추해 볼 수 있다.

이와 같이 사회적 특성을 바탕으로 인간 존재를 파악하는 유학자들과는 대조적으로, 서구 자유주의자들은 개체로서의 존재 특성을 바탕으로 하여 인간을 이해하려는 관점을 보인다. 그들은 개체적 존재인 개인의 독립성·합리성·안정성을 바탕으로 하여, 개인을 "자유의 보유자", "이성 주체", 그리고 "안정적 실체"라고 개념화하여 이해하는 것이다. 그러므로 개체로서의 개인을 자율적 선택과 독특성의 추구, 자기이익추구와 적극적인 자기표현 및 자기주장, 그리고 일관성과 안정성의 추구를 강조하여 이해하려는 입장을 보인다. 이렇게 개인을 자율적이고 안정적인 이성의 주체로 보는 자유주의자들의 인간관은 고대 그리스 시대 이래 면면히 이어져 내려오는 지·정·의 삼분체계론과 이성중심주의라는 전통적인 서구의 심리구성체론으로 그대로 연결되고 있는 것이다.

(2) 동아시아 유학사상의 인간관과 심리구성체론

개인의 개체성을 주축으로 하여 인간을 파악하려는 자유주의사상과는 달리, 유학사상은 인간의 존재의의를 사회관계 속에서 찾으려 하는 이론체계이다. 곧 인간의 사회적 존재 특성을 내세워 인간을 "사회적 관계체"로 파악하는 것이 유학자들이 인간을 파악하는 기본 관점이다. 이와 같이 인간을 사회관계 속에서 바라보므로, 유학자들은 개인 존재를 "역할·의무·배려의 복합체"라고 인식한다. 따라서 유학사상에서는 인간 행동의 원동력을 사회관계 속에 내재하고 있는 역할과 의무 및 타인에 대한 배려에서 찾으려 하고, 여러 가지 사회행위의 최종 목표를 조화로운 관계의 형성과 유지에서 구한다. 인간의 존재의의의 출처는 바로 인간 존재의 사회성에서 도출된다고 여기기 때문이다.

이렇게 인간 존재의 사회성을 강조하므로, 유학자들은 인간을 도덕적 존재로 파악한다. 타인과 공동체에 대한 관심과 배려가 곧 덕의 근원이기 때문이다. 유학자들은 이러한 덕의 근원이 인간에게 본유적으로 갖추어져 있다고 보고, 사회적 존재로서 인간이 지향해야 할 바람직한 삶의 자세는 능동적·주체적인 도덕 인식과 실천이라고 여긴다. 이러한 맥락에서 유학자들은 인간을 "능동적 주체자"로 파악하며, 같은 연장선상에서 개인 존재를 "덕성 주체"로 인식한다. 이와 같이 유학사상은 인간의 중핵 특성을 도덕성이라고 여기기 때문에, 우주 상에서의 인간의 고유한 지위는 바로 이렇게 인간만이 갖추고 있는 도덕성에서 찾을 수밖에 없다고 간주하는 것이다.

이러한 덕성의 주체로서 인간은 스스로가 갖추고 있는 도덕성을 일상생활에서 실현할 수 있는 능력의 보유자로 본다. 성덕(成德)을 지향하는 과정에서 누구나 도덕적인 완성을 이루고, 이를 사회생활에 실천하는 군자나 성인이 될 수 있는 "무한한 가능체"로 인간을 파악하는 것이 유학사상의 특징이다. 이렇게 인간 존재의 가소성을 기초로 인간을 무한한 가능체로 보는 관점은 개인을 "과정적이고 가변적인 존재"라고 간주하는 입장을 낳는다. 인간 삶을 성덕의 과정이라 이해하는 것이 유학자들의 관점인 것이다. 이러한 입장은 교육 활동, 곧 도덕 인식과 도덕 실천을 통해 군자가 되는 일을 인간 삶의 목표로 설정하고, 이의 달성을 위해 노력하는 자세를 부단히 강조하는 태도를 낳는다.

이와 같이 개인을 "의무·역할·배려의 복합체", "덕성 주체", 그리고 "가변적 존재"로 파악하는 유학자들의 인간관의 핵심은 인간 존재의 사회성과 도덕성 및 가변성에 대한 강조이다. 이러한 유학자들의 관점은 그들의 인성론으로 그대로 이어지고 있다. 앞에서 살펴보았듯이, 유학자들은 인간의 심성이 덕·지·정·의 사분체계로 구성되었다고 보고, 이 네 체계 가운데 덕성의 요소가 중심이라는 덕성중심주의의 입장을 견지하고 있다. 덕은 타인과 사회에 대한 배려에서 나오는 것이라는 점에서 생각해 보면, 이러한 덕성중심주의의 관점은 사회적 존재 특성을 바탕으로 하여 인간 존재를 이해하려는 유학자들의 인간 파악의 관점과 자연스럽게 연결되는 것이다.

2. 심리구성체론의 동·서 대비

이상에서 확인되었듯이, 서구 자유주의와 동아시아 유학사상에서는 인간을 개체성을 중시하여 자유의 보유자로 보느냐 아니면 사회성을 중시하여 사회적 관계체로 보느냐, 이성을 중시하여 이성의 주체로 보느냐 아니면 도덕성을 중시하여 덕성의 주체로 보느냐, 그리고 안정성을 중시하여 완비적 실체로 보느냐 아니면 유연성을 중시하여 가변적 과정 속의 존재로 보느냐 하는 차이를 보이고 있다. 이러한 인간관의 차이는 양 진영에서의 지배적인 심리구성체론의 차이를 유발하는 근원이다.

서구인들은 개체성을 중시하므로 완비적 실체로서의 자율적인 개인이 가지고 있는 특성들에서 인간의 심성을 구성하는 요인을 찾으려 하고, 그 결과 지적 측면[이성]과 감정적 측면[감성] 그리고 의지적 측면[욕구]에서 심리구성체를 추론해 내려는 경향을 보인다. 그들은 이러한 세 측면 중에서 감성과 욕구는 서로 간의 갈등과 혼란의 원천으로 작용할 수 있으므로, 이러한 갈등과 혼란을 지적 활동의 원천인 이성의 합리적 사고를 통해 해결하려는 입장을 갖는다.

고대 그리스 시대 이래 서구인들이 지·정·의 삼분체계설을 중심으로 영혼이나 마음 또는 의식 활동의 문제를 보아 왔으며, 이 삼 체계 사이의 관계도 지적인 측면을 관장하는 이성을 중심으로 하여 파악하는 이성중심주의가 주류를 이루어 왔다는 사실은 이러한 맥락에서 이해할 수 있다. 서구인들이 굳게 이어온 이러한 삼분체계설과 이성중심주의의 입장은 그 제안자들의 학문적 배경이나 이론적 주장(예를 들면, 관념론 철학과 경험론 철학, 또는 능력심리학과 연합주의심리학)과는 상관없이 일관되는 서구의 전통이었던 것이다.

이에 비해, 동아시아인들은 인간을 사회관계 속에서 바라보므로, 인간에게는 지·정·의의 요소 이외에 사회적 존재 특성의 근원인 도덕성의 요소가 본유적으로 갖추어져 있다고 여긴다. 그들은 인간의 상황과 관계에 따른 유연한 가변성을 강조하는 관점에서 상황과 관계에 따라 달라질 것을 전제로 하는 도덕성을 중심으로 하여 심성의 다른 요소들(지·정·의)을 인식하는 경향을 띤다.

유학사상에서 공자·맹자·순자 같은 선진 시대 유학자들로부터 이미 덕·지·정·의 사분체계설을 기초로 인간의 본성을 이해하려 하며, 이 네 체계 사이의 관계도 덕성을 핵심으로 하여 파악하는 덕성중심주의의 교의를 견지하여 왔다는 사실도 그들이 제시하는 인간관의 직접적인 결과라고 이해할 수 있다. 공자·맹자·순자의 이와 같은 인성론의 체계는 그들이 보는 인간 본성의 선악 여부에 대한 이론적 입장의 차이(예: 맹자의 성선설과 순자의 성악설)와는 상관없이 공통적이었으며, 이러한 그들의 관점은 후대의 유학자들에게 그대로 이어져 유학적 심리구성체론의 골격을 이루고 있는 것이다.

서구와 동아시아의 이론가들이 제시해 온 심리구성체론의 이러한 차이를 표로 나타내면, 다음 표 1-1과 같다.

표 1-1. 심리구성체론의 동·서 대비

	서구심리학	유학
심리 구성 요소	지(知, 인지) 정(情, 정서) 의(意, 동기)	지(인지) 정(정서) 의(동기) 덕(德, 도덕성)
구성 요소 사이의 기본 관계	인지우월론 (이성중심주의)	덕성우월론 (덕성중심주의)

출처: 조긍호, 2008, p. 198, 표 2

이러한 심리구성체론의 동·서 차이는 각각을 바탕으로 하여 구성될 심리학의 모습을 매우 다르게 만들 수밖에 없다. 서구심리학에서는 심리구성체인 지·정·의를 각각 인지·정서·동기로 개념화하여 연구해 오고 있다. 환경세계 속에서 환경세계와 맺는 상호작용의 과정에서 인간이 환경세계를 이해하고 이에 대한 지식 체계를 정립하며, 이를 저장해 두었다가 필요할 때 꺼내어 활용하는 문제에 대한 탐구가 인지 분야의 연구를 형성하고 있다. 환경 세계와 맺는 관계 속에서 이에 대한 또는 이를 통해 얻게 되는 감정 반응 체계에 대한 탐구가 정서 분야의 연구를 형성하고 있다. 그리고 생물체적 존재로서 또한 사회적 존재로서 인간이 삶의 과정에서 추구하고 지향하는 외적 및 내적 대상에 대한 활동성의 문제에 대한 탐구가 동기 분야의 연구를 형성하고 있다. 이와 같이 현대 서구심리학에서는 지·정·의 삼분체계설을 바탕으로 하여, 인간의 심성을 인지·정서·동기의 세 분야로 대별하여 연구하는 전통을 이어오고 있는 것이다.[9]

그러나 유학의 체계에서 도출되는 사분체계론의 관점에서 보면, 종래까지 삼분체계론을 바탕으로 전개되어 온 서구심리학이 인간을 얼마나 좁은 관점에서 파악해 왔는지가 단적으로 드러나고 있다. 유학사상의 심리구성체론의 관점에 입각해서 보면, 심리학에서는 인지·정서·동기 이외에 도덕성이 심리학의 핵심 문제로 탐구될 필요가 도출되는 것이다.

9 정양은, 1970, 1986; Hilgard, 1980; Parkinson & Colman, 1995.

3. 새로운 심리학의 과제: 도덕심리학의 문제

인간의 심성에 관한 삼분체계론과 이성중심주의의 교의에 따라 지금까지의 서구심리학에서는 도덕심리학의 문제를 중핵적인 심리학의 연구 문제로 취급하지 않는 전통이 지배하고 있었다. 그러나 전통적인 서구심리학에서 도덕성에 관한 연구가 전혀 이루어지지 않았던 것은 아니다. 서구심리학에서 도덕성에 관한 연구는 주로 인지발달론자, 정신분석학자 및 행동주의 학습이론가들을 중심으로 이루어져 왔는데, 이들의 연구에서는 도덕성을 인지 능력 발달의 부산물이거나[인지발달론], 동성 부모에 대한 동일시의 결과물[정신분석학], 또는 학습 과정의 산물[학습이론]로 보는 견해들이 지배하여 왔을 뿐, 도덕성을 인간 심성의 본유적인 핵심체계의 하나로 보는 입장에서 탐구해 왔던 것은 아니었다.

피아제(Jean Piaget, 1896-1980)[10]와 콜버그(Lawrence Kohlberg, 1927-1987)[11] 등 인지발달론자들은 도덕적 갈등 상황에서의 도덕 판단 또는 도덕적 추론 양상의 발달 과정을 중심으로 도덕성의 문제에 접근하고 있다. 이들은 외계를 인식하는 인지 능력 발달의 함수로서 도덕 판단 및 추론의 능력이 발달한다고 보는 관점에서 도덕성의 문제에 접근하려 하였다. 이들의 연구는 도덕성의 발달을 인지 능력 발달의 함수로 보고 있다는 점에서, 도덕성을 인지능력의 부속체계이거나 하위체

10 Piaget, 1926, 1932.

11 Kohlberg, 1963, 1964.

계로 받아들일 뿐이었다. 따라서 이들에게 있어서 도덕성의 연구는 발달심리학이나 인지심리학의 일부이지 순수하게 도덕심리학의 연구라고 보기는 힘들다. 즉 인지발달론자들은 도덕성은 인지능력 발달의 부산물일 뿐, 인간 심성의 고유한 특성으로는 보지 않는 것이다.

서구의 심리학에서 도덕성의 문제를 다루고 있는 또 다른 연구자로는 피아제와 콜버그 같은 인지발달론자 이외에도 프로이트(Sigmund Freud, 1856-1937)를 들 수 있다. 프로이트는 인간의 심성을 구성하는 체계를 무의식적이며 본능적인 생물적 욕구 체계인 원초아(原初我, id), 원초아의 욕구를 현실 생활에서 충족시키는 현실 생활의 담당 체계인 자아(自我, ego), 그리고 자아가 욕구를 충족시킬 때 사회적으로 용납 받는 방법으로 충족시키도록 지도·감독하는 체계인 초자아(超自我, super-ego)의 세 가지로 보고 있다. 여기서 초자아는 바로 개인에게서 양심(良心, conscience)의 역할을 하는 도덕성의 체계이다.

프로이트는 인간 행동의 근거는 모두 원초아의 무의식적·본능적 욕구에 있는 것으로 간주하고, 자아나 초자아는 이러한 욕구의 집행을 담당하거나 그 과정에 통제적인 영향을 미치는 것으로 보고 있다. 곧 원초아가 본유적인 체계라면, 자아나 초자아, 특히 초자아는 욕구 충족을 억제하거나 지연시키는 역할을 하는 부수적인 체계인 것이다. 프로이트에 따르면, 초자아는 외디푸스 복합(Oedipus complex)의 결과로서 나타나는 동성 부모에 대한 동일시(同一視, identification)를 통해, 사회의 도덕규범과 행위 양식을 내면화함으로써 형성되는 것이다. 곧 초자아는 외재적 근거를 갖는 것으로, 인간에게 본유적인 것이 아니라 후천적으로 습득되는 것이며, 본질적으로 욕구 또는 감정 체계의 부산물로 생성되는 것이다.

이렇게 인지발달론자들이나 정신분석학자들은 도덕성을 인지나 욕구 또는 감정의 부산물이거나 하위체계로 상정하기는 하지만, 그래도 도덕성을 인간의 내면적인 심성 체계 속에 위치지우고 있다. 그러나 행동주의자들은 도덕성이란 강화의 원리에 따라 학습된 행동 습관이거나 모델의 행동을 관찰하여 모방함으로써 획득된 습관일 뿐이라고 보아, 도덕성의 외재적 근거를 특히 강조하는 경향을 띤다. 어떻게 보면 학습이론가들은 도덕성이란 개념 자체를 부정하거나, 인간 행동의 동인으로 인정하지 않으려는 경향이 강하다.

이상에서 보듯이, 전통적인 서구심리학에서는 도덕성을 인간에게 본유적인 요소가 아니라, 인지 능력의 발달 과정, 욕구 충족 및 그에 따르는 감정적 적응 과정(동성부모에의 동일시), 또는 학습 과정의 부산물이라고 간주하는 입장에서 연구를 진행하여 왔다. 이러한 연구의 경향은 인간의 심성을 구성하는 요소를 지·정·의의 삼분체계설로 개념화하여 이해하는 서구의 전통을 그대로 이어받고 있는 것으로 볼 수 있다.

그러나 공자 및 맹자와 순자 같은 유학자들은 도덕적 지향성 및 도덕적 행위의 근거 또는 도덕 의지는 인간에게 본유한 것으로 본다. 또한 유학자들은 본유적인 도덕성 또는 도덕 의지를 인간 존재 특성의 핵심에 두어, 덕성우월론의 입장을 펴고 있다. 곧 도덕의지에 의한 전 인간 존재 특성의 통합을 강조하고 있는 것이다. 이러한 맥락에서 보면, 도덕성은 인지나 동기 및 정서의 부차체계이거나 하위체계가 아니라 인간 심성의 핵심체계로서, 고유하게 독립적인 연구 영역을 형성하는 문제로 부각될 수밖에 없을 것이다.

그러므로 도덕성이나 도덕 의지를 심리학적으로 접근하게 될 이러한 도덕심리학은 유학사상에서 도출되는 심리학의 연구 문제 중 가장 핵심적인 것의 일부로서, 이러한 점에서 바로 서구심리학과는 다른 유학심리학이 성립되는 기반을 찾아 볼 수 있을 것이다. 그리고 이러한 관점에서라야 비로소 인간의 생물적 존재 특성과 사회적 존재 특성을 전체적으로 조감하여 이해하는 콩트(Auguste Comte, 1798−1857)의 이른바 "도덕학"(la morale) 곧 "진정한 최종 과학"(true final science)으로서의 심리학[12]이 출현하게 될 것이다.

4. 이 책의 구성

지금까지 삼분체계론과 이성중심주의를 주축으로 하는 서구의 심리구성체론(제1장)과 사분체계론과 덕성중심주의를 기반으로 하는 동아시아 유학사상의 심리구성체론(제2장)을 살펴본 다음, 양자의 비교를 통해 도덕성의 위상과 그 근거에 대한 서구와 동아시아의 관점에 커다란 차이가 있다는 사실을 확인하여 보았다(제3장). 이러한 제1부의 고찰은 이 책 전체의 이론적 서론에 해당된다. 이 책에서는 이러한 서론에 이어서 서구와 동아시아에서 도덕성에 관한 연구가 어떻게 진행되어 왔는지를 살펴보고(제2부), 마지막으로 유학사상에서 도출되는 도덕성이론과 최근, 특히 2000년대 이후에 전개된 진화심리학·발달심리

12 Allport, 1968, pp. 6−10.

학·도덕심리학의 연구 결과 사이의 논리적 정합성의 검토를 통해 도덕성에 관한 연구의 새로운 지평을 확인해 보기로 하겠다(제3부).

제2부에서는 현대 서구심리학과 동아시아 유학사상에서의 도덕성에 관한 관점과 연구들을 소개할 것이다. 제4장에서는 도덕성의 지적인 판단을 중시하는 칸트(Immanuel Kant, 1724~1804) 같은 관념론자의 형식주의이론[의무론적 이론]과 도덕성의 감정기원설을 주장하는 흄(David Hume, 1711~1766)의 이론, 그리고 벤담(Jeremy Bentham, 1748~1832) 및 밀(John Stuart Mill, 1806~1873) 같은 공리주의자(功利主義者)들의 결과론적 이론을 중심으로 하여, 서구 철학에서의 대표적인 도덕성이론을 살펴본 다음, 이어서 피아제와 콜버그 같은 인지발달론자들의 도덕 판단의 발달에 관한 연구, 프로이트 같은 정신분석학자들의 초자아의 발달에 관한 연구 및 행동주의이론가들의 도덕 행동의 학습에 관한 이론 등 서구심리학에서의 전통적인 도덕성에 관한 이론들을 살펴볼 것이다. 이러한 고찰을 통해 전통적으로 서구 사회에서는 도덕성을 인간의 중핵적인 심성 내용으로 보지 않고, 인지나 감정의 부속체계 또는 하위체계로 보거나 행동습관일 뿐이라고 보는 이론이 지배적이었다는 사실을 확인해 볼 것이다.

제5장에서는 유학사상에서의 도덕성에 관한 이론을 소개할 것이다. 이 장에서는 우선 도덕성의 본유성에 관한 공자·맹자·순자의 관점을 살펴보고, 이어서 이러한 도덕성은 이에 대한 인식과 이를 좋아하고 추구하여 일상생활에서 실천하려는 행동을 포괄하는, 곧 지·정·의와 행동적 실천을 포괄하는 체계이며, 그렇기 때문에 인성의 중핵체계가 된다는 공자·맹자·순자의 관점을 논술할 것이다. 이러한 고찰을 통

해 동아시아 유학사상에서는 도덕성이 여타 다른 심리구성체를 포괄하는 중심적이고 본유적인 심성의 체계로 격상되고 있다는 사실을 재차 확인해 볼 것이다.

제6장에서는 이러한 동·서의 도덕성에 관한 대표적인 연구와 이론을 대비하여, 두 진영에서의 도덕심리학의 위상을 비교해 볼 것이다. 즉, 전통적인 서구심리학에서는 삼분체계론의 근거 위에서 도덕성을 이성이나 감성의 하위체계 또는 부속체계로 볼 뿐이었는 데 반해, 유학사상에서는 사분체계론을 바탕으로 하여 도덕성의 인간 본유설과 그 통합설을 주장함으로써 각각으로부터 도출되는 도덕심리학의 위상이 달라질 수밖에 없었다는 사실에 대해 논의할 것이다.

제1부가 이 책의 서론이고, 제2부가 본론이라면, 제3부는 이 책의 결론에 해당된다. 제3부에서는 유학사상을 기반으로 하여 새로이 구축되는 심리학의 중핵 영역으로서의 도덕심리학에서 다루어야 할 내용에 대해서 고찰할 것이다. 이는 도덕성의 본유성에 대한 고찰(제7장)과 도덕성의 통합성과 포괄성에 대한 고찰(제8장)의 두 부분으로 나누어질 것이다.

제7장에서는 주로 토마셀로(M. Tomasello)와 바르네켄(F. Warneken) 같은 영장류(靈長類)학자들과 햄린(J. K. Hamlin)과 윈(K. Wynn) 및 김근영 같은 영유아발달심리학자들 및 노왁(M. A. Nowak) 같은 진화심리학자들의 2000년대 이후의 최신 연구들에 기대어, 유학사상의 도덕본유설이 이들 서구의 학자들에 의해 실증적으로 검증되고 있음을 검토할 것이다.

제8장에서는 주로 하이트(J. Haidt)와 그린(J. Greene) 같은 사회 및

문화심리학자들에 의해 이루어지고 있는 도덕성의 포괄성과 통합성에 관한 최신 연구를 소개하고, 도덕성의 통합성에 관한 유학사상의 이론이 이들 서구의 학자들에 의해 실증적인 증거를 확보하고 있음을 보일 것이다. 이렇게 서구 도덕심리학계에서 최근에 이루어지고 있는 연구들은 도덕성에 관한 유학사상의 이론과 논리적인 정합성을 갖고 있으며, 유학사상에 바탕을 둔 새로운 심리학이 어떻게 실증적인 근거를 확보할 수 있을 것인지에 대해 귀중한 시사를 해주고 있다는 사실에 대해 제8장의 말미에서 논의할 것이다.

2부

도덕성에 관한 서구심리학과 유학사상의 이론 대비

앞에서 보았듯이, 서구에서는 고대 그리스 시대부터 인간의 심성을 이성·감성·욕구의 세 체계로 삼분하여 보는 관점이 지배적이었다. 그리하여 서구에서는 도덕성이란 이 세 체계의 부속체계이거나 하위체계라고 간주하는 입장이 자연스럽게 도출되었다. 이러한 전통은 현대 심리학의 연구에도 그대로 이어지고 있다. 피아제와 콜버그 같은 인지발달론자들은 도덕성을 인지능력 발달의 부수물로 여기는 이론을 제시하고 있다. 이에 비해 프로이트 같은 정신분석학자들은 도덕성을 욕구와 감성의 부산물로 여기는 관점을 피력하고 있으며, 현대 행동주의심리학자들은 도덕성이란 내재적인 인지 또는 감성이 아니라 다만 학습의 원리에 따라 습득된 특정 장면에서의 행동습관일 뿐이라고 여기는 이론을 제시하고 있다.

이와는 대조적으로, 동아시아의 유학사상에서는 인간의 심성을 덕성·이성·감성·욕구의 네 체계로 사분하여 보는 관점을 제시하여 왔다. 유학자들은 이 네 체계 가운데 덕성이 인간을 진실로 인간답게 만드는 체계라고 보아, 이성·감성·욕구 같은 나머지 심성의 요소들은 덕성에 의하여 통어되고 지배되어야 인간다운 가치의 실현에 이를 수 있다고 간주하였다. 이러한 관점에서는 도덕성이란 인간이 본유적으로 갖추고 태어나는 가장 중핵적인 심성의 체계이며, 나머지 체계들을 통합하는 기반이라는 이론이 도출된다. 이러한 관점은 공자·맹자·순자 같은 유학의 창시자들뿐만 아니라, 이들의 이론을 이어받은 주희 같은 신유학자들의 공통된 견해이기도 하다.

이러한 현대 서구심리학과 유학사상의 도덕성에 관한 이론을 대조하여 도덕심리학의 위상에 관한 동·서의 관점을 비교하여 보려는 것이 제2부의 주제이다. 이를 위해 우선 서구심리학의 도덕성에 관한 연구를 살펴보고(제4장), 이어서 유학사상의 도덕성에 관한 이론을 확인하여 본 다음(제5장), 이 둘의 대비를 통해 도덕심리학의 위상에 관한 동·서의 관점(제6장)을 정리해 보기로 하겠다.

4장
도덕성에 관한 전통적 서구심리학의 연구

4장

도덕성에 관한 전통적 서구심리학의 연구

인간의 사회적인 삶의 과정에서 도덕성이 차지하는 비중에 비추어 볼 때, 현대 서구심리학에서 도덕성에 관한 연구는 그 위상에 걸맞는 관심사로 부각되지 못하였다. 그 까닭은 현대 서구의 심리학자들이 도덕성을 인간의 심성을 구성하는 기본적인 요소나 능력으로 보지 않고, 다른 기본적인 요소나 능력의 하위체계 또는 부속체계로 간주하는 관점에서 연구를 진행하여 왔기 때문이었다. 이러한 배경에는 현대심리학이 인간의 심성을 구성하는 기본 요소를 이성·감성·욕구의 세 체계로 간주하는 서구 철학의 뿌리 깊은 삼분체계론의 전통을 충실하게 그대로 이어받았다는 사실이 놓여 있다. 이러한 삼분체계론의 관점에 서면, 도덕성은 이성이나 감성 및 욕구의 하위체계라고 볼 수밖에 없기 때문이다.

이러한 맥락에서 현대 서구심리학에서는 도덕성을 인지능력 발달의 부산물로 여기는 인지발달이론, 욕구나 감성 충족 과정의 부산물로 여기는 정신분석학이론, 그리고 학습과정에서 나타나는 행동습관일 뿐이라고 여기는 행동주의이론을 중심으로 하여 탐구하여 왔다. 이 장에서는 이러한 현대 서구심리학에서 전개되어 온 도덕성에 관한 연구들을 간단히 살펴보기로 하겠다.

이를 위해 우선 서구 철학의 대표적인 도덕성에 관한 이론들을 관념론적 의무론과 이에 대비되는 감성중심주의 이론 그리고 공리주의적 결과론을 중심으로 살펴본 다음, 인지발달론·정신분석이론·행동주의 이론들을 차례로 논술하고, 이어서 이러한 도덕성에 관한 연구들과 인간의 심성에 관한 전통적인 서구의 삼분체계론 사이의 관계에 대해 논의해 보기로 하겠다.

1. 서구철학에서의 도덕성 이론: 의무론·정념론·결과론

고대 그리스에서 덕(virtue)은 자신이 하는 일에서의 능함 또는 탁월성을 의미했으며, 따라서 덕은 지식의 근거가 되는 이성의 결과물이었다. 그리스 철학자들은 덕의 근거를 논리적 추론을 통해 밝히려 하였는데, 이와 같이 덕을 합리적인 논리적 추론을 통해 접근함으로써 이성의 하위체계 또는 이성적 판단의 결과라고 보는 입장은 플라톤 이후 서양 철학, 특히 대륙의 합리론 철학자들에게 이어져, 서구 철학을 대표하는 전통의 한 축을 이루었다.[1] 인식 근거의 선험성을 인정하는 합리론이 이성적 추론을 인식의 단서로 여기는 입장에서 도덕의 문제에도 논리적 추론을 통해 접근하려 했던 것은 어쩌면 당연한 일이라 하겠다.

대륙의 합리론에 비해 영국의 경험주의 철학은 인식의 근거를 철저히 인간의 경험에서 찾으려 한다. 이처럼 "지식을 엄밀하게 경험이라는 토대위에 세우려"[2] 했던 경험주의 철학자들은 도덕의 문제도 개인의 경험에서 그 근거를 찾으려 하였다. 그들은 인간의 경험은 철저하게 정념(情念, passion)의 산물로서, 도덕도 다만 정념의 산물이라고 보았다.

이후 산업혁명이 진행 중이던 19세기 영국에서 경험철학을 배경으로 하는 또 다른 도덕철학의 유파가 나타났는데, 이른바 유용성(utility)의 개념을 인간 삶의 기초로 삼아 분석하는 공리주의(功利主義)였다. 이들은 도덕의 문제도 유용성의 계산을 통해 접근하려 하여, 결과의 유용성 분석이 도덕의 핵심을 형성하는 것으로 보았다.

도덕의 문제에 접근하는 이러한 세 유파는 현대 서구심리학에도 크게 영향을 미쳐, 각각 도덕성의 문제에 접근하는 인지발달론, 정신역동론 및 학습이론을 낳는 이론적 배경으로 작용하였다.

1) 의무론적 도덕론

서구 철학사에서 도덕성에 관한 탐구는 논증의 방법을 통해 덕의

---

1 박재주, 2003, pp.130-134, 185-195; Haidt, 2001, pp. 815-816; Haidt & Kesebir, 2010, pp. 801-820.

2 Russell, 1959/2003, p. 314.

근거를 밝히려 한 고대 그리스의 소크라테스(Socrates, B. C. 470-399)와 플라톤으로부터 비롯되었다. 그들은 "물음과 대답을 계속하면서 주제의 진상을 밝혀나가는 변증(辨證)의 방법"[3]을 통해 덕의 근거를 논리적으로 추론해 밝혀 내려 하였다. 그리스인들은 이렇게 이성적 추론으로 도덕의 문제에 접근하려는 전통을 열었다.

플라톤은 그가 사주덕(四主德)으로 암시하고 있는 용기·절제·지혜·정의의 네 가지 기본적인 덕 가운데 정의가 가장 중요한 덕으로서, 이 정의의 덕은 영혼의 삼 요소[욕망·열정·이성] 사이의 내적 조화의 산물이라고 보고 있다.[4] 이는 덕이 인간의 심성에 본유적인 요소가 아니라, 이성에 의한 정서 및 욕구 지배의 결과, 곧 이성의 부속물이라는 입장을 드러내는 것이다.

덕에 해당하는 헬라어(그리스어)는 아레테(aretē)이다. "아레테는 무엇보다도 우선 어떤 특정한 일에 있어서의 숙달 또는 능함을 의미"하였다. 이는 상대적인 용어로서, 단독으로는 불완전한 단어이다. 언제나 무엇의 아레테 또는 누구의 아레테라는 종속 관계를 나타내었다. "레슬링 선수들의 아레테, 말 타는 사람들이나 장군들 및 제화공들, 또는 노예들의 아레테가 있다. 정치적인 아레테, 가정적인 아레테, 군사적인 아레테가 있다. 그것은 사실상 '능함'[efficiency, 또는 탁월성]을 의미했다." 따라서 "그와 같은 능함[탁월성]은 종사하는 일에 대한 특유한 이해와 지식에 의존한다." 그리하여 소크라테스는 "덕은 앎[지식]이다"라고 규정하였다. "그러므로 모든 경우에 있어서 아레테는 먼저 일정한

3 Russell, 1959/2003, p. 81.

4 Bordt, 1999/2003, pp. 109-110.

할 일을 가지는 데 달려 있고, 둘째로는 그 일이 무엇이며 그것이 달성하고자 목표로 하고 있는 것이 무엇인지에 대한 철저한 앎에 달려 있다."[5]

이렇게 고대 그리스에서 덕은 자신이 하는 일에 대한 지식의 탁월성을 의미했으며, 따라서 덕은 지식의 근거가 되는 이성의 결과물이었다. 이러한 이성주의적 도덕관은 칸트(Immanuel Kant, 1724–1804) 같은 유럽대륙의 합리론자들에게 계승되었다.

칸트 이전의 윤리학은 고대 그리스의 덕 윤리에서 탐구하는 것 같은 어떤 선한 것을 의지의 대상으로서 먼저 설정한 후에, 이를 통해 도덕법칙을 도출하려는 입장을 취한다. 그러나 "칸트는 의지를 선험적으로 직접 결정하는 도덕법칙을 먼저 탐구"하고 나서 "그 법칙에 어울리는 대상을 추구해야 한다"고 주장한다. 그에 따르면, "도덕성의 최고 원리가 결정되기 전에 어떤 대상이 그 자체로 선한 것인지를 정의할 수 없으며, 그 자체로 선한 것으로 간주되는 대상을 실현하는 수단으로서 도덕법칙을 도출할 수 없다는 것이다. [그보다는] 오히려 선한 것이 도덕법칙에 의해 결정되어야 한다는 것이다."[6] 이렇게 칸트의 도덕형이상학은 선험적으로 인간의 이성 안에 주어진 실천적 원리의 근원을 추구하려 하며, 도덕현상 이면의 보편적이고 필연적인 도덕 원리를 탐구하여 그것을 도덕법칙으로 삼고자 한다.

칸트에 따르면, 인간이 가치를 지니는 것은 도덕적 존재이기 때문이다. 곧 인간이 "동물적 존재라는 지위를 넘어설 수 있는 것은 바로 인

5 Guthrie, 1960/2003: 인용문은 차례대로 pp. 23, 21, 23, 24, 101.

6 박재주, 2003, p. 181.

간 안에 도덕법칙이 존재하기 때문"이라는 것이다. 그는 인간에게 "도덕법칙에 대한 통찰을 제공하며, 따라서 인간의 가치와 중요성의 근원이 되는 것은 바로 이성이라고 주장한다."[7] 이렇게 칸트는 도덕법칙의 근거를 인간의 이성에서 찾고 있으며, 결과적으로 이성주의적이며 형식주의(形式主義, formalism)적인 관점에서 논리적인 추론을 통해 도덕법칙에 접근하는 도덕이론을 전개한다.

칸트에 따르면 어떤 행위의 동인(動因)에는 세 가지가 있을 수 있다. 그 하나는 생물체나 사회적 존재로서 갖추고 있는 직접적인 경향성으로, 생물적 욕구 같은 것들이 그 예이다. 또 하나는 간접적 경향성으로, 이는 어떤 목적(자기이익)을 위한 수단적 행위를 유발한다. 이러한 경향성으로부터 유발되는 행위들은 행위자에게 쾌락을 가져온다. 나머지 하나는 의무로부터 행위하는 것이다. 어떤 행위가 쾌락을 가져오기 때문이 아니라, 그것이 옳은 일이기 때문에 그 행위를 하는 것이 이 경우에 해당한다.[8]

칸트는 이 세 가지 동인 중 의무에 따른 행위만이 도덕적 가치를 지닌다고 본다. 즉 "어떤 행위가 도덕적 가치를 지니기 위해서는 그 행위가 반드시 의무로부터 행해져야만 한다"[9]는 것이다. 그 까닭은 직접적이거나 간접적인 경향성에 따른 행위에는 행위자의 자율성이 개재하지 않을 수가 있지만, 의무로부터 한 행위에는 언제나 반드시 행위자의 자율적인 선택이 개재하기 때문이다. 이렇게 칸트의 도덕이론은 자율

7 Arrington, 1998/2003, p. 410.

8 박재주, 2003, pp. 187-189; Arrington, 1998/2003, pp. 413-416.

9 Arrington, 1998/2003, p. 414.

적 선택에 의한 의무로서의 행위만이 어떤 행위에 도덕적 가치를 부여하는 유일한 조건이 된다는 의무론(義務論, deontology)을 근간으로 하고 있다.

이러한 자율적 선택에 따른 의무로서의 도덕적 행위의 근거는 이성에 갖추어져 있는 선의지(善意志, good will)이다. 선의지는 무조건적으로 선한 것이어서, 그것의 선함을 부정할 수 있는 어떤 조건도 존재하지 않는, 그야말로 최고선이다. 이러한 선의지는 이성 안에 존재하는 것이어서, "이성의 진정한 기능은 더 이상 어떤 목적에 대한 수단으로서가 아니라 그 자체로 선한 의지를 산출하는 것이어야 한다. 이성은 인간이 모든 것들 중의 최고선에, 즉 선의지에 도달하는 것을 돕기 위해 인간에게 주어져 있는 것이다."[10]

이러한 선의지의 동인은 "자신의 의무 수행 그 자체를 위해서 자신의 의무를 행하는 것이다. 어떠한 일을 하고자 하던 간에, 선의지가 그러한 의도를 가지는 것은 그것이 의무이기 때문이다."[11] 곧 선의지는 인간이 필수적으로 따라야만 하는 의무로서의 보편적이고 필연적인 도덕법칙의 근거이다. 여기서 의무란 "모든 합리적인 존재에게 보편적으로 구속력을 가지는 법칙에의 복종"[12]이라는 모습으로 드러난다. 이렇게 선의지에서 유래하는 보편적인 도덕법칙을 준수해야 하는 의무의 수행이 곧 도덕적 행위라는 것이 칸트의 관점인 것이다. 따라서 도덕법칙은 의무 수행을 위한 명령의 형태를 띠는데, 곧 "칸트는 도덕이란 정언명

10 Arrington, 1998/2003, p. 413.

11 MacIntyre, 1998/2004, p. 329.

12 MacIntyre, 1998/2004, p. 330.

법(定言命法, categorical imperative)들의 체계, 즉 특정한 방식으로 행위하라고 하는 명령들의 체계라고 생각한다."[13]

선의지에 근거를 둔 보편적이고도 필연적인 의무로서의 도덕법칙이 정언명법이다.[14] 이는 여러 가지 형식으로 표현될 수 있지만, 보편법칙의 정식과 인간성의 정식으로 표현된 정언명법이 가장 대표적이다. 보편법칙의 정식으로 표현된 정언명법은 "네가 동시에 그것이 보편법칙이 될 것을 의욕할 수 있는 그러한 준칙에 따라서만 행위하라"는 것이다. 이는 언제나 누구에게나 보편적으로 적용될 수 있는 준칙에 따라서 행위하는 것이 의무로서의 도덕법칙이라는 선언이다. 인간성의 정식으로 표현된 정언명법은 "너는 너 자신의 인격에 있어서나 아니면 모든 사람의 인격에 있어서의 인간성을 단지 수단으로서가 아니라, 항상 동시에 목적으로서 대우하도록 그렇게 행위하라"[15]는 것이다. 이는 인간을 수단으로서가 아니라 항상 목적으로 대우하는 것이 의무로서의 도덕법칙이라는 주장이다.

이와 같이 도덕법칙으로서의 정언명법을 따르는 것이 인간의 의무이며, 이 의무를 수행하는 것이 바로 도덕적 가치의 실현이라고 칸트는

13 Warburton, 1995/2003, p. 97.

14 이러한 보편적인 정언명법 이외에 가언명법(假言命法, hypothetical imperative)이 있는데, 이는 이성의 선의지로부터 유래하는 것이 아니라 인간의 제반 경향성으로부터 나오는 법칙이어서, 조건적인 명법들이다. 이는 "이러한 조건 아래서는 이렇게 행위하라"는 형식으로 표현되는데, 따라서 보편적이거나 필연적인 의무가 될 수 없을 뿐만 아니라, 도덕적인 가치를 가질 수도 없다는 것이 칸트의 생각이다.

15 이 두 정언명법은 Arrington(1998)의 책을 옮긴 김성호(2003, 각각 pp. 420, 433)의 번역이다.

본다. 칸트는 이러한 도덕 법칙의 동인(動因)인 선의지, 그리고 이러한 도덕법칙의 추론 능력은 모두 이성에 갖추어져 있다고 주장한다. 그러므로 칸트에게 있어서 도덕적 가치의 근원은 인간의 이성에서 찾을 수밖에 없는 것이다. 이러한 이성주의적 관점은 도덕성을 인지능력발달의 부산물로 인식하고 접근하는 피아제와 콜버그 같은 서구심리학자들의 연구에 그대로 이어지고 있다.

2) 정념론적 도덕론

이상에서 보아온 바와 같이, 서구의 "전통적인 도덕철학은 인식론적 탐구의 결과를 실천원리에 적용시키면서 인간의 보편적인 행위규범을 확립하고자 한다." 이들 이성주의자들은 도덕의 문제를 사실의 문제나 이성을 통한 판단의 문제라고 보아, 이성을 주인의 위치에 놓고 나머지를 이성의 하위체계로 보는 "주인과 노예의 메타포"[16]를 통해 도덕의 문제에 접근해 왔던 것이다.

그러나 흄(David Hume, 1711-1776)에게 있어서 이 메타포는 역전된다. 흄은 "도덕철학의 역사 전반에서 발견되는 이른바 '정념에 대한 이성의 우위'를 지적"하면서, "이렇게 계속 이어져온 입장을 반박하는 것을 자신의 임무로 삼는다."[17] "흄에게 있어서 인간 본성과 도덕의 문제는 인식의 문제나 이성의 문제가 아니라, 경험의 문제이며 감정의 문제이다." 따라서 그는 "이성은 정념(情念, passion)의 노예이며, 또 노

---

16 박재주, 2003, p. 123.

17 Arrington, 1998/2003, p. 365.

예일 뿐이어야 한다"[18]고 본다. 이렇게 흄의 도덕철학은 이성적 추론을 통해 얻게 되는 당위를 정당화시키거나 이성적 추론을 통해 보편적인 행위규범을 발견하려 하기보다는, 인간 본성에 대한 경험적인 분석을 통해 도덕현상을 설명하고자 하는 것이다.

흄이 도덕철학에 기여한 바는 두 부분으로 나누어진다. 그 하나는 도덕철학의 인식적 근원에 대한 일련의 반성적 고찰이며, 또 하나는 도덕 판단을 지지하는 근거들의 확인이다.[19] 여기서 전자는 도덕감의 근거를 정념에서 찾는 경험론적 이론을 통해 제시되고 있고, 후자는 주관적인 감정 경험에 객관성을 부여하는 근거로서의 공감(共感, sympathy)에 관한 이론을 통해 구체화되고 있다.

흄의 도덕이론은 도덕성이란 단지 이론적이고 사변적인 문제가 아니라 실천적인 문제이어서, 곧 우리가 무엇을 해야 하는가와 관련된다는 전제에서 출발한다. 흄에 따르면, "도덕성은 단지 이 세계에 존재하는 사실들과 관련되는 것이 아니다. 도덕 판단은 우리가 어떤 방식으로 행위해야 하는지 하는 동기를 부여한다. 그리고 그것은 우리의 의지에 영향을 미치며, 행위의 근거를 구성한다."[20] 흄이 도덕성을 정념의 문제라고 보는 바탕에는 이러한 전제가 깔려 있다.

흄에 따르면, 이성의 주된 기능은 관념들 사이의 추상적인 관계를

18 박재주, 2003, p. 131; 박재주(2003)는 칸트와 흄을 대비하여, "칸트는 감정을 도덕의 적으로 간주한 대표적인 사람인 반면, 흄은 감정을 도덕의 기초로 생각한 대표적인 사람"(p. 124)이라 표현하고 있다.

19 Arrington, 1998/2003, p. 363.

20 Arrington, 1998/2003, p. 370.

탐구하고, 사건들의 원인과 결과에 대한 사실들을 탐구하는 것이다.[21] 이러한 사실적인 지식은 사건이나 대상에 대한 정보를 제공할 뿐 행위의 동인으로 작용할 수 없다. 즉 "이성이 자신의 능력을 통해서 우리에게 원인과 결과에 대한 지식을 제공한다 해도 이것이 본질적으로 그 자체만으로 행위의 동기를 제공하지는 않는다."[22] 흄에 따르면, 대상들에 대한 경험과 경험으로부터의 인과 추론은 오직 대상들에 대한 정보를, 예를 들면 어떤 대상이 쾌락을 주고 어떤 대상이 고통을 주는가 등의 정보를 제공할 뿐이다. 중요한 것은 이러한 정보가 유발하는 대상에 대한 욕구와 혐오 같은 정서적인 반응으로, 모든 행위의 동인으로 작용하는 것은 바로 이러한 정서적인 반응, 곧 정념이다. 곧 오직 대상에 대해 느끼는 욕구와 혐오라는 정념만이 행위의 동기를 제공하며, 따라서 도덕의 근거는 오로지 정념에 있을 뿐이라는 것이 흄의 논지이다.

그러므로 도덕성을 도덕 실천이라는 관점에서 파악하게 되면, "이성은 정념의 노예일 뿐이고 또 단지 노예일 뿐이어야 하며, 정념에 봉사하고 복종하는 것 이외의 어떤 다른 직무를 탐내어서도 안 된다"[23]는 명제가 도출되는 것이다. 그런데 문제는 이렇게 도덕적 신념들의 근거인 대상에 대해 개인이 느끼는 감정이나 정서는 지극히 주관적인 것이어서, 이성과 달리 어떤 객관성도 지니지 못한다는 사실에서 나온다. 곧 지극히 주관적인 개인의 정념에 바탕을 두고 있는 도덕성이 객관적인 근거를 확보할 수 있는 근거는 무엇인가?

21 Arrington, 1998/2003, p. 366.

22 Arrington, 1998/2003, p. 368.

23 Arrington, 1998/2003, p. 368; MacIntyre, 1998/2004, p. 296.

흄은 이 문제를 공감의 이론을 통해 해결하려 한다.[24] “흄은 공감이 아주 강력한 인간 본성의 원리이며, 도덕적 구별의 주요 원천이라고 확신한다.”[25] 여기서 공감은 다른 사람의 관점에서 사태를 파악하려는 경향을 말하는데, 흄에 의하면 모든 인간 존재는 각각 자신과 닮았으며, 바로 이 닮았다는 점 때문에 같은 상황이나 대상에 대한 감정 반응이 비슷하게 될 수밖에 없고, 따라서 다른 사람이 느끼거나 경험하는 감정을 보고 그와 같은 감정을 느낄 수 있게 된다는 것이다. 이렇게 대상에 대해 개인마다 느끼는 주관적인 감정 반응이 도덕감이라는 객관성을 확보할 수 있게 되는 근거는 바로 인간 본성에 공감의 능력이 갖추어져 있기 때문이라는 것이 흄의 관점이다.

여기서 한 가지 생각해 보아야 할 점은 도덕성의 객관성 확보라는 측면에서 흄이 중시하는 것은 행위자의 공감적 동기보다는 관찰자의 공감적 반응(sympathetic response)이라는 사실이다. 이는 공감이 행위의 동기로서 작용할 수도 있지만, 그것은 도덕적 판단의 수단으로 기능할 수도 있다는 사실을 의미한다. 즉 어떤 행위가 도덕적으로 옳다 또는 그르다 하는 판단은 다른 사람들이 동일한 상황에서 어떻게 행동하는가를 함께 고려하여, 곧 공감적 반응을 통하여 이루어지는 것이며, 이러한 공감적 반응을 통해 도덕 판단의 객관성이 담보되는 것으로 볼 수 있다는 것이 흄의 이론인 것이다.

이와 같이 흄은 도덕은 인식의 문제가 아니라 실천적 행위의 문제라는 관점에서, 도덕성의 근거를 대상에 대한 행위의 직접적인 유발자

24 박재주, 2003, pp. 140–149; MacIntyre, 1998/2004, pp. 304–307.

25 박재주, 2003, p. 141.

인 욕구와 혐오 같은 정념에서 찾으려 한다. 이렇게 정서 반응이라는 주관적 경험에서 도덕의 근거를 찾게 되면, 도덕감과 이에 근거를 둔 도덕 판단의 객관성이 문제로 등장할 수밖에 없는데, 흄은 이를 인간 본성에 갖추어진 공감적 반응 능력에서 찾으려 한다. 이렇게 정서적인 반응에서 도덕성과 도덕 판단의 근거를 찾는 흄의 정념론은 서구심리학에서는 프로이트 같은 정신역동이론가들의 연구로 이어지고 있다.

3) 결과론적 도덕론

18세기 영국에서 시작된 산업혁명은 인간 삶의 토대인 물질적 환경의 급속한 변화를 초래하였으며, 때마침 18세기 후반에 발발한 미국(1776년)과 프랑스(1789년)의 시민혁명과 맞물리면서 사회 전반의 개혁 운동으로 이어지게 되었다. 공업화·기계화·도시화의 거대한 격랑이 몰고 온 개혁의 바람은 이전 시기를 지배하던 "관념주의 철학과 그에 대한 비판"[26]과 더불어, 개혁 운동의 이념적 밑바탕이 될 만한 도덕철학을 요구하였다. 이러한 시대적 요구에 부응하여 등장한 것이 벤담(Jeremy Bentham, 1748–1832)과 밀(John Stuart Mill, 1806–1873)의 공리주의(功利主義, utilitarianism) 철학이었다.

벤담은 매우 크고 폭넓은 영향력을 발휘한 영국의 개혁자였다.[27]

---

26 Russell, 1959/2003, p. 381.

27 밀은 벤담에 관한 유명한 논문에서 "벤담은 이 시대, 이 나라에 이미 확립되어 있는 것들에 대하여 계속 질문을 던진 위대한 인물이었다"라고 진술하고 있다. "그는 전통의 무게 외에는 다른 어떤 근거도 없는, 옛날부터 전해져 내려오는 진부한 관행과 제도들로부터 벗어나려고 노력함으로써, 영국 사회를 더욱 합리적으로 만

그는 기본적으로 경험론적인 심리주의자였다. 그는 감각 경험의 범위를 넘어서는 모든 형이상학적이고 종교적인 주장들에서는 인간의 행동과 심적 과정에 대한 이해에 도달할 수 없다고 보고, "인간은 이성이나 양심, 궁극 목적 등에 대한 철학적 사변의 측면에서가 아니라, 인간에 대하여 우리가 갖는 현실적 경험의 측면에서 파악되어야 한다"[28]고 주장하였다.

그는 감각 경험의 관찰과 분석을 통하여 도출되는 인간 행동을 지배하는 유일한 원리는 쾌락의 추구와 고통의 회피라고 여겼다. 그의 심리 이론에 따르면 쾌락과 고통은 인간이 무엇을 하게 될 것인가뿐만 아니라 무엇을 해야 하는가를 결정한다. 그에 따르면, "인간은 고통과 쾌락이라고 하는 '두 통치권자'(two sovereign masters)에 의해 지배받도록 만들어져 있다.……[그러므로] 인간은 쾌락을 추구하고 고통을 피하지 않을 수 없으며, 쾌락과 고통을 얻게 될 것이라는 예상이 어떤 다른 것과 연관되면, 그것이 무엇이든 간에 쾌락과 연관된 것을 지향하고, 고통과 연관된 것을 회피하기 마련이다."[29]

벤담은 인간 행위의 지침이 될 수 있는 합리적이고도 일관된 기준

들려는 자신의 임무를 신중하게 수행해 나갔다.……만일 우리가 전통의 미신으로부터 벗어나 이성의 명령에 따른다면, 당연히 시민들의 행복을 크게 증진시킬 수 있는 사회에 도달할 수 있을 것이라고 벤담은 주장하였다. 그에게 있어 이성에 따른다는 것은 자신의 공리주의 원리에 따른다는 것을 의미하였다. 따라서 밀은 벤담을 '위대한 파괴자'라고 부름으로써, 그에게 '이론과 제도 모두의 측면에서 영국 개혁의 선구자'라는 영예를 부여하고 있다."(Arrington, 1998/2003, pp. 491-492)

28 Arrington, 1998/2003, p. 492.

29 MacIntyre, 1998/2004, p. 395.

은 행위의 동기나 목적이 아니라, 오직 어떤 행위가 가져오는 이로운 결과[쾌락]와 해로운 결과[고통]에 달려 있다는 철저한 결과론(結果論, consequentialism)적 이론을 제시한다. 그에게 있어 쾌락을 증진시키고 고통을 감소시키는 행위는 "선"(善) 또는 "옳음"이고, 고통을 증진시키고 쾌락을 감소시키는 행위는 "악"(惡) 또는 "그름"이다. 이러한 맥락에서 사람들은 자신의 행위를 통하여 쾌락의 양은 최대화하려 하고, 고통은 최소화하려 한다는 유용성의 원리(the principle of utility)가 보편적인 행위 원리로서 등장한다. 이러한 측면에서 보면, 벤담은 철저한 쾌락주의(快樂主義, hedonism)적 공리주의자이다.

이러한 유용성의 원리는 "최대 다수의 최대 행복"이라는 공리주의의 모토로 확산된다. 벤담은 인간들 대부분이 자기 자신의 이익을 증진시키기 위하여, 즉 자신의 쾌락의 총량을 최대화하고, 고통의 총량을 최소화하려는 목표에 도달하기 위해 행위한다고 굳게 믿는다. 더 나아가서 그는 공동체의 성원 모두가 이렇게 자기행복의 증진을 추구하게 되면, 공동체 전체의 행복도 따라서 확대될 것이라고 믿는다. 그는 "분명한 심리적 이기주의자"이지만, "윤리적 이기주의자는 결코 아니다."[30] 벤담이 추진하는 개혁의 목표는 "사적인 이익을 추구하는 것과 최대 다수의 최대 행복을 추구하는 것이 일치될 사회를 건설"[31]하고자 하는 데 있었던 것이다.

"모든 것을 경험으로 환원시킬 수 있다고 생각하는 충실한 경험주의자로서 벤담은 우리가 공동체의 이익을 위하여 봉사한다고 말할 때

---

30 Arrington, 1998/2003, p. 494.

31 MacIntyre, 1998/2004, p. 396.

에도 그것이 진정으로 의미하는 바는 공동체에 속한 개별적인 구성원들의 이익이라는, 즉 그들의 쾌락의 증가와 고통의 감소라는 점을 분명히 한다. 공동체를 구성하는 각 개인들을 넘어선 어떤 공동체란 결코 존재하지 않는다. 공동체 자체는 일종의 '허구'에 불과하며, 오직 개별적은 구성원들만이 실재할 뿐이다.……따라서 공동체의 이익이란 그 구성원들의 이익의 총계에 지나지 않는다."[32] 이러한 맥락에서 최대 다수가 최대로 행복을 경험하는 사회에서라야 개인이 최대로 행복할 수 있다는 논리가 성립되는 것이다.

여기서 행복의 양(量)은 개인이 느끼는 쾌락의 총량에서 고통의 총량을 뺀 값으로 계산된다. 이는 행위의 결과 느껴지는 쾌락과 고통을 양화(量化)하여 계산할 수 있다는 사실을 전제로 하여 이루어진다. 벤담은 어떤 행위가 가져오는 쾌락과 고통의 양은 그 강도(쾌락과 고통의 크기), 지속성(쾌락과 고통이 지속되는 정도), 확실성(쾌락과 고통이 유발될 개연성의 정도), 신속성(행위 후에 쾌락과 고통이 유발되는 시간 간격) 등을 양적으로 환산하여 계산할 수 있다고 보았다. 이렇게 계산된 쾌락의 총량에서 고통의 총량을 빼고 남는 것이 행복 또는 불행의 양이라는 것이다. 이렇게 벤담의 공리주의는 기본적으로 양적인 쾌락주의의 형태를 띤다.

벤담은 모든 쾌락을 같은 차원에서 동일하게 측정될 수 있는 것으로 보았다. 그러나 밀은 다양한 쾌락은 질(質)적인 차이를 갖는다는 질적인 쾌락주의를 제시하였다. 밀에 따르면, 쾌락은 상위의 쾌락(high

32 Arrington, 1998/2003, p. 495.

pleasure)과 하위의 쾌락(low pleasure)으로 구분할 수 있다. 상위의 쾌락은 대체로 정신 활동을 통해 얻어지는 쾌락이고, 하위의 쾌락은 육체적인 충족을 통하여 얻어지는 쾌락이다. "밀은 쾌락의 질과 양이 분명히 서로 구별되지만, 쾌락의 양과 마찬가지로 쾌락의 질도 서로 비교될 수 있다고 굳게 믿었다. 쾌락의 질 사이의 차이는 결코 정도의 문제가 아니다—즉 어떤 성질의 쾌락이 다른 성질의 쾌락에 비하여 '더 많은' 또는 '더 적은' 쾌락을 주는 것이 아니라, 서로 다른 성질 사이에는 우월함과 열등함이 존재한다"[33]는 것이다. 질적으로 차이가 있는 다양한 쾌락들 중에서는 당연히 열등한 쾌락보다는 우월한 쾌락을 추구한다는 것이 밀의 주장이다.

이러한 쾌락과 고통의 양적인 계산의 문제, 그리고 쾌락의 질적인 차이를 낳는 우월성의 기준의 문제는 공리주의적 도덕론에 가해지는 가장 중요한 비판의 요인이다. 이렇게 공리주의적 도덕이론은 행위의 동기는 제쳐 두고, 행위 결과가 가져오는 쾌락과 고통을 기반으로 하여 도덕 판단을 하는 철저한 결과론적 쾌락주의에 기울어져 있는 이론이다. 이러한 결과론적 쾌락주의 도덕관은 전통적인 서구심리학에서는 행동주의의 학습이론가들이 그대로 이어받고 있다. 학습이론가들이 주장하는 학습의 제일 원리인 효과의 법칙[the law of effect, 쾌락을 가져오는 행동은 행동목록에 유지되고, 고통을 가져오는 행동은 행동목록에서 탈락된다는 원리]은 곧 쾌락주의에 기초하고 있는 원리이고, 도덕성이란 동기나 감정 같은 것이 아니라 이러한 학습 원리에 따라 학습된

33 Arrington, 1998/2003, p. 517.

결과, 곧 습관 체계일 뿐이라고 여기는 학습이론적 도덕관은 공리주의의 강한 결과론적 관점을 그대로 답습하고 있는 것이다.

2. 서구심리학의 전통적인 도덕성 연구

이상에서 고찰한 도덕성에 관한 세 관점은 현대 서구심리학의 도덕성에 관한 연구에 지대한 영향을 미쳤다. 칸트의 이성주의적 의무론은 도덕성의 근거를 이성에서 찾으려는 관점으로, 도덕성을 인지능력 발달의 부산물로 간주하고 접근하는 피아제와 콜버그의 인지능력 발달이론의 연구경향을 이끌었다. 흄의 정념론적 도덕론은 도덕성을 대상에 대한 원망(願望)과 혐오 같은 감정적 반응의 결과물로 여기는 관점으로, 도덕성을 동성부모와 이성부모에 대한 애증(愛憎)의 부수적인 결과물로 간주하고 접근하는 프로이트의 정신역동이론의 연구경향을 유발하였다. 그리고 벤담과 밀의 공리주의적 결과론은 도덕성을 행위 결과가 가져오는 쾌락과 고통의 함수로 이해하려는 관점으로, 인간의 행동을 유발하는 도덕성이라는 내적인 심리구성체가 있는 것이 아니라 다만 학습된 결과물로서의 행동습관의 체계가 있을 뿐이라고 보고 접근하는 행동주의적인 학습이론의 연구경향을 초래하였다.

1) 인지능력발달이론

현대 서구심리학에서 도덕성을 이성의 하위체계로 간주하여, 도덕성이란 인지능력 발달의 함수로서 달라지는 인지적 추론의 부산물이라 여기는 관점의 효시를 연 사람은 스위스의 피아제(Jean Piaget, 1896-1980)[34]였다. 이러한 피아제의 이론은 미국의 콜버그(Lawrence Kohlberg, 1927-1987)[35]에게 이어졌는데, 콜버그의 이론은 "피아제의 인지발달적 접근에서 출발하여 이를 학문적으로 보다 정교하게 발전시킨 것이다."[36] 이들 인지능력 발달론자들은 도덕성은 인지능력의 발달에 따라 갖추어지는 도덕적 판단 능력에 불과하다고 본다. 그들은 도덕 판단 능력을 연령의 증가에 수반되는 인지능력의 변화로 규정하고, 개인의 도덕적 판단 능력이 전(前)도덕적인 상태로부터 질적으로 다른 도덕적 성숙의 단계로 발달해 나가는 과정에 근본적인 관심을 둔다.

이러한 맥락에서 이들은 도덕적 판단 능력의 발달에 초점을 두어, "개인의 도덕성의 발달은 행위의 주체자로서의 개인이 그를 둘러싼 사회적 환경을 어떻게 인식하며, 사회적 환경 내의 제 규율을 어떻게 개념화하느냐에 따라 결정된다"[37]고 주장한다. 즉, 도덕성 또는 도덕적 행위를 개인의 인지능력의 발달과 그 발달의 단계에 의해 규정되는 도덕적 판단에서 구하고 있다. 이렇게 이들은 개인의 심성 속에 내재하는 도덕성의 존재 자체를 부인하고, 이는 인지능력 발달의 부수물일 뿐이라고 보아, 도덕성을 인지능력의 부속 체계라고 간주하는 입장을 견지하고 있는 것이다.

34 Piaget, 1926, 1932.

35 Kohlberg, 1963, 1964, 1969.

36 Lapsley, 1999/2000, p. 22.

37 김호권, 1969, p. 224.

(1) 피아제의 도덕판단 단계이론

이러한 이론적 관점에서 발달이론가들은 여러 연령층의 아동, 청소년 및 성인들에게 도덕적 비교의 과제나 도덕적 곤경 상황을 제시한 다음, 도덕적 판단과 그러한 판단의 이유를 응답하게 하여, 이를 기초로 도덕 판단 능력의 발달에 개재하는 보편적 단계를 추출해 내고자 한다. 예를 들어, 피아제는 "어머니를 도와 드리려다가 접시를 다섯 개 깨뜨린 아이와 과자를 몰래 꺼내 먹으려다가 접시를 한 개 깨뜨린 아이 중에서 누가 더 착한 아이인지" 하는 비교 판단의 과제를 제시하고, 이에 대한 여러 연령층 아동들의 판단 양상을 분석한다.

그는 이러한 도덕적 비교 판단의 과제에 대해 5~6세경까지의 "전조작 단계"(前操作 段階, pre-operational stage)의 인지능력을 보유하고 있는 아동들은 대체로 후자(접시를 한 개 깨뜨린 아이)가 전자(접시를 다섯 개 깨뜨린 아이)보다 더 착한 아이라고 응답하나, 7~8세 이후의 "구체적 조작 단계"(具體的 操作 段階, concrete operational stage)에 도달한 인지능력을 보유하고 있는 아동들은 거의 예외 없이 전자(어머니를 도와 드리려던 아이)가 후자(과자를 몰래 꺼내려던 아이)보다 더 착한 아이라고 응답하는 결과를 얻었다.

이러한 결과를 통해 피아제는 인간의 도덕 판단 능력이 행위의 결과를 중심으로 판단하는 "타율(他律)적 도덕 판단"(heteronomous moral judgment)의 단계에서 행위의 동기를 중심으로 판단하는 "자율(自律)적 도덕 판단"(autonomous moral judgment)의 단계로 발달해 간다는 비교적 단순한 이론을 제시하였다.

타율적 도덕 판단 단계에서 아동들은 도덕적 규칙이 외부로부터 주어진 절대적이며 불변적인 것이라 생각하고, 이는 행위의 결과와 그 행위에 대한 상·벌에 의해 드러나게 된다고 여긴다. 그리하여 행위의 결과 및 그에 대한 사회적 보상이나 처벌에 따라 도덕 판단을 한다. 이러한 현상은 이 시기의 아동들이 논리적 조작(操作, operation)을 하지 못하고 겉으로 드러난 사실에만 집착하여 직관적으로 세상사를 인식할 뿐만 아니라, 또한 지나치게 자기중심성(自己中心性, ego-centricity)에 매몰되어 있어서 다른 사람의 입장에 서서 생각하지 못하기 때문에 나타나는 것이다. 이러한 사고 능력상의 한계와 더불어, 이 시기의 아동들은 자기들의 부모나 성인들은 도덕적으로 완전하고 절대적이라 믿기 때문에, 직관적으로 인식한 도덕 규율을 타율적으로 받아들여 맹목적으로 추종하게 된다.

피아제는 이러한 도덕 발달의 첫 번째 국면을 지배하는 도덕성을 "강제의 도덕성"(morality of constraint)이라고 불렀다. 이 시기의 아동들은 도덕성에 절대적인 근원이 있다고 생각하는 도덕적 실재주의(moral realism)에 근거하여 도덕 판단을 하는 경향이 있다는 것이 피아제의 의견이다. "도덕적 실재주의(實在主義)란 도덕 의무를 자신에 대한 외적인 그 무엇으로, 상황에 관계없이 복종해야 하는 것으로 간주하는 경향이다."[38] 이 시기의 아동들에게 도덕 세계와 물리 세계는 구분되지 않고 혼동되어 있어서, 자연 세계의 물리 법칙에는 도덕 법칙도 내재(內在)적으로 갖추어져 있다는 내재적 정의(immanent justice)의 관념

38 Lapsley, 1999/2000, p. 53.

에 따라 도덕 판단을 하는 경향이 강하다.[39] 그 결과 이 시기의 아동들은 주관적 의도나 동기가 아닌 객관적 결과가 도덕 책임의 정도를 결정한다는 객관적 책임(objective responsibility)을 중요하게 생각한다. 그러므로 어머니를 돕기 위해 접시를 다섯 개 깨뜨린 아이가 과자를 몰래 꺼내려다 접시를 한 개 깨뜨린 아이보다 나쁘다고 판단하는 것이다.

요약하자면, 타율적 도덕 판단의 단계를 지배하는 이러한 "강제의 도덕성은 타율성과 일방적 존경의 개념으로 특징 지워지며, 여러 가지 미성숙한 도덕 개념과 관련된다. 도덕적 실재주의, 객관적 책임, 내재적 정의 개념 등이 그 결과이다. 그것은 도덕적 의무를 복종으로 국한시키며, 정의를 권위의 특권으로 파악한다. 게다가 권위에 순응하는 것은 모두 정당하고, 처벌받지 않는 것은 모두 선하다고 생각한다. 여기에서 처벌 그 자체는 속죄적이며, 가혹하고, 꼭 필요한 것이다."[40]

이에 비해, 논리적 조작을 할 수 있게 될 뿐만 아니라 자기중심성에서도 벗어나는 구체적 조작기 이후의 아동들은 직관적·현상적 사고 양식에서 벗어나서 세상사를 인식하고, 또한 타인의 입장에 서서 생각해 볼 수 있는 능력도 갖추어지기 때문에, 겉으로 드러난 결과 배후에 놓여 있는 동기나 의도를 추론하여 사고할 수 있게 된다. 이들은 도덕 규칙은 절대적이거나 불변적인 것이 아니라, 상대적이고 가변적인 것

---

39 "내재적 정의란 도덕 규칙이 자연의 힘 안에 내재되어 있어서, 어른들이 나쁜 행동을 인식하지 못해도 물리 세계가 자동적으로 벌을 줄 것이라는 믿음이다." (Lapsley, 1999/2000, p. 53) 예를 들면, 거짓말을 하고 계단을 올라가다가 넘어졌다면, "거짓말을 했기 때문에 하느님이 벌을 주었다"고 생각하는 식이다.

40 Lapsley, 1999/2000, p. 55.

이라는 사실을 이해하게 되는 것이다.

피아제는 이러한 도덕 판단의 두 번째 국면을 지배하는 도덕성을 "협동의 도덕성"(morality of cooperation)이라고 불렀다. 앞 단계의 강제의 도덕성이 어른의 권위에 대한 아동의 일방적인 존경에 기반하는 것이라면, 협동의 도덕성은 평등 사회를 특징짓는 상호 존중에 기반한다. 그러므로 행위의 결과보다는 그 의도와 동기를 도덕 판단의 근거로 받아들이는 것이다. 피아제의 관점에서 보면, 아동은 친구들과의 협동적인 상호작용을 통하여 점차로 규칙이란 맹목적으로 복종해야 하는 대상이 아니라, 사회적으로 구성되는 융통성 있는 장치임을 알게 된다. 그리하여 사회 규칙과 도덕적 선은 일상생활의 실제적인 목적을 이루는 데 도움을 주고, 합의가 지속되는 한 유용하고, 상호 이익에 봉사하며, 결속을 보호하는 장치라는 사실을 학습하게 된다. 이 시기의 아동들은 또래 집단에서는 상하 관계와는 달리 사회적 힘이 공평하게 분배되기 때문에, 여러 가지 합리적인 이유를 가지고 다른 사람을 설득해야 할 뿐만 아니라, 폭넓은 지지를 이끌어 내면서 규칙이 확립되어야 한다는 사실을 알게 된다.[41]

이렇게 "협동의 도덕성은 평등과 상호 존중의 개념으로 특징 지워진다. 그것은 주관적 판단과 정의의 사회적 성격을 조화시킨다. 또한 사회생활에서 또래 간의 유대, 협동, 평등주의를 이끌어 낸다. 게다가 호혜적인 또래 관계는 보다 완벽한 사회적 평형화를 이루고 있기 때문에, 상호성에서 비롯되는 도덕 개념들은 더욱 합리적인 것이다. 청소년

41 Lapsley, 1999/2000, p. 47.

기에 들어서면 협동의 도덕성에 있어서의 철저한 평등주의는 보다 보편적인 평등의 개념으로 정교화된다"[42]는 것이 피아제의 주장이다.

이와 같이 피아제는 일반적으로 도덕 판단이 일정한 방향성(definit direction)을 가지고 발달한다고 주장한다. 일정한 방향성이란 "원시적인 도덕 판단의 국면에서 보다 발전된 것으로, 즉 물리적 결과에 따른 외재적 도덕성에서 교환적인 상호호혜성에 따른 실용적 도덕성으로, 그리고 심리적 맥락과 이상적인 상호호혜성에 따른 보다 내재적이고 자율적인 도덕성으로 변화하는 것"[43]을 말한다.

이렇게 도덕 판단의 원칙이 외부로부터 주어지는 타율적 단계에서 스스로의 내적 추론에서 나오는 자율적 단계로 도덕 판단 능력이 발달해 간다고 피아제는 보며, 따라서 도덕 판단 능력은 그 자체 독자적인 것이 아니라 인지 능력의 발달 과정에 전적으로 부수되는 것이라고 간주하는 입장이 피아제의 인지발달이론의 근본적인 주장이다. 곧 논리적인 사고 양식에서 가역성(可逆性, reversibility)을 이해하는 조작 능력이 발달하고, 이어서 사회 규칙의 인식 과정에서 자기중심성에서 벗어나 탈중심화(脫中心化, decentering)하는 것이 도덕 판단 능력 발달의 핵심 열쇠라는 것이 피아제의 핵심 주장인 것이다.

(2) 콜버그의 도덕판단 단계이론

콜버그는 도덕적 곤경(moral dilemma) 상황을 제시하고, 이러한 상황

42 Lapsley, 1999/2000, p. 55.

43 Kurtines & Gewirtz, 1995/2004, p. 64.

에서 주인공이 어떻게 해야 한다고 생각하는지를 판단케 하고, 이어서 그 이유를 기술하게 한 다음, 이를 통해 도덕 판단의 단계를 설정하였다. 이러한 곤경 상황의 예를 한 가지만 요약하여 제시하면, 다음과 같다.

> 하인쯔(Heinz)의 아내가 큰 병에 걸려 죽어가고 있는데, 그녀를 살릴 수 있는 약을 동네 약국 주인이 최근에 발명하였다. 그런데 그 약값이 매우 비싸서, 온갖 노력을 했으나 하인쯔는 약값의 반밖에 마련하지 못했다. 하인쯔는 약국 주인에게 나머지 반값은 나중에 갚겠다고 약속하고, 약을 팔라고 사정하였으나 거절당했다. 아내를 살리는 길은 약국에 몰래 숨어 들어가 약을 훔쳐오는 수밖에 없을 것 같다. 이때 하인쯔는 어떻게 해야 할까?

콜버그는 이러한 도덕적 곤경 상황에 대한 다양한 연령층의 반응을 분석하여, 도덕 판단의 양상은 "인습(因習) 이전 수준"(pre-conventional level), "인습 수준"(conventional level), "인습 이후 수준"(post-conventional level)의 세 수준으로 나누어지며, 각 수준은 다시 두 단계씩 모두 여섯 단계로 이루어져 있는데,[44] 연령이 높아질수록 상위 단계의 도덕 판단을 하게 된다는 이론을 제시하였다. 이 세 수준은 사회의 도덕적인 기대와 자아를 관련시키는 세 가지 방법을 드러낸다. 인습 이전 수준은 도덕적 규칙과 규범이 개인의 자기 밖에서 주어지는 외부적인 것이다. 인습 수준에서 자기는 권위의 기대를 내면화하여 간

44 여기에서 콜버그의 도덕 판단 6단계의 자세한 내용은 김진(2013, pp. 321-327, 328-350)에 인용된 Kohlberg(1981, pp. 409-412; 1984, pp. 621-639), Kurtines와 Gewirtz(1995/2004, pp. 66-67)에 인용된 Kohlberg(1984, pp. 174-176), 그리고 Lapsley(1999/2000, pp. 126-128)에 인용된 Kohlberg(1986)의 자료를 참고하였다.

직하므로, 도덕적 규칙 및 규범과 자기 내적인 선택이 일치된다. 이에 비해 인습 이후 수준에서는 외부적인 것[권위나 사회의 기대]과 내부적인 것[자기가 선택한 원리]이 분명히 구분되고, 도덕적인 선택을 규명하기 위해 후자에 강조를 두게 된다.[45]

인습 이전 수준은 처벌을 회피하거나 보상을 추구하는 차원에서 도덕 판단을 하는 수준을 말한다. 인습 이전 수준의 단계 1은 "처벌과 복종의 단계"(the stage of punishment and obedience)이다. 이 단계에서의 사회적 조망은 자기중심적(egocentric) 관점을 취한다. 이 단계의 아동은 다른 사람의 이익을 고려하지 못하며, 그들이 자신과 다르다는 사실을 인식하지 못한다. 그래서 그는 자신과 타인의 관점을 관련시키지 못한다. 이 단계를 지배하는 도덕성은 타율적 도덕성(heteronomous morality)이어서, 소박한 규범적 실재론의 조망을 취한다. 그리하여 어떤 행위의 도덕적 의의는, 예를 들면 행위의 선 또는 악은 그 행위의 실재적·내재적·불변적 성질이라고 이해된다. 결과적으로 이 단계에서는 규칙과 권위에 복종하는 것, 벌을 피하는 것, 타인에게 신체적 피해를 가하지 않는 것이 "옳은 일"이고, 이러한 올바른 일을 행하는 이유는 벌을 피하고 권위자의 강력한 힘에 복종하기 위해서이다.

인습 이전 수준의 단계 2는 "도구적 목적과 교환의 단계"(the stage of individual instrumental purpose and exchange)이다. 이 단계에서의 사회적 조망은 개인주의적(individualistic) 관점을 취한다. 이 단계의 아동들은 모든 사람은 추구해야 할 자신의 이익이 있으며, 이러한 이익

45 Lapsley, 1999/2000, p. 123.

간의 갈등이 유발될 경우 옳은 것은 상대적이라고 여긴다. 그리하여 서로가 할 일의 도구적 교환이나 친선 도모를 위한 도구적 필요, 그리고 각 사람에게 똑같이 나누어 주는 공정성을 통하여 갈등하는 개인 사이의 이해관계를 비교하고 조정한다. 이 단계를 지배하는 도덕성은 개인적·도구적 도덕성(individualistic instrumental morality)이어서, 도덕적 상대성의 형태를 띤다. 따라서 모든 상황에 하나 이상의 조망(자신의 조망과 상대방의 조망)이 있음을 인정하고, 어떤 사람이든지 자신의 이해관계를 추구할 도덕적 적법성이 있음을 존중한다. 결과적으로 이 단계에서는 자신과 다른 사람의 욕구를 충족시키는 것과 구체적 교환 장면에서 공정한 거래를 형성하는 것이 "옳은 일"로 부각되고, 자신뿐만 아니라 다른 사람도 각자의 이해관계를 가지고 있다는 사실을 인정해야 살아갈 수 있는 세상에서 자기의 욕구와 이해관계에 충실하기 위해서 올바른 일을 행한다.

인습 수준은 사회를 유지하는 규칙과 법률·질서 등의 행위 원칙을 준수해야 한다는 차원에서 도덕 판단을 하는 수준을 말한다. 이 수준에 속하는 단계 3은 "상호적인 대인적 기대, 인간관계 및 동조의 단계"(the stage of mutual interpersonal expectations, relationships, and conformity)이다. 이 단계에서의 사회적 조망은 다른 사람과의 관계를 예상하면서 자신의 관점을 취한다. 즉 인간관계 속에서의 개인적 관점이다. 이 단계의 사람들은 서로 공유하고 있는 감정·협약·기대가 개인적 이해관계보다 우위에 있음을 인식하여, 다른 사람의 입장에 서서 서로의 관점들을 관련시킨다. 그러나 아직 일반화된 사회체제적인 관점을 숙고하지는 못한다. 이 단계를 지배하는 도덕성은 상호관계의 규범적 도덕성(interpersonally normative morality)이어서, 개인들의 분화된 조망들이 제3자의 조망, 곧 사람들 사이의 상호신뢰에 바탕을 둔 관계의 조망으로 협조관계를 이루어, 사람들이 지키며 살도록 기대되는 일련의 공통된 도덕규범으로 구체화된다. 결과적으로 이 단계에서는 사회구성원으로서 착한 사람이 되는 것, 동반자로서 다른 사람들에 대한 배려, 착한 사람의 기준인 규칙과 기대에 부응하는 것이 "옳은 일"이 되고, 선한 동기를 가지고 타인을 배려하여 상응적인 신뢰의 관계를 형성하고 유지함으로써 다른 사람과 사회가 기대하는 착한 사람이 되려는 것이 옳은 일을 행하는 이유로 부각된다.

인습 수준의 단계 4는 "사회체제와 양심 보존의 단계"(the stage of social system and conscience maintenance)이다. 이 단계에서는 개인 상호간의 협약이나 동기와 구분된 사회적 관점을 갖는다. 이 단계의 사람들은 사회체제적인 관점을 취하여, 이 체제의 관점 위에서 역할과 규칙을 규정하고, 사회체제 속에서의 위치에 따라 개인적인 관계를 고려한다. 이 단계를 지배하는 도덕성은 사회체제 도덕성(social system morality)이어서, 사회제도라는 개념을 근간으로 하는 일반화된 사회성원의 조망을 부각시킴으로써, 모든 성원들에게 일관적으로 불편부당하게 적용된다. 이 단계에서 개인적 이해관계는 전체 사회체제의 유지와 조화를 이룰 때에만 적법하게 추구된다. 결과적으로 이 단계에서는 사회에서 자신의 의무를 다하고, 사회질서를 지키며, 사회복지를 유지하는 것이 "옳은 일"로 부각되고, 이러한 옳은 일을 행하는 이유는 사회제도 그 자체를 살리고 자기의 의무를 수행함으로써 자기존중감 혹은 양심을 보전하기 위해서이다.

인습 이후 수준은 사회 규범을 벗어나서 개인의 권리나 보편적 인권 및 도덕률 등에 기초하여 도덕 판단을 하는 수준을 말한다. 이 수준에서 도덕적 결정은 공정성과 선의(善意)의 관행이 이루어지고 있는 사회에서 살고 있는 모든 개인이 합의할 수 있는 권리·가치·원리로부터 생성된다. 이 수준에 속하는 단계 5는 "권리 우선과 사회계약 내지 유용성의 단계"(the stage of prior rights and social contract or utility)이다. 이 단계에서는 사회에 선행하는(prior-to-society) 관점을 취하여, 사회적 구속과 계약에 선행하는 가치와 권리를 깨닫는 합리적 개인의 조망을 갖는다. 이 단계의 사람은 협약·계약·공정성·정당한 과정과 같은 형식적 기제에 의하여 모든 조망을 통합하여, 도덕적 관점과 법률적 관점을 숙고하고 그 관점들의 갈등을 이해한다. 이 단계의 지배적인 도덕성은 인권과 사회복지의 도덕성(human rights and social welfare morality)이어서, 사회체제란 모든 성원의 권리의 보존과 복지의 증진을 목적으로 하는 사회계약의 산물임을 인식하고, 보편화 가능한 가치를 사회보다 앞세우는 조망에 따르는 특징을 보인다. 결과적으로 이 단계에서는 비록 실정법이나 규칙과 갈등을 일으킬지라도 기본권과 기본가치 및 사회의 합법적 계약이 지지하는 것들이 "옳은 일"로 받아들여지고, 따라서 법과 의무는 전체의 유용성, 곧 "최대 다수의 최대 행복"이라는 합리적 계산 위에 근거하고 있는 것으로 인식하여, 이에 복종하려는 의무를 일으키는 감정이 옳은 일을 하는 동인(動因)으로 등장한다.

인습 이후 수준의 단계 6은 "보편윤리적 원리의 단계"(the stage of universal ethical principles)이다. 이 단계는 사회제도를 도출하는 도덕적 관점 또는 제도의 근거를 이루는 도덕적 관점의 조망을 취한다. 이는 도덕성의 본질을 인정하거나, 인간은 그 자체로 목적이며 그렇게 대우받아야 한다고 인식하는 합리적인 개인의 조망이다. 이 단계의 지배적인 도덕성은 보편화가능하고 가역적이며 규정적인 일반윤리적 원리의 도덕성(morality of universalizable, reversible, and prescriptive general ethical principles)이어서, 모든 사람이 자유롭고 평등한 자율적 인간들로서 서로에 대하여 이상적으로 채택하는 보편윤리적 관점의 조망이다. 그리하여 이 단계에서는 모든 인간이 따라야 할 보편윤리적 원리를 가정하여 이의 안내를 받으며, 실정법이 이 원리를 어길 경우에는 실정법 대신 이 원리를 따른다. 이 원리는 정의의 보편원리, 즉 인권의 평등성과 인간존엄성 존중의 원리로서, 이 원리가 "옳은 일"의 근거로 작용하며, 따라서 합리적 인간으로서 이러한 보편원리의 타당성을 인식하고 이 원리를 따르려는 욕구가 옳은 일을 행하는 이유로 등장한다.

이러한 콜버그의 도덕판단 단계이론은 피아제의 이론을 정교하게 확장한 것으로 볼 수 있는데, 따라서 콜버그도 피아제와 마찬가지로 도덕성을 인지능력에 부속되는 체계로 보아, 도덕 판단과 추론의 능력은 인지능력 발달의 함수로서 부수적으로 발달하는 것으로 간주하고 있는 것이다.

(3) 인지능력 발달이론에 대한 평가

이러한 도덕성에 대한 인지발달이론은 몇 가지 점에서 비판되고 있다.[46] 우선 이들의 이론은 도덕적 사고를 지나치게 강조하고, 도덕

46 김호권, 1969, p. 227; 정옥분·곽경화, 2003, pp. 44–46; Lapsley, 1999/2000,

적 동기나 감정을 무시하고 있다는 비판을 받는다. 도덕적 행위에 있어서는 도덕적 사고보다 도덕적 정서나 동기가 더욱 핵심적이라는 것이다.[47] 다음으로 도덕적 판단이 도덕적 행위를 보장하는 것이 아니라는 점에서도 비판을 받는다. 도덕적 행위는 도덕적 판단이 성숙하기 훨씬 이전부터 발달하며, 도덕적 판단은 상황의 변화에 무관하게 일관적임에 반해, 도덕적 행동은 상황 및 사회계층에 따라 달라짐으로써, 도덕 판단이 도덕 행동에 대해 예언력을 갖지 못한다는 것이다.[48]

그리고 이는 주로 콜버그에게 집중되는 비판이기는 하지만, 도덕 판단 단계의 발달이 범문화적이거나 모든 집단에게 보편적으로 적용된다고 주장하는 데 대한 비판이다. 콜버그의 이론은 개인의 권리와 자유를 중시하는 서구 개인주의 문화의 가치 중심적이어서, 동아시아 등 집단주의 문화권에는 적용되지 않으며,[49] 개인주의사회에서도 지나치게 경쟁을 추구하는 남성적 가치 중심적이어서, 여성에게는 적용되기 힘들다.[50] 또한 콜버그가 제시하는 도덕 판단의 최종 단계(보편윤리적 원리의 단계)는 "현실 세계에서 사실상 적용될 가능성이 희박하다는 어려움"을 가지고 있을 뿐만 아니라, 그가 제시하는 "인습 이후적 양심은 원리적으로 항상 새롭게 역할기대의 능력을 언제나 이기적·전략적으로 오용할 수 있는 소지"[51]를 안고 있다는 비판을 받기도 한다.

---

pp. 90-102.

47 Haan, 1985; Haidt, Koller, & Dias, 1993; Hart & Chmiel, 1992.

48 김호권, 1969; Kurtines & Gerwitz, 1991.

49 Fiske, Kitayama, Markus & Nisbett, 1998; Shweder, Mahapatra, & Miller, 1987.

50 김진, 2013, pp. 141-172; Gilligan, 1982.

51 김진, 2013, p. 276.

또한 콜버그의 이론은 개인을 그들의 도덕성에 맞추어 등급을 매기는 이론이어서, 개인차에 따른 사회적 편견을 조장한다는 비판을 받기도 한다. 만일 발달의 수준이 인간적인 가치나 적합성의 기준이라면, 보다 낮은 단계의 도덕성 수준에 있는 사람은 높은 수준에 이른 사람에 비해 도덕성이 부족하다고 보아야 할 것인가의 문제를 낳는다는 것이다.[52]

피아제와 콜버그를 중심으로 한 이러한 인지발달론적 접근은 도덕성에 관한 칸트의 형식주의(formalism)적이고 의무론(deontology)적인 이론의 배경에서 도출된 관점이다.[53] 칸트는 인간은 선에 대한 지향성, 곧 선의지(善意志)를 가진 이성적 존재로서, 이성적 추구를 통해 최고의 보편적 도덕률을 찾게 되는데, 이러한 보편적 도덕률은 항상 모든 행동의 의무로서 작용하게 된다고 본다. 이렇게 해서 찾아낸 보편적 도덕률이 도덕성의 객관적 원리인 정언명법인데, 그 내용은 "네가 동시에 그것이 보편법칙이 될 것을 의욕할 수 있는 그러한 준칙에 따라서만 행위하라"는 것과 "너는 너 자신의 인격에 있어서나 아니면 모든 사람의 인격에 있어서의 인간성을 단지 수단으로서가 아니라, 항상 동시에 목적으로서 대우하도록 그렇게 행위하라"는 것이다. 칸트는 이렇게 도

52 Lapsley, 1999/2000, pp. 90-94.

53 김진(2013)은 콜버그는 "칸트와 롤즈의 도덕철학을 피아제의 발달심리학과 결합시키는 데 성공"(p. 7)했다면서, "콜버그의 도덕발달론은 칸트의 형식주의 윤리학과 롤즈의 정의원리에 기반을 두고 있다. 현상적으로 콜버그가 발달심리학적 사실과 도덕철학적 당위의 일치와 통합을 추구하는 사실에서만 보더라도 칸트의 구성적 종합의 전통에 따르고 있다고 볼 수 있을 것이다. 더 나아가서 콜버그가 제시한 도덕판단 단계 6(보편적 도덕원리 지향 단계)의 내용들은 칸트의 도덕법 그 자체의 형식적 차원을 잘 드러내고 있다. 이런 사실에서 콜버그는 매우 충실한 칸트주의자가 분명한 것처럼 보인다"(p. 109)라고 지적하여, 피아제와 콜버그의 도덕성에 관한 인지발달론적 접근이 칸트의 윤리학에 기대고 있음을 밝히고 있다.

덕 원칙을 이성적 추론을 통해 도출해 내는데, 이러한 관점이 도덕성을 인지적 판단 능력의 결과물이라고 보아 결국 도덕성을 인지발달과정의 함수로서 인식하는 피아제와 콜버그의 인지발달론을 낳게 된 배경으로 작용하였던 것이다.

2) 정신역동이론

도덕성을 도덕 판단 및 도덕적 추론이라는 인지적 활동의 한 부분이라고 간주하여 인지능력 발달 과정의 부산물이라고 여기는 인지발달론자들과는 달리, 프로이트(Sigmund Freud, 1856–1939)[54]를 정점으로 하는 정신역동이론가들은 성격의 역동적 구조 속에서 도덕성의 근거를 찾으려는 입장을 취한다. 프로이트는 성격구조의 발달 과정에서 필연적으로 빚어지는 동성(同性)부모 및 이성(異性)부모와 아동 사이의 감정적 연계를 주축으로 하여 도덕적 경향성이 갖추어지게 된다는 감정론적 도덕이론을 제시하여[55] 인지발달론자들과는 차이를 보이고 있다.

---

54 Freud, 1933.

55 Freud의 이론 체계에 대해서는 이진숙(1960/1993), 홍숙기(2004), Freud(1933), Hall과 Lindzey(1978/1987), Hjelle와 Ziegler(1981/1983) 및 Phares(1984/1989)를 주로 참고하였다.

(1) 성격의 역동적 구조와 도덕성

정신분석학의 창시자인 프로이트는 인간의 심성을 구성하는 체계를 무의식적이며 본능적인 욕구의 체계인 원초아(原初我, id), 원초아의 욕구를 현실생활에서 충족시키는 현실생활의 담당 체계인 자아(自我, ego), 그리고 자아가 욕구를 충족시킬 때 사회적으로 용납받는 방법으로 충족시키도록 지도·감독하는 체계인 초자아(超自我, super-ego)의 세 가지로 보고 있다. 여기서 초자아는 바로 개인에게서 양심(良心, conscience)의 역할을 하는 도덕성의 체계이다. 이렇게 보면, 프로이트는 도덕성을 인간의 심성을 구성하는 핵심 체계 중의 하나로 보고 있다고 생각할 수 있다.

그러나 프로이트는 초자아에 본유적인 근거를 부여하지 않음으로써, 초자아를 인간 심성의 부차적인 체계로 보고 있다. 그는 인간 행동의 근거는 모두 원초아의 무의식적·본능적 욕구에 있는 것으로 간주하고, 자아나 초자아는 이러한 욕구의 집행을 담당하거나 그 과정에 통제적인 영향을 미치는 기능을 하는 것으로 보고 있다. 즉, 원초아가 인간 심성에 본유적인 체계라면, 자아와 초자아, 특히 초자아는 욕구 충족을 억제하거나 지연시키는 역할을 하는 부수적인 체계라고 보고 있는 것이다. 이를 테면, "인간은 태어날 때부터 쾌락을 추구하는 욕구에 따라 자기 자신의 충동을 표출하기 마련이기 때문에, 출생이라는 자연적 상태로는 도저히 도덕적 행동을 할 수 없는 존재"[56]라는 것이다. 이렇게 프로이트는 개인의 도덕적 행위의 원천이 되는 초자아의 본유설을 부

56 정옥분·곽경화, 2003, p. 28.

인하고, 성격 발달 단계에 따라 후천적으로 습득되어지는 것으로 여기며, 그 기능도 원초아의 욕구 충족 과정에 부속되는 부차적인 체계라고 보고 있다. 즉, 인간에게 본유적인 것은 쾌락추구적인 욕구의 체계이고, 초자아는 욕구 추구 과정에 제한적인 영향을 미치는 하위체계일 뿐이라는 것이다.

프로이트는 이러한 초자아는 성격 발달의 제3단계인 남근기(男根期, phallic period, 3~5·6세) 동안에 동성부모에 대한 동일시(同一視, identification) 과정을 통해 발달하게 된다고 본다. 그에 따르면, 본능적·무의식적 욕구 체계인 원초아를 구성하는 가장 기본적인 욕구는 성적인 욕구와 공격 욕구인데, 이 중 핵심적인 것은 성적 욕구이다. 이러한 성적 욕구가 충족되어 가는 양상에 따라 성격이 다섯 단계를 거쳐 발달하게 된다고 그는 보고 있는데, 첫 번째 단계가 구강기(口腔期, oral period, 0~1세), 두 번째 단계가 항문기(肛門期, anal period, 1~3세)이다. 이 시기는 각각 입과 항문이 성감대(性感帶, erotic zone)가 되어, 빠는 활동과 배설 활동을 통해 성적인 욕구가 충족된다. 세 번째 시기가 남근기인데, 이는 자기 성기의 자극을 통해 성적인 만족을 추구하는 시기이다. 이 시기의 아이들은 부모와 자신을 삼각관계로 인식하여, 동성의 부모를 배척하고 이성의 부모에게 애착을 느끼는 심리적인 경험을 하게 된다. 이것이 바로 외디푸스 복합[Oedipus complex: 사내 아이의 경우] 또는 일렉트라 복합[Electra complex: 여자 아이의 경우]이다.

남근기 동안에 이성부모에게 애착하고 동성부모를 배척하는 과정에서 아이들은 동성부모가 연적(戀敵)으로서의 자기에게 해를 끼칠지도 모른다거나(사내 아이의 경우) 또는 이미 해를 끼쳤다(여자 아이의 경우)고 생각하여, 동성부모에 대한 공포심을 갖게 된다. 이것이 거세공포[去勢恐怖, castration phobia: 사내 아이의 경우]와 남근선망[男根羨望, penis envy: 여자 아이의 경우]이다. 이러한 공포심으로 인해, 그리고 이성부모의 관심을 끌기 위해 아이들은 동성부모에게 동일시하여 외디푸스 복합과 일렉트라 복합을 극복하고, 동성부모를 따라 그들의 행동 양식, 금기, 가치관 등을 받아들여 내면화(內面化)하게 되는데, 그 결과 갖추어지는 것이 초자아라는 것이다.

이렇게 초자아는 "도덕적 명령을 내리는 동성부모가 [동일시 과정을 거쳐] 아동의 외부로부터 아동의 마음속으로 자리를 옮기고, 거기에서 모든 도덕적인 명령을 아동에게 내리는 것이다. 이와 같이 아동의 마음속으로 들어간, 다시 말하면 내면화된 부모가 초자아이고, 보통으로 말하는 양심이다. 이제부터 아동의 행동은 외부가 아니고 내부의 부모, 즉 초자아에 의하여 도덕적으로 조절되게"[57] 되는 것이다.

이때 여자 아이들은 동성부모인 어머니가 이미 자기에게 해를 끼쳤다(자기가 본래 가지고 있었던 남자 성기를 빼앗아 버렸다)고 생각하므로, 자기가 본래 가지고 있었던 남자 성기를 되찾고 싶다는 남근선망을 가지게 되어 일렉트라 복합의 극복이 완전하지 못하고, 따라서 어머니에 대한 동일시가 철저하게 이루어지지 않는다고 프로이트는 본다. 따라서 여성은 남성보다 약한 초자아를 발달시키게 되어, 도덕적인 면에서 남자보다 덜 엄격하게 된다는 것이다.[58]

이렇게 프로이트에게 있어서 도덕성의 근거는 개인의 외부에 존재

57 이진숙, 1960/1993, pp. 124-125.

58 정옥분, 2006, p. 324; 정옥분·곽경화, 2003, p. 29; 홍숙기, 2004, p. 108.

하는 사회적인 행동 규범과 금기 등의 도덕 기준이다. 외디푸스 복합과 일렉트라 복합을 극복하는 과정에서 동성부모에의 동일시를 통해 개인 외부에 있는 도덕규범이 개인에게 들어와 내면화하게 되면, "밖으로부터 들어온 도덕적 기준이 마치 내부에서 발생한 것과 같은 양심으로 인식되며, 만약 불완전한 도덕적 기준이 내면화되면, 초자아의 힘은 그만큼 약해져서 도덕적으로 성숙되지 못한 성격을 지니게 된다……따라서 프로이트의 양심, 즉 초자아는 무의식 속에 숨겨진 형태로 존재하며, 이는 인지적 특징보다는 정의적 특성[도덕적 감정]을 더 많이 지니게 된다."[59]

위에서와 같은 과정을 통해 외부 준거적인 도덕규범이 내면화된 도덕 감정은 죄책감(guilty feeling)을 통해 개인의 행동에 영향을 미친다고 프로이트는 본다.[60] 초자아를 갖춘 사람은 스스로 "의식하지 못하는 '나쁜' 생각에 대해 스스로를 나쁜 놈이라고 비난하며 죄책감[양심의 가책]에 시달리게"[61] 되므로, 이를 피하기 위해 도덕적 행동을 하게 된다는 것이다. 말하자면, 죄책감으로 인해 도덕적 행동을 하게 된다는 가설이 성립하는데, 이러한 입장은 "범칙 행위 뒤에 오는 반응이 진실로 죄책감이나 후회감을 표출할 것이라는 가정, 즉 이 죄책감이 다른 목적을 위한 수단적인 반응이 아니라 정말로 자신에게 심리적 고통을 가하는 자기견책적인 것이라는 가정 위에서만 비로소 성립된다."[62] 요

59 정옥분·곽경화, 2003, p. 29.

60 김호권, 1969, pp. 216-219; 정옥분·곽경화, 2003, p. 29; 홍숙기, 2004, p. 98.

61 홍숙기, 2004, p. 98.

62 김호권, 1969, pp. 217-218.

컨대, 사회 규범에 어긋나는 행동을 했을 때 나타나게 될 초자아의 비난과 견책, 즉 죄책감을 피하기 위해서 도덕적 행동을 하게 되며, 따라서 도덕적 행위는 죄책감을 피하기 위한 자기 방어적인 반응일 뿐이라고 프로이트는 보고 있는 것이다.[63]

이상에서 본 바와 같이, 프로이트의 도덕성이론은 두 가지 기본 전제를 기반으로 하여 도덕성의 인간 본유설을 부정하는 관점을 취하고 있다. 그 하나는 도덕의 근거는 개인의 심성 속에 내재하는 것이 아니라, 외재적인 것이라는 사실이다. 즉, 개인의 외부에 존재하던 사회 규범과 도덕 규범이 동성부모에의 동일시 과정을 통해 개인에게 내면화될 뿐이라는 것이 프로이트의 관점이다. 이렇게 프로이트는 도덕 근거의 외재설의 관점에서 도덕성의 인간 본유설을 부정한다.

또 하나는 동성부모에의 동일시는 이성부모에의 애착과 동성부모에의 적대감과 공포라는 감정에 대한 적응 반응의 소산이라는 사실이다. 즉, 도덕성의 발생 기반은 감정적 반응에 있고, 이러한 감정적 반응의 부산물인 동일시의 결과로 도덕성이 갖추어지게 된다는 것이 바로 프로이트의 관점이다. 이렇게 프로이트는 도덕성의 후천적 습득설의 관점에서 도덕성의 인간 본유설을 부정하고 있는 것이다.

(2) 정신역동이론에 대한 평가

이상에서 고찰해 온 바와 같은 초자아[도덕성]의 근거와 발달 과정

---

63 Eisenberg, Fabes, & Spinard, 2006, pp. 648–649.

및 그 작용 기제에 대한 프로이트의 이론은 많은 비판을 받아 왔다.[64] 말리노프스키(Bronislaw Malinowski) 같은 인류학자들의 비교문화적 연구들에서는 외디푸스 복합 및 일렉트라 복합과 그에 뒤이은 동성 부모에의 동일시가 모든 문화에 보편적인 것이 아니라는 관찰 결과들이 밝혀짐으로써, 도덕성 발달에 관한 프로이트의 기본 교설의 근거가 흔들리게 되었다. 또한 호나이(Karen Horney) 같은 많은 여성 심리학자들은 남근선망에 대한 해석을 기초로 한 여성비하적인 측면을 비판하였고,[65] 아들러(Alfred Adler) 같은 신분석학자(neo-analyst)들은 성격에 미치는 사회·문화적 요인의 영향을 너무 도외시했다는 점과 인간을 지나치게 수동적·기계적·과거결정론적으로 이해하려 한다는 점에서 비판하였다.[66]

앞에서 보았듯이, 프로이트는 동성부모에 대한 동일시 과정을 거쳐 해당 사회의 도덕 규범과 사회 규범을 내면화함으로써 갖추어지는 초자아가 곧 도덕성이라고 간주한다. 프로이트는 이렇게 도덕성을 개인이 속한 사회의 규칙들 및 관념들과 같은 것으로 봄으로써, 그에 따르면 개개인은 필연적으로 보통 도덕적인 상대주의자가 될 수밖에 없

64 Hall & Lindzey, 1978/1987, pp. 66–70.

65 Freud(1933)의 여성비하적인 관점은 앞에서도 언급하였듯이, 여성의 도덕성 발달이 남성보다 불완전하다고 하는 주장에서도 잘 드러나고 있다. 프로이트에 따르면, "초자아의 형성은 오직 거세불안에 의해 완전해지는 것인데, 여성에게는 거세불안이 없는 만큼 보다 약한 초자아를 발달시키게 되어, 도덕적인 면에서 남자보다 덜 엄격한 편이라는 것이다. 그러나 이러한 주장은 단순히 프로이트 자신의 문화적 고정관념을 반영한 것일 뿐이라는 비판을 받는다."(정옥분, 2006, p. 324) 이러한 관점에서 프로이트를 비판하면서, Hoffman(1980)은 도덕적으로 옳지 못한 일이 남성에게는 탄로와 처벌의 두려움과 연결되지만 여성에게는 죄책감과 연결되기 때문에, 남성보다 여성이 도덕적 원리를 더 잘 내면화한다고 주장하고 있다.

66 Hjelle & Ziegler, 1981/1983, pp. 70–71.

다. 이렇게 보면, 어느 한 사람이 도덕적이라고 여기는 것은 그가 살고 있는 사회에서 그것을 도덕적이라고 간주하기 때문이라는 논리가 성립된다.[67] 그렇다면 인간 사회의 보편적인 도덕 규범은 있을 수 없는가? 보편적인 도덕 규범이 있다면, 이는 어떻게 가능한가? 이러한 문제도 프로이트가 해결해야 할 중요한 문제점이다.

또한 프로이트가 제시하는 핵심 개념(예: 외디푸스복합, 거세공포, 동일시, 초자아 등)은 너무 일반적이고 모호해서 많은 사람이 이해하고 동의할 수 있도록 조작적으로 정의하기 힘들 뿐만 아니라, 이를 측정하기 위한 절차와 이에 필요한 부가적인 개념들이 너무나도 다양하고 복잡하기 때문에, 과학 이론의 검증에 요구되는 실증적인 분석이 힘들거나, 거의 불가능한 경우가 많다는 사실은 정신역동이론이 가지고 있는 치명적인 약점이다.[68] 게다가 이 이론의 검증에서는 같은 현상에 대해 서로 다른 결과가 예측되는 경우도 많아,[69] 결과 분석의 정합성이 의심되는 경우가 왕왕 있다는 점도 이 이론의 문제점이다.

그리고 프로이트의 이론을 검증하기 위한 실증적인 연구에서도 이론에서 예측되는 것과 일치하지 않는 결과가 얻어지는 경우가 많다는 사실이 밝혀져 많은 비판을 받기도 하였다. 예를 들면, 프로이트가 제

67 Kurtines & Gewirtz, 1995/2004, p. 281.

68 Kurtines & Gewirtz, 1995/2004, p. 206.

69 예를 들면, 동성부모에 대한 적개심의 억압 정도와 초자아의 강도 사이의 관계에서, 동성부모에 대한 적개심을 억압할수록 동일시의 경향이 늘어남으로써 강한 초자아가 형성되는가? 아니면 동성부모에 대한 적개심을 억압할수록 불안 수준이 높아져서 동일시 강도를 약화시키고, 결과적으로 초자아의 강도를 떨어뜨리는가? 프로이트의 이론에서는 이 두 가지 예측이 모두 가능한 것으로 보이는데, 그렇다면 어떤 결과가 나와도 프로이트의 이론은 부정될 수 없는가?

시한 죄책감-도덕적 행동 가설도 실증적 연구들에 의해 검증이 되지 않거나, 프로이트의 예측과 다른 결과들이 얻어지기도 하였다.[70] 죄책감-도덕적 행동 가설에 따르면, 사회 규범에서 벗어난 행동을 하고자 하는 유혹에 직면했을 때, 쉽사리 죄책감을 느끼는 사람은 일탈 행동으로 인한 불안감을 피하기 위해 유혹에 대해 강하게 저항하지만, 죄책감을 별로 느끼지 않는 사람은 일탈 행동으로 인한 불안감을 느끼지 않기 때문에 유혹에 넘어가 일탈 행동을 저지를 가능성이 높아질 것이다. 그러나 많은 연구의 결과들에 따르면, 죄책감과 실제 행동 사이의 관계는 거의 없는 것으로 드러나고 있다.[71]

이렇게 도덕성[초자아]의 근거를 동성부모에 대한 적개심과 공포, 그리고 이성부모에 대한 애착 같은 감정 반응에서 이끌어내는 정신역동이론적 접근은 흄의 도덕감정론의 배경에서 도출된 이론으로 볼 수 있다. "흄은 감정을 도덕의 기초로 생각한 대표적인 사람이다."[72] 흄에 따르면, 이성은 의욕을 불러일으킬 수 없기 때문에 행위를 유발할 수 없고, 오직 대상을 좋아하거나 싫어하는 감정만이 인간의 행위를 유발할 수 있다는 것이다. 그러므로 이성은 감정의 노예일 뿐 그 이상이어서는 안 되며, 따라서 이성은 감정에 봉사하고 복종하는 것 이외에 어떤 역할도 할 수 없다는 것이 흄의 관점이다.

이러한 맥락에서 흄은 도덕성도 이성의 대상이 아니라 느낌[감정]의 대상이라고 본다. 도덕적 구별의 원천은 곧 도덕감이라는 감정인데,

70 심호권, 1969, pp. 218-219; 정옥분·곽경화, 2003, p. 29.

71 Santrock, 1975.

72 박재주, 2003, p. 124.

이는 "자기에게 유리한 사건에 대해서는 기쁨을 느끼고, 불리한 사건에 대해서는 괴로움을 느끼는 일종의 유용성과 관련된 감정"[73]이라는 것이다. 이러한 도덕감이라는 개인적 감정이 객관적인 보편성을 가지게 되는 근거는 바로 "공감"에 있다는 것이 흄의 견해이다. 공감은 다른 사람의 관점에서 사태를 파악하려는 경향으로, 누구나 같은 사물이나 사건에 대해서는 비슷한 감정을 가지게 되고, 이에 따라 여러 사람들의 도덕감에 객관성과 보편성이 보장될 수 있다는 것이다.

이와 같이 도덕성을 도덕감이라는 감정으로 환원하여 이해하려는 흄의 정념론적 관점은 프로이트에 의해 받아들여져서, 초자아라는 도덕 원리를 동성부모와 이성부모에 대한 애증(愛憎)이라는 감정의 부수적인 결과물로 간주하는 정신역동이론을 낳게 되었던 것이라고 볼 수 있다.

3) 학습이론

인지발달론자나 정신역동론자들은 도덕적 추론 과정이나 도덕적 감정에 초점을 맞추어 도덕성을 연구하지만, 행동주의(行動主義, behaviorism)에 기반을 둔 학습이론가들은 도덕성에 관한 연구들에서 도덕적 추론이나 감정은 차치하고, 행동의 결과 그 자체에 역점을 두고 연구가 진행되어야 한다고 주장한다. 이들 학습이론가들은 "말이나 감정보다는 행위가 어떤 사람의 도덕성을 더욱 분명히 말해 준다"[74]고 믿

73 박재주, 2003, p. 139.

74 Kurtines & Gewirtz, 1995/2004, p. 197.

는다. 그들에게 도덕성이란 개인 내부에 존재하는 어떤 덕목이나 감정의 발현이 아니라, 학습의 원리에 따라 습득된 습관적인 행동체계일 뿐이기 때문이다.[75]

(1) 도덕적 행동의 학습과 습관 형성

20세기 중반에 이르기까지 미국심리학을 지배하였던 행동주의는 심리학의 과학화를 부르짖고 등장한 심리학의 개혁 운동이었다. 왓슨(John B. Watson, 1878-1958)은 1913년에 발표한 행동주의의 선언문 같은 논문에서 심리학이 진정한 실증과학이 되기 위해서는 인간에게 있어서 실증적으로 관찰하고 측정할 수 있는 것, 곧 행동(行動, behavior)만을 연구대상으로 삼아야 하며, 또한 객관적인 관찰과 측정이 가능한 자연과학적인 연구의 방법, 곧 실험(實驗, experiment)을 적극적으로 도입해야 한다고 주장하였다.[76] 이렇게 그는 인간 내적인 의식(意識)에서 외적인 행동으로의 연구대상의 방향 선회와 내성(內省,

---

75 이 분야에 관한 시원적인 연구에서 Hartshorne과 May(1928)는 11,000명 이상의 아동을 대상으로 한 대규모의 연구를 통해, 행동(예: 속임수)은 성격 특질(예: 정직성)보다는 주로 상황적 특징(예: 발각될 위험의 수준)에 의해서 결정되며, 다양한 상황에서 옳은 일(예: 거짓말을 하지 않기)에 대한 도덕적 추론과 실제 행동(예: 거짓말 하기) 사이에는 상관이 거의 없다는 사실을 밝혀냄으로써, 도덕성에 대한 행동 연구의 장(場)을 열었다.

76 연구대상으로서의 행동과 연구방법으로서의 실험에 대한 왓슨의 강조는 그(Watson, 1913, p. 158)의 다음과 같은 진술 속에 잘 드러나 있다: "행동주의자의 관점에서 보면, 심리학은 순전히 자연과학의 객관적인 실험 분과가 되어야 하며, 그 이론적 목표는 행동의 예측과 통제에 두어야 한다. 내성은 결코 심리학의 기본적인 방법이 될 수 없으며, 그 자료의 과학적인 가치가 결단코 의식에 기초한 해석에 의존하여 얻어질 수는 없다. 심리학이 절대로 의식에 대해 언급하지 말아야 할 때가 온 것이다."

introspection)에서 실험으로의 연구방법의 전환을 통해서라야 심리학이 비로소 과학이 될 수 있다고 소리를 높였다. 그는 인간은 외계의 자극(刺戟, stimulus)을 받고 이에 반응(反應, response)하는 기계체계일 뿐이어서, 동물과 아무런 차이가 없다고 보았다.[77] 이러한 왓슨의 주장은 미국의 심리학자들에 의해 전폭적으로 받아들여져, 1960년대에 인지혁명에 의해 그 기세가 꺾이기까지 반세기 이상 동안 미국심리학, 아니 전체 심리학계의 지배적인 흐름이 되었다.

행동주의에 따르면, 인간의 행동이란 외적인 자극에 대해 과거에 학습된 행동습관이 드러나는 외적인 반응일 뿐이므로, 외적인 자극을 체계적으로 변화시킨 후에 나타나는 반응을 객관적으로 관찰하고 기록함으로써 행동 배후의 인과관계, 곧 자극—반응 관계(S—R relationship)를 과학적으로 분석할 수 있으며, 이것이 바로 과학으로서의 심리학의 연구내용이 되어야 한다고 본다. 이렇게 행동주의는 인간 내부의 의식이나 마음 같은 관찰불가능한 개념은 철저히 배격하고, 인간을 오로지 외부환경 자극에 대한 반응의 체계로 환원하여 이해하려는 환경환원주의, 인간과 동물의 차이를 인정하지 않고 모두 자극—반응의 기계체계로 환원하여 이해하려는 수동적 기계론, 현재의 행동을 과거 학습의 산물로만 보는 철저한 과거회귀주의, 그리고 실험법만을 심리학의 방법으로 인정하는 과학제일주의를 기반으로 하고 있는 학파인 것이다.

이러한 행동주의심리학이 핵심적으로 관심을 쏟아온 문제는 외부

77 1913년에 발표한 행동주의 선언의 첫머리에서 그(Watson, 1913, p. 158)는 "행동주의자는 동물 행동의 단위적인 도식을 찾아내려는 노력을 함에 있어서 인간과 동물 사이에 아무런 차이가 없다고 여긴다"고 기술하고 있다.

자극이 달라짐에 따라 행동이 변화하는 과정, 곧 학습(學習, learning) 과정에 관한 연구의 분야였다. 그리하여 행동주의심리학자들은 외부 자극을 체계적으로 변화시켰을 때 나타나는 유기체(인간과 동물들)의 반응의 변화를 관찰하여, 이러한 학습 과정에 개재하는 체계적인 법칙성을 찾아내려 하였다.

학습이론가들은 인간의 모든 행동은 보상(報償, reward)과 처벌(處罰, punishment)이라는 강화(强化, reinforcement)의 원리에 의해 학습되어진 것이라고 주장한다.[78] 그들은 본유적인 인간의 특성이라는 관념을 거부하고, 인간의 행동은 오로지 강화의 원리에 의해 후천적으로 학습되어진 것이며, 따라서 모든 행동은 학습의 결과물일 뿐이라고 본다. 이러한 "학습이론적 입장에서는 도덕성이라는 것을 개별적인 사태 속에 산재하는 도덕적 행위의 총합으로 규정하고 있으며, 이런 입장에 따른다면 그러한 모든 도덕적 행위를 내면적으로 통합하고 통제하는 일반적이고 기저적인 '양심'의 존재가 일단 부인되지 않을 수 없다."[79]

이들이 주장하는 학습의 원리도 간단하기 그지없다. 이들은 인간을 철저한 쾌락추구적 존재라고 보는 입장에서, 사람들은 과거의 경험을 통해 보상받은 대상 또는 보상을 가져온 대상에는 접근하고 추구하

78 "보상"은 쾌락을 가져오는 사건(예: 굶주린 동물에게는 굶주림을 제거하고 포만감을 제공해주는 일)을 말하고, "처벌"은 고통을 가져오는 사건(예: 전기쇼크를 주어 고통을 느끼게 하는 일)을 말하며, 이러한 쾌락이나 고통을 유발하는 외부 사물 또는 조건(예: 욕구충족을 가져오는 먹이나 고통을 가져오는 전기쇼크)을 제공하거나 회수함으로써 행동에 직접적인 영향을 미치는 조작(manipulation)을 "강화"(reinforcement)라 하며, 이렇게 강화를 하는 데 사용되는 자극물(예: 먹이나 전기쇼크)을 "강화물"(强化物, reinforcer)이라 한다.

79 김호권, 1969, pp. 215-216.

려 하지만, 처벌을 받은 대상 또는 처벌을 가져온 대상은 회피하려 한다고 본다. 그들은 이를 "효과의 법칙"(law of effect)이라 부르고, 이를 학습의 제1원리로 여겼다.

학습이론가들은 유기체에게 직접 강화를 해줌으로써 행동을 학습시키는 일을 조건형성(條件形成, conditioning)이라 부르고, 이는 행동이 학습되는 가장 근본적인 과정이라 보아, 이에 대해 집중적으로 탐구하였다. 이는 보통 "고전적 조건형성"(classical conditioning)[80]과 "조작적 조건형성"(operant conditioning)[81]의 두 가지 유형으로 나뉜다. 여기서 전자는 대상에 대한 감정 반응(예: 번개가 치는 것을 보고 놀라는 반응)과 같은 기계적이고 수동적인 반응의 학습과 관련되는 유형이고, 후자는 도구적이고 자발적인 수단적 반응(예: 칭찬을 듣기 위해 인사를 하는 행동)의 학습과 관련되는 유형이다.

이 두 유형의 조건형성은 직접적으로 강화를 받고 행동이 학습되는 과정을 다룬다. 그리하여 이 분야의 연구자들은 학습 상황에서 강화를 적절히 조작하여 제공함으로써 강화의 효과를 높여서, 학습이 빨리 이루어지거나 일단 이루어진 학습이 소거[消去, extinction: 학습된 행동을 더 이상 수행하지 않는 일]되지 않고 계속 유지되도록 하는 방안을 강구하는 일에 이론적 관심을 쏟는다. 이러한 노력을 쏟은 대표적인 학자는 스키너(B. F. Skinner, 1904-1990)인데, 그는 이를 "강화계획"(reinforcement schedule)으로 체계화하고 있다.[82] 이렇게 학습이론가들

80 Pavlov, 1927.

81 Skinner, 1938.

82 Skinner(1938)는 학습 상황에서 학습자가 목표행동을 할 때마다 강화를 해주는 연

은 기본적으로 행동의 학습은 전적으로 어떤 행동에 대해 어떻게 강화를 받느냐의 함수로 이루어진다고 보는 것이다.

초기의 학습이론가들은 강화에 대한 직접 체험에 의해서만 학습이 이루어지는 것으로 여겼다. 그러나 S–R 관계의 사이에 인지나 동기 또는 정서 같은 유기체변인(有機體變因, organismic variable)을 삽입하여 S–O–R 관계를 연구하는 것이 인간의 행동을 폭넓게 이해하는 지름길이 된다는 신(新)행동주의(neo–behaviorism)가 등장하면서, 강화를 직접 체험하지 않고도 학습이 이루어질 수 있다는 사회학습(社會學習, social learning)의 관점이 대두되었다.[83] 이 이론에 따르면, 보상이나 처벌을 자기가 직접 체험하지 않더라도, 모델(model)이 되는 제삼자의 경험을 모방(模倣, imitation)하여 대리적으로 체험함으로써 학습이 이루어질 수도 있다는 것이다.

이렇게 모델이 되는 사람이 받는 강화를 대리 체험(代理體驗,

속적 강화(continuous reinforcement)와 목표행동의 일 부분에 대해서만 강화를 해주는 부분적 강화(partial reinforcement)가 있을 수 있는데, 전자는 학습속도는 빠르지만 소거시행(extinction trial: 학습이 이루어진 후, 학습된 내용을 소거시키기 위해 강화를 더 이상 제공하지 않는 절차)을 실시하면 소거도 역시 빠르지만, 후자는 학습속도는 비록 느릴지라도 소거가 되지 않는다는 사실(PRE: partial reinforcement effect)을 확인하고, 학습속도도 빠르게 하면서 전혀 소거가 이루어지지 않게 하는 방안을 찾으려 하였다. 그는 연속적 강화와 부분적 강화를 체계적으로 혼합하면 이러한 목표에 도달할 수 있을 것으로 보고, 부분적 강화의 방법을 강화계획으로 체계화하였다. 이에는 기본적으로 고정간격계획(fixed interval schedule: 일정한 시간 간격의 반응에 대해 강화를 해 주는 계획), 변동간격계획(variable interval schedule: 평균적인 시간 간격으로 강화를 해 주는 계획), 고정비율계획(fixed ratio schedule: 일정한 반응 비율에 대해 강화를 해 주는 계획), 변동비율계획(variable ratio schedule: 평균적인 반응 비율에 대해 강화를 해 주는 계획)의 네 가지 계획이 있다.

83 Bandura, 1986.

vicarious experience)함으로써 모델의 행동을 모방하여 학습이 이루어질 수 있는 근거는 언어에 대한 이해 등 인지 과정이 개입하고 있기 때문이다. 인간에게 이러한 사회학습의 가능성이 갖추어져 있다는 사실은 사회 규칙에 대한 학습의 가능성을 열어 놓은 것으로, 학습이론의 측면에서뿐만이 아니라 도덕적 행동의 학습과 관련해서도 중요한 의미를 가지는 획기적인 변화라 할 수 있다.

어쨌든 직접 체험을 통해서나 대리적 체험을 통해서나, 과거 경험을 통해 보상받은 행동은 습득되어 개인의 행동 목록에 등록되고 유지되지만, 처벌을 받은 행동은 억제되고 개인의 행동 목록으로부터 탈락된다는 것이 행동주의적 학습이론의 관점이다. 이러한 과정을 통해 특정 상황에서 특정 행동을 하는 경향성, 즉 습관이 형성되는 과정이 학습의 과정이며, 인간의 모든 행동은 이러한 습관 형성(習慣形成, habit formation)의 결과물일 뿐이라는 것이다. 이러한 관점에서 보면, 도덕적 행위란 특정 상황에서 사회 규범이 권장하는 방향으로 행동하는 습관이 형성된 것일 뿐이며, 이러한 개별 습관들의 총합체가 곧 도덕적 행위의 집합이 된다는 입장이 도덕성에 대한 학습이론적 접근의 요체인 것이다.

학습이론에서는 이렇게 인간의 행동은 환경 조건과 과거 경험의 함수로 이해할 수 있다고 본다. 인간의 본유적이거나 내재적인 특성, 예를 들면 도덕성 같은 것을 전제하지 않아도, 환경 조건과 과거의 강화사(强化史, history of reinforcement)만을 알게 되면, 개인의 구체적 상황에서의 구체적 행동을 이해할 수 있다는 것이다. 요컨대, 인간은 환경 조건의 생성물일 뿐이어서, "자유의지" 같은 것은 허구이며, 이에 기초를 둔 인간의 "존엄성"이란 개념도 허구일 뿐이라는 극단론으로까지 치닫게 되는 것이 학습이론의 입장이다.[84] 이러한 입장에 서면, "인간의 행동이 환경에 적합하지 못할 때 그 행동은 가차 없이 도태되며, 결국은 그 인간도 도태되고 만다"고 본다. "그러므로 인간은 살아남기 위하여 환경에 적합한 행동을 할 필요가 있으며, 환경은 상과 벌을 통하여 체계적인 자극을 주어서 개인의 바람직한 행동을 조장하고, 바람직하지 않은 행동은 적극적으로 감소"[85]시키게 되는데, 이렇게 환경적 요구에 순응하는 행동의 학습을 통해 도덕적 행위가 학습되는 것이다.

이러한 입장에서는 도덕성이란 구체적 상황에서의 구체적인 행동으로 나타나는 것일 뿐이지, 그 배후에 있는 내면적 감정이나 판단은 문제되지 않는다. "예컨대, 정직성이란 덕목 내지 특성은 남에게 발각당할 염려가 없어 보이는 장면에서 정직성이라는 준칙을 어기는 행위를 나타내느냐 않느냐에 의해서 측정될 수 있다고 보는 것이다. 이런 장면에 놓인 개인의 내면적인 '이유'나 갈등보다는 외면적으로 발현되는 행위의 '결과'가 중요시된다."[86]

이렇게 구체적 상황에서의 "좋은 습관"들의 총합체로 도덕성을 규정하는 학습이론적 접근이 실제로 인간 삶의 장면에서 유용성을 가지기 위해서는 특정 상황에서의 "좋은 습관"이 다른 상황에로 일관성 있게 전이(轉移)되어 나타날 수 있어야 할 것이다. 삶의 과정에서 부딪치는 모든 구체적 상황에서의 구체적 행동들을 모두 학습할 수는 없고,

---

84 Skinner, 1971/1982.

85 정옥분·곽경화, 2003, p. 30.

86 김호권, 1969, p. 213.

또 이들을 모두 교육시킨다는 것은 불가능하기 때문이다.

학습이론가들은 하나의 상황에서 학습된 행동은 비슷한 다른 사태로 전이된다는 일반화(一般化, generalization)의 원리를 통해 이러한 문제를 해결하려 한다. 일반화는 최초의 훈련 상황에서 학습된 행동이 이와 유사한 자극 상황에서도 동일하게 나타나는 현상이다. 이는 자극일반화로 나타날 수도 있고 반응일반화로 나타날 수도 있는데, 이렇게 특정 상황에서 특정 반응으로 학습된 행동이 넓은 범위의 자극 상황과 반응 양식으로 전이되어, 규칙지배적인 행동 양식으로 확대되는 것이 도덕 행동의 학습 과정이라 볼 수 있는 것이다. 학습이론가들에 따르면, "도덕성은 규칙지배적인 행동의 체계라고 개념화될 수 있으며, 암묵적으로나 명시적으로 형성된 규칙이 개인의 도덕행동에 대한 변별적 통제를 얻어가는"[87] 것이 도덕 학습의 과정인 것이다.

(2) 학습이론에 대한 평가

도덕성에 대한 학습이론은 도덕성이란 강화에 의해 학습된 특정한 방향[사회적으로 바람직한 방향]으로 반응하는 행동 양식의 체계이다. 이러한 행동 습관은 일반화 과정을 통해 규칙성을 갖는 행동의 체계로 확대된다는 것이 학습이론가들의 주장이다.

그러나 실제 연구의 결과들에서는 특정 상황에서 학습된 구체적인 "좋은 습관"[도덕적 행동]이 비슷한 사태로 일반화되는 경향은 매우 낮으며, 장래 행동에의 예측 가능성도 매우 낮다는 사실들이 밝혀지고 있

87 Kurtines & Gewirtz, 1995/2004, p. 257.

다.[88] 즉, "직접적 훈련과 신체적인 처벌이 단기간의 사태적 순종을 유발하는 데에는 효과적일지라도, 장차의 생활과 가정 이외의 장면과 허용적인 조건 속으로 확산될 수 있는 도덕적 인격의 일반적이고 내면화된 습관을 만들어내지는 못 한다."[89] 이렇게 하나의 상황에서 학습된 "좋은 습관"이 다른 상황 또는 장래 행동으로 일반화될 가능성이 실제로 낮다면, 도덕성이라는 보편 특성의 존재를 부정하고 구체적 행동 습관의 학습만을 강조하는 학습이론은 그 자체 논리적 함정뿐만 아니라, 실용적 관점에서도 한계를 가질 수밖에 없는 것이다.

도덕성에 대한 학습이론의 관점은 벤담과 밀의 결과주의(consequentialism)적인 공리주의(功利主義)에 입각한 도덕관의 배경에서 도출된 이론으로 볼 수 있다. 결과주의란 "어떤 행위가 옳은지 그른지를 행위자의 의도에 의해서가 아니라 그 결과에 기초해서 판단하는 윤리이론"[90]으로, 행동주의의 학습이론의 관점과 직접적으로 연결된다. 공리주의는 사람들이 자신의 행위를 통하여 얻을 것으로 예상되는 쾌락의 양을 최대한 늘리고 고통의 양을 최대한 줄이려는 방향으로 행동을 하여, 결국 최대 다수의 최대 행복을 가져오는 행동이 가장 선한 행동이라고 본다. 이렇게 공리주의란 기본적으로 쾌락주의에 기초해서 성립하고 있는데,[91] 이러한 사실도 행동주의 학습이론의 관점과 일치한다. 이러한 도덕성에 대한 공리주의의 관점은 도덕적 행동이란 쾌락원리에 따라 학습된 행

88 김호권, 1969, pp. 213-215.

89 Kohlberg, 1964, p. 389.

90 Warburton, 1995/2003, p. 105.

91 Arrington(1998/2003)은 "벤담은 쾌락주의적인 공리주의자"(p. 494)라고 진술하여, 이러한 사실을 분명히 하고 있다.

동 습관의 한 종류라고 보는 쾌락주의적이자 결과론적인 학습이론의 관점을 낳는 이론적 배경으로 작용하였던 것이다.

3. 도덕철학과 도덕심리학의 연계

지금까지 서구의 대표적인 세 가지 도덕철학의 관점(칸트의 이성주의적인 의무론적 관점, 흄의 경험론적인 정념론적 관점, 벤담과 밀의 공리주의적인 결과론적 관점)과 이들 철학적 입장에 토대를 두고 제시된 현대 서구 심리학의 도덕성에 관한 세 가지 이론(이성주의적인 인지능력 발달이론, 정념론적인 정신역동이론, 결과론적인 학습이론)을 살펴보았다. 여기에서는 이러한 도덕성에 대한 철학적 교설과 그 심리학적 탐색 사이의 관련성에 대해 간단히 살펴보기로 하겠다.

1) 도덕성에 관한 이성주의적 접근

도덕성을 이성주의적으로 접근하는 전통을 열었던 고대 그리스의 소크라테스와 플라톤 같은 철학자들은 인간이 추구해야 할 바람직한 대상으로서의 덕목을 먼저 설정한 뒤에, 이성 능력을 통한 논리적 추론과 변증의 과정을 거쳐 이러한 덕목의 본질을 밝혀내려는 방법으로 도덕성의 문제에 접근하였다. 소크라테스는 "사람이 죄를 짓게 되는 것은 지식이 부족해서라고 주장"하고, "사람은 어떤 일에 대해 제대로 알기만 하면 그에 관해서 죄를 짓지 않을 것"이므로, "최고선 즉 사람의 가장 훌륭한 상태인 덕에 도달하기 위해서는 누구나 반드시 지식을 가져야 한다"는 관점에서 도덕의 문제에 관한 이성주의적 접근의 전통을 열었다. 그에 따르면 "덕은 곧 지식"이었으며, 이렇게 "최고선으로서의 덕과 지식을 연결시키는 것은 그리스 철학 전체에 걸쳐 보이는 특징"[92] 이었다.

칸트는 서구 사회에 면면히 이어져 온 이러한 이성주의적 전통을 잇고 있다. 그러나 그가 도덕성의 문제에 접근하는 구체적인 방법은 고대 그리스의 덕목 윤리론자들과는 다르다. 덕목 윤리론자들이 추구해야 할 이상적인 덕목을 설정해 놓고, 그 본질을 논리적으로 탐색함으로써 도덕법칙을 도출하려 했다면, 칸트는 추구해야 할 이상적인 의지의 대상을 유도하는 도덕법칙의 형식(形式)을 논리적인 추론을 통해 미리 정립한 다음, 이를 통해 추구해야 할 도덕적인 대상을 도출해야 한다고 본다. 그의 도덕철학을 형식주의라고 하는 까닭이 바로 여기에 있다. 이렇게 칸트의 도덕형이상학은 우선 도덕적 실천 원리의 근원을 논리적으로 추론하여 그것을 도덕법칙으로 삼고자 할 뿐, 인간이 추구해야 할 구체적인 덕목을 제시하려 하지는 않는다. 중요한 것은 이성적 추론을 통해 도달되는 형식으로서의 도덕법칙이지, 구체적인 덕목들이 아니라는 것이 칸트의 입장인 것이다.

칸트는 논리적인 분석을 통해 도달되는 도덕법칙[인간이 추구해야 할 이상적인 덕목의 도출 근거가 되는 형식]을 정언명법이라 부르고 있는데, 이는 이성에 갖추어져 있는 무조건적인 선으로서의 선의지가 부

92 Russell, 1959/2003, p. 81.

과하는 의무로서의 도덕 명령이라고 주장하였다. 곧 그는 이성에 근거를 두고 있는 선의지가 의무로서 부과하는 정언명법의 체계가 도덕원리의 핵심이라고 보는 입장에서, 이러한 정언명법을 이성적으로 추론하고 인식하여, 이의 명령을 인간에게 부여된 의무의 체계로서 준수하는 것이 곧 도덕 행동이라고 간주한다. 이렇게 칸트는 도덕성의 근거를 이성에서 찾음으로써, 서구에 면면히 이어져 온 이성주의적 전통을 잇고 있는 것이다.

서구심리학계의 피아제와 콜버그 같은 인지능력 발달론자들은 칸트의 이성주의적 도덕이론을 그대로 이어받고 있다. 그들은 도덕성이란 곧 도덕 판단 능력으로서, 이는 인지능력이 발달함에 따라 부수적으로 갖추어지는 것으로 여겼다. 그리하여 그들은 피아제의 인지능력 발달 단계를 바탕에 두고, 각 단계의 인지적인 사고 양식의 특징(예: 조작의 가능 여부와 자기중심성의 정도)으로부터 예상되는 도덕 판단의 양상을 추론하여 낸 다음, 이를 실증적인 관찰을 통하여 검증해 내려 하였다. 이렇게 인지능력 발달론자들은 칸트의 형식주의적인 도덕법칙 추론의 방법을 그대로 아동의 도덕 판단 능력의 발달 과정의 추론에 적용하였던 것이다.

이들 인지능력 발달론자들은 도덕 판단 양상이 행위의 결과와 외적인 권위에 의존하던 단계(피아제의 타율적 도덕 판단 단계, 콜버그의 인습 이전 수준)에서 행위의 동기 고려와 사회 규범과 질서의 자발적 준수의 단계(피아제의 자율적 도덕 판단 단계, 콜버그의 인습 수준)로 발달한다고 본다. 이는 도덕 판단의 기준이 외적인 것에서 개인 내적인 것으로 바뀐다는 사실을 의미하는 것으로, 인간의 인지 능력의 발달 과정에 따른 필연적인 결과라는 것이 그들의 견해이다. 이렇게 인지발달론자들은 도덕성을 이성적 판단 능력의 부수물로 보아, 칸트 같은 이성주의자의 입장을 받아들이고 있다. 특히 콜버그는 도덕 발달의 최종 단계에서는 보편적 도덕률을 지향한다고 하여, 도덕이란 정언명법을 따르는 것이라는 칸트의 이성주의의 관점을 따르고 있는 것이다.

이와 같이 도덕성이란 인간에게 본유적인 심리구성체가 아니라 이성의 부속체계 또는 하위체계라는 전제에서, 마치 외계의 사물에 대한 인지 과정이 직관적 인식으로부터 논리·조작적 인식으로 발달하듯이, 도덕 판단도 자기중심적이고 타율적인 직관적 판단에서 탈중심적이고 자율적인 논리·조작적 판단으로 발달하게 된다는 것이 인지능력 발달론의 핵심 주장이다. 이러한 주장은 이성적 추론에서 도덕원칙의 근거를 찾으려는 이성주의적 도덕관의 관점을 그대로 물려받고 있는 입장에서 나오는 것이다.

2) 도덕성에 관한 감정론적 접근

흄은 도덕성이란 옳고 그름에 대한 이성적 추론이나 판단의 문제가 아니라, 실천을 전제로 하는 경험의 문제이자 감정의 문제라고 본다. 그는 도덕 행동을 비롯한 인간의 모든 행위의 근거는 대상에 대한 욕구와 혐오 같은 정념에 있다고 보는 경험론적 심리주의를 바탕으로 하여 도덕의 문제에 접근한다. 도덕성을 이렇게 정념의 결과로 개념화할 뿐만 아니라, 흄은 도덕적 일반화의 근거도 타인의 정념과 그 반응에의 공감이라는 감정 반응에서 찾으려는 철저한 감정론의 논지를 전개한다.

경험론적 심리주의자였던 흄은 외계 인식의 근거를 오로지 인간의 감각적 경험에서 찾으려는 전제에서, 인간의 삶을 지배하는 제1의 원천은 이성이 아니라 감정이라고 보았다. 이성을 통한 인식의 결과 외계에 대한 정보와 지식을 얻게 되지만, 이러한 지식이 인간의 행동을 직접 유발하지는 못하며, 인간의 행동은 오로지 대상에 대한 욕구와 혐오라는 정념에 따라 발발하게 된다는 것이 흄의 주장이었다. 곧 이성은 정념의 노예일 뿐 그 이상의 어떤 역할도 할 수 없다는 것이다.

이러한 흄의 정념론에 따르면, 어떤 상황에서 어떤 일을 해야 하고 어떤 일은 해서는 안 되는지에 대한 도덕적 구별은 이성의 문제가 아니라 감정의 문제로 부각된다. 이성은 대상에 대해 받아들인 인식이 참인지 거짓인지의 근거일 뿐, 대상에 대해 어떻게 행동해야 할는지는 오로지 대상에 대한 정념에서 나오는 것이기 때문이다. 이렇게 흄은 도덕이란 옳고 그름의 지식이 아니라 일상적인 실천을 전제로 하는 것이므로, 정념이 도덕의 근거일 수밖에 없다는 논지를 전개하고 있는 것이다.

도덕성을 이와 같이 대상에 대한 개인의 욕구와 혐오라는 정념에서 구하게 되면, 도덕의 객관성이 문제로 등장할 수밖에 없다. 이성적 인식과는 달리 감정적 반응은 지극히 주관적인 것이기 때문이다. 이러한 도덕성의 객관성의 근거에 대해서도 흄은 감정적 반응에 기대고 있다. 그에 따르면, 누구나 유사한 상황에 대해서는 유사한 감정 반응 곧 공감을 하게 되는데, 이러한 공감의 경향성이 감정적 반응에 근거하는 도덕이 객관성을 띨 수 있는 근거가 된다는 것이다. 이렇게 흄의 도덕론은 철저한 감정론의 색채를 띠고 있다.

서구심리학계에서 정신역동이론을 창시한 프로이트는 이러한 정념론적 도덕론을 그대로 이어받고 있다. 프로이트는 성적인 욕구가 인간 삶의 근본적인 원동력이라는 전제에서, 성적인 욕구가 충족되는 양상의 변화에 따라 인간의 성격이 다섯 단계를 거쳐 발달하게 된다는 이론을 제시하고 있다. 그가 주로 관심을 쏟은 것은 제3의 단계인 남근기(3~6세경)인데, 이때는 동성부모를 배척하고 이성부모에게 애착하는 외디푸스 복합(남자의 경우) 또는 일렉트라 복합(여자의 경우) 같은 부모에 대한 애증의 감정 반응을 경험하는 시기이다. 이러한 부모에 대한 애증의 감정 반응은 동성부모에의 공포심(거세공포와 남근선망)과 이어지게 되고, 이러한 공포심의 반작용으로 아동은 동성부모를 닮고자 하는 동일시의 경험을 하게 된다고 프로이트는 주장한다.

남근기 말기에 이루어지는 이러한 동성부모에의 동일시를 거쳐 아동들은 사회 규칙과 도덕 규범을 받아들여 내면화하게 되는데, 이것이 아동에게 있어 도덕 행동을 하게 하는 양심의 체계인 초자아의 내용이 된다는 것이 프로이트의 성격구조론의 요체이다. 이렇게 프로이트는 도덕의 근거인 사회 규칙과 도덕 규범은 동성부모가 갖추고 있는 것을 아동이 받아들여 내면화함으로써, 아동의 행동 규범으로 전화(轉化)되는 것이어서, 도덕성은 근본적으로 외재적인 것이지 절대로 인간에게 본유적인 심리구성체가 아니라고 주장한다.

또한 프로이트는 이러한 도덕적인 문제 상황에서 초자아는 자기가 잘못 행동함으로써 타인으로부터 비난을 받게 될는지도 모른다는 죄책감을 낳게 되고, 이러한 죄책감이 도덕적인 행동을 유발하게 된다고 여긴다. 이렇게 프로이트는 도덕의 근거인 초자아의 생성 배경을 부모에의 애증의 감정 반응(동성부모에의 배척감과 이성부모에의 애착)에서 찾을 뿐만 아니라, 실제 도덕적인 장면에서 이러한 초자아가 발동되는 원리도 죄책감이라는 감정 반응에서 구하는 등 도덕성에 관한 철저한 감정론적 관점을 제시함으로써, 도덕의 근거를 정념에서 구하는 흄의 도덕 이론을 그대로 이어받고 있다.

3) 도덕성에 관한 결과론적 접근

벤담은 인간은 이성이나 양심 같은 심리 내적 구성물에 의해서가 아니라, 행위가 개인에게 가져오는 결과에 의해 지배를 받는 존재라고 본다. 그는 쾌락의 추구와 고통의 회피가 인간 행동의 근본 원리로서, 행위의 결과 얻어지는 쾌락의 총량에서 고통의 총량을 제거하고 남는 것이 행복 또는 불행으로, 자기의 행동을 통해 최대의 행복을 추구하는 것이 근본적인 행동의 동인이라고 여긴다. 그는 행복(쾌락이 고통보다 큰 것)은 곧 선(善)이고 각 개인의 행복의 총합이 공동체의 행복을 가져오는 바탕이라는 입장에서, 최대 다수의 최대 행복을 가져오는 행동이 최고의 선이라고 주장하여, 행동의 동기보다는 그 결과를 통해 도덕성의 여부를 규정하는 철저한 결과론적 입장을 편다.

벤담도 흄과 마찬가지로 경험론적인 심리주의자로서, 인간의 행동을 결정하는 근본적인 요인은 삶의 경험의 분석을 통해 추출될 수밖에 없다고 보았다. 그는 쾌락의 추구와 고통의 회피라는 두 가지가 인간의 삶을 지배하는 근본적인 원리이어서, 도덕 행동을 포함하여 인간의 모든 행동은 이 두 원리에 의해 설명할 수 있다고 보았다. 따라서 쾌락을 가져오거나 고통을 없애는 일은 그것이 무엇이든 또는 어떤 동기에서 행해진 것이든 옳은 일 또는 선(善)이고, 쾌락을 줄이거나 고통을 유발하는 것은 어떤 동기에서 행해진 일이든 나쁜 일 또는 악(惡)이라고 하는, 곧 행동 결과의 유용성만이 도덕 판단의 준거가 된다고 하는 관점이 벤담의 주장의 골자이다. 이렇게 벤담의 이론은 철저하게 쾌락주의적인 결과론이다. 곧 행위의 동기가 아니라 그 결과만이 그 행위의 도덕성 여부를 가름하는 기준이 된다는 것이다.

벤담은 어떤 행위의 결과 얻어지는 쾌락과 고통은 양적으로 측정할 수 있으며, 따라서 상호 비교가 가능하다고 보았다. 이러한 관점에서 보면, 더 큰 행복(행동의 결과 얻어지는 쾌락의 총량에서 고통의 총량을 빼고 남는 양)을 가져오는 행동일수록 더 좋은(도덕적인) 행동이 된다. 벤담은 공동체는 개인들의 집합체일 뿐이라는 개인주의적인 관점에서 개인들의 행복의 총합이 곧 공동체의 행복의 총량이 된다고 본다. 그러므로 벤담은 최대 다수에게 최대 행복을 가져오는 행동이 최고선으로 부각된다는 공리주의의 모토를 최고의 도덕 원리로 부각시킨다.

이러한 공리주의적이며 쾌락주의적인 벤담의 결과론적 도덕이론은 미국의 행동주의 심리학자들이 그대로 이어받고 있다. 행동주의자들은 인간 행동의 거의 대부분은 학습의 과정을 통해 후천적으로 습득된 것이라고 본다. 즉 보상과 쾌락을 가져오는 대상 또는 사건에는 접근하려 하고, 처벌이나 고통을 가져오는 대상이나 사건에는 회피하려는 쾌락주의적인 효과의 법칙에 따라 행동에 대한 학습이 이루어지고, 이것이 근본적인 행동의 원리라는 것이다. 이런 의미에서 학습이론가들은 공리주의자들과 마찬가지로 쾌락주의자들이다.

이러한 관점에서 학습이론가들은 도덕성이라는 내적인 심리구성체가 있어서 인간의 도덕적인 행동을 주도하는 것이 아니라, 다만 과거에 강화를 통해서 학습된, 특정한 상황에서 특정한 방향으로 반응을 하는 행동 습관만이 있을 뿐이라고 본다. 곧 도덕적 행동이란 특정한 상황에서 많은 사람들이 보기에 사회적으로 칭송받는 방향으로 행동하는 습관이 형성된 것일 뿐, 그 이상도 그 이하도 아니라는 것이다. 초기의 극단적인 행동주의자들은 의식이나 동기 또는 감정 같은 관찰불가능한 내적 구성물은 심리학의 연구 대상이나 설명체계에서 배제하려 하였으므로, 그들에게 있어서는 도덕성 같은 용어 자체를 배격하는 경향이 특히 심하였다. 스키너 같은 극단적인 행동주의자는 자유의지나 존엄성 같은 개념은 허구개념일 뿐이므로, 인간에 대한 과학적인 이해의 과정에서 이러한 개인 내적 구성물을 지칭하는 허구개념들은 과감히 폐기해야 한다고 주장하였던 것이다.

이렇게 행동주의 학습이론가들은 도덕성이란 도덕적인 행동습관의 체계일 뿐이라고 하는 결과론의 관점을 취하고 있다. 이러한 행동습관의 학습은 오로지 쾌락주의적인 학습의 원리에 따라 이루어질 뿐이다. 그리하여 동물을 포함하는 모든 유기체는 쾌락을 가져오거나 고통을 회피하게 하는 행동은 행동목록에 유지되어 계속 추구하지만, 고통을 가져오거나 쾌락을 줄이는 행동은 행동목록에서 탈락되어 더 이상 추구하지 않게 된다. 곧 어떤 행동의 경향이 계속 유지되느냐의 여부는 오로지 그 행동이 가져오는 결과의 유용성에 달려 있다는 것이다. 이와 같이 학습이론가들의 도덕이론은 벤담의 공리주의적인 결과론을 철저하게 이어받고 있는 것이다.

4) 세 접근의 대비: 서구의 인간관과 도덕성 이론

이상에서 보았듯이 도덕성에 관한 서구심리학의 세 이론들은 각각 상응하는 철학적 배경과 연결되어 있다. 피아제와 콜버그의 인지능력 발달이론은 도덕의 근거를 이성에서 찾아, 논리적 추론에 의해 도덕법칙을 찾아내고 있는 칸트의 이성주의적 도덕론의 논지를 충실히 이어받고 있다. 프로이트의 정신역동이론은 도덕을 대상에 대한 욕구와 혐오라는 감정 반응의 결과물로 보는 흄의 정념론적 도덕론의 입장을 그대로 이어 받고 있다. 행동주의심리학의 학습이론가들은 도덕성을 쾌락 추구와 고통 회피의 원리가 초래하는 행동의 결과일 뿐이라고 간주하는 벤담과 밀의 공리주의적 결과론의 관점을 그대로 따르고 있다.

이와 같이 도덕성에 대한 서구심리학의 세 이론체계들은 그 철학적 배경이 다른 만큼 도덕성의 근거에 대해 서로 다른 입장을 제시하고 있다. 인지능력 발달이론에서는 도덕성을 도덕 판단의 능력이라고 보아, 도덕성의 근거를 이성에서 찾으려 한다. 곧 도덕성은 인지능력 발달의 부속체계라는 것이 인지능력 발달이론의 관점이다. 정신역동이론에서는 도덕성은 근본적으로 동성부모와 이성부모에 대한 애증의 감정적 반응에서 연유하는 것으로 개념화한다. 곧 도덕성은 정서의 부속체계라는 것이 정신역동이론의 주장이다. 학습이론에서는 도덕의 근거를 이성이나 정서 같은 심리 내적 구성물에서 찾지 않고, 이는 다만 강화의 원리에 의해 학습된 특정한 행동습관일 뿐이라고 보아, 도덕의 심리

요소설을 부정한다.

이렇게 전통적인 심리학의 도덕성에 관한 이론들은 도덕성의 근거에 대해 서로 다른 입장을 택하고 있지만, 이 세 이론은 도덕성을 인간 심리에 본유적인 심리구성체로 보지 않고, 다만 다른 심리구성체(인지능력 발달이론은 이성, 정신역동이론은 정서)의 부속체계나 하위체계라고 여기거나, 아예 그런 심리 내적 근거를 부정(학습이론)하는 관점에서 도덕성의 문제에 접근하고 있다는 공통점을 가지고 있다. 이는 인간 심리에 관한 사분체계론의 입장에서 도덕성을 인간에게 본유적인 심리구성체의 하나로 여기는 유학사상의 관점과는 전혀 다른 관점이다.

서구의 전통심리학에서 도덕성을 이렇게 다른 심리구성체의 부속체계로 보거나 아니면 그 심리적인 근거 자체를 부정하는 관점을 취하는 것은 고대 그리스 시대부터 면면히 이어져 온 삼분체계론이라는 서구의 심리구성체론이 놓여 있기 때문이라고 볼 수 있다. 플라톤 시대로부터 서구인들은 인간의 심성 또는 영혼은 이성과 감성과 욕구의 세 요소 또는 세 체계로 이루어져 있다는 삼분체계론적 심리구성체론을 견지하여 왔다. 이러한 맥락에서 서구인들은 도덕성을 이 세 체계의 부속체계 또는 하위체계로 보지 않을 수 없었던 것이라고 추론할 수 있는 것이다.

서구인들이 도덕성을 기본적인 심리구성체로 개념화하지 않고 다른 요소들의 부속체계 또는 하위 종속적인 체계로 간주하는 것은 서구인들의 인간관에 그 까닭이 놓여 있다. 서구인들은 인간을 자유와 권리의 보유자라고 보아, 인간의 존재의의를 개체성에서 찾으려 한다. 즉 인간의 존재의의는 독립적이고 평등한 개체로서의 존재 특성에서 찾을 수 있는 것이지, 다른 사람과 맺는 관계와 같은 사회적 존재 특성에서 찾을 수 있는 것은 아니라는 것이 현대 서구의 사상적 배경인 자유주의의 기본 논지인 것이다.

도덕성은 기본적으로 사회생활을 하고 있는 사람들 사이의 관계라는 맥락에서 요구되는 삶의 법칙 또는 내용이다. 그러므로 사회성을 인간 삶의 과정에서 부차적인 중요성을 갖는 특성으로 간주하게 되면, 결과적으로 도덕성도 부차적인 중요성을 갖는 체계라고 받아들일 수밖에 없게 될 것임은 자명한 일이다. 이러한 맥락에서 전통적인 서구심리학에서는 도덕성을 인지나 감정의 하위체계로 간주하는 관점에서 이 문제에 접근해 왔던 것이라 볼 수 있는 것이다.

5장
유학사상의 도덕성 이론

5장

유학사상의 도덕성 이론

사회성과 도덕성을 주축으로 해서 인간의 존재의의를 정립하고자 하는 유학사상에서는 인간의 심성을 구성하는 요소를 덕·지·정·의 네 체계로 구분하여 이해하는 사분체계론을 제시한다. 이러한 유학의 사분체계에서 도덕성은 다른 심리구성체의 부속체계이거나 하위체계가 아니라, 욕구와 정서 및 인지와 마찬가지로 인간에게 본유한 독립적인 심리구성체라고 간주된다. 이러한 배경에서 유학심리학에서는 도덕심리학의 문제가 욕구나 정서 및 인지심리학과 똑같이 독립적인 기본 연구 분야로 대두되며, 도덕심리학 성립의 근거로서의 도덕의 본유성의 문제가 핵심적인 연구문제로 등장한다.

또한 인간을 도덕 주체로 이해하는 유학사상에서는 인간의 심성을 구성하는 네 요소 중에서 도덕성이 가장 핵심적인 중요성을 갖는다고 본다. 이러한 유학의 덕성우월주의에서는 도덕성을 통해 다른 심리구성체들을 통합하고 통제하는 것이 군자, 곧 이상적 인간상에 이르는 바람직한 삶의 길이라고 여긴다. 이러한 유학의 덕성우월주의에서는 도덕성의 통합성의 문제가 도덕심리학에서 다루어야 할 또 한 가지 중요한 연구문제로 부각된다.

이러한 도덕성의 본유성의 문제와 통합성의 문제에 이어서 유학의 도덕심리학에서 다루어야 할 중요한 연구의 주제는 도덕의 인식과 실천 사이의 관계에 관한 문제이다. 이러한 도덕 인식과 실천사이의 관계의 문제는 인간을 가능성의 존재로 개념화하여 받아들이는 유학의 인간관에서 도출되는 필연적인 연구문제인 것이다. 전통적으로 유학은 지행합일(知行合一)을 기반으로 하여 성립하고 있는 삶의 이념이었다. 실천이 따르지 않는 인식은 공허하고, 인식이 전제되지 않는 실천은 위험하다고 보는 것이 유학자들의 신념인 것이다.

이러한 맥락에서 이 장에서는 도덕성의 본유성 및 통합성의 문제, 그리고 도덕 인식과 실천 사이의 관계의 문제를 유학자들의 관점을 중심으로 하여 고찰해 봄으로써, 유학적 도덕심리학의 대체적인 모습을 그려보기로 하겠다.[1]

---

1 이 장은 졸저(조긍호, 2006, pp. 513-535; 2008, pp. 107-168, 514-527; 2012, pp. 634-754)의 내용을 보완하고 재정리하여 구성하였으며, 필요한 경우에는 해당 부분을 그대로 따오기도 하였다.

1. 도덕성의 본유성

도덕성이 태어나면서부터 인간에게 본유적으로 갖추어져 있는 기본적이면서 가장 핵심적인 심리구성체라는 관점은 공자로부터 이어지는 유학사상의 전통이다. 성선론(性善論)의 창안자인 맹자는 말할 것도 없고, 심지어 성악론(性惡論)의 주창자라고 알려져 있는 순자도 도덕성의 인간 본유성을 적극 옹호한다. 즉 인간에게는 욕구, 감정, 인식 능력 이외에 도덕성도 기본적인 심리구성체로 갖추어져 있다는 사분체계론이 유학적 인성론의 기본구조를 형성하는 것이다.

1) 공자의 위인유기설(爲仁由己說)

《논어》에는 인간의 본성을 가라키는 성(性)이 단 2회만 나올 뿐이어서[2] 공자가 특유의 인성론(人性論)을 펴지 않았음을 짐작하게 한다. 공자는 제자들과 나눈 대화에서 인간의 본성에 대해 거의 언급하지 않아, 제자인 자공(子貢)이 "선생님이 성취하신 빛나는 도덕에 대해서는 들을 수 있었지만, 선생님께서 성과 천도(天道)에 대해 말씀하시는 것은 듣지 못하였다"[3]고 평할 정도였다. 그러나 공자는 "사람의 본성은 서로 비슷하지만, 익히는 바에 따라 서로 달라진다"[4]라고 하여, 후대에 전

2 《論語引得》 참조.

3 子貢日 夫子之文章 可得而聞也 夫子之言聖與天道 不可得而聞也 (《論語》, 公冶長 12)

4 子日 性相近也 習相遠也 (陽貨 2)

개되는 성선설(性善說)과 성악설(性惡說)의 단초를 열었다.[5] 또한 사분 체계의 유학적 심리구성체론과 이 네 요소 중 덕성이 가장 중핵이라는 덕성중심주의의 기치는 공자에게서부터 이미 발견되는 유학의 가장 핵심적인 논지이다. 그러므로 비록 명시적으로 선·악의 관점에서 인성론을 전개하지는 않았으나, 이후의 유학자들이 제시하는 모든 인성론의 배경에는 공자의 인간론이 자리 잡고 있다고 볼 수 있는 것이다.

《논어》에서 공자는 사회성과 도덕성을 서로 뗄 수 없는 인간 존재의 기반으로 보고 있다. 도덕성이란 사회적 존재인 인간이 사회 속에서 타인들과 관계를 맺으면서 살아가는 과정에서 요구되는 기본적인 특성이기 때문이다. 이러한 맥락에서 도덕성의 기초는 바로 관계를 맺고 더불어 살아가는 사람들 및 그들과 함께 구성하고 있는 사회에 대해 관심을 가지고, 그들을 우선적으로 배려하는 일을 통해 드러난다고 볼 수 있다. 공자는 자기 사상의 핵심인 인(仁)이 바로 "타인과 사회에 대한 관심과 배려"라고 보아, 도덕성의 근거를 사회적 존재 특성에서 구하는 입장을 표출하고 있다. 인에 대한 공자의 이러한 관점은 다음과 같이 다양하게 제시되고 있다.

> 제자인 자공이 "한 마디 말로써 일생 동안 행해야 할 만한 것이 있습니까?"라고 여쭈었다. 이에 대해 공자께서는 "그것은 '자기를 미루어 남에게까지 미치도록 하는 일'[恕]일 것이다. '자기가 바라지 않는 것을 남에게 베풀지 않는 일'[己所不欲 勿施於人]이 바로 그것이니라" 라고 대답하셨다.[6]

5 김충렬, 1982, pp. 170-175.

6 子貢問曰 有一言而可以終身行之者乎 子曰 其恕乎 己所不欲 勿施於人 (衛靈公

무릇 인(仁)이란 자기가 서고자 하면 남을 먼저 서게 해주고, 자기가 이루고자 하면 남이 먼저 이루도록 해주는 일이다.[7]

제자인 번지(樊遲)가 인(仁)에 대해 여쭙자, 공자께서는 "어진 사람은 어려운 일은 남보다 먼저 하지만, 그 대가는 남보다 나중에 받으려 하는 법이다. 이쯤 되면 어질다고 이를 만하다"라고 대답하셨다.[8]

번지가 또 인(仁)에 대해 여쭙자, 공자께서는 "남을 아끼고 사랑하는 일"이라고 대답하셨다.[9]

첫 번째 인용문에서 공자는 "자기가 바라지 않는 것을 남에게 베풀지 않는 일"을 일생 동안 행해야 할 도덕의 핵심이라 진술하여,[10] 도덕의 핵심은 "타인에 대한 관심과 배려"에 있음을 분명히 하고 있다. 덕

23)

7 夫仁者 己欲立而立人 己欲達而達人 (雍也 28)

8 樊遲……問仁 曰 仁者先難而後獲 可謂仁矣 (雍也 20)

9 樊遲問仁 子曰 愛人 (顔淵 22)

10 보통 이러한 己所不欲 勿施於人의 태도는 성경(聖經)에 제시된 기독교 황금률("무엇이든지 남에게 대접을 받고자 하는 대로 너희도 남을 대접하라", 마태복음 7장 12절)과 같은 것으로 일컬어진다. 그러나 이 둘 사이에는 커다란 차이가 개재하고 있는 것으로 보인다. 공자의 "자기가 바라지 않는 일을 남에게 베풀지 말아라"에는 타인에 대한 배려가 전제되어 있다. 곧 내가 싫어하는 것은 남도 역시 싫어할 터이니, 남을 배려하여 그들이 싫어할 것을 베풀지 말라는 것이다. 그러나 성경의 "무엇이든지 남에게 대접을 받고자 하는 대로 너희도 남을 대접하라"에는 이기적인 관심이 전제가 되어 있다. 곧 너희가 남을 먼저 대접하면 남도 너희에게 그만큼 베풀 테니까, 주는 것이 결코 손해가 아니라는 말이다. 인간의 존재의의를 사회성을 기준으로 해서 정립하려 하느냐 아니면 개체성을 중심으로 하여 규정하려 하느냐 하는 동·서의 인간관의 차이가 이러한 점에서도 그대로 드러나고 있는 것이다.

에 대한 공자의 이러한 개념 규정은 이후의 유학자들이 이어받고 있는 유학의 기본 입장이다. 두 번째와 세 번째 인용문에서는 이러한 소극적인 태도에서 한 걸음 더 나아가 적극적으로 타인에게 관심을 가지고 그들을 우선적으로 배려할 것을 주문하고 있다. 특히 세 번째 인용문에서 타인에 대한 배려는 일의 장면으로까지 확장되고 있다. 그리고 마지막 인용문에서 공자는 이러한 구체적인 주문들을 묶어서 인(仁)이란 사랑을 통하여 드러나는 삶의 자세라고 정리하고 있다.

이렇게 인(仁)으로 대표되는 도덕성은 기본적으로 사회적인 성격을 띠는 것이다. 다음 인용문에서 공자는 이러한 사실을 "인이란 자기의 사적인 욕구와 감정을 억제하고[克己] 사회적인 규범체계인 예(禮)로 돌아가는 것[復禮]"이라 표현하면서,[11] 이는 인간에게 본유적으로 갖추어져 있음을 분명히 하고 있다.

> 제자인 안연(顔淵)이 인(仁)에 대해 여쭙자, 공자께서는 "자기의 사적인 욕구와 감정을 억제하고, 사회적 규범체계인 예(禮)로 돌아가는 일[克己復禮]이 바로 인을 행하는 일이다. 단 하루라도 사적인 감정과 욕구를 억제하고 예의 체계로 돌아갈 수 있다면, 천하가 모두 인으로 돌아오게 될 것이다. 인을 행하는 것은 자기에게 달려있는 일[爲仁由己]이지, 어찌 남에게 달려있는 일이겠는가?" 라고 대답하셨다.[12]

이 인용문에서 공자는 도덕성[仁]의 실천은 자기 자신에게 달려 있

11 김승혜, 1990, pp. 111-115.

12 顔淵問仁 子曰 克己復禮爲仁 一日克己復禮 天下歸仁焉 爲仁由己 而由人乎哉 (顔淵 1)

는 일[爲仁由己]이지 외적 조건이나 타인에게 달려 있는 일이 아니라고 하여, 도덕성의 인간 본유성을 확실히 밝히고 있다. 도덕성이 인간에게 본유적으로 갖추어져 있다는 사실에 대한 공자의 입장은 다음 인용문들에서 더 분명하게 읽을 수 있다.

> 공자께서는 "인(仁)이 멀리 있는가? [그렇지 않다.] 내가 인을 행하고자 하면, 곧바로 인이 [마음속으로부터 올라와] 이르게 된다"고 말씀하셨다.[13]

> 무릇 인(仁)이란 자기가 서고자 하면 남을 먼저 세워 주고, 자기가 이루고자 하면 남이 먼저 이루게 해 주는 일이다. 능히 가까이 자기 몸에서 취해 남에게 미루어 갈 수 있으면[能近取譬], 인을 행하는 방도라고 이를 만하다.[14]

위의 첫 번째 인용문에서는 도덕성이 사람의 외부에 멀리 있는 것이 아니라, 본디부터 바로 자기 마음속에 갖추어져 있기 때문에, 이를 행하고자 하면 곧바로 마음속으로부터 올라오게 된다[我欲仁 斯仁至矣]고 하여, 도덕성의 본유성에 대해 직접 언급하고 있다. 이렇게 도덕성이 인간 본성에 본디부터 갖추어져 있으므로, 나나 타인이나 하고자 하는 것과 이루고자 하는 것은 대체로 비슷한 것이고, 따라서 자기에게 비추어 남에게 미루어 가는 일[能近取譬]이 바로 인간에게 본디부터 갖추어져 있는 도덕성을 일상생활에서 실천하는 방안이 된다고 두 번째 인용문에서 주장하게 되는 것이다.

---

13 子曰 仁遠乎哉 我欲仁 斯仁至矣 (述而 29)

14 夫仁者 己欲立而立人 己欲達而達人 能近取譬 可謂仁之方也已 (雍也 28)

사람이 태어날 때부터 갖추고 있는 이러한 도덕성은 구체적으로 일상생활에서 인(仁)이나 선(善) 및 의(義)의 추구, 효제(孝弟)의 실천, 그리고 사회 속에서 요구되는 역할 수행 같은 도덕적 지향성들로 드러나게 된다[15]는 것이 《논어》에서 제시되고 있는 공자의 관점이다.

2) 맹자의 사단설(四端說)

맹자의 인성론은 인간의 본성은 착하다는 성선설을 근간으로 하고 있다. "맹자는 항상 인간 본성의 착함을 지적하여 말하고, 이에 대해 말할 때는 언제나 성인인 요(堯)와 순(舜)에 대해 언급하곤 하였던 것이다."[16] 이러한 맹자의 성선설은 도덕성의 기초[四端] 또는 인의예지(仁義禮智) 같은 도덕성 그 자체가 인간 본성 속에 본디부터 갖추어져 있다는 사실을 전제로 하여 성립되고 있다. 다음 진술들은 이러한 점을 잘 드러내 주고 있다.

> 이제 어떤 사람이 어떤 어린 아이가 우물에 빠지게 된 것을 언뜻 보았다면, 누구나 깜작 놀라고 불쌍히 여기는 마음을 갖게 될 것인데, 이는 그 어린 아이의 부모와 교분을 맺고자 해서도 아니고, 아이를 구해 주었을 때 동네 친구들로부터 얻게 될 명예를 구해서도 아니며, 아이를 구해 주지 않았을 때 듣게 될 비난의 소리가 듣기 싫어서도 아니다. 이로 말미암아 본다면, 곤경에 빠진 사람

15 公冶長 9; 雍也 28; 述而 29; 子罕 17; 顔淵 2, 19; 衛靈公 9, 12, 23, 31, 37; 堯曰 2 등.

16 孟子道性善 言必稱堯舜 (《孟子》, 滕文公上 1)

을 불쌍히 여기는 마음[惻隱之心]이 없으면 사람이 아니요, 자기의 옳지 않음을 부끄러워하고 남의 옳지 않음을 미워하는 마음[羞惡之心]이 없으면 사람이 아니요, 사양하고 공경하는 마음[辭讓之心]이 없으면 사람이 아니요, 옳고 그름을 가리려는 마음[是非之心]이 없으면 사람이 아니다. 남을 불쌍히 여기는 측은지심은 인의 기초[仁之端]요, 옳지 않음을 부끄러워하고 미워하는 수오지심은 의의 기초[義之端]요, 남에게 양보하는 사양지심은 예의 기초[禮之端]요, 옳고 그름을 가리려는 시비지심은 지의 기초[智之端]이다. 사람이 이 네 가지 기초[四端]를 갖추고 있다는 사실은 마치 사람에게 팔과 다리가 갖추어져 있는 것과 마찬가지다.[17]

측은지심을 사람이면 누구나 가지고 있고, 수오지심을 사람이면 누구나 가지고 있으며, 공경지심[恭敬之心: 여기서 공경지심은 사양지심과 같은 것임]을 사람이면 누구나 가지고 있고, 시비지심을 사람이면 누구나 가지고 있다. 측은지심은 인이고, 수오지심은 의이고, 공경지심은 예이고, 시비지심은 지이다. 인의예지 같은 도덕성은 외부로부터 사람에게 스며들어 온 것이 아니고, 사람이 본디부터 갖추고 있는 것이다. 다만 이러한 사실을 깨닫지 못하고 있을 뿐이다.[18]

17 今人乍見孺子將入於井 皆有怵惕惻隱之心 非所以內交於孺子之父母也 非所以要譽於鄕黨朋友也 非惡其聲而然也 由是觀之 無惻隱之心 非人也 無羞惡之心 非人也 無辭讓之心 非人也 無是非之心 非人也 惻隱之心 仁之端也 羞惡之心 義之端也 辭讓之心 禮之端也 是非之心 智之端也 人之有是四端也 猶其有四體也 (公孫丑上 6)

18 惻隱之心 人皆有之 羞惡之心 人皆有之 恭敬之心 人皆有之 是非之心 人皆有之 惻隱之心 仁也 羞惡之心 義也 恭敬之心 禮也 是非之心 智也 仁義禮智非由外鑠我也 我固有之也 弗思耳矣 (告子上 6)

> 군자가 사람의 본성이라 여기는 것은 인의예지 같은 도덕성으로서, 이는 사람의 마음에 뿌리를 두고 있는 것이어서, 그 겉으로 드러남이 얼굴에 그대로 나타나며, 등에 가득하며, 팔 다리에 베풀어져서, 굳이 말하지 않아도 팔 다리가 저절로 깨달아 행하게 된다.[19]

위의 첫 인용문에서는 인·의·예·지 같은 도덕성의 기초인 측은지심·수오지심·사양지심·시비지심의 사단이 인간에게 본유적으로 갖추어져 있음을 말하고 있다. 이 첫 인용문에서는 측은·수오·사양·시비가 각각 인·의·예·지의 기초, 곧 사단(四端)이라고 진술하고 있으나, 두 번째 인용문에서는 측은·수오·공경[사양]·시비가 인·의·예·지 그 자체, 곧 도덕성 그 자체라고 진술하고 있다. 이에 대해 주희(朱熹)는 〈고자상편(告子上篇)〉 6장에 붙인 주(註)에서 "〈공손추상편(公孫丑上篇)〉 6장에서는 이 네 가지 마음을 넓혀서 채우게 하려고 네 가지 기초[四端]라 한 것이고, 여기에서는 다만 그 쓰임[用]을 바탕으로 하여 그 본체를 드러내고자 했을 뿐"[20]으로, 둘 사이에 근본적인 차이가 있는 것은 아니라 보고 있다. 곧 측은·수오·사양·시비를 인·의·예·지 같은 도덕성의 기초로 보던 아니면 도덕성 그 자체로 보던 간에, 인간에게 도덕성이 본디부터 갖추어져 있는 본성이라는 것이 맹자의 주장이며, 이것이 그의 성선설의 근본 취지인 것이다. 위의 세 번째 인용문에서 맹자는

19 君子所性 仁義禮智根於心 其生色也 睟然見於面 盎於背 施於四體 四體不言而喩 (盡心上 21)

20 前篇言是四者爲仁義禮智之端 而此不言端者 彼欲其擴而充之 此直因用以著其本體 故言有不同耳 (《孟子集註》)

인의예지 같은 도덕성은 사람의 본성에 본디부터 갖추어져 있는 것임을 다시 한 번 강조하고 있다.

이와 같이 인간의 본성에 도덕성이 본유하고 있다는 사실은 도덕적 인식 능력과 도덕적 행위 능력인 양지(良知)와 양능(良能)이 인간에게 본디부터 갖추어져 있다는 맹자의 진술에서도 잘 드러나고 있다.

> 맹자께서 "사람들이 배우지 않고서도 실행할 수 있는 것은 본디부터 갖추고 있는 '도덕 실천 능력'[良能]이고, 생각하지 않아도 알 수 있는 것은 본디부터 갖추고 있는 '도덕 인식 능력'[良知]이다. 아무리 어린 갓난아이라고 해도 그 어버이를 친애할 줄 모르는 아이는 없으며, 자라서는 어른을 공경할 줄 모르는 사람은 없다. 어버이를 친애하는 것이 바로 인[仁]이고, 어른을 공경하는 것이 의[義]이다. 도덕성[仁義]이란 다른 것이 아니라, 이런 마음을 온 천하에 넓혀가는 일일 뿐이다"라고 말씀하셨다.[21]

여기서 양지(良知)는 생각하지 않고도 알 수 있는 선천적인 도덕적 인식 능력을 말하는 것이고, 양능(良能)은 배우지 않고도 실천할 수 있는 선천적인 도덕적 실천 능력을 말하는 것이다. 이와 같은 맥락에서 생각해 보면, 맹자가 말하는 본유적인 도덕성이란 곧 선천적으로 갖추어져 있는 도덕적 인식 능력과 도덕적 실천 능력을 의미하는 것이라고 추론할 수 있다. 말하자면, 도덕성이란 스스로가 도덕 주체임에 대한 자각

---

21 孟子曰 人之所不學而能者 其良能也 所不慮而知者 其良知也 孩提之童 無不知愛其親也 及其長也 無不知敬其兄也 親親 仁也 敬長 義也 無他 達之天下也 (盡心上 15)

과 스스로가 갖추고 있는 도덕성의 일상적 실천 같은 도덕적 지향성[22]에 의해 그 본유성의 여부가 드러나는 인간 본성의 한 부분인 것이다.

그런데 위의 인용문에서 염두에 두어야 할 것은 인간의 존재의의를 인간의 개체적 특성에서가 아니라 사회적 특성에서 구하는 유학자들의 기본 신조가 여기서도 잘 드러나고 있다는 사실이다. 맹자는 도덕성의 근거를 부모와 자식[親親], 형과 아우[어른과 아이][敬長] 같은 가족관계에서 찾고 있다. 이렇게 부모와 자식 같은 가족관계가 모든 인간관계의 기초가 되는 것이므로, 가족관계에서부터 사회생활의 모든 규범체계, 곧 도덕성의 근거를 찾으려 하는 것은 논리적인 필연이다. 이러한 맥락에서, 부모와 자식 같은 가족관계가 사람의 삶이 시작되는 근거이므로, 이러한 가족관계에서 요구되는 도덕성의 인식과 실천 능력이 인간에게 태어날 때부터 갖추어져 있다고 여기는 것은 지극히 자연스러운 일이라고 맹자는 간주하고 있는 것이다.

3) 순자의 사물위계설(事物位階說)

흔히 순자의 인성론을 성악설이라고 하지만, 최근에는 순자의 인성론을 성악설로 단정 짓는 것은 순자의 전체 이론체계를 잘못 이해하게 만들 소지가 많다는 주장이 설득력을 얻어가고 있다.[23] 많은 학자들

---

22 梁惠王上 1; 梁惠王下 5, 9, 12; 滕文公下 9; 離婁上 2, 9; 離婁下 19, 27; 告子上 7, 8, 10, 16; 告子下 1, 4; 盡心上 21; 盡心下 24 등.

23 이렇게 성악설을 순자의 핵심 이론체계로 보는 것이 옳지 않다는 주장은 대체로 세 가지 방향에서 제기되고 있다. 이들은 문헌학적인 비판, 성악설 자체가 갖는 논리적 모순성에 대한 비판 및 이와 밀접한 관련이 있기는 하지만 성악설과 순자의

이 순자의 성악설은 예(禮)·사(師)·법(法)·군주(君主)의 정치를 중시하려는 전국(戰國) 말기의 시대적 요구를 반영한 것일 뿐, 엄밀한 논증이 부족한 이론이라 폄하하고 있다.[24] 이들은 순자도 성(性)은 본래 악을 지향하는 것이라고 했지 선한 쪽으로 방향을 바꿀 가능성까지 부인하는 것은 아니며, 따라서 이는 인성향악설(人性向惡說)이라고 보는 것이 타당하다는 주장을 펴고 있다. 곧 맹자의 성선설과 순자의 성악설은 사람의 어느 측면을 중심으로 고찰했느냐의 차이에 불과하므로, 맹자의 이론은 심(心)의 자각 작용을 중시한 심선설(心善說), 순자의 이론은 정(情)의 자연스러운 충동을 중시한 정악설(情惡說)이라고 보는 것이 타당하다는 것이다.[25]

실제로 순자는 공자 및 맹자와 마찬가지로 사람에게 선천적으로 도덕성과 도덕적 행위 능력이 갖추어져 있다고 보고, 사람이 우주 안에서 가장 귀한 존재가 되는 까닭을 이러한 도덕적 본유성에서 찾고 있다. 이러한 사실은 다음 진술문에 잘 드러나 있다.

> 물과 불 같은 무생물에게는 자연적인 기(氣)는 있지만, 생명[生]은 없다. 풀과 나무 같은 식물들에게는 생명은 있지만, 지각 능력[知]은 없다. 새와 짐승 같은 동물들에게는 지각 능력은 있지만, 도덕성[義]은 없다. 사람에게는 기도 있고, 생명도 있고, 지각 능력도 있으며, 또한 더 나아가 도덕성도 갖추어져 있다. 그러므로 사람

다른 이론체계와의 모순성에 대한 비판 등이다(郭沫若, 1945/1991, pp. 256-265; 김승혜, 1990, pp. 220-221, 244-245; 조긍호, 1995, pp. 4-6; 1998, pp. 215-219 참조).

24 예: 徐復觀, 1969; 陳大齊, 1954.

25 김충렬, 1982, p. 175.

은 천하에서 가장 귀한 존재인 것이다.[26]

이 인용문에서 보면, 인간은 "무생물 → 식물 → 동물 → 사람"으로 이어지는 우주의 위계질서 가운데 최상위에 자리하고 있는 존재인데, 그 까닭은 바로 우주 안에서 사람만이 도덕성[義]을 갖추고 있는 존재이기 때문이라고 하여, 순자가 인간의 도덕적 본유성을 매우 강조하고 있음을 알 수 있다. 순자는 이러한 사물위계설(事物位階說)을 바탕으로 하여 도덕성의 인간 본유설을 전개하고 있는 것이다. 다음 인용문에서는 이러한 입장을 더욱 강하게 진술하고 있다.

> 사람이 사람된 까닭은 단지 사람들이 다른 동물들과는 달리 두 발로 직립하여 서고, 또 몸에 털이 없기 때문만은 아니다. 이는 사람이 옳고 그름을 가려[辨] 도덕적으로 행동할 수 있기 때문이다. 무릇 새나 짐승들에게도 부모와 자식의 관계는 있지만 부모와 자식 사이의 친애함은 없으며, 수컷과 암컷은 있지만 남녀 사이의 분별함은 없다. 그러므로 [옳고 그름을 가려 도덕적으로 행동하는 것은 본디부터 갖추어져 있는 사람의 본성이므로] 사람의 도리에 옳고 그름을 가려 도덕적으로 행동하지 않을 수가 없는 것이다.[27]

이 인용문에서는 인간만이 도덕성을 갖추고 있기 때문에 천하 만물 가운데 가장 귀한 존재라고 간주하는 입장을 더 강하게 함축하여, 인간이 인간으로 인정받고 대접받을 수 있는 근거는 바로 이렇게 인간

26 水火有氣而無生 草木有生而無知 禽獸有知而無義 人有氣有生有知 亦且有義 故最爲天下貴也 (《荀子》, 王制 20)

27 人之所以爲人者 非特以其二足而無毛也 以其有辨也 夫禽獸有父子 而無父子之親 有牝牡 而無男女之別 故人道莫不有辨 (非相 9-10)

이 본유적으로 갖추고 있는 도덕성을 도덕적 판단[辨]을 통해 일상생활에서 실천할 수 있기 때문이라고 주장한다.

순자는 이렇게 인간이 인간일 수 있는 근거를 도덕적 본유성과 이의 일상적 실천에서 찾고 있다. 이러한 그의 관점은 자연스럽게 사람이 태어나면서부터 도덕적 인식 능력과 도덕적 행위 능력을 갖추고 있다는 주장으로 이어진다. 그는 인간에게 갖추어져 있는 이러한 도덕적 인식 능력을 "지"(知), 도덕적 행위 능력을 "능"(能)이라 표현하고 있다.

> 도덕성을 인식할 수 있는 근거[所以知]가 사람에게 갖추어져 있는 것을 지[知: 도덕적 인식 능력]라 하고, 이러한 능력을 통해 인식한 도덕성이 실제와 합치되는 것을 또한 지[知: 도덕적 인식]라 한다. 이러한 도덕성을 실천할 수 있는 근거[所以能]가 사람에게 갖추어져 있는 것을 능[能: 도덕적 행위 능력]이라 하고, 이러한 도덕적 행위 능력을 통해 실천한 행위들이 객관적인 도덕 원칙과 합치되는 것을 또한 능[能: 도덕적 행위]이라 한다.[28]

> 사람의 바탕이 되는 본성에 있는 지적 인식 능력[知]과 도덕적 행위 능력[能]은 군자나 소인이나 마찬가지이다.……그러므로 소인의 지적 인식 능력과 도덕적 행위 능력을 자세히 살펴보면, 그들이 군자가 하는 일을 똑같이 하고도 남음이 있을 만큼 충분히 갖추고 있음을 알 수 있다.[29]

28 所以知之在人者 謂之知 知有所合 謂之知 所以能之在人者 謂之能 能有所合 謂之能 (正名 3)

29 材性知能 君子小人一也……故熟察小人之知能 足以知其有餘可以爲君子之所爲也 (榮辱 28-30)

> 무릇 우(禹) 임금 같은 성인이 우 임금이 될 수 있었던 까닭은 그가 인의 같은 도덕성과 사회 규범 및 올바른 도덕 원칙[仁義法正]을 일상생활에서 실천하여 행할 수 있었기 때문이다. 그러므로 도덕성과 사회 규범 및 올바른 행위 원칙에는 이를 인식하여 알 수 있고, 또 이를 일상생활에서 실천해 낼 수 있는 이치가 갖추어져 있는 법이다. 이렇게 길거리의 보통 사람들에게도 누구에게나 도덕성과 사회 규범 및 올바른 행위 원칙을 깨달아 알 수 있는 바의 바탕이 갖추어져 있을 뿐만 아니라, 이러한 도덕성과 사회 규범 및 올바른 행위 원칙을 일상생활에서 실천할 수 있는 바의 능력이 본디부터 갖추어져 있는 것이다.[30]

위의 첫 인용문에서는 도덕성을 인식할 수 있는 인식 능력[知]과 이를 일상생활의 과정에서 실천할 수 있는 도덕적 행위 능력[能]이 인간에게 본유적으로 갖추어져 있음을 분명히 밝히고 있다. 그런데 여기서 한 가지 분명하게 해 두어야 할 것은, 두 번째와 세 번째 인용문에서 보듯이 순자도 맹자와 마찬가지로 도덕적 행위 능력과 도덕적 인식 능력을 함께 언급하여, 도덕성의 인식은 그 실천을 목표로 하는 것으로 보고 있다는 사실이다. 이는 지행합일(知行合一)을 강조하는 유학사상의 기본 입장에 비추어 볼 때, 매우 당연한 논리적인 귀결이라 할 수 있다.

인간에게 태어날 때부터 갖추어져 있는 도덕의 본유성은 이렇게 인간에게 이를 인식할 수 있는 인식 능력과 이를 실천할 수 있는 실천 능력이 갖추어져 있다는 사실을 통해 확고하게 드러난다고 보는 것이

30 凡禹之所以爲禹者 以其爲仁義法正也 然則仁義法正 有可知可能之理 然而塗之人也 皆有可以知仁義法正之質 皆有可以能仁義法正之具 (性惡 13)

공자로부터 비롯되는 유학자들의 주장이다. 이렇게 도덕 인식과 실천을 함께 강조하고, 이로부터 인간 존재에 갖추어져 있는 도덕의 본유성을 추론하는 관점은 지행합일을 통해 성덕(成德)을 이루는 일을 인간 삶의 목표로 설정하고 있는 유학자들의 입장을 잘 드러내는 것이라 하겠다.

2. 도덕성의 통합성

유학은 성덕(成德)을 지향하는 이론체계로서, 인간의 심성을 구성하는 네 체계 가운데 덕성이 핵심적으로 중요하며, 이에 의해 나머지 심성의 요소들이 통제되어야 한다는 덕성우월주의를 근간으로 하고 있다. 그러므로 유학에서 추구하는 성덕은 곧 도덕성에 의한 욕구, 정서 및 인지 활동의 통제를 통해 이루어지는 것으로 볼 수 있다.

이렇게 보면, 도덕성이 심성의 다른 요소들에 대한 통제력을 그 자체 속에 내포하고 있거나 또는 심성의 다른 요소들이 그 자체 내에 도덕성에의 지향성을 갖추고 있는 것으로 개념화할 수 있다. 이 문제를 어떻게 보던 간에, 유학사상에서는 이러한 도덕성의 통합성을 전제로 하고 있으며, 이것이 유학적 덕성우월주의의 논리적 기반이 되고 있는 것이다.

1) 공자의 일이관지론(一以貫之論)

공자는 인간의 본성을 이루는 덕·지·정·의 네 체계 가운데 도덕성에 의해 나머지 요소들이 조절되고 제어되어야 한다는 덕성우월주의의 관점을 강하게 제시하고 있다. 이렇게 덕성이 지·정·의 같은 다른 요소들보다 우월한 까닭을 공자는 자기의 도(道)가 덕성으로 통합되어 있기 때문이라 보고 있다. 이러한 사실은 《논어》에 다음과 같이 진술되어 있다.

> 공자께서 "삼(參: 제자인 증자의 이름임)아! 내 도는 하나의 이치로 관통되어 있다"고 말씀하시자, 증자(曾子)가 "예"라고 대답하였다. 그런 다음 공자께서 방에서 나가시자, 그 자리에 함께 있었던 제자들이 "무슨 말씀입니까?"라고 증자에게 물었다. 이에 대해 증자는 "선생님의 도는 '자기를 다하는 일'[忠]과 '자기를 미루어 남에게 미치게 하는 일'[恕]일 뿐이다"라고 대답하였다.[31]

여기서 자기를 다하는 충(忠)은 인(仁), 곧 자기에게 본유적인 도덕성의 자각과 체득을 의미하는 것이고, 자기를 미루어 남에게까지 미루어 가는 서(恕)는 이러한 도덕성의 실천을 말하는 것이다.[32] 이렇게 자기를 다하고 또 자기를 남에게까지 미루어가는 "충"과 "서"를 도덕성의 중추인 인의 본질로 보는 관점은, 공자 자신이 "인이란 개인의 사욕과 감정을 억제하고[克己] 사회생활의 규범 체계[도덕성의 체계]로 돌아가는 것[復禮]"[33]이라고 한 설명에서 뚜렷이 드러난다. 여기서 개인적인 욕구와 감정을 억제하는 극기(克己)는 도덕적 주체성을 체득하여 자기

31 子日 參乎 吾道一以貫之 曾子日 唯 子出 門人問日 何謂也 曾子日 夫子之道 忠恕而已矣 (《論語》, 里仁 15)

32 盡己之謂忠 推己之謂恕 (朱熹, 《論語集註》)

33 克己復禮爲仁 (顔淵 1)

를 다하게 되는 "충"을 말하는 것이고, 도덕성의 체계로 돌아가는 복례(復禮)는 자기를 미루어 남에게까지 미치도록 실천하는 "서"와 같은 것으로 볼 수 있다. 이렇게 보면, "충·서"와 "극기·복례"는 "자기에게서 시작되어 남에게로 확대되는 인의 사회적 성격을 드러낸다"[34]고 볼 수 있다.

이렇게 인(仁) 곧 극기와 복례를 행하는 요체는 스스로에게 갖추어져 있는 도덕성을 통해 감각과 지각뿐만 아니라 삶의 모든 언행을 통제하는 일이라는 것이 공자의 생각이다. 이러한 사실은 제자인 안연(顔淵)과의 극기복례 문답에 이어지는 다음과 같은 진술에 잘 드러나 있는데, 이 문답을 통해 공자는 덕성우월주의의 기치를 드높이고 있는 것이다.

> 안연이 "인(仁)을 행하는 세목에 대해 여쭙겠습니다"고 말씀드리자, 공자께서는 "예(禮)가 아니면[도덕성에 어긋나는 일이라면] 보지도 말고, 예가 아니면 듣지도 말고, 예가 아니면 말하지도 말고, 예가 아니면 행동하지도 말아야 하느니라"고 말씀하셨다. 그러자 안연이 "제가 비록 불민하오나, 반드시 이 말씀을 따르겠습니다"고 말씀드렸다.[35]

이 인용문에서 "예가 아니면, 보지도 듣지도 말하지도 행동하지도 말라"고 한 것은, 예 곧 도덕성에 따라 감각과 지각 및 일상생활의 언동을 통제하는 것이 도덕성의 일상적 실천의 지름길임을 말하고자 한 것이다. 즉 도덕성에 따라 삶의 모든 측면을 통어하는 일이 도덕 인식과

34 김승혜, 1990, p. 113.

35 顔淵曰 請問其目 子曰 非禮勿視 非禮勿聽 非禮勿言 非禮勿動 顔淵曰 回雖不敏 請事斯語矣 (顔淵 1)

실천을 통해 성덕에 이르는 유일한 방법이라는 것이 공자의 주장인 것이다.

이렇게 도덕성에 의해 심성을 구성하는 나머지 요소들이 통합될 수 있는 까닭은 심성을 구성하는 나머지 요소들 속에 도덕적인 지향성의 특성들이 갖추어져 있기 때문이다. 인간이 갖추고 있는 욕구에는 생물적 생존욕구, 자기이익추구 욕구, 사회적 욕구 이외에 선(善)의 지향[欲仁·欲義·欲禮·欲善], 도덕체득 및 실천, 역할 수행 같은 도덕적 지향성의 욕구가 갖추어져 있다는 것이 공자의 생각이다. 이 중에서 앞의 세 가지는 그 충족 여부가 외적 조건에 달려 있는 재외자(在外者)이고, 도덕적 지향성의 욕구는 그 충족 여부가 자기가 하기에 달려 있는 재기자(在己者)이기 때문에, 인간은 스스로가 어찌할 수 없는 전자를 억제하고, 그 대신 스스로의 수양 여부에 의존하는 후자를 적극적으로 추진하고 권장해야 한다는 것이 공자의 욕구이론의 핵심이다. 바로 이런 점에서 도덕적 지향의 욕구가 나머지 욕구들(생존욕구, 이기적 욕구, 사회적 욕구)을 통제하고 제어할 수 있는 가능성의 동력이 생긴다는 것이 공자의 논지이다.[36]

감정 반응의 경우에도 같은 논리가 적용된다. 공자는 인간의 감정 반응에는 자기 자신을 참조 대상으로 하여 외부 대상이나 조건에 의해 촉발되는 자아중심적 정서들과 타인을 참조 대상으로 하거나 규범에의 일치 여부에 의해 유발되는 타인·규범지향적 정서들이 있다고 본다. 이 중에서 전자는 외적 조건에 따라 또는 외적 조건이 자기의 포부나

36 公冶長 9; 雍也 28; 述而 29; 子罕 17; 顔淵 2, 19; 衛靈公 9, 12, 23, 31, 37; 堯曰 2.

바람 및 욕구와 일치하거나 불일치하기 때문에 나타나는 외발(外發)적인 것이어서 내적으로 통제하고 조절해야 할 정서이지만, 후자는 타인에 대한 관심과 배려 또는 도덕 원칙 및 사회규범을 기반으로 하여 유발되는 내발(內發)적인 것이어서 일상적 삶의 과정에서 적극적으로 함양하고 키워 나가야 하는 정서라는 것이 공자의 생각이다. 이렇게 후자가 전자의 정서를 억제할 수 있는 가능성은 후자가 도덕적 지향성에서 유발되어 나오는 것이어서, 도덕적 통제력을 갖기 때문이라는 것이 공자의 신조이다.[37]

《논어》에서는 지적 능력을 통해 인식하는 내용들은 자기와 타인의 본성과 역할, 인의예지 같은 도덕성, 천명과 시간 같은 자연현상의 이치, 그리고 기타 여러 가지 구체적 사실 등이 제시되고 있다. 이 중 전자의 두 가지(사람의 본성·역할과 도덕성)에 대한 인식은 도덕적 인식이라 볼 수 있는데, 《논어》에서는 인식 대상에 대한 언급 총 64회 가운데 39회(60.3%)가 이렇게 도덕성과 관련되는 내용에 대한 인식의 문제에 할애되고 있다. 이러한 사실은 본유적인 인식 능력을 통해 인간이 인식해야 할 핵심은 스스로가 도덕의 주체라는 사실과 스스로가 태어날 때부터 갖추고 있는 도덕성의 내용들이라고 보는 것이 공자의 입장임을 잘 드러내 준다. 이러한 사실은 덕성 주체로서의 인간이 덕을 지향하는 과정에서 인식의 내용을 도덕성에 맞추어 조율하거나 통제해야 함을 의

37 學而 1, 2, 13, 14, 15; 爲政 3; 八佾 20; 里仁 2, 3, 6, 9, 22; 公冶長 5, 6, 14, 24, 27; 雍也 2, 9, 10, 18, 21, 26; 述而 1, 10, 11, 15, 18, 19; 泰伯 10, 13; 子罕 17, 23, 26; 先進 3, 6, 12; 顔淵 20; 子路 4, 15, 16, 20, 24, 25; 憲問 1, 14, 29, 44; 衛靈公 12, 16, 21, 27; 季氏 5; 陽貨 1, 5, 8, 16, 21; 子張 3, 5, 19; 堯曰 1.

미하는 것으로, 이러한 사실을 통해 공자는 도덕적 지향성이 인식 능력 전반에 대한 통제력을 보유하고 있음을 주장하고 있는 것이다.[38]

이상에서 보듯이, 도덕성이 나머지 심성 요소들에 대해 통제력을 가질 수 있는 것은 나머지 요소들이 그 자체 속에 도덕적인 지향성을 갖추고 있기 때문이다. 이러한 배경에서 유학의 덕성우월주의가 도출되는 것으로, 공자는 이를 도덕성 한 가지로 나머지 요소들을 꿰뚫는 일이관지(一以貫之)라 표현하고 있는 것이다.

2) 맹자의 확충론(擴充論)

맹자도 공자와 마찬가지로 인간에게 갖추어져 있는 덕·지·정·의 네 체계 가운데 덕성이 중핵이어서, 이에 의해 나머지 요소들이 통합되어야 한다는 덕성우월주의의 관점을 견지한다. 이러한 관점을 마음에 갖추어져 있는 도덕성의 기초를 확충(擴充)하여 길러야 한다는 논지에서, 사단의 본유성에 대한 진술에 이어, 다음과 같이 지적하고 있다.

> 사람이 이 네 가지[측은지심·수오지심·사양지심·시비지심] 도덕의 기초[四端]를 갖추고 있다는 것은 마치 그가 팔 다리를 가지고 태어나는 것과 마찬가지이다. 이 네 사단을 갖추고 있으면서 스스로 도덕성을 실행하지 못하겠다고 말하는 것은 스스로를 해치는 것이요, 자기 군주가 인의의 정치를 펼 수 없다고 말하는 것은 그

38 學而 1, 12, 16; 八佾 11, 15, 22; 里仁 7, 14; 公冶長 4, 7, 21; 雍也 18; 述而 30; 子罕 6; 先進 25; 顔淵 22; 子路 2; 憲問 2, 32, 37, 42; 衛靈公 3, 13, 18; 堯曰 3.

> 군주를 해치는 것이다. 무릇 자기에게 갖추어져 있는 사단을 모두 넓혀서 채울[擴充] 줄 알게 되면, 마치 불이 처음 타오르고 샘물이 처음 흘러나오는 것과 같을 것이니, 진실로 능히 이를 채울 수 있으면 사해(四海)를 보전할 수도 있을 터이지만, 진실로 이를 채우지 못하면 자기 부모도 섬기지 못할 것이다.[39]

이러한 도덕성의 확충은 인간 심성을 구성하는 욕구체계와 감정체계 및 인지체계가 모두 도덕성을 바탕으로 하여 이의 실천을 지향하는 체계로 통합됨으로써 이루어진다는 것이 맹자가 주장하는 성선설의 요지이다. 맹자에게 있어서 이러한 심성 구성 요소들의 도덕성으로의 통합가능성은 공자에게서와 마찬가지로 각 심성 요소 속에 도덕적 지향성의 특성이 내포되어 있기 때문이다.

맹자도 공자와 마찬가지로 인간이 갖추고 있는 욕구체계에는 생물적 생존욕구, 자기이익추구 욕구, 사회적 욕구 이외에 선(善)의 지향[欲仁·欲義·欲禮·欲善], 도덕체득 및 실천[仁政], 역할 수행 같은 도덕적 지향성의 욕구가 갖추어져 있는데, 이 중에서 앞의 세 가지는 그 충족 여부가 외적 조건에 달려 있는 재외자(在外者)이고, 도덕적 지향성의 욕구는 그 충족 여부가 자기가 하기에 달려 있는 재기자(在己者)라고 여긴다. 그러므로 맹자도 스스로가 어찌할 수 없는 재외자를 억제하고, 그 대신 스스로의 수양 여부에 의존하는 재기자를 적극적으로 추진하고 권장해야 한다고 주장한다. 바로 이런 점에서 도덕적 지향의 욕구

---

39 人之有是四端也 猶其有四體也 有是四端而自謂不能者 自賊者也 謂其君不能者 賊其君者也 凡有四端於我者 知皆擴而充之矣 若火之始然 泉之始達 苟能充之 足以保四海 苟不充之 不足以事父母 (《孟子》, 公孫丑上 6)

가 나머지 욕구들(생존욕구, 이기적 욕구, 사회적 욕구)을 통제하고 제어할 수 있는 가능성이 나온다는 것이다.[40]

맹자도 공자와 같이 인간의 감정체계를 자아중심적 정서와 타인·규범중심적 정서로 나누고, 전자는 외적 조건에 의해 유발되는 외발적인 정서이고, 후자는 도덕적 수양의 정도 또는 도덕성 그 자체에서 유발되는 내발적인 정서라고 보아, 전자는 적극적으로 억제하고 후자는 권장함으로써 후자의 정서가 감정 반응의 주류를 이루도록 하는 것이 바른 삶의 길이라고 본다.[41] 맹자는 특히 측은·수오·사양·시비의 사단이 도덕성 그 자체이자 타인과 규범을 참조대상으로 하는 내발적인 정서의 핵심이라고 보아, 도덕적 지향성에 의한 감정 반응의 통합가능성의 근거를 도덕성이 감정반응에 기원을 두고 있다는 사실에서 찾고 있다.

《맹자》에서 지적 능력을 통해 인식하는 내용들 역시 인간의 본성과 역할, 인의예지 같은 도덕성, 천명과 시간 같은 자연현상, 그리고 기타 여러 가지 구체적 사실 등이 제시되고 있다. 이 가운데 도덕적 인식에 속하는 사람의 본성·역할과 도덕성에 대한 인식은 인식 대상에 대한 언급 총 63회 가운데 26회(41.3%)에 이르고 있다. 이러한 사실은 본유적인 인식 능력을 통해 인간이 인식해야 할 핵심은 스스로가 본유적

40 梁惠王上 1; 梁惠王下 5, 9, 12; 滕文公下 9; 離婁上 2, 9; 離婁下 19, 27; 告子上 7, 8, 10, 16; 告子下 1, 4; 盡心上 21; 盡心下 24.

41 梁惠王上 2, 3, 5; 梁惠王下 1, 3, 4, 5, 10, 11; · 公孫丑上 1, 2, 3, 4, 5, 6, 7, 8; 公孫丑下 2, 7, 8, 11, 12; 滕文公上 2, 4; 滕文公下 5, 9; 離婁上 3, 7, 8, 9, 12, 22, 27, 28; 離婁下 2, 7, 18, 20, 27, 29, 30; 萬章上 1, 7, 8, 9; 萬章下 5, 6, 7; · 告子上 4, 6, 7, 8, 16; 告子下 4, 5, 8, 13, 14, 15; 盡心上 4, 6, 7, 8, 9, 19, 20, 21, 31, 35; 盡心下 4, 11, 23, 24, 37.

으로 갖추고 있는 도덕성의 내용들이며, 바로 여기에 도덕성이 전체 인식 내용을 통합할 수 있는 근거가 주어져 있는 것이다.[42]

이렇게 맹자도 공자와 마찬가지로 도덕성이 다른 심리구성체들을 통합할 수 있는 근거를 다른 심리구성체들이 보유하고 있는 도덕적 지향성에서 찾고 있다. 맹자는 여기서 한 걸음 더 나아가 감각기관과 마음[心]의 기능의 차이에서 도덕성의 통합성의 논거를 추론하는 또 다른 관점을 제시하고 있다. 맹자는 생각하는 기관인 마음에서 이러한 통합 기능의 근거를 찾고 있다.

> 제자인 공도자(公都子)가 "누구나 다 똑같은 사람인데, 어떤 사람은 대인(大人)이 되고 또 어떤 사람은 소인(小人)이 되는 까닭은 무엇입니까?"라고 여쭙자, 맹자께서 "사람 몸에 있는 큰 것[心]을 따르면 대인이 되고, 작은 것[耳目之官]을 따르면 소인이 된다"라고 대답하셨다. 공도자가 다시 "똑같이 사람인데, 누구는 큰 것을 따르고, 또 누구는 작은 것을 따르는 까닭은 무엇입니까?"라고 여쭙자, 맹자께서 "눈과 귀 같은 감각기관은 생각하지 못하고 외부의 사물에 가려진다. 감각기관이 외부 사물과 교접하면, 거기에 이끌려 버릴 뿐이다. 그러나 마음의 기관은 생각을 한다. 마음으로 생각을 하면, 모든 외계 대상에 대한 인식을 할 수 있고, 생각하지 않으면 그렇지 못하다. 이 두 가지 기관은 하늘이 나에게 부여해 준 것이니, 우선 그 큰 것을 확고하게 세우면 그 작은 것이 이 자리를 빼앗을 수 없어서, 이런 사람만이 대인이 될 뿐인 것이

42 梁惠王上 7; 梁惠王下 7; ·公孫丑上 2, 4; 公孫丑下 4, 7, 8, 12; 滕文公下 9; 離婁上 27; ·離婁下 1; 萬章下 8; 告子上 6; 盡心上 1, 5, 9, 13, 15.

다”라고 대답하였다.[43]

> 사람에게는 귀한 부분도 있고 천한 부분도 있으며, 작은 것도 있고 큰 것도 있는데[여기서 귀하고 큰 것은 생각의 기관인 심(心), 천하고 작은 것은 감각적 욕구와 자기중심적 정서의 기관인 이목지관(耳目之官)을 가리킴], 작은 것으로 큰 것에 해를 끼쳐서는 안 되며, 천한 것으로 귀한 것에 해를 끼쳐서도 안 된다. 그 작은 것을 기르는 사람은 소인(小人)이고, 그 큰 것을 기르는 사람은 대인(大人)이다.[44]

위의 인용문들에서 맹자가 말하고자 하는 내용은 감각기관은 외부 사물에 따라 유발되는 생물체적 욕구와 감정 같은 심성 요소의 주관자이고, 마음은 도덕 인식과 실천의 주관자라는 사실이다. 여기서 마음의 관장을 받는 도덕성의 인식과 그 실천의 문제는 개인이 하기에 달린 것, 곧 재아자(在我者)이지만, 감각기관의 관장을 받는 욕구와 감정의 충족 및 그 촉발의 여부는 외부 사물이나 조건에 의존하는 것, 곧 재외자(在外者)이다. 그러므로 맹자는 심성의 구성 요소들 가운데 재외자인 욕구와 감정 체계들은 재아자인 도덕성의 통제와 지도를 받아야 한다고 본다. 말하자면, 마음의 생각하는 기능을 통해 인간에게 본유적인

43 公都子問曰 鈞是人也 或爲大人 或爲小人 何也 孟子曰 從其大體爲大人 從其小體爲小人 曰 鈞是人也 或從其大體 或從其小體 何也 曰 耳目之官不思而蔽於物 物交物 則引之而已矣 心之官則思 思則得之 不思則不得也 此天之所與我者 先立乎其大者 則其小者不能奪也 此爲大人而已矣 (告子上 15)

44 體有貴賤 有小大 無以小害大 無以賤害貴 養其小者爲小人 養其大者爲大人 (告子上 14)

도덕성을 인식하고, 동물적 욕구와 감정 체계를 제어하며, 자각된 도덕성을 일상생활에서 실천하는 것이 성선(性善)한 존재로서의 인간의 삶의 이상이라는 것이다. 이렇게 감각기관의 관장을 받는 감정과 욕구가 마음의 관장을 받는 도덕 인식과 실천에 통합되어야 한다는 것이 맹자의 주장이다.

3) 순자의 역물론(役物論)

순자도 인간의 심성에 갖추어져 있는 덕·지·정·의 네 체계 가운데 덕성이 핵심이어서, 이에 의해 나머지 요소들이 통합을 이루는 것이 바람직한 삶의 이상을 이루는 길이라고 보아, 공자와 맹자의 전통을 따르고 있다. 그는 이렇게 도덕성에 의해 나머지 심성 요소들의 통합을 이루게 되면, 사물을 부리는 경지[役物]에 도달하게 된다고 보아, 다음과 같이 진술하고 있다.

> 마음과 뜻을 닦으면 부귀를 무시하게 되고, 도의를 중히 여기면 왕이나 재상[王公] 같은 높은 지위의 사람도 가벼이 여기게 된다. 이와 같이 마음속을 살펴 도덕성을 수양하면, 이기적인 욕구를 충족시키는 외부의 사물을 가벼이 여길 수 있다. 예전부터 "군자는 사물을 부려 쓰고[役物], 소인은 사물에 부림을 당한다[役於物]"고 하였는데, 이는 이렇게 도덕성을 닦아 욕구와 감정을 통제하는 일을 일컫는 말이다. 몸이 수고롭더라도 마음이 편안한 일[사적인 욕구와 감정을 억제하고, 도덕성을 추구하는 일]을 행하고, 이익은 적더라도 크게 올바른 일을 행해야 한다. 도를 어기는 혼란한 군주를 섬겨 부귀를 얻는 일은 도를 따르다 곤경에 빠진 군주를 섬겨

> 도를 지키는 일보다 못한 법이다. 그러므로 좋은 농부는 홍수가 지거나 가물다고 해서 밭갈이를 멈추지 않으며, 좋은 상인은 한 때 물건 값이 떨어져 손해를 보았다고 해서 장사를 거두지 않듯이, 선비와 군자는 가난하거나 길이 막혔다고 해서 도덕성을 실행하는 일을 태만히 하지는 않는다.[45]

이 인용문에서 밝힌 바와 같이 부귀와 높은 지위 같은 이기적인 욕구와 이를 가졌을 때 얻게 되는 감정을 억제하고, 도덕성을 수양하고 실천하는 일은 군자가 되는 길의 핵심이라는 것이 순자의 주장이다. 즉 사적인 욕구와 감정을 추구하면 사물의 노예가 되지만[役於物], 도덕성을 추구하면 사물의 주인이 된다[役物]는 것이다. 그 까닭은 전자는 "외적 조건에 달린 것"[在天者·在外者]이지만, 후자는 "나에게 달린 것"[在我者·在己者]이기 때문에, 외적 조건에 달린 것을 추구하면 날로 후퇴할 수밖에 없지만, 자기에게 달린 것에 힘쓰면 날로 발전하게 될 것이기 때문이다.[46]

순자도 공자나 맹자와 마찬가지로 욕구, 감정, 인식의 체계 속에 도덕적인 관심과 지향성이 내포되어 있는 까닭에 이들이 도덕성으로 통합될 수 있다고 여긴다. 순자도 역시 공·맹과 같이 인간의 욕구체계

---

45 志意脩則驕富貴矣 道義重則輕王公矣 內省則外物輕矣 傳曰 君子役物 小人役於物 此之謂矣 身勞而心安爲之 利少而義多爲之 事亂君而通 不如事窮君而順焉 故良農不爲水旱不耕 良賈不爲折閱不市 士君子不爲貧窮怠乎道 (《荀子》, 修身 29−30)

46 若夫心意修 德行厚 知慮明 生於今而志乎古 則是在我者也 故君子敬其在己者 而不慕其在天者 小人錯其在己者 而慕其在天者 君子敬其在己者 而不慕其在天者 是以日進也 小人錯其在己者 而慕其在天者 是以日退也 故君子之所以日進 與小人之所以日退一也 君子小人之所以相縣者在此耳 (天論 28−29)

에는 생존 및 감각 추구 욕구, 이기적 욕구, 사회적 욕구 이외에 수신과 도덕성의 추구 및 실천 같은 도덕적 지향성의 욕구가 갖추어져 있다고 본다. 이 중 앞의 세 가지는 외적 조건에 의해 충족되는 것이고, 도덕적 지향성의 욕구는 자기의 수양 정도에 따라 충족의 여부가 결정되므로, 전자를 적극적으로 억제하고 후자를 적극적으로 추구함으로써, 여타의 욕구들이 도덕적 지향성의 욕구로 통합되도록 하여야 한다고 주장하는 것도 공·맹과 일치한다.[47]

인간의 감정 반응을 외적 조건에 의해 유발되는 외발적인 정서인 자아중심적 정서와 도덕적 수양의 정도 또는 도덕성 그 자체에서 유발되는 내발적인 정서인 타인·규범중심적 정서로 양분하고, 재외자인 전자는 적극적으로 억제하고 재기자인 후자는 권장함으로써, 후자의 정서가 감정 반응의 주류를 이루도록 하는 것이 바른 삶의 길이라고 본다는 사실에서도 순자의 입장은 공·맹과 일치하고 있다.[48]

《순자》에서도 지적 능력을 통해 인식하는 내용들로 인간의 본성과 역할, 인의예지 같은 도덕성, 천명과 시간 같은 자연현상, 그리고 기타 여러 가지 구체적 사실 등이 제시되고 있는데, 이 가운데 도덕적 인식에 속하는 사람의 본성·역할과 도덕성에 대한 인식은 인식 대상에 대한 언급 총 156회 가운데 76회(48.7%)에 이르고 있다. 이러한 사실은 공·맹과 마찬가지로 순자가 주장하려는 요지도 본유적인 인식 능력을

47 修身 33, 40; 榮辱 25; 王霸 11; 君道 4, 9, 21; 彊國 8, 20; 禮論 5; 性惡 7–8, 18; 大略 20.

48 勸學 4; ·修身 30; 非十二子 36, 38, 39; 儒效 11; 彊國 6; 禮論 20; 大略 21, 22; 宥坐 8; 法行 20 등.

통해 인간이 인식해야 할 핵심은 스스로가 본유적으로 갖추고 있는 도덕성의 내용들이며, 바로 여기에 도덕성이 전체 인식 내용을 통합할 수 있는 근거가 주어져 있다는 것임을 드러내는 것이다.[49]

도덕성이 다른 심성 구성 요소들을 통합할 수 있는 근거를 이렇게 지·정·의 같은 심성 요소들이 갖추고 있는 도덕적 지향성 이외에, 이러한 심성 요소들 특히 이기적·사적인 욕구와 감정의 기관인 감각기관과 도덕적 사유의 기관인 심(心)의 기능적 차이와 그 주종(主從) 관계에서 찾으려는 것은 순자도 맹자와 입장이 같다. 아니 오히려 순자는 맹자보다 이러한 관점을 더 분명히 제시하고 있다.

순자는 아름다운 색깔을 좋아하는 것, 듣기 좋은 소리를 좋아하는 것, 맛있는 음식을 좋아하는 것, 편안함을 좋아하는 것 등 생물체적 욕구와 감정 반응은 모두 눈·귀·입·피부 같은 감각기관의 기능이라고 분명히 지적한다.[50] 그는 감각기관에 의해 외부 사물을 변별해서 받아들임에 따라 좋아하거나 싫어하는 등의 감정 반응과 바라거나 피하려는 등의 욕구 반응이 나타나게 된다고 지적하고 있기도 하다.[51] 즉 감각기관은 욕구와 정서 및 일차적인 감각의 담당 기관이라는 것이다.

49 修身 37; 不苟 3, 6, 16; 榮辱 21, 23, 25, 27, 33; 非相 12; 非十二子 26, 30; 儒效 12, 13, 29, 36; 王制 10, 11, 12, 13, 15; 富國 16, 27; 君道 2, 13, 14; 議兵 19, 28; 天論 25, 36; 正論 23; 解蔽 3, 4, 7, 10, 11; 性惡 8, 13, 14, 18, 21; 成相 9, 10, 16; 大略 23, 25; 子道 17, 18; 哀公 24; 堯問 42, 43.

50 若夫目好色 耳好聲 口好味 心好利 骨體膚理好愉佚 是皆生於人之情性者也 (性惡 6)

51 何緣而以同異 日 緣天官 凡同類同情者 其天官之意物也同……形體色理 以目異 聲音清濁調竽奇聲 以耳異 甘苦鹹淡辛酸奇味 以口異 香臭芬鬱腥臊洒酸奇臭 以鼻異 疾養滄熱滑鈹輕重 以形體異 (正名 6-8)

그러나 "사람이 사람된 근거"를 이루는 변(辨)[52]과 의(義)[53]의 근거인 지(知)와 능(能)은 사람의 고유 기관인 심(心)의 기능에 속한다. 지적 인식 능력[知]이 마음[心]의 기능에 속한다는 사실은 "심은 징지(徵知)를 가지고 있어서"[54] 사람은 이 마음을 통해 비로소 도(道)를 알 수 있게 된다[55]는 순자 자신의 기술에서 단적으로 드러난다.

그런데 이 두 기관은 기본적으로 주종의 관계에 있다는 것이 순자의 관점이다. 이는 다음 진술문들에 분명히 드러나고 있다.

> 귀·눈·코·입·몸의 오관(五官)은 각각 특유하게 외부 사물에 접하여 이를 받아들일 뿐, 서로의 기능을 바꾸어 할 수는 없는데, 이를 일러 "자연적인 감각기관"[天官]이라 한다. 마음[心]은 사람의 한가운데에 자리 잡고 있어서 오관을 다스리는 것으로, 이를 일러 "자연적인 군주"[天君]라고 한다.[56]

> 마음[心]은 몸[五官]의 군주이고, 정신활동의 주인이다. 마음은 명령을 내리기는 하지만 명령을 받지는 않으며, 스스로 금하고 스스로 시키며, 스스로 빼앗고 스스로 취하며, 스스로 행하고 스스로 그친다. 그러므로 입으로 하여금 겁을 주어서 침묵하거나 말을 하도록 만들 수도 있고, 몸으로 하여금 겁을 주어서 굽히거나 펴도록 할 수도 있다. 그러나 마음은 겁을 준다고 해서 그 뜻을 바꾸지

52 人之所以爲人者……以其有辨也 (非相 9-10)

53 人有氣有生有知 亦且有義 故最爲天下貴也 (王制 20)

54 心有徵知 (正名 8)

55 人何以知道 曰 心 (解蔽 11)

56 耳目鼻口形能 各有接而不相能也 夫是之謂天官 心居中虛 以治五官 夫是之謂天君 (天論 24-25)

는 않는다. 마음은 옳다고 여기면 이를 받아들이고, 그르다고 여기면 이를 내칠 뿐이다.[57]

마음[心]이 시키지 않으면, 희고 검은 것처럼 분명한 것이 앞에 있어도 눈은 이를 보지 못하며, 옆에서 천둥이 치고 북이 크게 울려도 귀는 이를 듣지 못한다.[58]

위의 첫 인용문에서 순자는 감각기관이나 인식기관은 모두 본유적으로 갖추어져 있는 자연적인 것이긴 하지만, 후자[心]는 전자[五官]의 군주라고 표현함으로써 양자가 주종(主從)의 관계임을 분명히 하고 있다. 두 번째 인용문에서는 몸[五官]의 주인인 마음[心]은 절대적인 자율성과 능동성을 가지고 있는 주체이고, 감각기관은 이의 지배를 받는 종속체임을 밝히고 있다. 이러한 까닭에 세 번째 인용문에서 지적하고 있듯이 주체인 마음이 종속체인 감각기관의 기능 수행에 절대적인 통제력을 행사할 수 있는 것이다.

여기서 감각기관인 몸은 인식의 초기 단계[감각과 변별]의 기능을 담당하기도 하지만, 생물적 및 이기적 욕구나 자기중심적 정서의 근원이기도 하며,[59] 마음은 인식기관이기도 하지만 도덕적 지향의 욕구와 타인 및 규범 지향적 정서 곧 도덕적 정서의 근원이기도 하다[60]는 사실

57 心者形之君也 而神明之主也 出令而無所受令 自禁也 自使也 自奪也 自取也 自行也 自止也 故口可劫而使墨云 形可劫而使詘申 心不可劫而使易意 是之則受 非之則辭 (解蔽 14-15)

58 心不使焉 則白黑在前 而目不見 雷鼓在側 而耳不聞 (解蔽 2)

59 《論語》, 里仁 5; 述而 36; 顔淵 5; 子路 26; 《孟子》, 告子上 7, 15; 盡心下 24; 《荀子》, 榮辱 31, 39; 非相 8-9; 正論 29-30; 性惡 6 등.

60 《論語》, 學而 1; 雍也 28; 述而 15, 29; 顔淵 1, 4; 《孟子》, 公孫丑上 6; 盡心上

을 상기해 볼 필요가 있다. 이러한 관점에서 보면, 몸은 생물적 및 이기적 측면의 욕구와 정서 같이 악으로 흐를 가능성이 높은 심리구성체의 원천이고, 마음은 도덕적 지향의 욕구와 정서 같은 덕의 근원이 되는 심리구성체의 바탕인 것이다.

유학은 일상생활에서 스스로가 도덕 주체라는 사실에 대한 인식[도덕 인식]과 이의 일상적 실천[도덕 실천]을 도모함으로써 성덕(成德)을 지향하는 이론체계이다. 그런데 유학자들은 도덕 인식과 실천의 기관이 바로 마음[心]이고, 성덕의 과정에서 불리한 요인으로 작용하는 원천이 오관(五官)으로 대표되는 몸[감각기관]이라는 점에 의견이 일치하고 있다. 이렇게 도덕성의 인식과 실천의 기관인 마음이 욕구와 감정의 기관인 감각기관을 제어해야 한다는 유학자들의 견해는 곧바로 도덕성의 체계에 의해 욕구나 감정, 그리고 심지어는 지적 능력의 체계까지도 통제되어야 한다는 덕성우월론으로 이어진다. 곧 덕성우월론은 여기서 고찰한 바와 같이 마음과 몸[감각기관]의 관계를 주종 관계로 인식하는 입장에서 우러나오고 있다고 추론할 수 있으며, 여기에 바로 도덕성을 통해 나머지 심성의 구성 요소를 통합할 수 있는 근거가 놓여 있는 것이다.

21; 盡心下 24; 《荀子》, 正論 28-29; 大略 20 등.

3. 도덕 인식과 도덕 실천의 문제

유학은 성덕(成德)을 지향하는 사상체계로서, 이러한 성덕은 스스로에게 갖추어져 있는 도덕성을 주체적으로 인식하고 이를 일상생활의 과정에서 실천함으로써 이루어진다는 것이 유학자들의 관점이다. 이렇게 도덕적 인식과 이의 일상적 구현은 도덕 주체로서 인간이 이루어야 하는, 서로 분리할 수 없는 양 측면이라고 간주하는 것이 유학사상의 특징이다. 유학자들은 인식 없는 실행이나 실행을 전제로 하지 않는 인식은 모두 공허한 것으로 보고 배격하는 입장을 취하며, 도덕 주체인 인간에게서 이 두 측면[인식과 실행]이 통합되는 것이 바로 덕을 이루어 군자가 되는 길이라고 보는 것이다.[61]

도덕적 인식과 그 실행이 통합되어야 한다는 것은 공·맹·순으로부터 이어지는 유학의 전통이다. 이러한 사실은 다음과 같은 진술들에 잘 나타나고 있다.

> 배우고[지적 능력에 의한 인식] 그것을 항상 익히면[도덕적 행위 능력을 통한 실행] 또한 기쁘지 아니 하겠는가?[62]

> 군자가 올바른 방법으로 깊이 탐구하여 나아가는 것은 스스로 깨달아 얻고자 하는 것이다[도덕 인식]. 스스로 깨달아 도를 얻으면 이에 처하는 것이 안정되고, 그렇게 되면 도를 활용하는 데 더욱

61 김승혜, 1990; 勞思光, 1967/1986; 蔡仁厚, 1984; Nisbett, 2003; Tu, Wei-Ming, 1985.

62 學而時習之 不亦說乎 (《論語》, 學而 1)

깊이가 있게 된다[도덕 실천]. 이렇게 도를 활용하는 데 깊이가 있게 되면, 자기의 좌우 가까이에서 항상 그 근원을 파악하게 된다. 그러므로 군자는 스스로 도를 깨달아 얻고자 하는 것이다.[63]

마음으로 도[道: 인성에 본유적인 도덕성]를 인식하지 않을 수 없다. 마음으로 도를 인식하지 못하면, 도를 옳다고 받아들이지 않고, 그 대신 도가 아닌 것을 옳다고 받아들이게 될 것이다.…… 마음으로 도를 인식하게[知道] 된 다음에라야 도를 올바른 것으로 인정하여 받아들이게[可道] 되고, 도를 올바른 것으로 인정하여 받아들인 다음에라야 도덕적 실천 능력을 통해 도를 지키고[守道] 그럼으로써 도가 아닌 것을 금할 수 있게[禁非道] 되는 것이다.……이렇게 사람이 마음으로 도를 인식하여……도에 밝게 되고, 이러한 도를 실천하여 일상생활에서 행하게 되면, 도를 몸소 체현하는 사람[體道者]이 되는 것이다.[64]

위의 첫 인용문은 유학의 가장 핵심 경전인 《논어》의 첫 구절인데, 《논어》의 편집자들은 이렇게 도덕적 인식과 그 실행의 통합을 강조하는 공자의 말씀을 맨 첫 머리에 둠으로써, 공자 사상의 핵심이 도덕 인식과 실행의 통합에 있다는 사실을 드러냄은 물론, 양자의 통합을 이상적인 삶의 길로 삼아 중시하는 유학의 전통을 열고 있다. 이러한 입장을 공자는 "도(道)를 깨달아 알기만 하는 사람은 그것을 실천해 보아

63 君子深造之以道 欲其自得之也 自得之 則居之安 居之安 則資之深 資之深 則取之左右逢其原 故君子欲其自得之也 (《孟子》, 離婁下 14)

64 心不可以不知道 心不知道 則不可道 而可非道……心知道然後可道 可道然後能守道 以禁非道……人何以知道 日 心……知道察 知道行 體道者也 (《荀子》, 解蔽 10-13)

서 좋아하는 사람만 못하고, 그것을 좋아하기만 하는 사람은 그것을 체현하여 즐기는 사람만 못하다"[65]고 표현하기도 하여, 사람이 해야 할 일 곧 도덕성의 인식과 실행이 통합되어야 함을 역설하고 있다.

두 번째 인용문에서 맹자는 이상적 인간상인 군자가 되는 길은 도의 인식과 이의 일상적 실천에 있음을 분명히 하고 있다. 그는 유명한 호연지기론(浩然之氣論)에서 도를 깨달아 인식하는 일[明道]과 이를 일상생활에서 실행하는 일[集義]의 조화[配義與道], 곧 도덕 인식과 실행의 통합을 군자가 되는 핵심이라고 여기는 입장을 명백히 밝히고 있다.[66]

세 번째 인용문에서 순자는 도덕 인식과 실천의 통합을 통해 도와 일체를 이루게 된다[體道]고 진술한다. 이 인용문에서 "도를 인식하고, 옳은 것으로 받아들이는 일"[知道·可道]은 "도를 인식하여 밝게 깨달은 상태"[知道察]에 해당하고, "도를 지키고, 도 아닌 것을 금하는 일"[守道·禁非道]은 "인식한 도를 실행하는 상태"[知道行]에 해당하는 것이다. 그러니까 도의 인식[察道]은 도를 인식하여 옳은 것으로 받아들이는 일을 말하고, 도의 실행[行道]은 도를 지키고 도 아닌 것을 금하는 일을 말하는 셈이다. 이러한 도덕적 인식 능력과 도덕적 행위 능력의 관계에 대해 순자는 "도를 알기만 하는 것은 이를 행하는 것만 못하다. 배움이란 배운 것을 실제로 행하는 데에서 끝나는 것이다. 이렇게 배운

65 知之者不如好之者 好之者不如樂之者 (《論語》, 雍也 18)

66 敢問浩然之氣 曰 難言也 其爲氣也 至大至剛 以直養而無害 則塞于天地之間 其爲氣也 配義與道 無是 餒也 是集義所生者 非義襲而取之也 行有不慊於心 則餒矣 (《孟子》, 公孫丑上 2)

것을 행하면 밝게 통하게 되고, 밝게 통하면 성인이 된다"[67]고 하여, 도덕적 인식은 그 실천을 위한 도구일 뿐임을 분명히 하고 있다.

이상에서 보듯이, 유학사상에서는 도덕적 인식과 실행은 서로 분리하여 생각할 수 없으며, 양자의 통합이 이상적 인간이 되는 지름길이라고 본다. 유학의 학문적 목표는 태어날 때부터 사람에게 본유적으로 갖추어져 있는 도덕성을 인식하고 이를 일상생활에서 실천함으로써 "덕을 이루는 일"[性德]에 있다. 이러한 배경에서 유학자들은 도덕 인식과 도덕 실천이 하나로 결합되어야 이상적 인간상인 군자의 상태에 도달할 수 있다고 보아, 지행합일(知行合一)을 줄기차게 강조해 왔던 것이다. 그렇다면, 도덕 인식과 도덕 실천의 관계는 어떻게 정립할 수 있는가? 해야 할 일에 대한 인식이 먼저 이루어진 다음에라야 이를 행동으로 옮길 수 있는 것인가? 아니면 행동적 실천을 먼저 한 다음에라야 확고한 인식에 도달할 수 있는 것인가?

여기에서는 이러한 문제에 대해 유학자들의 교육론을 중심으로 하여 고찰해 보기로 하겠다. 동·서를 통털어 유학보다 교육을 중시하고 있는 사상체계도 찾아보기 힘들 것이다. 공자는 스스로를 "배우기를 좋아하는 사람"[好學者][68] 및 "가르치기를 게을리 하지 않는 사람"[誨人不倦者][69]이라고 자평하여, 가르치고 배우는 일의 중요성을 강조하고 있다. 《논어》는 "배우고 항상 이를 익히면, 또한 기쁘지 아니 하겠

67 知之不若行之 學至於行之而止矣 行之明也 明之爲聖人 (《荀子》, 儒效 33)

68 子日 十室之邑 必有忠信如丘者焉 不如丘之好學也 (《論語》, 公治長 27)

69 子日 若聖與仁 則吾豈敢 抑爲之不厭 誨人不倦 則可謂云爾已矣 (述而 33)

는가?"[70]라고 하여, 배움[學]이란 말로 시작되고 있다. 교육을 강조하는 공자의 입장은 맹자와 순자에게 있어서도 마찬가지이다. 맹자는 "천하의 꽃다운 재주꾼들을 얻어서 이들을 가르치는 일은 군자의 세 가지 즐거움 가운데 하나로서, 천하를 지배하고 다스리는 일은 군자의 즐거움에 들지 못한다"[71]고 진술하여, 교육을 왕천하(王天下)하는 일보다 높이 평가하고 있다. 순자도 그의 저술인 《순자》의 첫머리를 "배움이란 멈출 수 없는 것"[72]이라는 말로 시작함으로써, 교육은 완성된 인격체인 성인이 되는 과정으로서 잠시라도 버려둘 수 없는 것임을[73] 강조하고 있다.

이러한 선진(先秦)유학자들의 관점은 성리학(性理學)자들에게로 그대로 이어지고 있다.[74] 조선조의 성리학자들도 교육을 중시하고, 제자들을 널리 모아 교육하는 일을 자신들의 사명으로 여겼다. 조선조의

70 子曰 學而時習之 不亦說乎 (學而 1)

71 孟子曰 君子有三樂而王天下不與存焉 父母俱存 兄弟無故 一樂也 仰不愧於天 俯不怍於人 二樂也 得天下英才而敎育之 三樂也 君子有三樂而王天下不與存焉 (《孟子》, 盡心上 20)

72 君子曰 學不可已 (《荀子》, 勸學 1)

73 學惡乎始 惡乎終 曰 其數則始乎誦經 終乎讀禮 其義則始乎爲士 終乎爲聖人 眞積力久則入 學至乎沒而後止也 故學數有終 若其義則不可須臾舍也 爲之人也 舍之禽獸也 (勸學 12)

74 성리학의 완성자인 주희는 제자인 유청지(劉淸之)와 함께 유학 최고의 아동교육서인 《소학(小學)》을 편찬하였다. 그는 또한 본래 《예기》 49편 중 제42편으로 들어있던 《대학(大學)》을 제31편이던 《중용(中庸)》과 함께 따로 떼어내 《논어》 및 《맹자》와 묶어 사서(四書)로 합편하여 높임으로써, 유학 최고의 경전으로 받아들여지게 하였다. 그는 《대학장구(大學章句)》와 《대학혹문(大學或問)》 등을 저술하여, 《대학》을 군자지학(君子之學)의 기본 교재로 존숭함으로써, 이를 성인교육서의 핵심 교재로 삼았다. 이렇게 주희는 이후 유학자들이 유학의 가장 중핵적인 교재로 받아들이는 아동교육서와 성인교육서를 편찬함으로써 교육의 중요성을 부각시켰던 것이다.

성리학자들이 교육을 얼마나 중시하였는지에 대해서는 사립교육기관인 서원(書院)의 설립이 조선조에 성행하였다는 사실에서도 드러난다. 서원은 선현(先賢)에 대한 제사라는 기능 이외에도, 과거시험에 대비하는 기능과 선현의 저술을 탐구하는 기능, 즉 교육기능을 수행하였던 오늘날의 사립대학과 같은 곳이다.[75]

그런데 선진유학과 그 후예인 성리학은 교육을 도덕 인식[知]과 실천[行]을 목표로 삼아 이상적 인간이 되는 길의 핵심으로서 강조하였다는 점에서는 공통적이지만, 교육의 순서[知行의 先後 관계]에 관해서는 약간의 입장의 차이를 보이고 있다. 이제 선진유학과 성리학의 교육 순서에 대한 관점의 차이를 중심으로 하여, 유학자들이 제시하는 도덕 인식과 도덕 실천 사이의 관계의 문제에 대해 고찰해 보기로 하겠다.[76]

1) 선진유학과 성리학의 관점의 차이: 선지후행(先知後行)과 선행후지(先行後知)

유학자들은 도의 인식과 실천을 교육의 목표로 잡고 제자들을 가르쳐 왔는데, 선진(先秦) 시대에는 아직 정형화된 교재가 없었다. 이 시대에는 특히 아동교육의 교재에 대한 기록은 보이지 않는다. 이 시대에는 대체로 스승과 제자의 문답과 《시경(詩經)》과 《서경(書經)》 등의 경

75 Deuchler, M., 1992/2003, p. 25: 高宗 8년(1870년) 大院君에 의해 철폐된 서원의 수가 600여 개소나 되었다(震檀學會 편, 1967, 《韓國史: 朝鮮後期篇》, pp. 383-384)는 사실은 조선 시대에 서원이 얼마나 성행하였는지 알 수 있게 한다.

76 이 절의 앞 부분은 졸저(조긍호, 2017, pp. 518-550)의 앞 부분(pp. 518-537)의 내용을 거의 그대로 옮겨왔다.

서를 위주로 하는 성인교육이 교육의 위주였던 듯하며,[77] 도덕 인식을 우선하는 경향을 띠었던 것으로 추정된다.

아동교육의 교재인 《소학(小學)》이 편찬된 것은 남송(南宋, 1127-1270) 시대 성리학자인 주희(朱熹)와 유청지(劉淸之)에 의해서였다. 이후 성리학자들은 이를 아동교육서로 중시했으며, 15세 이후의 성인교육에는 《대학(大學)》을 비롯한 유학의 경전을 교재로 삼았다. 주희는 《소학》에 붙인 〈소학제사(小學題辭)〉에서 "《소학》의 교육 방법은 물 뿌리고 쓸며, 부름에 응하고 물음에 답하는 것, 그리고 집에 들어와서는 효도하고 밖에 나가서는 공손한 것 같은 일상적 행실이 조금도 예의에 어긋남이 없게 하고자 하는 데에 있다. 그리고 나서도 남는 힘이 있으면 시를 외우고 책을 읽으며 노래와 춤을 통해 음악을 배워, 생각이 바른 도리에서 벗어나지 않도록 해야 한다"[78]고 하여, 아동교육에 있어서 학문을 하는 것은 나중의 일이고, 우선은 일상생활의 예절을 몸 가까이에서 익히고 실행하는 일부터 시작해야 한다고 진술하고 있다. 즉 먼저 예의를 익히고 실천한 다음에, 그러고도 남는 힘이 있으면 이러한 실천의 바탕 위에서 그 이치와 이를 실천해야 하는 까닭에 대한 이해를 도모해야 한다는 것이 교육의 순서에 대한 주희의 입장이다. 이러한 맥락에서 성리학자들은 《소학》을 모든 교육이 시작되는 출발점으로 중시함으로써, 도덕 실천을 우선시하는 입장을 드러내었다.[79]

---

77 子所雅言 詩書執禮 皆雅言也 (《論語》, 述而 17)

78 小學之方 灑掃應對 入孝出恭 動罔或悖 行有餘力 誦詩讀書 詠歌舞蹈 思罔或逾 (《小學》, 小學題辭)

79 선진유학과 성리학의 교육에 대한 입장의 같은 점과 차이점에 대해서는 졸저(조긍호, 2012, pp. 636-673) 참조.

(1) 선진유학의 관점: 선지후행(先知後行)

선진유학자들은 대체로 선지후행(先知後行)의 입장을 견지하고 있었던 것으로 보인다. 《논어》에서 자하(子夏)는 "널리 글을 배우고[博學], 뜻을 독실하게 하며[篤志], 절실하게 묻고[切問], 자기 몸 가까이에서 생각하는[近思] 일"[80]을 교수 및 학습의 방법으로 제시하고 있다. 여기서 "박학"(博學)과 "절문"(切問)은 도의 인식과 관련되는 교육 방법이고, "독지"(篤志)와 "근사"(近思)는 도의 실천과 관련되는 교육 방법이라 볼 수 있다. 이러한 자하의 관점은 공자의 "박문약례"(博文約禮)의 교육 방법을 그대로 표현한 것이다.

> 공자께서 "군자가 글을 널리 배우고[博學於文], 예로써 자기 몸을 단속한다면[約之以禮], 또한 도에 어긋나지 않을 것이다"라고 말씀하셨다.[81]

이 인용문에서 글을 널리 배우는 "박문"(博文)은 자하의 "박학"과 "절문"에 해당되고, 예로써 몸을 단속하는 "약례"(約禮)는 "독지"와 "근사"에 해당하는 것으로 볼 수 있다. 그러므로 이는 도의 인식은 "박문"의 방법으로 이루고, 도의 실천은 "약례"의 방법을 통해 이루어야 함을 말하고 있는 것이라 해석할 수 있다. 주희는 이 인용문에 대한 주석에서 정자의 말을 인용해 "널리 글을 배웠다고 해도 예로써 몸을 단속하지 않으면, 산만하여 기준이 없게 된다. 그러므로 널리 배운 뒤에 또 능

---

80 子夏曰 博學而篤志 切問而近思 仁在其中矣 (《論語》, 子張 6)

81 子曰 君子博學於文 約之以禮 亦可以弗畔矣夫 (雍也 25; 顔淵 15)

히 예를 지켜 행위 규범[規矩]을 따르면, 또한 도에 위반되지 않게 될 것이다"[82]고 진술하여, "박문"은 도의 인식을 위한 방법이고, "약례"는 도의 실천을 위한 방법이라는 사실을 분명히 하고 있다.

이렇게 공자가 "박문"과 "약례" 두 가지를 교육의 방법으로 강조하였다는 사실은 공자가 가장 아꼈던 제자인 안연(顔淵)의 다음과 같은 공자에 대한 평가에서 잘 드러난다.

> 안연이 크게 탄식하여……"선생님께서는 차근차근히 사람을 잘 이끄시어, 글로써 나의 지식을 넓혀주시고[博我以文], 예로써 나의 몸을 단속하게 해주셨다[約我以禮]"고 말했다.[83]

주희는 《논어집주》에서 "박문약례(博文約禮)는 가르침의 순서를 말한 것이다. 공자의 도가 비록 높고 묘하나, 사람에게 가르치는 데에는 순서가 있는 것이다"[84]라고 풀이하여, "박문"을 통해 도를 인식한 후에 "약례"를 통하여 도의 실천을 도모하는 것이 공자가 제시하는 교육의 순서라고 진술하고 있다.

맹자는 "학문의 도는 다른 것이 아니라, 그 놓쳐 버린 본심을 찾는 것[求放心]일 뿐"[85]이라고 하여, 교육이란 인간이 갖추고 있는 측은·수오·사양·시비지심[四端]같은 본유적인 도덕성을 회복하는 일이라 보고 있다. 그는 "보통 사람은 사람과 동물의 차이의 근거인 이러한 도덕

---

82 程子曰 博學於文而不約之以禮 必至於汗漫 博學矣 又能守禮而由於規矩 則亦可以不畔道矣 (《論語集註》)

83 顔淵喟然嘆曰……夫子循循然善誘人 博我以文 約我以禮 (子罕 10)

84 博文約禮 敎之序也 言夫子道雖高妙 而敎人有序也 (《論語集註》)

85 學問之道無他 求其放心而已矣 (《孟子》, 告子上 11)

성을 놓쳐 버리고 말지만, 군자는 이를 잘 간직함으로써 사람의 도를 잘 깨달아, 이를 일상생활에서 자연스럽게 실행할 수 있다"[86]고 하여, 도덕성의 회복은 도의 인식과 그 실천을 목적으로 하는 것임을 분명히 하고 있다. 이러한 도의 인식과 실천을 위해 필요한 교육의 방법에 대해 맹자는 다음과 같이 간략하게 진술하고 있다.

> 맹자는 "널리 배우고 상세히 가르침은 장차 돌이켜 몸을 단속해야 함을 알게 하기 위해서이다"라고 말하였다.[87]

이 인용문에서 드러나고 있듯이, 맹자도 공자와 마찬가지로 교육의 방법을 널리 자세히 배우는 "박학"(博學)과 자기 몸에 돌이켜 단속하는 "반약"(反約)에서 찾고 있으며, 그 순서는 "박학"이 우선이고 "반약"은 그에 이어지는 것으로 진술하고 있다. 맹자가 교육의 순서를 도의 인식을 우선으로 하고 도의 실천을 그에 따르는 것으로 잡고 있다는 사실은, 그가 "군자가 올바른 방법으로 깊이 탐구하여 나아가는 것은 도를 깨달아 얻고자 하는 것인데[도의 인식], 우선 도를 깨달아 인식하고 나면 후에 이에 처하는 것이 안정되고 또 이를 활용하는 데[도의 실천] 깊이가 있게 된다"[88]고 진술하고 있다는 점에서 잘 드러나고 있다. 이렇게 맹자도 공자와 같이 "선지후행"(先知後行)을 교육의 순서로 제시하고 있는 것이다.

---

86 孟子曰 人之所以異於禽獸者幾希 庶人去之 君子存之 舜明於庶物 察於人倫 由仁義行 非行仁義也 (離婁下 19)

87 孟子曰 博學而詳說之 將以反說約也 (離婁下 15)

88 君子深造之以道 欲其自得之也 自得之 則居之安 居之安 則資之深 (離婁下 14)

순자는 교육의 목표를 도를 밝게 인식하고[察道] 이를 일상생활에서 실천하여[行道] 도를 체득한 사람[體道者]이 되는 일에서 찾고 있는데,[89] 이러한 교육의 방법과 순서에 대하여 《순자》 첫머리인 〈권학편(勸學篇)〉에서 비교적 자세하게 언급하고 있다. 그가 제시하는 교육의 방법은 널리 배우는 "박학"(博學)과 배운 바를 자기에게 참험(參驗)하여 살펴보는 "참기"(參己)이다.

> 군자는 널리 배우고[博學], 배운 바를 매일 자기 몸에 참험하여 살펴보아야 한다[參己]. 그렇게 되면 도덕 인식이 밝아지고[知明] 행실에 잘못이 없게 된다[行無過].[90]

여기서 박학은 도덕 인식이 밝아지는[知明] 효과를 가져오는교육 방법이고, 참기는 행실에 잘못이 없게 되는[行無過] 효과를 가져오는 교육 방법이다. 즉 도덕 인식을 위한 교육 방법이 곧 "박학"이고, 도덕 실천을 위한 교육 방법이 곧 "참기"인 것이다.

순자는 이러한 "박학"을 통한 도의 인식과 "참기"를 통한 도의 실천이라는 교육의 두 가지 목표에 분명한 순서를 부여하고 있다. 도의 인식이 도의 실천보다 선행되어야 한다는 것이다. 이러한 순자의 관점은

89 知道察 知道行 體道者也 (《荀子》, 解蔽 13)

90 君子博學 而日參省乎己 則智明而行無過矣 (勸學 2): 王先謙(1891)의 《荀子集解》에 인용된 俞樾은 본문 중 省乎 두 글자는 본래는 없었던 것으로, 후대인들이 參을 三으로 읽어 《論語》 學而 4장의 吾日三省吾身에 의거하여 잘못 첨가한 것으로 보고 있다. 따라서 그는 參을 驗의 뜻으로 보아, 參己를 "자기에게 참험하여 살펴본다" 또는 "자기에게 비추어 살펴본다"의 의미로 풀이하고 있다. 또한 그는 智도 知의 오자로 보아 智明을 知明으로 풀이하고 있다. 여기서는 이러한 俞說을 따랐다.

다음 인용문에 분명히 제시되고 있다.

> 그러므로 마음으로 도를 인식하지 않을 수 없다. 마음으로 도를 인식하지 못하면, 올바른 도를 옳은 것으로 여겨 선택하지 못하게 되고 그 대신 도가 아닌 것을 옳다고 여겨 선택하게 된다. 자기가 마음대로 하고 싶다고 해서, 자기가 옳다고 여기지 않는 것을 지키기 위해, 옳다고 여기는 것을 하지 않으려고 할 사람이 누가 있겠는가?……마음으로 도를 밝게 인식한[知道] 다음에라야 도를 옳은 것으로 여겨 선택하게 되고[可道], 도를 옳은 것으로 여겨 선택한 후에야 비로소 도를 지킴으로써[守道] 도 아닌 것을 하지 않을 수 있게[禁非道] 되는 것이다.[91]

이 인용문에서 순자는 도의 인식과 선택[知道·可道]은 도의 실천[守道·禁非道]의 선행 조건이라는 명확한 입장을 드러내고 있다. 그러므로 도의 인식[察道]을 위한 "박학"(博學)은 도의 실천[行道]을 위한 "참기"(參己)보다 선행해야 하는 교육 방법인 것이다.

그러나 도의 인식이 그 실천보다 선행되어야 한다고 보는 순자의 관점이 이 둘의 분리를 의미하는 것은 아니다. 다만 도의 실천은 이에 대한 명확한 인식의 바탕 위에서 이루어져야 한다고 볼 뿐이다. 순자는 "군자의 배움은 귀로 들어와 마음에 꼭 달라붙어 온몸에 퍼지고, 일상생활의 실천으로 드러나……모두 행위의 규범으로 작용하게 되지만, 소인의 배움은 귀로 들어와 곧바로 입으로 나가버리고 마니……어찌

---

91 故心不可以不知道 心不知道 則不可道 而可非道 人孰欲得恣 而守其所不可 以禁其所可……心知道 然後可道 可道然後能守道 以禁非道 (解蔽 10-11)

사람의 몸을 아름답게 할 수 있겠는가?"[92]라고 진술하여, 도덕 인식은 그 실천의 전제일 뿐 그 자체가 목표가 될 수는 없음을 분명히 하고 있는 것이다.

이상에서 드러나고 있듯이, 공자·맹자·순자 같은 선진유학자들은 도의 인식을 위한 교육 방법으로 널리 가르치고 배우는 일[博文·博學]을 들고 있고, 도의 실천을 위한 교육 방법으로 자기 몸의 단속[約禮·反約·參己]을 들고 있다. 또한 그들은 도의 인식이 도의 실천보다 선행되어야 할 교육의 목표라는 "선지후행"(先知後行)을 교육의 원칙으로 삼는 공통성이 있는 것이다.

(2) 성리학자들의 관점: 선행후지(先行後知)

조선조의 성리학자들은 이기적 욕구에 물든 인심(人心)을 버리고[遏人欲], 천리를 간직한 도심(道心)을 지향해 나가는 것[存天理]이 사람의 할 일이라고 보고, 이러한 알인욕(遏人欲)·존천리(存天理)가 마음을 다잡는 공부의 목표가 된다고 보고 있다. 이러한 사실을 지적하여 퇴계(退溪)는 다음과 같이 지적하고 있다.

> 대체로 마음을 다잡는 공부, 곧 심학(心學)의 방법은 비록 많지만, 그 요점을 종합해서 말하면, 사람의 욕구를 억제하고[遏人欲] 천리를 보존하는[存天理] 두 가지에 불과하다.[93]

92 君子之學也 入乎耳 箸乎心 布乎四體 形乎動靜……一可以爲法則 小人之學也 入乎耳 出乎口……曷足以美七尺之軀哉 (勸學 13-14)

93 大低心學雖多端 總要而言之 不過遏人欲存天理兩事而已 (《退溪全書 二》, 書, 答李平叔 259): 이는 成均館大學校 大東文化硏究所 간(1997) 《退溪全書》 제2권의

여기서 사람의 욕구를 버리고 천리를 보존하는 것은 일상적으로 도를 실천하는 일[居敬]과 도의 원천을 강구하여 인식하는 일[窮理]을 통해 이루어진다는 것이 조선조 성리학자들의 주장이다. 퇴계는 이를 "만일 사람의 욕구에 물드는 폐단을 면하려고 하면 다른 데 기대어 구하려 하지 말고, 오직 온 힘을 다하여 거경(居敬)과 궁리(窮理)의 공부에 힘을 쓰면 된다"[94]고 표현하고 있다.

그런데 도의 인식을 위한 공부인 "궁리"는 도의 실천 공부인 "거경"의 기초 위에서 이루어져야 한다는 것이 성리학자들의 한결같은 입장이다. "경(敬)은 마음의 주재로서, 온갖 일의 근본이 되는 것"[95]이어서, "경은 성인이 되고자 하는 학문[聖學: 유학을 가리킴]의 처음이자 마지막"[96]이 되는 요체라는 데에 퇴계와 율곡(栗谷) 등 조선조 성리학자들의 생각이 일치하고 있다. 경 상태에 머물러 도를 실천하는 "거경"은 사물의 이치를 깊이 탐구하는 "궁리"의 근본이 되기도 하기 때문에,[97] 거경

書 중 答李平叔의 p. 259를 가리킨다. 앞으로 退溪의 인용은 이 예를 따른다.

94 如欲免此 亦不待他求 惟十分勉力於窮理居敬之工 (《退溪全書 一》, 書, 答李叔獻 359)

95 敬者一心之主宰 而萬事之本根也 (《退溪全書 一》, 聖學十圖, 大學圖 203); 蓋心者一身之主宰 而敬又一心之主宰也 (《退溪全書 一》, 聖學十圖, 心學圖說 208); 爲學莫如先立其主宰 曰 何如可以能立其主宰乎 曰 敬可以立主宰 (《退溪全書 四》, 言行錄一, 論持敬 175)

96 敬爲聖學之始終 豈不信哉 (《退溪全書 一》, 聖學十圖, 敬齋箴 210); 敬之一字 豈非聖學始終之要也哉 (《退溪全書 一》, 聖學十圖, 大學圖 203); 敬者聖學之始終也 (《栗谷全書 一》, 聖學輯要, 修己上, 收斂章 431): 이는 成均館大學校 大東文化研究所 간(1971) 《栗谷全書》 제1권의 聖學輯要 중 修己上篇의 收斂章 p. 431을 가리킨다. 앞으로 栗谷의 인용은 이 예를 따른다.

97 敬以爲主 而事事物物 莫不窮其所當然與其所以然之故……至如敬以爲本 而窮理以致知 反躬以踐實 此乃妙心法 而傳道學之要 (《退溪全書 一》, 疏, 戊辰六條疏 185-186); 持敬是窮理之本 未知者 非敬無以知 (《栗谷全書 一》, 聖學輯要, 修己

은 성학(聖學)의 처음이자 마지막이 된다는 것이다. 이러한 사실을 율곡은 주자와 정자를 인용하면서 다음과 같이 단언하고 있다.

> 경(敬)은 성학의 처음이자 마지막이 되는 요체이다. 주자(朱子)는 "경 상태를 간직하는 것은 사물의 이치를 탐구하는 궁리의 근본이다. 아직 도를 깨닫지 못한 사람이 경 상태를 말미암지 않고 도를 깨달을 수는 없다"고 하였으며, 정자(程子)는 "도에 들어가는 데에는 경만한 것이 없다. 사물의 이치를 모두 깨달은[致知] 사람치고 경 상태에 머물지 않았던 사람은 없었다"고 말하였다. 이는 경이 배움의 처음이 됨을 말한 것이다. 또한 주자는 "이미 도를 깨우친 사람은 경을 말미암지 않고는 도를 간수할 수 없다"고 하였으며, 정자는 "경과 의가 이루어져야 덕이 외롭지 않게[德不孤] 되는데, 성인까지도 또한 경에 머무르실 뿐이었다"고 말하였다. 이는 경이 배움의 마지막이 됨을 말한 것이다.[98]

이 인용문에서 명백하게 드러나듯이, "거경"을 통한 도의 실천은 "궁리"를 통한 도의 인식보다 우선해야 할 일이라는 것이 율곡의 주장이다. 이러한 근거에서 그는 《성학집요(聖學輯要)》를 찬술하면서 《소학》 공부의 효과에 해당하는 〈수렴장(收斂章)〉[마음을 다잡아 일상생활

上, 收斂章 431); 大抵敬字 徹上徹下 格物致知 乃其間節次進步處 又曰 今人皆不肯於根本上理會 如敬字只是將來說 更不做將去 根本不立 故其他零碎工夫無湊泊處 (《栗谷全書 一》, 聖學輯要, 修己上, 收斂章 433-434)

98 敬者聖學之始終也 故朱子曰 持敬是窮理之本 未知者 非敬無以知 程子曰 入道莫如敬 未有能致知而不在敬者 此言敬爲學之始也 朱子曰 已知者 非敬無以守 程子曰 敬義立而德不孤 至于聖人亦止如是 此言敬爲學之終也 (《栗谷全書 一》, 聖學輯要, 修己上, 收斂章 431)

에서 실천해야 함을 역설한 장]을 《대학》 공부에 해당하는 〈궁리장(窮理章)〉[도의 인식을 강조한 장]의 앞에 배치하여,[99] 도의 실천을 그 인식보다 중시하는 입장을 드러내고 있다.

여기서 도의 인식을 위한 교육 또는 학습의 방법으로서의 "궁리"는 공자가 말하는 "박문"과 맹자 및 순자가 말하는 "박학"과 같은 것이고, 도의 실천을 위한 학습의 방법으로서의 "거경"은 공자가 말하는 "약례"와 맹자의 "반약" 및 순자의 "참기"와 같은 것이라 볼 수 있다. 그러나 조선조 성리학자들의 "거경"은 "궁리"의 근본이기도 하다는 점에서 "약례·반약·참기"에 국한되는 것으로 보기는 힘들고, "박문·박학"도 "거경"을 위주로 하여야 하는 것으로 보아야 할 것이다. 이러한 점에서 성리학자들은 도덕 실천이 도덕 인식보다 선행하여야 한다는 "선행후지"(先行後知)의 입장을 견지하는 것으로 보인다.

그러나 그렇다고 해서, 도덕 실천만을 위주로 한다거나 도덕 인식은 뒤로 미루어도 된다고 성리학자들이 주장하고 있는 것은 아니다. 양자는 비록 선후는 있지만, 함께 진행되어야 하는 것이다. 퇴계는 이러한 사실을 다음과 같이 진술하고 있다.

> 경을 근본으로 하여 궁리함으로써 완전한 도덕 인식에 이르고, 경을 근본으로 하여 자기 몸을 돌이켜 봄으로써 실천함에 이르는 일, 이것은 마음을 다잡는 법을 이루고 도학을 세상에 퍼뜨리는

99 《聖學輯要》에는 〈總說篇〉 다음에 〈修己上篇〉이 나오는데, 〈修己上篇〉에는 立志章, 收斂章, 窮理章이 순서대로 배치되어 있다. 김경호(2008, pp. 280−290)는 율곡의 공부 순서에 관한 입장은 그가 《聖學輯要》를 저술한 40세(1575년) 이전과 이후가 다르다고 본다. 40세 이전에는 "궁리 → 거경 → 역행"이었다가 《聖學輯要》 이후에 "거경 → 궁리 → 역행"으로 입장이 변화하였다는 것이다.

> 요체이다.……도를 진정으로 깨닫는 일[眞知]과 이를 실제로 실행하는 일[實踐]은 차의 두 바퀴와 같아 하나라도 없어서는 안 된다. 이는 마치 사람의 두 다리가 서로 의지하여 앞으로 나아갈 수 있는 것과 같은 것이다. 그러므로 정자는 "완전한 도덕 인식에 이른 사람치고 경 상태에 머물지 않았던 사람은 없었다"고 말하였고, 주자는 "몸소 실천하는 공부를 하지 않으면 또한 궁리하는 공부도 없다"고 하였다. 이것은 이 두 가지 공부는 합해서 말하면 서로 처음과 끝이 된다는 것이고, 나누어서 말하면 각각이 또 처음과 끝을 가지고 있다는 말이다.[100]

이 인용문에서 퇴계는 거경(居敬)은 궁리(窮理)를 통한 치지(致知) 곧 도의 인식과 역행(力行)을 통한 도의 실천의 바탕이 됨을 분명히 하고 있다. 즉 "도를 인식하는 치지의 방법과 도를 실천하는 역행의 공부는 경 상태에 머무르는 거경에서 시작된다고 말할 수 있다"[101]는 것이 퇴계의 입장인 것이다. 그러므로 성리학자들의 교육 방법을 단순히 "거경·궁리"라고 하기보다는 "거경"을 위주로 한 "치지"와 "역행"이라고 보는 것이 옳을 것이다.[102]

100 至如敬以爲本 而窮理以致知 反躬以實踐 此乃妙心法 而傳道學之要……抑眞知與實踐 如車兩輪 闕一不可 如人兩脚 相待互進 故程子曰 未有致知而不在敬者 朱子曰 若躬行上未有工夫 亦無窮理處 是以二者之功 合而言之 相爲始終 分而言之 則又各自有始終焉 (《退溪全書 一》, 疏, 戊辰六條疏 186)

101 其於致知之方 力行之功 亦可謂其始矣 (《退溪全書 一》, 疏, 戊辰六條疏 185)

102 신동은(2002, pp. 18–43)은 敬, 知, 行을 성리학의 세 가지 교육 영역이라고 제시하여 居敬을 致知 및 力行과 동급에 놓고 있으나, 위의 인용문들에서 보면 居敬은 致知와 力行의 바탕이 되는 준비상태 또는 기본이고, 致知와 力行은 그 바탕 위에서 이루어지는 교육 활동 또는 삶의 양식이라고 보는 것이 옳을 듯하다.

율곡도 《성학집요》의 첫머리인 〈수기장(修己章)〉의 총론(總論) 말미에 "몸을 닦는 공부는 거경과 궁리와 역행의 세 가지에서 벗어나지 않는다"[103]고 말하면서, 《격몽요결(擊蒙要訣)》의 〈지신장(持身章)〉에서는 이 삼자의 관계에 대해 "삼가 몸가짐을 바르게 하는 거경으로 그 근본을 삼고, 이치를 궁구하는 궁리를 통해 착한 본성을 밝게 깨달으며, 힘써 실행하는 역행을 통해 그 실상을 실천해야 한다"[104]고 하여, "거경"을 "궁리"와 "역행"의 바탕으로 보고 있다.[105]

이렇게 퇴계와 율곡은 "거경"을 위주로 하여 "치지" 또는 "궁리"와 "역행"을 이루어야 한다고 보았다. 여기서 "거경"도 도덕 실천의 한 양태라고 본다면, 이는 "거경 → 치지(궁리) → 역행"의 순서, 곧 "행 → 지 → 행"의 부단한 순환과정을 언급한 것이라고 볼 수 있다.[106] 즉 단순한 "선행후지"가 아니라, "선행후지이우행"(先行後知而又行)이 성리학자들의 본 뜻이라 할 수 있다. 이를 중간 이전에서 끊어보면 "선행후지"이지만, 중간 이후로 끊으면 "선지후행"이 될 것이다. 이렇게 조선조 성리학자들은 도덕 인식과 도덕 실천의 상호의존성을 주장하고 있

103 修己之功 不出於居敬窮理力行 (《栗谷全書 一》, 聖學輯要, 修己上, 總論 428)

104 居敬以立其本 窮理以明乎善 力行以踐其實 (《栗谷全書 一》, 擊蒙要訣, 持身章 84)

105 栗谷은 제자들과의 문답에서 이러한 사실을 거듭 밝히고 있다. 예를 들면 問 輯要存德性道問學章下通論曰 居敬窮理力行三者 於此章略發其端 愚意以爲尊德性兼居敬力行 而道問學只是窮理也 曰 然 力行兼於尊德性中矣 窮理則專屬於道問學 (《栗谷全書 二》, 語錄上 240) 및 問 輯要所論居敬窮理力行三者 似未明白 曰 尊德性是居敬 博學於文是窮理 約之以禮是力行 但約禮於力行意似未足 (《栗谷全書 二》, 語錄上 255) 같은 데에서 栗谷의 이러한 입장이 잘 드러나고 있다.

106 陳來, 1987/2008, p. 366.

는 것이다. 이러한 관점은 퇴계의 다음 서간문에 잘 드러나 있다.

> 내가 가만히 살펴보건대, 지(知)와 행(行) 두 가지는 마치 차의 두 바퀴나 새의 두 날개와 같아서 서로 선후(先後)가 되고 서로 경중(輕重)이 되는 것이다. 성현의 말씀에는 "먼저 깨닫고 나서 나중에 행해야 할 것"[先知而後行者]도 있고……"먼저 행하고 나서 나중에 깨달아야 할 것"[先行而後知者]도 있는 법이다.……이러한 것들은 너무 많아 이루 다 열거할 수 없을 정도이다. 그러나 먼저 깨달을 것이라고 해서 그것을 완전히 깨달은 다음에라야 비로소 행해야 하는 것이 아니고, 먼저 행해야 할 것이라고 해서 그것을 완전히 행하고 난 다음에라야 비로소 깨닫게 되는 것도 아니다. 이치를 처음 깨닫기 시작할 때부터 완전한 깨달음에 이르러 그칠 때까지, 그리고 처음 행하기 시작할 때부터 그칠 곳을 알아 그만둘 때까지, 지와 행은 항상 서로 의뢰하고 함께 나아가야 하는 것이다.[107]

퇴계가 이 편지에서 "먼저 깨닫고 나서 나중에 행해야 할"[先知而後行者] 성현의 말씀으로 꼽고 있는 대표적인 것이 《대학》이고, "먼저 행하고 나서 나중에 깨달아야 할"[先行而後知者] 대표적인 것이 《중용(中庸)》이다. 《소학》은 아마도 이 후자에 속할 것인데,[108] 퇴계는 "선《소

---

107 竊意知行二者 如兩輪兩翼 互爲先後 相爲輕重 故聖賢之言 有先知而後行者……有先行而後知者……似此甚多 不可勝擧 然先知者 非盡知而後始行也 先行者 非盡行而後始知也 自始知至知至至之 始行至知終終之 貫徹相資而互進也 (《退溪全書 一》, 書, 答李剛而問目 521)

108 養德性而立根本 在乎小學 廣規模而達幹支 在乎大學 (《退溪全書 二》, 記, 開寧鄉校聖殿重修記 368)

학》·후《대학》"(先小學後大學)을 공부의 순서로 제시하였다[109]는 점에서, 퇴계와 율곡 같은 성리학자들은 아마도 "선행후지"의 입장에 더 기울어지고 있지 않았나 싶다.

2) 도덕인식과 실천의 통합: 습여성성(習與性成)

선진유학자들과 성리학자들이 도덕 인식과 그 실천의 선후 관계에 대해 의견이 엇갈리고 있기는 하지만, 양자 공히 이 두 가지의 통합을 강조하고 있다는 사실에 대해서는 의심의 여지가 없다. 즉 도덕 인식만 하고 이를 실천하지 않아도 된다거나, 도덕 실천만을 행하고 그 인식은 등한히 해도 된다고 그들이 보고 있는 것은 아니다.

공자는 학문의 방법을 "널리 글을 배우는 일"[博學於文]과 "예로써 몸을 단속하는 일"[約之以禮]의 두 가지로 제시하고 있는데,[110] 여기서 박문(博文)은 도덕 인식 활동을 말하는 것이고, 약례(約禮)는 도덕 실천 활동을 말하는 것이다. 이렇게 공자는 도덕 인식과 그 실천이 하나로 통합되는 것이 바른 배움을 이루는 방법이라고 보고 있다. 그는 인(仁)에 대한 제자들의 물음에 대해 대체로 인의 본체[仁體]를 가지고 응답하지 않고 인의 쓰임과 실천[仁用]을 가지고 응답함으로써[111] 도덕 인

109 所問工夫先後立程規模 則須先小學後大學 而規模節目各具於書 在吾盡心全力以求之耳 (《退溪全書 二》, 書, 答李宏仲 214)

110 子曰 博學於文 約之以禮 亦可以弗畔矣夫 (《論語》, 雍也 25; 顔淵 15); 顔淵喟然嘆曰……夫子循循然善誘人 博我以文 約我以禮 (子罕 10)

111 공자는 仁에 대한 樊遲(雍也 20; 顔淵 22; 子路 19), 子貢(雍也 28; 衛靈公 9), 顔淵(顔淵 1), 仲弓(顔淵 2), 司馬牛(顔淵 3) 및 子張(陽貨 6)의 물음에 대해 모두 각자의 부족한 점을 감안하여 일상생활에서 실천해야 할 요목을 제시해 줌으로

식과 실천이 결합되어야 한다는 입장을 드러내고 있다. 즉 공자는 “무릇 인(仁)이란 내가 서고자 하면 남을 먼저 서게 해주고, 내가 이루고자 하면 남이 먼저 이루게 해주는 일”이어서, “가까이 자기 몸에서 취해서 남에게로 미루어나가 실천하는 일이 인을 행하는 방도”[112]라고 하여, 인의 인식뿐만 아니라 이러한 인식이 자기 몸 가까이에서부터의 실천과 통합되어야 함을 강조하고 있는 것이다.

맹자도 널리 배워[博學] 도를 인식하는 일과 자기 몸에 돌이켜 단속함으로써[反約] 도를 실천하는 일을 배움의 방도로 중시하고 있다.[113] 그는 “스스로 깨달아 도를 인식한 다음에, 이에 편안하게 거하고, 이를 깊이 활용하여 실천함으로써, 좌우 가까이에서 항상 그 근원을 파악하는 일과 연계되어야 한다”[114]고 주장하여, 도의 인식과 실천의 통합을 강조하고 있다. 순자도 “박학”을 통한 도의 인식과 “참기”(參己)를 통한 도의 실천을 배움의 방안으로 제시하면서,[115] 도의 밝은 인식[察道]과 도덕 실천[行道]이 통합되어야 도를 체득한 사람[體道者]이 된다[116]고 주장한다.

선진유학자들은 이와 같이 도의 인식과 실천이 따로 행해지는 것

써, 仁은 그 본체의 인식이 중요한 것이 아니라 인식과 실천의 통합이 중요함을 강조하고 있다.

112 子曰……夫仁者 己欲立而立人 己欲達而達人 能近取譬 可謂仁之方也已 (雍也 28)

113 孟子曰 博學而詳說之 將以反說約也 (《孟子》, 離婁下 15)

114 君子深造之以道 欲其自得之也 自得之 則居之安 居之安 則資之深 資之深 則取之左右逢其原 故君子欲其自得之也 (離婁下 14)

115 君子博學 而日參省乎己 則智明而行無過矣 (《荀子》, 勸學 2)

116 心知道 然後可道 可道然後能守道 以禁非道……知道察 知道行 體道者也 (解蔽 11-13)

이 아니라, 이 둘이 함께 어우러져야 함을 강조한다. 이러한 입장은 성리학자들에게 그대로 이어지고 있다. 이러한 사실을 퇴계는 다음과 같이 진술하고 있다.

> 경(敬)으로 근본을 삼아 일마다 그 "마땅히 해야 할 바"[所當然]와 "그러한 까닭"[所以然]의 이치를 궁구하여, 오래 깊이 반복해서 이를 체인(體認)하게 되면 그 지극한 데에 이르게 될 것이다.……이렇게 경을 위주로 하여 이치를 궁구함으로써 치지에 이르고[窮理以致知], 자기 몸을 반성하여 이를 실천하는 것[反躬以踐實], 이것이 바로 마음을 바로잡는 법식이고 도학(道學)을 전하는 요체이다.……이러한 도덕 인식[眞知]과 도덕 실천(實踐)은 마치 차의 두 바퀴가 하나라도 없으면 나갈 수 없으며, 사람의 두 다리가 서로 의지하여 나아가는 것과 같다.[117]

퇴계는 이 인용문에서의 소이연(所以然)과 소당연(所當然)을 각각 주희의 말을 인용하여, 전자는 "사물이 그렇게 된 이치"를 말하는 것이고, 후자는 "사람으로서 반드시 해야 하는 일"을 말하는 것이라고 보아, 소이연은 도덕 인식을 가리키고, 소당연은 도덕 실천을 말하는 것이라 보고 있다.

> 천하의 사물은 반드시 각각이 그렇게 된 까닭[所以然之故]과 그 마땅히 해야 할 일[所當然之則]이 있는 법이다. 이것이 하늘의 이

---

117 敬以爲主 而事事物物 莫不窮其所當然與所以然之故 沈潛反覆 玩索體認 而極其至……至如敬以爲本 而窮理以致知 反躬以踐實 此乃妙心法而傳道學之要……抑眞知與實踐 如車兩輪 闕一不可 如人兩脚 相對互進 (《退溪全書 一》, 疏, 戊辰六條疏 185-186)

> 치이다. 마땅히 해야 할 일은 마치 군주는 아랫사람들에게 어질게 대하여야 하고, 신하는 군주를 공경해야 한다는 것과 같은 것이다. 그렇게 된 까닭은 군주가 어째서 아랫사람들에게 어질게 대하여야 하고, 신하는 어째서 군주를 공경해야 하는가와 같은 것으로, 이 양자는 모두 하늘의 이치[天理]가 그렇게 만든 것이다.[118]

이 인용문에서 드러나듯이, 궁리를 통하여 모든 일의 "그렇게 된 까닭"을 밝게 인식하고, 역행을 통하여 모든 일에 대하여 "마땅히 해야 할 일"을 실천하는 것, 그렇게 함으로써 도의 인식과 실천의 통합을 이루는 일이 군자가 행해야 할 거경의 요체라는 것이 성리학자들의 입장이다. 이렇게 선진유학자들이나 성리학자들은 모두 도덕 인식과 실천의 통합을 군자의 삶의 목적으로 설정하고 있다는 점에서 공통성을 보인다.

주희는《소학》교육의 목표를 도덕 실천과 도덕 인식이 함께 자라고 이루어지게 하는 "습여지장"(習與智長)과 "화여심성"(化與心成)에서 찾고 있다.[119] 즉 바른 습관을 근거로 해서 도덕적 인식이 자라나게 하고[習與智長], 외적 행동의 변화를 통해 본래의 선심(善心)이 완성되기를 도모하는 것[化與心成]이 아동기부터의 교육의 목표라는 것이 유학자들의 관점이다. 이렇게 인식과 실천의 합일을 이루는 일은 교육의 목

118 天下之物 必各有所以然之故 與所當然之則 所謂理也 朱子日 所當然之則 如君之仁 臣之敬 所以然之故 如君何故用仁 臣何故用敬云云 皆天理使之然 (《退溪全書 二》, 書, 論所當然所以然是事是理 4)

119 古者小學 敎人以灑掃應對進退之節 愛親敬長隆師親友之道 皆所以爲修身齊家治國平天下之本 而使其講而習之於幼穉之時 欲其習與智長 化與心成 而無扞格不勝之患也 (《小學》, 小學書題)

표이자 유학적 삶의 목표로 부각되는 것이다.

《서경(書經)》에는 늙은 재상인 이윤(伊尹)이 어린 군주인 태갑(太甲)에게 "이러한 불의(不義)는 습관이 되어 성품처럼 굳어지게 됩니다[習與性成]. 나는 도를 따르지 않는 사람을 가까이 하지 않겠습니다"[120]라고 말하여, 어린 군주의 불의를 훈계하는 내용이 나온다. 여기서 "습여성성"(習與性成)은 주희의 《소학서제(小學書題)》에 나오는 "습여지장"이나 "화여심성"과 같은 말이다. 다만 "습여성성"이 좀 더 포괄적인 의미를 담고 널리 쓰이고 있을 뿐이다.

《서경》에서 이 말은 "나쁜 습관이 본성처럼 굳어진다"는 뜻으로 쓰이고 있다. 그러나 이 말은 《논어》〈안연편〉 1장에서 안연이 공자에게 인(仁)에 관해 묻자 공자가 "자기의 이기적인 욕구를 극복하고 예의 체계로 돌아가는 일[克己復禮]이 인을 행하는 길"이라고 대답한 데 대해, 안연이 다시 그 세목을 묻자 공자가 "예가 아니면 보지 말고, 예가 아니면 듣지 말며, 예가 아니면 말하지 말고, 예가 아니면 움직이지 말아라"[121]라고 응답한 데 대해, 정이천(程伊川)이 붙인 "사물잠"(四勿箴)에서 사용해서 유명해진 용어이다.

정이천의 "사물잠"의 "동잠"(動箴)에서는 "도리를 따르면 여유롭게 되고, 욕망을 따르면 위태롭게 된다. 급박하고 구차한 때에도 잘 생각하고, 두려워하고 조심하여 스스로를 잘 간직하라. '습관이 성품과 더

---

120 伊尹曰 玆乃不義 習與性成 予不狎于不順 (《書經》, 商書, 太甲上 9)

121 顔淵問仁 子曰 克己復禮爲仁 一日克己復禮 天下歸仁焉 爲仁由己 而由人乎哉 顔淵曰 請問其目 子曰 非禮勿視 非禮勿聽 非禮勿言 非禮勿動 顔淵曰 回雖不敏 請事斯語矣 (《論語》, 顔淵 1)

불어 이루어지면'[習與性成] 함께 성현의 경지에 도달하리라"[122]라고 하여, "습여성성"을 수양을 습관화하여 도를 실천하면 성품처럼 굳어져서 자신도 성현이 될 것이라는 말로 쓰고 있다.

이후로 조선조 유학자들의 문집(文集)에는 "습여성성"이란 말이 매우 많이 등장하는데, 그 용례를 보면 대부분 "사물잠"과 같은 맥락으로 쓰이고 있다. 이렇게 유학자들은 도덕 인식과 도덕 실천을 통해 외적 행동 습관과 내적 성품이 하나로 어우러지면 성현의 상태로 변모된다고 보아 "습여성성"을 유학적 삶의 목표로 설정하고 있는 것이다. 이러한 인간의 변모와 본래의 착한 성품의 완성은 거경을 통한 도의 인식과 도덕 실천의 습관화를 전제로 하고 있음은 두 말할 나위도 없이 자명한 사실이다.

3) 현대 사회심리학에서의 "지-행" 문제에 관한 논쟁: 태도와 행동의 관계를 중심으로

내적인 인식과 외적인 행동 사이의 관계에 대한 현대심리학의 연구는 주로 사회심리학자들에 의해 태도(態度, attitude)에 관한 연구를 중심으로 이루어져 왔다. 태도란 대상에 대한 신념에 기초한 호·불호(好·不好) 또는 찬성·반대의 평가로서, 그 대상에 대한 개인의 행동 의도를 유발하는 내적인 상태이다. 따라서 개인이 내적으로 가지고 있는 태도가 경험을 통해 먼저 형성되고, 이어서 이와 일치되는 행동을 그

122 順理則裕 從欲惟危 造次克念 戰兢自持 習與性成 聖賢同歸 (程伊川의 四勿箴 중 動箴: 朱熹는 《論語集註》의 顔淵篇 1장의 註에서 四勿箴을 인용하고 있다.)

대상에 대해 실행하게 된다는 것이 태도 연구자들의 기본전제였다. 이렇게 보면 전통적으로 태도의 개념 속에는 "선지후행"의 관점이 스며들어 있었다고 생각할 수 있다.

그러나 일단의 연구자들은 이러한 "태도 → 행동"의 관점[선지후행의 관점]과는 달리, 특정 대상에 대한 자기 행동을 관찰한 후 이를 기초로 자신이 그 대상에 대해 어떤 태도를 가지고 있는지를 추론하게 되는 경우도 있다고 주장한다. 즉 "태도 → 행동"이 아니라 "행동 → 태도"의 공식이 성립할 수도 있다는 것이다. 이들은 "선행후지"의 관점에서 태도를 이해하려 한다고 생각할 수 있다.

후자의 관점을 제시하는 대표적인 학자가 벰(Daryl J. Bem)인데, 그는 이러한 입장을 "자기지각이론"(自己知覺理論, self-perception theory)[123]으로 체계화하고 있다. 그는 당시에 "태도 → 행동" 관점의 이론들을 지도하고 있었던 페스팅어(Leon Festinger)의 "인지부조화이론"(認知不調和理論, cognitive dissonance theory)[124]을 비판하면서 자신의 관점을 전개하고 있다.

페스팅어의 인지부조화이론은 두 가지 기본전제를 가지고 출발한다. 우선 사람들은 자신이 가지고 있는 인지 내용들 사이에 균형 또는 일관성을 유지하려는 경향성 또는 동기를 가지고 있다는 것이다. 페스팅어는 이러한 균형/일관성 상태를 조화(consonance) 상태라고 부른다. 그런데 인지 내용들 사이에 균형/일관성이 깨져 부조화(dissonance) 상태가 조성되면, 개인 내에 불쾌한 긴장이 유발되어 이를 해소하고

123 Bem, 1967, 1972.

124 Festinger, 1957.

균형/일관성의 상태 곧 조화상태로 되돌아가려는 동기[dissonance-reduction motive]가 생성되고, 결국은 그에 상응하는 행동을 취하게 된다는 것이다.

이 이론은 "부조화 → 불쾌한 긴장 유발 → 부조화해소 동기 생성 → 부조화해소 행동 수행"이라는 일련의 계열을 상정한다는 점에서, 기본적으로 동기이론 계열에 속한다. 그러므로 부조화의 크기가 클수록 이를 해소하려는 동기도 커지고, 결과적으로 그러한 행동의 강도도 강해진다고 예측한다. 인지부조화이론에 관한 연구들은 다양한 부조화 상황[선택 결정 상황, 태도–행동 불일치 상황, 신념과 일치하지 않는 정보를 접한 상황]에서 조작된 부조화의 크기에 따라 과연 이를 해소하려는 행동의 크기가 달라지는지를 검증하는 패러다임을 주축으로 하여 진행되었다. 이렇게 이 이론은 "내적인 태도 → 행동 유발"이라는 전제에서 출발하는 이론이어서, "선지후행설"의 논지를 충실하게 따르고 있다.

사회심리학자인 벰은 자기지각이론을 제시하여, 사람들은 다른 사람의 행동을 관찰해서 그 사람의 태도와 감정 및 성격 특성이나 능력에 대한 지식을 형성하듯이, 자기 자신에 대한 지식(특정 대상에 대한 태도나 감정 및 자신의 성격 특성이나 능력 등)도 자신의 행동을 관찰하고 이에 대한 추론을 통해 얻게 된다고 주장하였다. 특히 이런 지식을 낳게 되는 내적인 단서가 약하거나 애매할 때, 그리고 자신의 행동의 원인을 설명하기 곤란할 때 사람들은 제삼자와 같은 처지에 놓이게 됨으로써, 자신의 내적 상태(태도·감정·성격·능력 등)를 자신의 행동으로부터 추론할 수밖에 없게 될 것이라는 주장이 이 이론의 골자이다. 이러한 자기지각이론은 "자신의 태도나 감정에 대한 내적인 단서가 약하거나 애매할 때, 그리고 자신의 행동의 원인에 대한 설명이 불분명할 때"[125]라는 몇 가지 한계가 붙기는 하지만, 태도와 행동의 관계를 "행동 → 태도"로 설정함으로써 "선행후지설"의 논지를 드러내고 있다.

이러한 두 이론의 대립은 각 진영에서 실증적 자료들을 제시하면서 전개되어 왔으며,[126] 최근에는 양자의 관점을 통합하려는 시도들이 이루어지기도 하였다.[127] 이렇게 인식과 실천의 문제에서 인식이 선행되고 그 결과로서 실행이 이루어지느냐[선지후행] 아니면 행동이 선행하고 이에 대한 추론을 통해 인식이 이루어지느냐[선행후지] 하는 문제는 현대심리학의 연구 문제로도 손색이 없는 주제이다.

여기에서 유학사상의 심리학적 함의를 도출하려는 이 책에서와 같은 작업이 가지는 이론적 가치에 대해 생각해 볼 필요가 있다. 이 절에서 제시된 문제에 대한 선진유학자들과 성리학자들의 이론적 대립에 관한 논의를 보면서, 많은 독자들이 아마도 "지–행"의 관계를 "선지후

---

125 Bem, 1972, p. 2.

126 예: Festinger & Carlsmith, 1959; Salancik & Conway, 1975; Taylor, 1998 등; 이 두 진영의 이론적 대립에 관한 자세한 사항은 졸저(조긍호, 2012, pp. 697–708; 2017, pp. 242–248) 참조.

127 Myers(2010, p. 151)는 이 두 이론의 대립에 관한 통합론적 관점을 다음과 같이 표현하고 있다: "인지부조화이론은 인간이 분명하게 규정된 태도와 반대되는 행동을 한 경우에 성공적으로 적용된다. 그러한 경우에 인간은 긴장을 느끼고, 따라서 그러한 긴장을 해소하기 위해서 기존 태도를 조정하게 된다. 그러므로 인지부조화이론은 태도변화(attitude change)를 잘 설명하는 이론이다. 반면에 개인의 태도가 잘 형성되어 있지 않은 장면에서는, 자기지각이론이 잘 적용된다. 그러므로 자기지각이론은 태도형성(attitude formation)을 잘 설명하는 이론이다. 인간은 행동하고 이에 대해 추론하면서, 그의 미래 행동을 지도할 태도를 발전시키는 것이다."

행"으로 보든 아니면 "선행후지"로 보든 간에, "그런 공리공론(空理空論)이 도대체 인간에 대한 실증적 이해를 도모하는 심리학의 연구와 무슨 관련이 있다는 말인가?"라는 의구심을 가졌을 것이다. 이러한 의구심은 필자의 유학심리학 구축 작업에 대해 일반인과 심리학자들이 가지는 비판적 시선의 초점을 이룬다고 볼 수 있다.

그러나 실증적 연구라고 해서 그 배경에 놓여 있는 지도적 이론의 배경이 없이 진공관 속에서 이루어지는 것은 아니다. 페스팅어와 벰의 이론적 대립은 이러한 사실을 웅변적으로 대변해 주고 있는 것이다. 그러므로 공리공론 같아 보이는 유학사상의 이론적 논점들도 현대심리학의 연구 논점과 잘 통합될 수 있는 것이다. 이 책의 제3부에서 이러한 동·서의 회통(會通)에 관한 몇 가지 예들이 제시될 것이다.

4. 유학사상의 인간관과 도덕성이론

유학은 사회성·도덕성·가능성의 가치를 근거로 하여 인간을 이해하고자 하는 사상체계이다. 유학자들은 인간의 존재의의를 인간의 사회적 존재 특성에서 찾아, 인간을 "사회적 관계체"로 개념화하여 인식한다. 인간의 삶은 사회적인 관계 속에서 이루어질 수밖에 없으므로, 개체로서의 존재 특성에서 인간 삶의 의미를 찾을 수는 없고, 이는 오로지 사회관계 속에 드러날 수밖에 없다는 것이 유학자들의 의견이다. 이렇게 인간의 존재의의를 사회성에서 찾기 때문에 유학사상에서는 도덕성을 중시하여, 이를 인지·정서·욕구와 함께 인간의 심성을 구성하는 기본적인 구성 요소로 간주하는 사분체계의 심리구성체론을 제시한다.

뿐만 아니라, 유학자들은 도덕성을 인간의 심리구성체 중의 핵심으로 보아, 인간을 "덕성 주체"로 받아들인다. 인간의 삶의 과정에서 도덕성은 중핵적인 요소로서, 인간의 심성을 구성하는 인지나 정서 및 욕구 같은 다른 요소들은 도덕성에 의해 조절되고 통제되어야 바른 삶을 영위할 수 있다고 여긴다. 이렇게 유학사상에서는 덕성중심주의의 가치를 높이 드러내는데, 이러한 관점은 인간의 존재의의를 사회성에서 찾는 입장에서 직접 도출되는 것이다.

이렇게 사회성과 도덕성을 중시하는 유학자들의 생각은 곧바로 인간을 무한한 가능성을 갖추고 있는 가변체라고 인식하는 자세와 연결된다. 곧 도덕의 근거를 본유적으로 갖추고 있는 인간은 스스로가 도덕주체라는 사실을 인식하고, 일상생활에서 도덕성을 실천함으로써, 소인(小人)의 상태에서 태어나 군자(君子)의 상태에 이를 수 있는 "무한한 가능체"라는 것이 유학자들의 기본 논지이다.

이와 같이 유학사상은 사회성·도덕성·가능성의 가치를 축으로 해서 인간 존재의 기본 특성을 파악하고, 또 이러한 세 가지 가치를 핵심으로 삼아 인간이 지향해야 할 삶의 양식을 제시하고 있는 철학체계이다. 이렇게 보면, 유학은 근본적으로 인간의 존재 확대를 도모하는 사상체계라고 정리할 수 있다. 유학자들은 인간이 인간된 까닭에 관한 관점[인성론]을 통해 존재 확대의 가능성을 따져보고, 존재 확대의 이상적 모형[군자론]을 제시함으로써 이를 삶의 목표로 설정한 다음, 그 목표를 이루기 위한 방법[도덕실천론·수양론]을 제시하고 있는 것이다.

이러한 인간 존재의 확대에 대한 강조는 유학사상에서 추구하는 가치들로부터 직접 도출된다.

우선 "사회성"의 강조를 통해 유학자들은 "개체적 존재로부터 사회적 존재로의 확대"를 도모하였다고 볼 수 있다. 개체로서의 자기에 대한 관심과 배려를 관계를 맺고 있는 타인과 사회에 대한 관심과 배려로 확대하는 일이 올바른 삶의 자세라는 주장이 군자론·도덕실천론·수양론의 이론적 핵심이다.

다음으로 "도덕성"의 강조를 통해 유학자들은 "생물체적 존재로부터 도덕적 존재로의 확대"를 꾀하였다고 볼 수 있다. 도덕성을 통해 인간은 욕구적 존재에서 인간적이고 도덕적인 존재로 변모하게 되는데, 유학사상의 이론적 기반인 인성론에서부터 이러한 논리체계가 부각되고 있다.

마지막으로 "가능성"의 강조를 통해 유학자들은 "미성숙한 존재에서 성숙한 존재로의 확대"를 꿈꾸었다고 볼 수 있다. 교육과 배움을 통해 스스로가 도덕주체라는 사실을 인식하고, 이를 바탕으로 한 자기성찰과 자기반성의 결과 자기개선을 이룸으로써, 소인의 상태에서 벗어나 군자가 될 수 있다는 것이 수양론의 체계이다. 곧 인간은 도덕성의 씨앗을 가지고 태어나지만, 후천적으로 수양을 통해 본유적으로 갖추고 있는 도덕성의 씨앗을 활짝 꽃피울 수 있는 가능성을 가지고 있으며, 이를 통해 동물적이고 욕구적인 미성숙 개체로부터 사회적이고 도덕적인 성숙한 인간으로 발전할 수 있다는 것이 수양론에서 전개하는 존재확대론의 논리적 근거인 것이다.

이렇게 유학사상에서 제시하는 인간 존재 확대의 길은, 타인에 대한 관심을 가지고 그들을 배려하여, 자기 자신뿐만 아니라 다른 사람들도 군자의 경지에 이르도록 도와줌으로써, 인간이 추구해야 할 도(道) 속에서 다른 사람과 자신의 일체화를 이루는 일이다. 이렇게 타인에 대한 관심과 배려를 인간 삶의 기본적 동인으로 삼는 유학사상은 역사적으로 이를 기본 철학으로 삼고 살아왔던 동아시아 사회에 집단주의적인 삶의 양식이 꽃피게 한 사상적 배경이었던 것이다.

이러한 인간의 존재 확대 과정에서 핵심은 곧 인간의 본성 속에 내재하고 있는 도덕성에 의해 욕구, 정서 및 인지 같은 심성을 구성하는 여타 체계의 통합을 이루는 데 있다는 것이 유학사상의 요지이다. 이러한 통합은 궁극적으로 스스로가 도덕의 주체라는 사실에 대해 분명히 인식하고, 이렇게 인식한 도덕성을 일상생활에서 실천하게 하는 바탕이다. 곧 도덕 인식과 실천은 우선 이기적·사적 욕구와 감정의 통제로부터 시작하여, 제반 욕구와 감정이 도덕적 지향에로 모두어짐으로써 완성된다는 것이 유학사상의 대지인 것이다.

6장
서구심리학과 유학사상의
도덕성이론 비교

6장

서구심리학과 유학사상의 도덕성이론 비교

지금까지 서구의 철학 및 심리학과 동아시아 유학사상에서 탐구해 온 도덕성에 관한 논의들을 살펴보았다. 우선 서구의 도덕성이론은 칸트의 이성주의적인 의무론과 이를 이어받은 피아제와 콜버그의 인지능력 발달이론, 흄의 경험론적 정념론과 이에 기반을 두고 있는 프로이트의 정신역동이론, 그리고 벤담의 공리주의적 결과론에서 연유된 행동주의의 학습이론에 대하여 살펴보았다. 이를 통해 삼분체계론과 이성우월주의를 근간으로 하는 서구의 심리구성체론에서 전개하는 도덕성의 위상을 확인할 수 있었다.

이어서 유학사상의 도덕성이론을 공자·맹자·순자의 이론을 중심으로 하여 살펴보았다. 공자의 위인유기설과 맹자의 사단설 및 순자의 사물위계설을 통해 도덕성의 인간 본유성에 관한 유학사상의 확고한 입장을 확인하였으며, 이어서 도덕성의 통합성에 관한 유학자들의 관점을 공자의 일이관지론과 맹자의 확충론 및 순자의 역물론을 통해 살펴보았다. 이러한 논의들을 바탕으로 하여 유학사상에서 제시하고 있는 사분체계의 심리구조론과 덕성우월주의의 심리구성체론에서 제시하는 도덕성의 위상을 정리할 수 있었다.

여기에서는 이러한 서구와 유학사상에서 도출되는 도덕성이론을 종합적으로 고찰해 보고, 이 두 관점을 대조적으로 검토하여 이를 통해 도출되는 도덕심리학의 새로운 연구 방향에 대해 논의해 보기로 하겠다.

1. 서구심리학의 도덕성 이론 종합: 부차요소설과 단일차원설

서구의 심리구성체론은 욕구·감정·이성의 삼분체계설을 근간으로 하며, 이 삼 체계 사이의 관계도 이성우월주의에 의해 구축되는 체계이다. 이러한 삼분체계설과 이성우월주의는 플라톤의 영혼갈등설과 국가론에 근원을 두고 면면히 이어져 온 서구의 전통이었다. 이러한 삼분체계설과 이성우월주의는 서구인들의 도덕성에 대한 이해의 양식에도 지속적인 영향을 미쳐 왔다.

서구인들은 인간의 심성을 구성하는 기본적인 요소들은 이성과 감성과 욕구의 체계라고 여기므로, 도덕성은 이러한 기본 구성 요소들과의 관계에서 부차적으로 갖추어지는 것이라고 본다. 이러한 도덕성의 부차요소설은 그들의 이성우월주의의 논지와 결합되어 더욱 강력한 모습으로 유지된다. 또한 서구인들은 도덕성을 이성 또는 감성이라는 단일 요소의 부차적인 결과물이라고 인식하고 접근하는 단일차원설을 편다. 서구심리학의 도덕성이론들도 이러한 부차요소설과 단일차원설을 근간으로 삼고 있다는 공통점을 띠고 있다.

서구인들의 도덕성에 대한 이러한 부차요소설과 단일차원설은 그들의 인간 파악의 관점에서 연역되어 나오는 자연스러운 귀결이다. 서구인들은 개체성과 합리성 및 완비성의 가치를 축으로 하는 개체중심적 인간관을 통해 인간을 이해하려 한다. 인간의 존재의의를 개체로서 완비적으로 갖추고 있는, 그리하여 자기실현의 근거가 되는 개체적 특성에서 찾으려 하며, 합리성을 중시하여 그 근거로서의 이성을 인간의 중핵 특성으로 간주하는 것이 서구인들이 인간을 이해하는 관점의 핵심이다.

이러한 맥락에서 서구인들은 사회 형성 이전의 자연상태에서는 개인들의 자유로운 자기이익추구로 인해 혼란이 유발될 뿐이므로, 개인들이 이성적 계산에 따라 자기들이 갖추고 있는 자유와 권리를 일정 부분 양도하기로 협약을 맺음으로써 사회가 형성된 것이라 본다. 이것이 서구의 사회 형성 이론의 주축인 사회계약론의 핵심 주장으로, 서구인들은 사회란 자유롭고 평등한 개인들의 집합체일 뿐, 그 이상도 이하도 아니라고 여긴다. 그러므로 서구인들은 인간의 사회적 존재 특성을 전제하지 않는 사회이론을 당연한 것으로 간주하며, 따라서 그들에게 인간의 사회적 존재 특성의 핵심인 도덕성은 그 자체 인간의 기본적인 요소로는 여겨지지 않는 것이다.

1) 서구심리학의 부차요소설

서구 사회에 면면히 이어져 온 도덕성에 관한 접근은 이성주의적 전통이다. 고대 그리스 시대로부터 덕윤리론(virtue ethics)자들은 인간이 추구해야 할 바람직한 덕성을 미리 설정해 놓고, 이의 본질을 논리적인 추론을 통해 규명함으로써 도덕법칙을 도출하려는 방법으로 도덕의 문제에 접근해 왔다. 도덕의 문제에 이성주의적으로 접근하는 이러한 전통은 칸트에게 이어졌지만, 칸트가 도덕의 문제에 접근하는 방법은 덕윤리론자들과는 매우 달랐다.

칸트는 미리 설정된 덕성에 대한 이성적인 추론을 통해 도덕 법칙을 정립하려는 대신에, 논리적인 추론을 통해 도덕 법칙의 형식(形式)을 미리 정립한 다음, 이를 통해 추구해야 할 이상적인 덕성을 도출해야 한다는 형식주의를 통해 도덕의 문제에 접근하려 하였다. 칸트는 이성적인 추론을 통해 도달되는 도덕 법칙을 정언명법(定言命法)이라 부르고, 이는 이성에 갖추어져 있는 무조건적인 선으로서의 보편적인 선의지(善意志)가 부과하는 의무(義務)로서의 도덕 명령이라고 여겼다. 즉 칸트는 이성에 근거를 두고 있는 정언명법을 준수하는 것은 인간의 의무이며, 이러한 의무를 이행하는 것이 곧 도덕 행위라는 이성주의적 의무론을 주장하였던 것이다. 이렇게 도덕성이란 논리적인 추구를 통해 유도되는 이성의 부차적인 산물이라는 것이 칸트의 관점이다.

이러한 칸트의 이성주의적 도덕관은 피아제와 콜버그 같은 인지발달론자에게 이어졌다. 이들 인지발달론자들은 도덕성이란 곧 도덕적인 문제 상황에서의 도덕 판단일 뿐인데, 이는 인지 능력의 발달에 따라

전(前)도덕적인 수준에서 도덕적인 수준으로 발달한다고 보았다. 피아제는 타율적으로 주어지는 상·벌의 결과에 따라 도덕 판단이 이루어지는 단계에서 자율적으로 추론한 의도나 동기를 고려하여 도덕 판단이 이루어지는 단계로 발달하는데, 이는 전적으로 논리적인 조작적 사고를 할 수 있느냐의 여부와 얼마나 자기중심성에서 벗어나서 사고를 할 수 있느냐의 여부에 따라 달라진다고 주장하였다.

이렇게 도덕성이란 인지 능력 발달의 함수로 달라지는 인지의 부속체계라는 것이 피아제의 관점이었다. 좀 복잡하고 더욱 정교하기는 하지만,[1] 콜버그도 역시 피아제와 마찬가지로 도덕성을 인지 능력 발달의 부속체계로 간주하는 입장을 전개하고 있다.

칸트 같은 이성주의자와는 달리, 흄에게 있어서 도덕의 문제는 인식의 문제나 이성의 문제가 아니라, 경험의 문제이며 감정의 문제이다. 이러한 관점에서 흄은 이성적 추론을 통해 얻게 되는 당위를 정당화시키거나 이성적 추론을 통해 보편적인 행위규범을 발견하려 하기보다는, 인간 본성에 대한 경험적인 분석을 통해 도덕현상을 설명하고자 한다. 그는 이러한 경험론적인 심리주의의 바탕 위에서, 인간의 행위를 결정하는 것은 이성이나 이성적 추론이 아니라 대상에 대한 욕구와 혐오 같은 정념이라고 보고, 도덕의 문제에 대한 정념론을 편다. 즉 도덕 행위는 욕구 대상에 대한 접근과 혐오 대상에 대한 회피라는 정념의 산물이라는 것이다. 흄은 이렇게 도덕성을 정념의 결과로 여길 뿐만 아니

1 콜버그는 도덕 판단의 수준을 결과 중심의 인습이전 수준, 행위의 의도와 법질서 중심의 인습 수준, 보편적 도덕률 중심의 인습이후 수준으로 나누고, 각 수준을 다시 두 단계씩으로 구분한다.

라, 도덕적 일반화의 근거도 타인의 정념과 그 반응에의 공감이라는 감정 반응에서 찾으려는 철저한 감정론의 논지를 전개한다.

이러한 정념론적 도덕이론은 서구심리학계에서는 프로이트에 의해 계승되고 있다. 프로이트는 인간의 성격은 무의식적 욕구의 체계인 원초아(id), 욕구의 현실적 충족을 담당하는 체계인 자아(ego), 사회적·도덕적으로 욕구를 충족하게 하는 통제력의 체계인 초자아(super-ego)로 구성되는 것으로 본다. 여기서 도덕 선택과 판단은 초자아의 기능이다. 이 세 요소 중에서 인간에게 본유적으로 갖추어져 있는 것은 원초아뿐이고, 자아와 초자아는 성격 발달 과정에서 습득되는 것이다. 이렇게 정신역동이론에서도 도덕성은 후천적으로 발달되는 부속체계라고 여긴다.

프로이트에 따르면, 초자아는 성격 발달의 제3기[3~5·6세의 남근기] 동안에 나타나는 동성부모에의 배척과 이성부모에의 애착이라는 감정 반응에 근거를 두고 발달한다. 이러한 외디푸스 복합[남자 아이의 경우; 여자 아이의 경우는 일렉트라 복합]의 결과 아이들은 동성부모가 연적(戀敵)으로서의 자기에게 해를 끼칠는지도 모른다는 공포감을 갖게 되는데, 이를 해결하기 위한 반작용으로 동성부모를 닮아가려고 노력하게 된다고 프로이트는 주장한다. 이러한 동일시를 거쳐 아이들은 사회규범과 도덕 가치를 받아들여 내면화하게 되고, 그 결과로 초자아가 발달하게 된다는 것이 정신역동이론가들의 관점이다.

이렇게 정신역동이론가들은 도덕성이란 철저하게 감정 반응[이성부모에의 애착감, 동성부모에의 배척감과 공포감]의 결과 후천적으로 습득되는 부수체계라고 간주한다. 그들은 또한 도덕성은 근본적으로 개인 외적인 근거[동성부모가 갖추고 있는 외적인 근거를 갖는 사회규범]가 개인에게 받아들여져 내면화된 결과물이라고 여긴다.

18세기 중·후반의 산업혁명 및 미국과 프랑스의 시민혁명이라는 거대한 사회변혁의 격랑 속에서 태동한 것이 벤담의 공리주의였다. 그도 흄과 마찬가지로 경험론적인 심리주의의 관점에서, 감각 경험의 관찰과 분석을 통하여 인간 행동의 원리를 찾아내어야 인간을 올바로 이해할 수 있다고 주장하였다. 그는 경험론적으로 찾을 수 있는 인간 행동의 유일한 원리는 내적인 목적이나 동기 또는 이성적 판단이 아니라, 쾌락의 추구와 고통의 회피라고 보았다. 이러한 맥락에서 흄은 쾌락을 가져오고 고통을 감소시키는 행동은 선이고, 고통을 유발하고 쾌락을 감소시키는 행동은 악이라고 간주하였다.

이렇게 도덕성은 행위 결과의 함수일 뿐이라는 쾌락주의적 결과론이 도덕의 문제에 접근하는 벤담의 기본적인 입장이었다. 이러한 맥락에서 사람들은 자신의 행위를 통하여 쾌락의 양은 최대화하려 하고, 고통은 최소화하려 한다는 유용성의 원리가 보편적인 행위 원리로서 등장하며, 이러한 유용성의 원리는 "최대 다수의 최대 행복"이라는 공리주의의 모토로 확산된다. 이 점에서 벤담의 쾌락론은 공리주의와 맞닿게 된다.

벤담은 사람들은 기본적으로 자기 자신의 이익을 증진시키기 위하여, 즉 자신의 쾌락의 총량을 최대화하고, 고통의 총량을 최소화하려는 목표에 도달하기 위해 행위한다고 굳게 믿는다. 더 나아가서 그는 공동체의 성원 모두가 이렇게 자기행복의 증진을 추구하게 되면, 공동체 전체의 행복도 따라서 확대될 것이라고 믿는다. 공동체는 개인들의 집합일 뿐이므로, 개인들이 모두 각자의 행복의 증진을 위해 노력하면, 최대 다수의 최대 행복이라는 공리주의의 모토가 실현될 것이라는 점이 벤담의 확신이었다.

이러한 벤담의 쾌락주의적 결과론은 서구심리학에서 행동주의의 학습이론으로 연결되었다. 행동주의자들은 거의 모든 인간의 행동은 과거에 효과의 법칙에 따라 학습된 것이라고 본다. 보상을 가져오거나 처벌을 감소시키는 행동, 곧 쾌락을 유발하는 행동은 유기체의 행동목록 속에 유지되고, 보상을 감소시키거나 처벌을 증가시키는 행동, 곧 고통을 유발하는 행동은 행동목록에서 사라진다는 학습의 원리가 곧 효과의 법칙이다. 이러한 보상과 처벌은 어떤 행동에 주어지거나 행동 이후에 회수되는 강화의 함수로서 이해할 수 있다. 그러므로 학습의 과정이란 강화를 적절히 조작함으로써 행동의 유발 확률을 증가시키거나 감소시키는 과정을 말한다. 즉 어떤 행동에 이은 쾌락과 고통을 적정화하면, 그 행동의 학습이 이루어진다는 것이 학습이론의 골자이다.

이렇게 인간의 모든 행동은 대상에 대한 의도나 동기 같은 내적인 구성물을 가정하지 않고도, 순전히 행동이 가져오는 쾌락과 고통이라는 결과에 의해 이해할 수 있다는 것이 학습이론의 관점이다. 이러한 맥락에서 학습이론가들은 도덕성도 과거 학습을 통하여 특정 상황에서 사회적으로 바람직한 도덕적인 방향으로 행동하는 습관이 형성된 결과로 이해할 수 있다고 주장한다. 구태어 도덕성이란 내적 구성물을 들먹이면서 도덕이론을 구축할 필요가 없다는 것이다. 이렇게 행동주의 심리학의 학습이론가들은 도덕성이란 과거 학습의 결과 습득된 특정한(사회적으로 바람직한) 행동습관으로, 학습 과정의 부산물일 뿐이라고 여긴다.

이상에서 보듯이, 서구심리학에서는 도덕성을 인지[인지능력 발달이론] 또는 감정 반응[정신역동이론]의 부속체계이거나 학습된 습관체계[학습이론]일 뿐이라고 보아, 모두 도덕성의 인간 본유성을 부정하는 입장을 취한다. 이러한 관점들은 각각의 철학적 배경이 되는 이성주의적 의무론, 경험론적 정념론, 그리고 공리주의적 결과론의 도덕성에 관한 이론적 요지를 그대로 물려받은 데서 나온 결과들이다.

2) 서구심리학의 단일차원설

도덕성에 접근하는 이러한 부차요소설적 입장은 결과적으로 서구심리학자들로 하여금 도덕성을 그 뿌리가 되는 기본적인 심성 요소에만 귀결하여 이해하려는 관점[단일차원설]을 유발하는 계기가 되었다.

인지발달이론에서는 도덕성을 도덕적인 문제 상황에서 이루어지는 판단의 문제로 보고 접근한다. 이러한 도덕 판단은 인지 능력의 발달에 따라 행위의 결과[상과 벌]에 초점을 맞추어 옳고 그름을 판단하는 단계에서 행위의 의도 및 동기와 사회질서 유지에 초점을 맞추어 판단하는 단계로 발달한다는 것이[2] 인지발달이론가들의 주장이다. 그들은 이러한 도덕 판단 양상의 발달 과정은 아직 논리적 조작(操作, operation)을 하지 못하여 직관적이고 자기중심적으로 외부 대상세계를 이해하는 사

2 피아제의 경우; 콜버그는 이 다음에 보편적 도덕률에 초점을 맞추어 도덕 판단을 하는 단계가 이어진다고 본다. 그러나 콜버그의 보편적 도덕률 지향의 단계는 대부분의 사람들에게서 일반적으로 나타나지 않는다는 점에서 한계가 있다.

고능력 단계에서 논리적 조작을 할 수 있어서 가역적(reversible)이고 탈중심적(decentered)으로 외부 대상세계를 이해하는 단계로 발달함에 따라 자연스럽게 이어지는 현상이라고 본다. 이렇게 도덕성은 외계를 인식하는 인지 능력의 발달 과정으로 환원하여 이해할 수 있으며, 따라서 도덕 판단은 인지적 판단이라는 단일 차원의 속성만을 갖는다는 것이 인지발달이론가들의 한결같은 주장이다.

도덕성을 인식과 판단의 문제로 환원하여 이해하려는 인지이론가들과는 달리 정신역동이론에서는 도덕성은 감정 반응의 문제일 뿐이라고 간주한다. 프로이트는 부모와 아이 사이의 관계에서 파생하는 감정 반응의 여파로 초래되는 동성부모에 대한 동일시 과정을 통해 사회 규칙과 도덕규범을 받아들여 내면화함으로써 갖추어지는 초자아가 곧 도덕성의 기능을 하는 것으로 여긴다. 이러한 초자아로서의 도덕 감정은 도덕적인 문제 상황에서 사회 규칙이나 도덕규범에 어긋나는 행동을 하지나 않을까 하는 죄책감을 유발하고, 이러한 죄책감이 도덕적 행위의 근거로서 작용한다는 것이 정신역동이론의 관점이다. 곧 사회 규범에 어긋나는 행동을 했을 때 나타나게 될 초자아의 비난과 견책, 즉 죄책감을 피하기 위해서 도덕적 행동을 하게 되며, 따라서 도덕적 행위는 죄책감을 피하기 위한 자기 방어적인 반응일 뿐이라고 프로이트는 보고 있는 것이다.[3]

이렇게 도덕성은 부모에 대한 애증(愛憎)의 감정 반응을 바탕으로 하여 생겨나는 것일 뿐만 아니라, 도덕적인 문제 상황에서 초자아의 견

3 Eisenberg, Fabes, & Spinard, 2006, pp. 648–649.

책으로 인해 유발될 죄책감이라는 감정 반응을 회피하기 위하여 도덕 행동을 하게 된다고 보는 정신역동이론에서는 도덕성을 오로지 감정 반응을 주축으로 하여 이해하려 한다. 곧 도덕성은 감정 반응이라는 단일 차원의 속성으로 환원하여 이해할 수 있다는 입장이 정신역동이론의 관점인 것이다.

행동주의심리학의 학습이론에서는 도덕성이란 강화의 원리를 통하여 학습된 행동 습관일 뿐이라고 본다. 즉 과거의 경험을 통해 사회적으로 바람직하게 여겨지는 행동이 자주 보상을 받아 하나의 습관으로 형성된 것이 곧 도덕성일 뿐이지, 도덕성이라는 유기체 내적인 구성물이 인지나 감정의 형태로 갖추어져 있는 것은 아니라고 학습이론가들은 주장한다. 말하자면 도덕적인 문제 상황에서 도덕적인 행동을 하는 것은, 그것이 옳은 일이라는 판단[인지발달이론]이나 자기 견책적인 죄책감이라는 감정[정신역동이론] 때문이 아니라, 다만 그러한 문제 상황에서는 그렇게 행동하도록 과거에 형성된 행동습관 때문일 뿐이라는 것이다. 이렇게 도덕성을 과거 학습의 결과라는 단일 차원으로 환원하여 이해하려는 것이 학습이론의 관점이다.

3) 서구의 인간관 및 심리구성체론과 도덕성이론의 특징

이상에서 본 바와 같이, 전통적으로 서구심리학에서는 도덕성의 문제에 대해 인간의 심성을 구성하는 기본 구성 요소(이성 또는 감성) 중 어느 하나의 부속체계로 간주하거나 아니면 학습의 산물로 여기는 부차요소설과 도덕 행동을 이러한 기본 요소 중 어느 하나에 환원하여 이해하려는 단일차원설을 통해 접근하여 왔다. 이러한 이론적 편향성은 서구인들의 전통적인 인간관 및 심리구성체론의 배경에서 도출된 것이라 볼 수 있다.

전통적으로 서구인들은, 특히 르네상스와 기독교개혁 운동으로 인해 개인화의 물결이 몰아친 15~16세기 이래 서구인들은 인간의 존재의의를 개체로서의 존재 특성에서 찾으려는 관점을 지향해 왔다. 독립적이고 독특한 개성의 주체로서의 개체성에서 인간 삶의 의의를 확인하려는 이와 같은 관점은 필연적으로 개인의 자기이익추구와 자기실현을 삶의 목표로 설정하게 하였다. 그리하여 서구인들은 다른 동물과는 달리 인간만이 고유하게 갖추고 있는 인간의 중핵 특성을 이성이라 간주하고, 이를 기반으로 한 합리적인 사고와 선택이 자기이익의 최대화와 자기실현의 근거를 제공하는 것으로 보았다. 또한 서구인들은 평등한 존재로서의 인간은 누구나 이성을 비롯한 인간이 갖추어야 할 제반 특성을 완비하여 갖추고 있는 실체적 존재라고 여겼다.

이렇게 개체성·합리성·실체성의 가치를 중핵으로 하여 인간을 이해하려는 입장은 인간의 심성을 구성하는 기본 요소를 개체적 존재를 이루는 특성에서 찾으려는 자세를 유발하였다. 이러한 배경에서 서구인들은 개체로서의 개인의 삶의 바탕을 형성하는 이성·감정·욕구의 세 가지를 인간의 영혼 또는 심성을 이루는 기본적인 요소라고 보는 삼분체계론을 기반으로 하는 심리구성체론을 전개해 왔던 것이다.

개체성에서 인간의 존재의의를 찾으려는 이러한 서구인의 인간관과 이에서 연유하는 삼분체계론적 심리구성체론의 입장에 서서 보면, 인간의 사회성에 기반을 두고 발생하는 도덕성의 문제는 인간의 삶을 이해하는 과정에서 부차적인 중요성을 가질 수밖에 없다. 인간을 이해하는 이러한 개체성 중심의 관점에 따르면 사회는 각 개인의 집합체일 뿐 그 이상도 이하도 아니게 될 것이고, 따라서 사회는 개인의 특성을 통해 이해되고 접근될 수밖에 없는 부속체계일 뿐이기 때문이다. 이렇게 원만한 사회생활을 가능하게 하는 사회 규칙과 규범의 준수를 전제로 하는 도덕성은 개체성의 실현을 목표로 삼는 개인의 삶에서는 이차적인 중요성을 띠게 되고, 결국 부차적인 의미를 가질 수밖에 없는 것이다.

이러한 맥락에서 도덕성에 관한 서구심리학의 연구들이 모두 도덕성의 인간 본유성을 부정하고 부차요소설을 제기하는 까닭을 이해할 수 있다. 같은 맥락에서 그들이 도덕성의 단일차원설을 기반으로 하여 논리를 전개하는 배경도 이해할 수 있다. 이들은 모두 인간의 존재의의를 개체성에서 찾으려는 서구인의 인간관에서 연유하는 것이다.

2. 유학사상의 도덕성 이론 종합: 본유설과 통합설

유학사상의 심리구성체론은 욕구·감정·이성·덕성의 사분체계설을 근간으로 하며, 이 네 체계 사이의 관계도 덕성우월주의에 의해 구축된다. 이러한 사분체계설과 덕성우월주의는 공자로부터 시작되어 유학자들에게 이어져 온 유학의 전통이었다. 이러한 사분체계설과 덕성우월주의는 유학자들의 도덕성에 대한 이해의 양식에도 지속적인 영향을 미쳐 왔다.

유학자들은 서구인들과는 달리 이성·감정·욕구만이 아니라 도덕성도 인간의 심성을 구성하는 기본적인 요소라고 여겨, 도덕의 인간 본유설을 주장한다. 이러한 도덕 본유설은 그들의 덕성우월주의와 이어져 더욱 강력한 모습을 갖추게 된다. 또한 유학자들은 도덕성은 인간의 심성을 구성하는 다른 요소들(이성·감정·욕구)과 밀접한 관련을 맺고, 이들을 그 자체 속에 포괄적으로 통합하려는 도덕의 통합설에 관한 논지를 전개한다.

유학자들의 도덕성에 대한 이러한 본유설과 통합설은 그들의 인간 파악의 관점에서 나오는 자연스러운 귀결이다. 유학사상은 인간 존재의 사회성과 도덕성 및 가변성의 가치를 주축으로 하는 관계중심적 인간관을 통해 인간을 이해하려 한다. 인간은 사회적 관계 속의 존재로서, 인간의 존재의의는 이러한 사회적 관계에서 찾을 수밖에 없다는 것이 유학자들의 인간관의 핵심이다. 그러므로 유학자들은 삶의 과정에서 인간 존재의 근거인 관계의 조화를 이루려 노력하는 일을 중시하게 되고, 결과적으로 도덕성을 인간에게 본유하는 심성의 요소들 중에서 동물과 다른 인간의 고유성을 드러내는 핵심적인 요인으로 부각시킨다.

유학자들은 사람들은 도덕성을 통해 심성의 다른 요소들을 통합함으로써 조화로운 사회생활을 이루어 냄은 물론 이상적인 인간상인 군자의 상태에까지 이를 수 있다고 여긴다. 이렇게 유학사상의 도덕성 이론은 본유설과 통합설을 중심으로 하여 구축되고 있는 것이다.

1) 유학사상의 도덕 본유설

공자는 자기 사상의 핵심인 인(仁)이 바로 "타인과 사회에 대한 관심과 배려"라고 보아, 도덕성의 근거를 사회적 존재 특성에서 구하고 있다. 그는 인이란 "자기가 바라지 않는 것을 남에게 베풀지 않는 일"[4] 이라거나 "자기가 서고자 하면 남을 먼저 세워 주고, 자기가 이루고자 하면 남이 먼저 이루게 해주는 일",[5] 또는 "남을 사랑하는 일",[6] 그리하여 "어려운 일은 남보다 먼저 하지만, 그 대가는 남보다 나중에 받는 일"[7]이어서, "개인의 사욕과 사적 감정을 이기고 예(禮)의 규범체계로 돌아가는 것이 곧 인"[8]이라 제시함으로써, 타인에 대한 관심과 배려가 인, 곧 도덕성의 중핵이라 보고 있는 것이다. 이렇게 공자는 도덕성을 사회적 존재인 인간이 사회 속에서 타인들과 관계를 맺으면서 살아가는 과정에서 요구되는 기본적인 특성이라 여기고 있다.

공자는 이러한 도덕성이 인간에게 태어날 때부터 본유적으로 갖추어져 있다는 사실을 "도덕성[仁]이란 내 몸 밖에 멀리 있는 것이 아니라서, 내가 인을 행하고자 하면 바로 마음속으로부터 올라오게 마련"[9]이어서, "능히 자기에게서 취해 남에게까지 미루어가는 것[能近取譬]이

4 己所不欲 勿施於人 (《論語》, 顔淵 2; 衛靈公 23)

5 夫仁子 己欲立而立人 己欲達而達人 (雍也 28)

6 樊遲問仁 子曰 愛人 (顔淵 22)

7 樊遲……問仁 曰 仁者先難而後獲 可謂仁矣 (雍也 20)

8 顔淵問仁 子曰 克己復禮爲仁 (顔淵 1)

9 子曰 仁遠乎哉 我欲仁 斯仁至矣 (述而 29)

도덕성[仁]을 행하는 방도"[10]가 된다고 표현하고 있다. 그러므로 "도덕성[仁]을 실행하는 것은 남에게 달려 있는 일이 아니라, 자기에게 달려 있는 일[爲仁由己]"[11]이라는 것이다. 공자는 사람이 태어날 때부터 갖추고 있는 이러한 도덕성은 구체적으로 일상생활에서 인(仁)이나 선(善) 및 의(義)의 추구, 효제(孝弟)의 실천, 그리고 사회 속에서 요구되는 역할 수행 같은 도덕적 지향성들로 드러나게 된다고 주장한다.

공자에 이어 맹자는 유명한 사단설(四端說)을 통해 도덕성의 인간 본유설을 제시하고 있다. 그는 어떤 어린아이가 위험에 빠진 것을 보고 누구나 놀라서 불쌍히 여기는 마음[惻隱之心]이 드는 것은 그를 구해 주었을 때 얻게 될 보상이나 구해 주지 않았을 때 듣게 될 비난 등 외적인 요인 때문이 아니라는 사실을 예로 들면서, 측은·수오·사양·시비 등 도덕성의 근거는 인간에게 본유하고 있는 것이어서, "이런 사단을 갖추고 있지 않으면 사람이 아니다"라고 단언한다.[12] 그는 또 다른 곳에서 "곤경에 빠진 사람을 불쌍히 여기는 마음"[惻隱之心], "자기 잘못을 부끄러워하고, 남의 잘못을 미워하는 마음"[羞惡之心], "남에게 사양하고, 어른을 공경하는 마음"[恭敬之心], "옳고 그름을 가리려고 하는 마음"[是非之心]은 도덕의 기초[四端]가 아니라 인의예지(仁義禮智) 같은 도덕성 그 자체로서 "사람이면 누구나 가지고 있다"고 하여, 도덕의 인

10 夫仁者 己欲立而立人 己欲達而達人 能近取譬 可謂仁之方也已 (雍也 28)

11 一日克己復禮 天下歸仁焉 爲仁由己 而由人乎哉 (顔淵 1)

12 今人乍見孺子將入於井 皆有怵惕惻隱之心 非所以內交於孺子之父母也 非所以要譽於鄕黨朋友也 非惡其聲而然也 由是觀之 無惻隱之心 非人也 無羞惡之心 非人也 無辭讓之心 非人也 無是非之心 非人也 惻隱之心 仁之端也 羞惡之心 義之端也 辭讓之心 禮之端也 是非之心 智之端也 人之有是四端也 猶其有四體也 (《孟子》, 公孫丑上 6)

간 본유설을 강조하여 피력하고 있다.[13] 이러한 맥락에서 맹자는 "사람의 본성은 선(善)하다"고 선언하고 있는 것이다.[14]

이러한 사단의 인간 본유설 이외에, 맹자는 또한 선천적인 도덕적 인식 능력[良知]과 선천적인 도덕적 행위 능력[良能]이 인간에게 본디 갖추어져 있다는 사실에서 인간의 본성에 도덕성이 본유하고 있다는 사실의 근거를 찾는다.[15] 이렇게 생각하지 않고도 알 수 있는 도덕적 인식 능력인 양지(良知)와 배우지 않고도 실천할 수 있는 도덕적 실천 능력인 양능(良能)을 선천적으로 갖추고 있다는 사실은 도덕적 지향성이 인간에게 본유적으로 갖추어져 있음을 의미하는 것이다. 이와 같은 맥락에서 생각해 보면, 맹자가 말하는 본유적인 도덕성이란 곧 스스로가 도덕 주체임에 대한 자각과 스스로가 갖추고 있는 도덕성의 일상적 실천 같은 도덕적 지향성에 의해 그 본유성의 여부가 드러나는 인간의 본성인 것이다.

순자는 독특한 사물위계설(事物位階說)을 통해 도덕성의 인간 본유성에 대한 관점을 제시한다. 그는 무생물[水火]은 기(氣)만 있고, 식물[草木]은 기와 더불어 생명[生]이 있고, 동물[禽獸]은 기 및 생명과 더불어 지각능력[知]이 있을 뿐이지만, 사람은 이 이외에 도덕성[義]까지

---

13 惻隱之心 人皆有之 羞惡之心 人皆有之 恭敬之心 人皆有之 是非之心 人皆有之 惻隱之心 仁也 羞惡之心 義也 恭敬之心 禮也 是非之心 智也 仁義禮智非由外鑠我也 我固有之也 弗思耳矣 (告子上 6)

14 孟子道性善 言必稱堯舜 (滕文公上 1)

15 孟子曰 人之所不學而能者 其良能也 所不慮而知者 其良知也 孩提之童 無不知愛其親也 及其長也 無不知敬其兄也 親親 仁也 敬長 義也 無他 達之天下也 (盡心上 15)

갖추고 있어서, 우주 상에서 가장 귀한 존재라고 본다.[16] 바로 이렇게 인간이 본유적으로 도덕성을 갖추고 있다는 사실이 우주의 다른 삼라만상과 구별하여 인간을 진실로 인간답게 만드는 기본 요소라는 것이 순자의 주장이다.[17] 이와 같이 순자도 공자 및 맹자와 마찬가지로 도덕성의 인간 본유설을 강조하여 제시하고 있다.

순자도 또한 맹자와 마찬가지로 인간에게 도덕적 인식 능력[知]과 도덕적 행위 능력[能]이 갖추어져 있어,[18] 도덕적 인식과 실천을 위한 지향성이 인간에게 본디부터 갖추어져 있다고 여김으로써, 도덕성의 인간 본유설을 펼치고 있는 것이다.

2) 유학사상의 도덕 통합설

도덕성이 사람에게 본유적으로 갖추어져 있다는 유학사상의 입장은 인간의 심리구성체를 사분체계론을 통해 이해하려는 관점에서 나오는 자연스러운 논리적인 귀결이다. 유학사상에서는 인간에게 본유적인 네 체계[덕성·이성·감정·욕구]의 심성 요소들 사이의 관계를 덕성우월론을 통해 개념화한다. 곧 심성의 나머지 요소들이 도덕성에 의해 통제되어 도

16 水火有氣而無生 草木有生而無知 禽獸有知而無義 人有氣有生有知 亦且有義 故最爲天下貴也 (《荀子》, 王制 20)

17 人之所以爲人者 非特以其二足而無毛也 以其有辨也 夫禽獸有父子 而無父子之親 有牝牡 而無男女之別 故人道莫不有辨 (非相 9-10)

18 所以知之在人者 謂之知 知有所合 謂之知 所以能之在人者 謂之能 能有所合 謂之能 (正名 3); 凡禹之所以爲禹者 以其爲仁義法正也 然則仁義法正 有可知可能之理 然而塗之人也 皆有可以知仁義法正之質 皆有可以能仁義法正之具 (性惡 13)

덕성으로 통합되는 것이 바람직한 삶의 모습을 이룬다는 것이다.

유학자들은 이러한 도덕성에 의한 나머지 요소들의 통합이 가능한 근거를 두 가지 관점에서 도출해 내고 있다. 그 하나는 욕구·감정·인지의 체계들이 그 자체 속에 도덕적인 지향성을 갖추고 있다는 사실이다. 그렇기 때문에 각 체계가 갖추고 있는 도덕적 지향성에 의해 각 심성체계의 잔여 부분들이 통합을 이루게 된다는 것이다. 또 하나는 심성의 나머지 요소들, 특히 사적이거나 이기적인 요소들의 담당기관은 오관(五官)과 같은 감각기관이고, 도덕성의 담당기관은 마음[心]인데, 이 양자는 주종(主從)의 관계에 놓여 있다는 사실이다. 그렇기 때문에 마음이 감각기관을 지배함으로써 심성의 나머지 요소들이 도덕성으로 통합을 이루게 된다는 것이다.

(1) 욕구·감정·인지 체계의 도덕적 지향성

공자는 자기가 추구하는 모든 것은 충(忠)과 서(恕)라는 도덕성 한 가지로 통합된다는 일이관지론(一以貫之論)을 통해 도덕성의 통합에 대해 지적하고 있다.[19] 맹자는 본래 갖추고 태어난 사단을 넓혀 꽉 채움으로써 온 천하를 이롭게 할 수 있다는 확충설(擴充說)을 통해 도덕의 통합가능성에 대해 논의하고 있다.[20] 순자는 도덕성에 의해 나머지 심성 요소들을 부려 써야 한다는 역물론(役物論)을 통해 도덕의 통합이

19 子曰 參乎 吾道一以貫之 曾子曰 唯 子出 門人問曰 何謂也 曾子曰 夫子之道 忠恕而已矣 (《論語》, 里仁 15)

20 人之有是四端也 猶其有四體也 有是四端而自謂不能者 自賊者也 謂其君不能者 賊其君者也 凡有四端於我者 知皆擴而充之矣 若火之始然 泉之始達 苟能充之 足以保四海 苟不充之 不足以事父母 (《孟子》, 公孫丑上 6)

가져올 효과에 대해 언급하고 있다.[21]

유학자들은 이렇게 지·정·의 같은 심성 요소들이 도덕성에 의해 통합될 수 있는 것은 욕구·감정·인지의 체계 안에 도덕적 지향성이 내재되어 있기 때문이라고 본다. 인간은 태어나면서부터 생물적 생존욕구, 자기이익추구 욕구, 사회적 욕구 및 도덕적 지향성의 욕구 등 다양한 욕구를 갖추고 있다는 것이 공자·맹자·순자의 일치된 생각이다. 이 중에서 앞의 세 가지는 그 충족 여부가 외적 조건에 달려 있는 재외자(在外者)이고, 도덕적 지향성의 욕구는 그 충족 여부가 자기의 수양 여부에 달려 있는 재기자(在己者)이기 때문에, 인간은 스스로가 어찌할 수 없는 전자를 억제하고, 그 대신 스스로의 수양 여부에 의존하는 후자를 적극적으로 추진하고 권장해야 한다는 것이 유학자들의 욕구이론의 핵심이다. 바로 이런 점에서 도덕적 지향의 욕구가 나머지 욕구들(생존욕구, 이기적 욕구, 사회적 욕구)을 통제하고 제어할 수 있는 가능성의 동력이 생긴다는 것이다.[22]

감정 반응의 경우에도 같은 논리가 적용된다. 공·맹·순 같은 유학자들은 인간의 감정체계를 자아중심적 정서와 타인·규범중심적 정서

21 志意脩則驕富貴矣 道義重則輕王公矣 內省則外物輕矣 傳曰 君子役物 小人役於物 此之謂矣 身勞而心安爲之 利少而義多爲之 事亂君而通 不如事窮君而順焉 故良農不爲水旱不耕 良賈不爲折閱不市 士君子不爲貧窮怠乎道 (《荀子》, 修身 29-30)

22 《論語》, 公冶長 9; 雍也 28; 述而 29; 子罕 17; 顔淵 2, 19; 衛靈公 9, 12, 23, 31, 37; 堯曰 2;《孟子》, 梁惠王上 1; 梁惠王下 5, 9, 12; 滕文公下 9; 離婁上 2, 9; 離婁下 19, 27; 告子上 7, 8, 10, 16; 告子下 1, 4; 盡心上 21; 盡心下 24;《荀子》, 修身 33, 40; 榮辱 25; 王霸 11; 君道 4, 9, 21; 彊國 8, 20; 禮論 5; 性惡 7-8, 18; 大略 20.

로 나누어 개념화한다는 점에서 공통적이다. 이 중에서 전자는 외적 조건에 따라 또는 외적 조건이 자기의 포부나 바람 및 욕구와 일치하거나 불일치하기 때문에 나타나는 외발(外發)적인 것이어서 내적으로 통제하고 조절해야 할 정서이지만, 후자는 타인에 대한 관심과 배려 또는 도덕 원칙 및 사회규범을 기반으로 하여 유발되는 내발(內發)적인 것이어서 일상적 삶의 과정에서 적극적으로 함양하고 키워 나가야 하는 정서라는 것이 공자의 생각이다. 이렇게 후자가 전자의 정서를 억제할 수 있는 가능성은 후자가 도덕적 지향성에서 유발되어 나오는 것이어서, 도덕적 통제력을 갖기 때문이라는 것이 공·맹·순의 공통된 신조이다.[23] 맹자는 특히 측은·수오·사양·시비의 사단이 도덕성 그 자체이자 타인과 규범을 참조 대상으로 하는 내발적인 정서의 핵심이라고 보아, 도덕적 지향성에 의한 감정 반응의 통합가능성의 근거를 도덕성이 감정반응에 기원을 두고 있다는 사실에서 찾고 있다.

또한 유학자들은 지적 능력을 통해 인식하는 내용들을 자기와 타인의 본성과 역할, 인의예지 같은 도덕성, 천명과 시간 같은 자연현상

23 《論語》, 學而 1, 2, 13, 14, 15; 爲政 3; 八佾 20; 里仁 2, 3, 6, 9, 22; 公冶長 5, 6, 14, 24, 27; 雍也 2, 9, 10, 18, 21, 26; 述而 1, 10, 11, 15, 18, 19; 泰伯 10, 13; 子罕 17, 23, 26; 先進 3, 6, 12; 顔淵 20; 子路 4, 15, 16, 20, 24, 25; 憲問 1, 14, 29, 44; 衛靈公 12, 16, 21, 27; 季氏 5; 陽貨 1, 5, 8, 16, 21; 子張 3, 5, 19; 堯曰 1;《孟子》, 梁惠王上 2, 3, 5; 梁惠王下 1, 3, 4, 5, 10, 11;·公孫丑上 1, 2, 3, 4, 5, 6, 7, 8; 公孫丑下 2, 7, 8, 11, 12; 滕文公上 2, 4; 滕文公下 5, 9; 離婁上 3, 7, 8, 9, 12, 22, 27, 28; 離婁下 2, 7, 18, 20, 27, 29, 30; 萬章上 1, 7, 8, 9; 萬章下 5, 6, 7;·告子上 4, 6, 7, 8, 16; 告子下 4, 5, 8, 13, 14, 15; 盡心上 4, 6, 7, 8, 9, 19, 20, 21, 31, 35; 盡心下 4, 11, 23, 24, 37;《荀子》, 勸學 4;·修身 30; 非十二子 36, 38, 39; 儒效 11; 彊國 6; 禮論 20; 大略 21, 22; 宥坐 8; 法行 20 등.

의 이치, 그리고 기타 여러 가지 구체적 사실 등으로 나누어 제시하고 있다. 이 중 전자의 두 가지(사람의 본성·역할과 도덕성)에 대한 인식은 도덕적 인식이라 볼 수 있는데, 《논어》에서는 인식 대상에 대한 언급 총 64회 가운데 39회(60.3%), 《맹자》에서는 63회 가운데 26회(41.3%), 《순자》에서는 156회 가운데 76회(48.7%), 곧 세 경전을 합하면 전체의 약 50% 정도가 이렇게 도덕성과 관련되는 대상에 대한 인식의 문제를 다루고 있다. 이러한 사실은 본유적인 인식 능력을 통해 인간이 인식해야 할 핵심은 스스로가 도덕의 주체라는 사실과 스스로가 태어날 때부터 갖추고 있는 도덕성의 내용들이라고 보는 것이 선진유학으로부터 이어져 내려오는 유학사상의 전통임을 확실히 드러내 주고 있는 것이다. 이러한 사실은 덕성 주체로서의 인간이 덕을 지향하는 과정에서 인식의 내용을 도덕성에 맞추어 조율하거나 통제해야 함을 의미하는 것으로, 이러한 사실을 통해 유학자들은 도덕적 지향성이 인식 능력 전반에 대한 통제력을 보유하고 있음을 주장하고 있는 것이다.[24]

이상에서 보듯이, 도덕성이 나머지 심성 요소들에 대해 통제력을 가질 수 있는 것은 나머지 요소들이 그 자체 속에 도덕적인 지향성을 갖추고 있기 때문이다. 이러한 배경에서 유학의 덕성우월주의가 도출

24 《論語》, 學而 1, 12, 16; 八佾 11, 15, 22; 里仁 7, 14; 公冶長 4, 7, 21; 雍也 18; 述而 30; 子罕 6; 先進 25; 顔淵 22; 子路 2; 憲問 2, 32, 37, 42; 衛靈公 3, 13, 18; 堯曰 3;《孟子》, 梁惠王上 7; 梁惠王下 7;·公孫丑上 2, 4; 公孫丑下 4, 7, 8, 12; 滕文公下 9; 離婁上 27;·離婁下 1; 萬章下 8; 告子上 6; 盡心上 1, 5, 9, 13, 15;《荀子》, 修身 37; 不苟 3, 6, 16; 榮辱 21, 23, 25, 27, 33; 非相 12; 非十二子 26, 30; 儒效 12, 13, 29, 36; 王制 10, 11, 12, 13, 15; 富國 16, 27; 君道 2, 13, 14; 議兵 19, 28; 天論 25, 36; 正論 23; 解蔽 3, 4, 7, 10, 11; 性惡 8, 13, 14, 18, 21; 成相 9, 10, 16; 大略 23, 25; 子道 17, 18; 哀公 24; 堯問 42, 43.

되는 것으로, 공자는 이를 도덕성 한 가지로 나머지 요소들을 꿰뚫는 일이관지(一以貫之), 맹자는 사단의 확충(擴充), 순자는 나머지 심성 요소들을 부리는 역물(役物)이라 표현하고 있는 것이다.

(2) 감각기관과 마음[心]의 역할 분담 및 주종(主從) 관계

이렇게 유학자들은 욕구·감정·인지 체계 같은 심성 요소들도 그 자체 안에 도덕적 지향성을 갖추고 있다는 사실에서 도덕의 통합성의 근거를 찾고 있다. 그러나 맹자와 순자는 여기서 한 걸음 더 나아가 감각기관과 마음[心]의 기능의 차이와 양자 사이의 관계에서 도덕성의 통합성에 관한 또 하나의 논거를 찾고 있다.

맹자와 순자에 따르면, 눈·귀·코·입·피부 같은 감각기관은 외부 사물에 대한 감각을 통해 유발되는 생물체적·이기적 욕구와 감정 같은 심성 요소의 주관자이고, 마음은 도덕 인식과 실천의 주관자이다.[25] 여기서 감각기관의 관장을 받는 욕구와 감정의 충족 및 그 촉발의 여부는 외부 사물이나 조건에 의존하는 것 곧 재외자(在外者)이지만, 마음의 관장을 받는 도덕성의 인식과 그 실천의 문제는 개인의 수양 여부에 달

25 耳目之官不思而蔽於物 物交物 則引之而已矣 心之官則思 思則得之 不思則不得也 此天之所與我者 先立乎其大者 則其小者不能奪也 此爲大人而已矣 (《孟子》, 告子上 15); 若夫目好色 耳好聲 口好味 心好利 骨體膚理好愉佚 是皆生於人之情性者也 (《荀子》, 性惡 6); 何緣而以同異 曰 緣天官 凡同類同情者 其天官之意物也同……形體色理 以目異 聲音淸濁調竽奇聲 以耳異 甘苦鹹淡辛酸奇味 以口異 香臭芬鬱腥臊洒酸奇臭 以鼻異 疾養滄熱滑鈹輕重 以形體異 (正名 6-8); 故心不可以不知道 心不知道 則不可道 而可非道……夫何以知 曰 心知道 然後可道 可道然後能守道 以禁非道……故治之要 在於知道 人何以知道 曰 心 (解蔽 10-11)

린 것 곧 재아자(在我者)이다. 심성의 구성 요소들 가운데 재외자인 욕구와 감정 체계들이 재아자인 도덕성의 통제와 지도를 받아야 하는 까닭은, 마음의 생각하는 기능을 통해 인간에게 본유적인 도덕성을 인식하고, 동물적 욕구와 감정 체계를 제어하며, 자각된 도덕성을 일상생활에서 실천하는 것이 인간 삶의 이상이기 때문이다.

사람에게 갖추어져 있는 감각기관과 몸 사이의 관계에 대해, 맹자는 감각기관은 천하고 작은 것이고 마음은 귀하고 큰 것이어서, 후자가 전자를 통합하는 것이 이상적 인간[大人]이 되는 길이라고 본다.[26] 순자는 "감각기관은 각각이 담당한 기능을 수행할 뿐이지만, 마음은 사람의 한 가운데에 자리 잡고 있어서 오관을 다스리는 역할을 수행하는 군주[天君]"[27]라고 하여, 양자의 주종 관계를 분명히 하고 있다. 이렇게 순자는 "마음은 감각기관의 군주이고, 정신활동의 주인"[28]이어서, 감각기관의 관장을 받는 욕구와 감정을 마음의 관장을 받는 도덕성의 인식과 실천을 통해 통합하는 것이 바른 삶의 자세라는 사실을 분명히 밝히고 있는 것이다.

---

26 體有貴賤 有小大 無以小害大 無以賤害貴 養其小者爲小人 養其大者爲大人 (《孟子》, 告子上 14)

27 耳目鼻口形能 各有接而不相能也 夫是之謂天官 心居中虛 以治五官 夫是之謂天君 (《荀子》, 天論 24-25)

28 心者形之君也 而神明之主也 (解蔽 14-15)

3) 유학사상의 인간관 및 심리구성체론과 도덕성이론의 특징

이상에서 본 바와 같이, 유학사상에서는 도덕성을 욕구·감정·인지 체계와 함께 인간에게 본유적으로 갖추어져 있는 기본 구성 요소라고 보는 도덕성의 본유설과 도덕성에 의해 다른 심성 요소들을 통합하는 것이 바른 삶의 길이라는 도덕성의 통합설을 통해 도덕성의 문제에 접근하여 왔다. 이러한 관점은 사분체계설과 덕성우월주의를 근간으로 하는 유학사상의 심리구성체론으로부터 자연스럽게 도출되는 입장이라고 할 수 있다.

전통적으로 유학사상은 사회성과 도덕성의 가치를 바탕으로 하여 인간을 이해하려는 입장을 견지하여 왔다. 유학자들은 사람은 다른 사람들과의 관계 속에서 태어나, 다른 사람들과의 관계 속에서 살다가, 다른 사람들과의 관계 속에서 죽어가는 존재들이라고 본다. 인간은 다른 사람들과의 관계를 떠나서는 존재의의 자체가 사라질 뿐만 아니라, 삶 자체도 영위할 수 없는 존재들이라는 것이다. 이렇게 인간을 사회적 관계체라고 보면서, 사회적 존재 특성에서 인간의 존재의의를 찾으려 하는 것이 유학자들의 인간 파악의 가장 기본적인 관점이다.

인간을 이렇게 사회성을 중심으로 하여 이해하기 때문에 유학자들은 인간의 가장 중핵적인 특성은 도덕성이라고 본다. 도덕성이란 기본적으로 다른 사람 및 사회에 대한 관심과 배려의 체계로서, 사회생활을 원만하게 유지하는 규범 및 규칙으로 구체화된다. 그러므로 도덕성은 인간의 사회적 존재 특성으로부터 연유하는 것으로, 인간을 사회적 관계체라고 파악하게 되면 다른 동물과 구별되는 인간의 가장 중핵적인 특성을 도덕성이라고 여기는 것은 논리적인 필연인 것이다.

이렇게 인간을 사회성과 도덕성의 주체로 파악하게 되면, 인간의 심성을 구성하는 기본구성체를 개체로서의 특성과 사회적 존재로서의 특성의 두 가지에서 찾으려는 입장이 자연스럽게 도출된다. 이러한 배경에서 유학자들은 인간 심성의 기본적인 요소를 이성·감정·욕구 같은 개체적 특성에서만 찾지 않고, 여기에 도덕성이라는 사회적 특성을 첨가하여 사분체계론을 기반으로 하여 파악하려 하며, 이 네 체계 사이의 관계도 도덕성을 중핵으로 하여 접근하려는 덕성우월주의의 양태를 띤다.

이와 같이 사분체계론과 덕성우월주의를 근간으로 하는 유학자들의 심리구성체론으로부터 유학사상에서 주장하는 도덕의 본유성과 통합성의 논리적 타당성이 도출된다고 볼 수 있다. 인간은 개체적 특성인 욕구·감정·인지 체계만이 아니라 도덕성이라는 사회적 특성의 체계도 본유적으로 갖추고 있을 뿐만 아니라, 개체적 특성의 체계[욕구·감정·인지]들도 그 자체 속에 도덕적 지향성을 갖추고 있다는 것이 유학자들의 관점이다. 뿐만 아니라 개체적 특성, 그 중에서도 욕구와 감정의 체계는 감각기관이 관장하고, 도덕성은 마음[心]이 관장하는데, 이 중에서 전자는 후자의 지배를 받는다고 유학자들은 간주한다. 바로 이러한 맥락에서 도덕성에 의해, 그리고 도덕성으로 개체적 심성의 체계들이 통합될 수 있는 가능성이 도출된다는 것이 유학자들의 주장인 것이다.

3. 두 관점의 대비: 도덕심리학의 위상 정립을 위하여

이상에서 보듯이 서구철학 및 심리학과 유학사상은 도덕성의 존재 근거와 그 기능의 측면에서 차이를 보이는 이론들을 제시하여 왔다. 여기에서는 이러한 몇 가지 문제점에 대한 동·서의 관점의 차이를 중심으로 하여, 유학사상에 기반을 두고 구축될 도덕심리학에서 다루어야 할 문제들을 도출해 보기로 하겠다.

1) 도덕성의 존재 근거의 문제: 도덕성은 과연 인간에게 본유적인 것인가?

서구철학과 심리학에서는 인간의 심성에 관한 삼분체계론의 관점에서 도덕성의 존재 근거로서 도덕성의 부차요소설을 주장한다. 곧 도덕성은 이성에 근거를 둔 인지 능력 발달의 부속체계(이성주의적 의무론·인지능력 발달이론)이거나, 호오(好惡)의 정념에 근거를 둔 감정반응의 부속체계(경험론적 정념론·정신역동이론)이거나 또는 쾌락의 원리에 따라 학습된 행동습관(공리주의적 결과론·학습이론)일 뿐, 인간이 본디부터 갖추고 있는 본유적인 심리구성체는 아니라는 것이 서구의 도덕성 이론이 주장하는 공통점이다. 이는 인간을 개체성을 주축으로 하여 이해함으로써, 이성·감성·욕구 같은 개체적 존재 특성을 인간의 심성을 이루는 기본 구성 요소라고 받아들이는 서구의 삼분체계론적 심리구성체론에서 나오는 자연스러운 논리적 귀결이다.

이에 비해 유학사상에서는 인간의 심성에 관한 사분체계론의 관점에서 도덕성의 존재 근거로서 도덕성의 본유설을 주장한다. 곧 도덕성은 인간에게 태어날 때부터 갖추어져 있는 인간의 본유적인 심리구성체라는 것이 공자[爲仁由己說]·맹자[四端說]·순자[事物位階說] 같은 유학자들의 공통적인 관점이다. 이는 인간을 사회성을 주축으로 하여 이해함으로써, 이성·감성·욕구 같은 개체적 존재 특성만이 아니라 도덕성이라는 사회적 존재 특성도 인간의 심성을 이루는 기본 구성 요소라고 간주하는 유학사상의 사분체계론적 심리구성체론에서 나오는 필연적인 결론이다.

도덕성의 존재 근거에 대한 이러한 동·서의 관점의 차이 가운데 어느 것이 옳은가? 도대체 도덕성이 인간 심성에 본유적인 것인가, 아니면 심성의 다른 요소에 부속되거나 다른 요소에 의해 부차적으로 갖추어지는 것인가? 만일 전자라면, 도덕성의 문제는 심리학의 고유한 문제 영역으로 탐구되어져야 할 것이다. 그러나 만일 후자라면, 도덕성은 지금까지의 서구심리학에서와 같이 다른 심성 요소와의 관계에서 부차적으로 다루어져야 할 것이다.

21세기에 들어서기 직전과 그 이후에 전개되고 있는 영유아발달심리학, 영장류학 및 진화심리학의 연구들에 따르면, 도덕성은 인간에게 본유적인 심리구성체로 보는 것이 더 타당하다는 결과들이 얻어지고 있다. 이러한 연구들은 대부분 서구의 방법론을 동원하여 서구의 학자들에 의해 이루어져 왔지만, 이러한 연구들의 결과를 통해 밝혀지고 있는 사실들은 기본적으로 유학사상의 도덕 본유설에서 예측하는 것들이라는 사실을 주목해 볼 필요가 있다. 바로 이러한 사실들에서 오늘날 학문 세계의 주요 화두로 등장하고 있는 학문 분야 사이의 통섭(統攝, consilience) 및 더 나아가서 동·서의 관점의 회통(會通)이 이루어지는 실례를 보게 된다.

이러한 연구들의 구체적인 주요 내용들은 다음 제 7 장에서 다루어지게 될 것인데, 이를 통해 유학사상에 근거를 두고 전개될 도덕심리학 연구가 지향해야 할 방향에 대한 중요한 시사를 얻을 수 있을 것이다.

2) 도덕성의 기능의 문제: 도덕성은 과연 심성 전반에 통합적인 영향을 미치는가?

위에서 살펴본 도덕성의 존재 근거에 관한 물음은 도대체 도덕성이 심리학의 연구 문제로서 어떠한 위상을 갖는 것인지에 관한 물음이었다. 이러한 도덕성의 존재 근거에 대한 물음 이외에 도덕성에 관한 심리학적 탐구에서는 도덕성의 기능에 관한 문제가 또 한 가지 중심적인 연구 문제로 부각된다. 심리학은 인간의 행동에 미치는 상황적이거나 개인적인 요인의 영향을 객관적으로 분석하여 인간 행동 및 심성에 개재하는 법칙을 정립하려 하는 학문으로서, 이러한 법칙은 연구 주제가 되는 심리구성체 또는 심성 특성의 기능과 그들이 미치는 영향의 탐구를 통해 정립될 수 있다. 그러므로 도덕성에 관한 심리학적 탐구에서는 도덕성이 개인에게 어떠한 기능을 하는지, 그리고 이것이 개인의 행동과 심성에 어떠한 영향을 미치는지 하는 문제가 중요한 탐구의 주제로 등장된다. 이러한 도덕성의 기능의 문제에 대해서는 지금까지 도덕성의 단일차원설과 통합설을 기조로 하여 접근해 왔다.

(1) 서구의 단일차원설과 정의의 도덕성

도덕성의 존재 근거를 부차요소설을 근간으로 하여 파악하려는 서구심리학에서는 도덕성의 기능을 도덕성의 존재 근거를 이루는 기본 구성 요소의 기능에 귀결지어 이해하려는 단일차원설을 통해 접근하려 하였다. 인지발달이론에서는 도덕성의 기능을 인지적인 도덕 판단이라는 단일차원에 국한하여 이해하려는 관점을 전개한다. 정신역동이론에서는 도덕성의 기능을 감정적인 적응에 국한하여 접근한다. 또한 학습이론에서는 도덕 습관의 기능을 오로지 유기체가 처해 있는 상황에서 얻게 되는 쾌락의 추구와 고통의 회피라는 결과에만 국한하여 이해하려 한다.

이러한 단일차원설에 의해 도덕성의 기능의 문제에 접근하려는 전통적인 서구의 관점은 도덕성의 제일의 기능을 개체로서의 개인의 자율성의 확보에 두고 접근하는 입장들에서 유래하였다.[29] 서구 개인주의사회에서는 인간을 타인이나 집단과 분리되고 구획된 독립적인 실체라고 보므로, 개인은 자기실현을 비전으로 하여 자기가 지향하고 있는 바를 자유롭게 추구하고, 이에 맞게 살 자율적 권리를 보유하고 있다는 관점에서, 도덕성의 본질을 개인의 자유 선택과 독립적인 개인 사이의 계약에서 찾는다. 이러한 서구식 접근의 근본 가정은 사회란 개인들이 이익 갈등을 최소화하고 스스로의 이익을 지키기 위해 다른 성원들과 계약

29 Fiske et al., 1998; Gilligan, 1982; Hamilton, Blumenfeld, Akoh, & Miura, 1990; Miller, 1984, 1991, 1994, 1997; Miller & Bersoff, 1992, 1994; Miller, Bersoff, & Harwood, 1990; Miller & Luthar, 1989; Shweder, Mahapatra, & Miller, 1990; Shweder, Much, Mahapatra, & Park, 1997; Taylor, 1989.

을 맺음으로써 형성된 것이며, 개인들은 이러한 계약을 통해 자기이익을 최대로 보장해 줄 수 있는 행위 원칙에 합의하게 된다는 것이다. 이러한 행위 원칙 가운데 핵심이 되는 것은 정의(正義)의 원칙이며, 도덕성은 이러한 정의 원칙에 따른 자율적 선택에서 나온다고 본다. 곧 서구 개인주의 사회에서는 도덕성의 본질을 "정의의 도덕성"(the morality of justice)이라고 보아, 도덕적 문제의 핵심은 개인의 권리와 자유, 사회 계약에 의한 공정성의 확보, 그리고 개인의 자율적 선택에 있지, 타인이나 사회에 대한 배려와 책임에 있지 않다고 받아들이는 것이다.

이와 같이 정의의 도덕성은 개인적 자유의 관념과 사회 계약의 개념을 핵심으로 하고 있다. 이 전통에서는 도덕성에 합치하느냐의 여부를 타인의 권리를 침해하느냐의 여부에 따라 판단한다. 여기서는 도덕 판단의 목표를 타인의 권리를 침해하지 않으면서 자기의 이익을 최대로 확보하는 것에 두게 되며, 타인의 권리를 증진시키거나 타인을 돕는 것은 도덕 판단의 전제 조건이 아니다. 이렇게 정의의 관점에 초점을 맞추게 되면 남을 도울 의무나 책임은 없게 되고, 따라서 남을 돕거나 집단의 이익을 도모하는 것은 전적으로 개인의 재량권에 속하는 문제이지 도덕적 전제 조건은 아니게 된다. 이와 같이 서구 개인주의사회에서 지배적인 정의의 도덕성은 개인의 권리와 자유, 그리고 사회 계약을 기초로 하여 성립되고 있으며, 자율적인 선택이 도덕 판단의 핵심이라 보는 입장인 것이다.[30]

도덕성의 기능을 단일차원설을 통해 접근하는 서구심리학의 도덕

30 Nunner-Winkler, 1984.

성에 관한 연구들은, 특히 인지발달론자들의 연구들은 이러한 정의의 도덕성의 개념을 기반으로 하여 이루어진 것으로 볼 수 있다. 그들은 도덕적으로 자율적인 개인을 이상으로 규정하여 도덕 판단 단계를 설정하고 있으며, "도덕적 세계에 대한 판단도 물리적 세계에 대한 판단에서와 마찬가지로 진·위 또는 정·오의 문제"[31]라고 보고 있는 것이다. 또한 이러한 객관적인 정의 원칙이 도덕적 행위와 그 판단의 준거로 작용한다면, 스스로가 이러한 원칙에 위배되어 타인의 권리를 침해할 경우 이는 심한 죄책감을 유발하게 될 것이라고 추론할 수 있다. 이러한 맥락에서 보면, 양심의 가책에서 나오는 죄책감을 도덕적 행위의 근거라고 간주하는 프로이트의 입장도 정의의 도덕성의 관념에 기반을 두고 있는 것으로 생각해 볼 수 있다. 그리고 도덕성을 학습된 행동습관일 뿐이라고 보는 학습이론가들도 개인의 자율성에 근거를 두고 있는 정의 원칙에 일치하는 행동만을 도덕적이라고 평가할 것이라고 추론해 보면, 학습이론가들도 도덕성을 정의라는 단일 기능을 통해 이해하려는 입장을 펴고 있는 것으로 유추해 볼 수 있을 것이다.

(2) 유학사상의 통합설과 배려의 도덕성

도덕성의 인간 본유성을 강조하는 유학사상에서는 도덕성이 개체적 특성의 심성 요소(이성·감성·욕구)들을 제어하고 그 자체 속에 통합할 수 있다는 도덕성의 통합설을 주장한다. 공자는 일이관지론(一以貫之論)을 통해, 맹자는 확충론(擴充論)을 통해, 그리고 순자는 역물론(役

31 Fiske et al., 1998, p. 940.

物論)을 통해 이러한 논지를 전개한다. 이렇게 도덕성이 개체적 특성에서 나오는 심성의 요소들을 통합할 수 있는 것은 욕구·감정·인지의 체계 속에 도덕적 지향성이 내포되어져 있을 뿐만 아니라, 도덕성의 기관인 심(心)이 욕구와 감정의 체계인 오관(五官)에 대한 통제력을 갖추고 있기 때문이라는 것이 유학자들의 관점이다.

이러한 통합설에 의해 도덕성의 기능의 문제에 접근하는 유학사상의 관점은 도덕성의 제일의 기능을 관계를 맺고 있는 다른 사람과 사회집단에 대한 관심과 배려를 자신에 대한 관심과 배려보다 앞세우는 데에서 찾으려는 입장에서 유래하였다. 동아시아 집단주의사회에서는 사회의 궁극적인 구성단위를 독립적이고 개별적인 개인 존재에서 찾지 않고, 개인 간의 관계 또는 그러한 관계의 원형인 가족과 같은 일차 집단에서 찾는다. 여기에서는 인간의 존재의의는 이렇게 관계를 맺고 있는 타인과의 상호연계성 속에서 찾아야 한다고 간주하며, 상호 관계에서 도출되는 쌍무적인 역할과 의무 및 상대방에 대한 관심과 배려가 사회행위의 근본적인 원동력이라고 본다. 이들은 개인을 의무·역할·배려의 복합체, 타인을 우선적으로 고려하고 그들의 복지에 책임을 지는 덕성의 주체, 그리고 성덕을 지향하여 자기개선을 이루려 하는 가변적·과정적 존재로 파악한다. 이러한 유학의 체계를 사상적 배경으로 하고 있는 집단주의사회에서 개인의 권리와 객관적인 정의의 원칙은 이차적인 관심으로 밀려나게 되며,[32] 따라서 이들의 도덕성의 관념은 지극히 관계중심적인 것일 수밖에 없는 것이다.

---

32 Yeh, 1996.

이러한 맥락에서 보면, 객관적인 행위 원칙인 정의의 원칙은 절대적이거나 보편적인 것이 아니라 이차적인 중요성을 가지는 것일 뿐이며, 이보다 대인관계에서의 상대방에 대한 배려와 책임감이 더 중요한 것으로 부각된다. 공자는 섭공(葉公)과 벌인 정직함이라는 도덕성에 관한 논의에서,[33] 객관적인 정의의 원칙보다 부모-자식 사이의 윤리가 더욱 중요하며, 구태여 정의의 원칙을 내세우지 않아도 사람들 사이의 관계가 바로 정립되면, 저절로 바른 행위가 이루어진다는 관점을 확실히 하고 있다. 사람들 사이의 관계 윤리, 즉 공자뿐만 아니라 유학자들은 누구나 타인에 대한 배려와 책임이 객관적이고 보편적인 행위 원칙보다 우선한다고 보고 있는 것이다. 이렇게 다른 사람에 대한 배려와 책임감에서 도덕성의 근거를 찾으려 하는 것이 "배려의 도덕성"(the morality of caring)으로, 동아시아 집단주의 사회에서는 이러한 관점에

33 《논어》에는 이러한 사실을 지적하여, 다음과 같이 진술하고 있다: "섭공(葉公)이란 사람이 공자에게 '우리 무리에 정직하게 행동하는 사람이 있습니다. 그는 자기 아버지가 남의 양을 훔치자, 관가에 고발하여 이를 증언하였습니다'라고 말씀드렸다. 이에 대해 공자께서는 '우리 무리의 정직한 사람은 이와 다릅니다. 아버지는 자식을 위하여 숨겨 주고, 자식은 아버지를 위하여 숨겨 줍니다. 정직함은 바로 이러한 가운데에 있는 것입니다'라고 말씀하셨다."(葉公語孔子曰 吾黨有直躬者 其父攘羊 而子證之 孔子曰 吾黨之直者異於是 父爲子隱 子爲父隱 直在其中矣, 《論語》, 子路 18) 물론 이 인용문에서 공자가 객관적인 정의 원칙을 무시하는 것이 옳다고 보는 것은 아니다. 다만 객관적 원칙보다는 모든 행위 원칙의 출발 원천으로서의 대인관계, 그중에서도 특히 부모-자식 사이의 관계에서 서로 간에 배려하고 상대방의 복지에 대해 책임을 지려 하는 자세가 더욱 중요함을 역설하고 있을 뿐인 것이다. 대인관계에서 서로 간의 배려와 책임이 도외시되거나 무시되면, 객관적인 행위 원칙의 도출 근거 자체가 사라지게 된다고 공자는 보고 있었던 것이라 생각할 수 있다.

서 도덕성을 개념화하고 있다.[34]

이렇게 배려의 도덕성은 도덕성의 출처를 대인관계에서의 타인에 대한 관심과 배려 및 책임감에서 찾으려 하는 입장이다. 개인이 스스로의 권리나 자유 또는 이익보다는 관계를 맺고 있는 타인에 대한 배려와 책임을 우선시하는 데에서 도덕성이 나오게 된다고 보는 것이 집단주의사회의 특징이다. 즉, "집단주의사회에서 개인의 욕구와 권리에의 관심은 사회적 의무보다 부차적이며, 개인 간의 근본적인 상호의존성에서 나오는 대인간 책임감은 강력한 도덕적 '선'으로 경험되는 것이다."[35]

도덕성을 타인에 대한 관심과 배려의 체계라고 규정하는 유학사상에서 강조하는 도덕의 원칙은 이러한 배려의 도덕성이 될 것이고, 이러한 도덕성에 의한 타인과 사회에의 배려는 각 개인이 갖추고 있는 개체적 특성을 도덕성 그 자체 속에 통합할 수 있는 가능성이 인간에게 갖추어져 있기 때문이다. 곧 도덕의 통합성으로부터 타인과 사회에의 배려라는 도덕 원칙이 태동되어 나오게 되는 것이다.

도덕성의 본질을 이렇게 서로 다르게 개념화하면, 도덕적 문제 상황의 규정이나 도덕성이 인간 삶에서 수행하는 기능들에 관해 서로 다른 관점을 가지게 된다. 개인주의사회에서 도덕적 문제 상황은 개인의 권리가 침해되었는지의 여부이고, 이에 개입할 것인지는 개인의 자율적 선택에 달려 있지만, 집단주의사회에서 도덕적 문제 상황은 관계 당사자가 곤경에 빠져 있는지의 여부이고, 이에 개입하는 것은 개인의 책

34 Fiske et al., 1998; Miller, 1994, 1997; Miller & Bersoff, 1992, 1994.

35 Fiske et al., 1998, p. 941.

임이자 의무가 된다.[36] 그러므로 어떤 것이 도덕적인 문제 상황이고, 또 어떤 행동이 도덕적으로 착한 행동인지에 대한 규정과 그러한 행동이 가져오는 효과들을 놓고 서로 다른 관점을 가지게 되므로, 유학심리학에서 전개될 도덕성에 관한 탐구 주제들은 서구심리학의 그것과는 크게 달라질 것이다.

콜버그의 인지발달론적 관점에서 도덕성을 연구해 온 길리건(C. Gilligan)은 개인주의사회에서조차도 정의의 도덕성은 남성들만의 도덕 원리일 뿐, 대인관계의 조화에 깊은 관심을 가지고 있는 여성들은 배려의 도덕성의 관념에 기초하여 도덕의 문제를 규정하는 경향이 강하다고 봄으로써,[37] 도덕성의 본질이 문화 간에서 만이 아니라 한 문화권 내에서도 집단 간에 차이가 있을 수 있다는 사실을 밝혀내고 있다. 이러한 맥락에서 보면, 앞으로의 도덕심리학의 연구에서는 개인주의사회와 집단주의사회뿐만 아니라, 그 하위 집단이나 계층별로 개념화하는 도

36 Fiske et al., 1998; Miller & Bersoff, 1992, 1994; Miller et al., 1990; Miller & Luthar, 1989.

37 Gilligan, 1982: 콜버그의 제자였던 길리건은 "콜버그의 윤리학이 성차적 편견에 기초한다고 공격하였다. 또한 그녀는 콜버그가 중시하는 정의의 원리가 남성중심적인 덕목인데다가, 콜버그의 연구실험에서조차도 여성들이 전적으로 배제되어 있어서, 그의 방법론은 근본적으로 잘못을 범하고 있다고 맹렬하게 비난하였다. 그녀는 여성들에게는 정의보다는 배려의 원리가 더 친근하다고 주장하면서, 남성위주의 정의 원리와의 대결 구도를 만드는 데 주력하였다"(김진, 2013, p. 6). 그러나 Miller와 Bersoff(1992)는 Gilligan의 입장은 타인에 대한 관심보다는 개인의 욕구와 감정 중심적일 뿐만 아니라, 집단의 맥락을 고려하더라도 여전히 개인의 개성의 발견을 도덕성의 목표라고 보고 있으며, 또한 자기에 대한 책임과 타인에 대한 책임 사이의 갈등을 핵심 경쟁 요인으로 설정함으로써, 진정한 의미에서의 배려의 도덕성을 다루고 있는 것이라 보기 힘들고, 여전히 개인주의적 윤리학의 범위를 벗어나고 있지 못하다고 비판하고 있기도 하다.

덕성의 개념 규정과 그 기능의 차이에 대해서도 폭 넓은 검토가 이루어져야 할 것이다.

최근 전개되고 있는 사회심리학자들의 도덕성에 관한 연구들에 따르면, 도덕성은 정의라는 단일 차원으로 구축되어 있는 것이 아니라 타인과 소속 집단 및 종교 배경에의 배려와 존중 등 다차원으로 구축된 사고와 감정과 선택의 체계라는 사실이 밝혀지고 있다.[38] 앞에서도 언급하였지만, 이러한 연구들은 대부분 서구의 방법론을 동원하여 서구의 학자들에 의해 이루어지고 있다. 그러나 이러한 연구들의 결과를 통해 밝혀지고 있는 사실들은 기본적으로 유학사상의 도덕 통합설에서 예측하는 것들이라는 사실을 주목해 볼 필요가 있다. 바로 이러한 사실들에서도 도덕성에 관한 연구에서 동·서의 관점의 회통(會通)이 이루어지는 가능성의 한 예를 보게 된다.

이러한 연구들의 구체적인 주요 내용들은 다음 제 8 장에서 다루어지게 될 것인데, 이를 통해 유학사상에 근거를 두고 전개될 도덕심리학 연구가 지향해야 할 방향에 대한 또 하나의 중요한 시사를 얻을 수 있다.

38 Haidt, 2012; Shweder et al., 1990, 1997.

3부
도덕심리학의 새로운 지평

서구인들은 개체성·합리성·실체성의 가치를 주축으로 하여 인간을 이해하려 한다. 그들은 인간의 존재의의를 개체성에서 찾고, 동물과 다른 인간의 중핵특성을 합리성의 근거인 이성이라고 보며, 인간은 자기실현의 기반을 모두 완비하여 갖추고 있는 실체라고 인식한다. 이러한 서구인들의 인간관은 그들의 심리구성체론에 그대로 반영되고 있다. 서구인들은 인간 삶의 바람직한 모습을 개체적 존재로서의 자기실현에서 찾기 때문에, 개체로서의 존재를 드러내는 특성인 욕구와 감성 및 이성이 인간에게 갖추어져 있는 심성의 기본 요소를 이룬다고 보며 [삼분체계론], 이 삼자 사이의 관계도 합리성의 근거인 이성을 중심으로 하여 파악하는 이성우월주의의 경향을 띠게 되는 것이다.

이러한 배경에서 서구인들은 도덕성이란 인간의 발달 과정에서 이러한 세 가지 기본 요소들에 의해 부차적으로 갖추어지는 것으로 간주하며[부차요소설], 도덕성은 그 태동 근거가 되는 심성 요소 한 차원에 국한되는 속성을 띠는 것으로 받아들인다[단일차원설]. 그렇기 때문에 전통적으로 서구심리학계에서 도덕성은 기본 연구 영역으로 부각되지 못하고, 다른 기본 연구 영역에 부속되는 하위 분야로 받아들여져 왔던 것이다.

이에 비해, 유학사상에서는 사회성·도덕성·가변성의 가치를 기반으로 하여 인간을 이해하려 한다. 유학자들은 인간의 존재의의를 사회성에서 찾음으로써 동물과 다른 인간의 중핵특성을 사회 규범의 체계, 곧 도덕성이라 간주하며, 인간은 사회생활을 통하여 도덕성을 인식하고 실천함으로써 인간 삶의 목표인 이상적 인간상을 이루는 일에 근접할 수 있다고 여긴다. 이러한 유학사상의 인간관은 유학자들의 심리구성체론에 그대로 반영되고 있다. 즉 유학자들은 인간의 사회적 특성인 도덕성이 개체적 특성인 욕구·감정·이성과 함께 인간에게 본유적으로 갖추어져 있다고 여기며[사분체계론], 인간의 중핵 특성으로서의 도덕성이 개체적 심성 요소들을 통제하고 지배한다고 간주하는 것이다[덕성우월주의].

이러한 유학적 심리구성체론은 그대로 유학자들의 도덕성에 관한 이론, 곧 도덕성이 인간에게 태어날 때부터 갖추어져 있는 본유적인 심성의 체계라는 본유설과 이를 통해 다른 심성의 요소들이 통합을 이룬다는 통합설로 이어지고 있다. 이러한 관점에서는 도덕의 본유성과 통합성을 과학적으로 탐구하는 영역이 심리학의 가장 중요한 연구 영역으로 부각되어야 할 필연성이 도출된다.

지난 세기의 말엽을 거쳐 21세기에 들어서면서부터 서구의 학계에서는 영유아발달심리학, 영장류학, 진화심리학 및 사회·문화심리학을 중심으로 하여 마치 그동안 막혀있던 봇물이 터진 것처럼 도덕성에 관한 연구가 본격적으로 이루어지고 있는데, 이러한 연구들을 통해 도덕성의 인간 본유성과 도덕성의 다차원적 통합성을 지지하는 증거들이 쌓이고 있다. 이러한 결과들은 유학사상에 근거를 둔 이론적 관점이 서구의 과학적 방법론을 동원한 실증적 연구들에 의해 사실로 밝혀지고 있음을 증명하는 것이다.

제3부에서는 이 책의 결론을 겸해 서구 학계에서 이루어지고 있는 도덕성의 본유성에 관한 최신의 연구들(제7장)과 도덕성의 통합성에 관한 최신의 연구들(제8장)을 살펴봄으로써, 동·서의 학문적 회통(會統) 가능성에 대해 논의해 보고자 한다.

7장
도덕성의 본유성에 관한 연구

7장

도덕성의 본유성에 관한 연구

전통적으로 심리학자들의 연구 관심은 공간적으로는 "여기"(herc)에, 그리고 시간적으로는 "지금"(now)에 집중되어 있었다고 볼 수 있다. 심리학자들의 관심이 집중되었던 "여기"는 대체로 심리학 연구가 주로 이루어지는 서구사회였고, "지금"은 심리학의 연구가 폭발적으로 이루어진 20세기 중후반의 현대였다. 그러니까 종래까지의 전통적인 심리학은 20세기 중후반의 서구사회에 초점을 맞추어 연구가 진행되어 왔던 것이다.

이러한 "여기에서 지금"(here and now)의 관점에서 20세기 중후반에 서구사회인들을 대상으로 이루어진 연구들을 통해 밝혀진 인간 행동의 원리들은 어느 시대에나 그리고 어느 사회에나 적용될 수 있는 보편적인 원리일 것이라는 가정이 종래까지의 심리학을 지배해 온 신념이었다. 이렇게 20세기 중후반에 서구인들을 대상으로 한 연구들이 곧 보편심리학을 구성할 것이라는 믿음이 종래까지의 심리학의 기본적인 연구의 자세를 이루고 있었다고 볼 수 있다. 즉 "여기에서 지금" 경험하는 주관적 체험이 심리학의 근본적인 연구 대상이며, 이를 통해 인간 행동의 보편적인 원리를 찾아낼 수 있을 것이라는 보편주의가 그동안 심리학 연구를 지배해 왔던 것이다.

그러나 20세기 말엽에 접어들면서 심리학자들의 조망은 "여기에서 지금"이라는 좁은 관점에서 벗어나 시·공간적으로 크게 확대되었다. 이러한 심리학적 관심의 공간적인 조망 확대는 1980년대 이후 폭발적으로 전개되고 있는 문화차 연구가 이끌고 있으며, 시간적인 조망 확대는 20세기 중반에 들어서면서 본격화된 현대진화론[1]의 영향으로 1980~90년대 이후 등장한 진화심리학에 의해 주도되고 있다.[2]

심리학적 조망의 공간적 확대 조류를 이끌고 있는 문화차 연구의 결과들에 따르면, 종래까지 서구심리학에서 보편적인 인간 행동의 원

---

1 보통 진화론은 진화의 단위를 무엇으로 잡느냐에 따라 고전진화론과 현대진화론으로 구분된다. 진화의 단위 문제는 매우 복잡한 문제인데, 복제되어 후대에 전달되는 자기복제자(replicator)를 무엇으로 보느냐의 문제로 정리할 수 있다. Darwin(1859)의 고전진화론에서는 자기복제되는 진화의 단위를 개체(organism)라고 보지만, 1960년대 이후, 특히 Williams(1966) 이후의 현대진화론에서는 복제되는 진화의 단위를 유전자(gene)라고 본다. 그러니까 고전진화론이 "개체 중심의 관점"을 택해 왔다면, 현대진화론은 "유전자 중심의 관점"에서 개체는 다만 유전자의 운반체일 뿐이라고 여긴다.

2 The Handbook of Social Psychology의 제4판[1998, D. T. Gilbert, S. T. Fiske & G. Lindsey (Eds.), New York: Mcgraw-Hill.]의 제2권 말미에 "떠오르는 연구 조망"(Emerging Perspectives)으로 "사회심리학의 문화적 기반"(The Cultural Matrix of Social Psychology by Fiske, A. P., Kitayama, S., Markus, H. R., & Nisbett, R. E., pp. 915-981)과 "진화사회심리학"(Evolutionary Social Psychology by Buss, D. M. & Kenrick, D. T., pp. 982-1026)을 들고 있다는 사실은 이러한 논의의 타당성을 입증해 주고 있다.

리라고 받아들여져 온 많은 원리들이 실상은 서구인, 특히 미국 백인이 가지고 있는 고도의 개인중심적인 인간관에 기초한 문화특수적인 것일 뿐, 예컨대 동아시아인 같이 관계중심적인 인간관을 가지고 있는 문화권에도 일반적으로 적용되는 원리는 아니라는 사실이 밝혀지고 있다.[3] 이러한 결과들은 기존 서구심리학의 보편성에 회의를 갖게 하기에 충분한 것으로, 이러한 문화차 연구를 통해 기존의 심리학은 서구, 특히 미국의 문화특수적인 심리학일 뿐이라는 인식이 확산되었던 것이다. 그 결과 서구사회["여기"]라는 좁은 공간에 갇혀 있던 심리학자들의 관심이 세계 곳곳의 비서구사회["저기"]로 열리는 공간적 확대가 이루어짐으로써, 이제 심리학자들은 공간적으로 "여기와 저기"(here and there)를 아우르는 조망을 희구하고 있다. 유학심리학의 탐색은 이러한 시대적 요구에 부응하는 작업의 일환이다.

심리학적 관심의 시간적인 확대를 주도하고 있는 진화심리학은 현재의 인간이 갖추고 있는 제반 심성과 그 작용 및 성선택(sexual selection)이나 이타성 같은 사회 행동의 근거를 인간 종의 진화 과정에서 찾아보려는 작업이 주류를 이루고 있다. 즉 현재의 인간 종(種)의 신

3 예를 들면, 종래까지의 심리학에서 자명한 보편적인 원리로 받아들여졌던 Piaget(1926)의 인지능력의 발달원리[인간의 인지 능력은 구체적인 추론 양식에서 추상적인 추론 양식으로 발달해 간다는 원리]나 Ross(1977)의 근본적 귀인 오류[fundamental attribution error: 타인의 행동 원인을 상황적 요인보다는 성향적 요인에 귀인하는 경향]는 동양문화권에서는 나타나지 않는다는 보고가 많이 쌓이고 있다. 즉, 인도인은 미국인과 달리 연령이 높아질수록 타인의 행동을 구체적인 대인관계의 맥락에 따라 기술해 내거나, 타인의 행동 원인을 성향적 요인보다는 구체적인 상황적 요인에 따라 설명해 내는 것으로 밝혀지고 있다(Miller, 1984, 1991, 1994, 1997; Miller & Bersoff, 1992, 1994; Miller et al., 1990; Miller & Luthar, 1989 등).

체적·유전적 특징이 원시 조상 때부터 지속적으로 부딪치는 문제 상황에 적응해 온 과정의 산물이듯이, 현대인의 심리적 특성과 사회행동의 특징도 원시 조상 때부터 지속적으로 경험해 온 문제에 대한 적응 과정의 산물이라는 것이 진화심리학의 기본 전제인 것이다.[4] 이렇게 진화심리학은 심리학 연구의 시간적 조망을 지구상에 인간 종이 생성되었을 때부터로 넓힘으로써, 심리학의 연구 관심을 "현재"뿐만이 아니라 "먼 과거"로까지 확대하고 있다. 이러한 진화심리학을 통하여 이제 심리학자들은 시간적으로 "현재와 과거"(now and then)를 아우르는 조망을 요구하게 된 것이다.

이러한 심리학적 조망의 시·공간적인 확대 현상이 잘 어우러지고 있는 영역이 도덕성에 관한 연구의 분야이다. 유학사상에서 보듯이 인간은 태어날 때부터 도덕성을 본유하고 있는지, 아니면 전통적인 서구 심리학 연구에서 가정해 왔듯이 도덕성은 태어난 이후에 발달되거나 학습되는 것인지? 그리고 이러한 도덕성은 인지적 추론이나 판단에만 의존하여 드러나는 것인지, 아니면 인지가 개입하기 전에 감정적 반응이 선행되는 것인지? 전자는 도덕성의 본유성에 대한 관심으로, 주로 영유아발달심리학과 영장류학 및 진화심리학자들의 탐구의 중심이 되어 있는 주제이다. 후자는 도덕성의 통합성에 대한 관심으로, 주로 도덕성을 주제로 삼고 있는 사회심리학자들과 문화심리학자들의 탐구의 중심을 이루고 있다.

이 장에서는 우선 최근 진화심리학, 영장류학 및 영유아심리학의

4 Buss, 2012/2012, pp. 77-127 참조.

연구를 통해 전개되고 있는 도덕성에 대한 연구의 경향, 곧 도덕성의 본유성에 대한 연구경향을 간단히 살펴보고자 한다. 이러한 새로운 방향의 연구들에 유학의 도덕성에 대한 이해의 관점이 어떻게 스며들어 있는지 살펴봄으로써, 동·서의 학문적 회통의 한 예를 제시하여 이 책의 결론의 한 가지로 삼고자 한다.

1. 도덕심리학의 연구문제 1: 도덕성의 본유성

삼분체계론을 근간으로 하는 서구의 심리구성체론과 사분체계론을 바탕으로 하는 유학의 심리구성체론의 가장 핵심적인 차이는 도덕성의 존재 근거에 관한 물음의 문제에서 드러난다. 서구의 삼분체계론에서는 욕구와 감성 및 이성의 세 요소만이 태어날 때부터 인간에게 갖추어져 있는 심성의 기본요소들이라고 여긴다. 인간의 심성에 관한 이러한 삼분체계론적 인식은 플라톤으로부터 면면히 이어져 온 서구의 사상적 전통이었다. 이러한 관점에 따르면, 도덕성은 본유적인 심성 요소들[욕구·감성·이성]에 부속되어 후천적으로 갖추어지는 부차체계 또는 하위체계일 뿐이다.

서구에서 발달된 전통적인 현대심리학은 이러한 서구 철학의 전통을 이어받고 있다. 도덕성에 대해 이성적 추론을 통해 접근하려는 이성주의적 전통을 이어받은 인지발달이론에서는 도덕성이란 인지 능력 발달의 부산물이라고 본다. 도덕성을 감정적 반응일 뿐이라고 인식하는 감정론적 접근의 후예인 정신역동이론에서는 도덕성은 부모에 대한 애증 복합의 결과물이라고 간주한다. 도덕적 상황에서 한 실제 행동 결과의 유용성을 통해 도덕성의 문제에 접근하는 공리주의를 이어받고 있는 학습이론에서는 도덕성이란 강화를 통해 학습된 행동습관일 뿐이라 여긴다. 이렇게 전통적인 서구심리학에서는 도덕성은 기본적 심성 요소들의 부속물로서의 부차체계이거나 하위체계일 뿐이라고 보아, 도덕성의 인간 본유설을 부정하는 입장을 견지하고 있다.

이에 비해, 유학사상의 사분체계론에서는 욕구와 감성 및 이성뿐만이 아니라 덕성의 요소도 태어날 때부터 인간에게 갖추어져 있는 심성의 기본요소라고 본다. 인간의 심성에 관한 이러한 사분체계론적 인식은 공자로부터 면면히 이어져 온 유학의 전통이었다. 이러한 관점에 따르면, 도덕성은 욕구, 감정 및 인지 과정과 함께 인간의 심성을 구성하는 본유적이고 기본적인 심리구성체이며, 따라서 도덕심리학은 욕구심리학, 정서심리학, 인지심리학과 더불어 심리학에서 다루어야 할 핵심적인 연구 주제로 대두된다.

그렇다면, 도덕성이란 과연 전통적으로 서구인들이 주장하듯이 인간 심성의 부차체계 또는 하위체계일 뿐인가, 아니면 유학자들이 주장하듯이 도덕성이란 인간에게 본유적인 심성의 구성체인가? 이러한 도덕성의 존재 근거의 문제[도덕성의 인간 본유성 여부의 문제]는 도덕성에 관한 동·서의 관점이 대립하고 있는 가장 중심적인 문제이자, 도덕심리학이 다루어야 할 제1의 주제이다.

그러나 유학사상이 도덕의 본유설을 주장한다고 해서, 도덕심리학의 연구에서 유학자들의 이론적 입장에 바탕을 두고 도덕성의 존재 근거의 문제에 접근할 수는 없다. 그 까닭은 도덕성의 인간 본유성에 관한 유학자들의 주장은 논리적이거나 실증적인 근거가 결여된, 다분히 직관적인 주장일 뿐이기 때문이다.

공자는 위인유기설(爲仁由己說)에서 "내가 도덕성을 실천하고자 하면, 곧바로 내 마음속에 갖추어져 있는 도덕성이 떠오른다"[5]고 진술하여, 도덕의 본유설에 대해 직관적인 주장을 펼 뿐이다. 맹자도 사단설(四端說)에서 "누구나 다른 사람이 곤경에 빠지는 것을 보면 불쌍히 여기는 마음이 생기게 되듯이, 측은·수오·사양·시비의 도덕성은 누구에게나 본유적으로 갖추어져 있는 것으로, 이러한 도덕성이 없으면 사람이 아니다"[6]라고 진술하여, 역시 직관적인 추론에 의지하여 도덕의 본유설을 주장하고 있다. 순자는 사물위계설(事物位階說)이라는 독특한 이론을 통해 도덕의 인간 본유설을 펴고 있다. 곧 "무생물은 기(氣)만 가지고 있고, 식물은 기와 함께 생명[生]도 가지고 있으며, 동물은 이와 더불어 지각 능력[知]까지 갖추고 있지만, 사람은 도덕성[義]까지도 갖추고 있기 때문에, 삼라만상 중에서 가장 귀한 존재가 된다"[7]고 하여, 아리스토텔레스의 생물위계설과 유사한 주장을 전개하지만, 사람에게 도덕성이 본유한다는 주장의 근거는 공·맹과 마찬가지로 직관적일 뿐이다. 이렇게 유학자들이 주장하는 도덕성의 본유설은 아무런 논리적인 근거나 필연성 및 실증적인 근거도 없는 직관적 판단에 의존하고 있을 뿐인 것이다.

---

5 《論語》, 述而 29; 顔淵 1.

6 《孟子》, 公孫丑上 6; 告子上 6.

7 《荀子》, 非相 9-10; 王制 20.

최근에 도덕성의 존재 근거에 대한 현대 과학적 접근을 통해 도덕성의 인간 본유성을 밝혀 내고 있는 연구들이 이루어지고 있다. 서구의 학자들에 의해 전개되고 있는 이러한 연구들은 이론적으로는 유학사상의 도덕 본유설에 대한 실증적인 검증을 하고 있는 것으로 볼 수 있다. 따라서 이러한 방향의 연구들은 도덕심리학 연구의 새 지평(地平)을 열고 있을 뿐만 아니라, 동·서의 학문적 회통(會通)이 이루어지고 있는 흔치 않은 사례가 되고 있는 것이다.

2. 도덕성의 본유성에 관한 현대 과학계의 최신 연구

모든 생물체는 자연선택(natural selection)의 원리에 따라 도태되거나 생존한다는 진화론(進化論)은 기본적으로 생명체들의 이기성(利己性)을 전제로 한다. 번식을 통한 존재의 지속은 무자비한 생존경쟁, 곧 생존 단위들 사이의 이기적인 투쟁을 바탕으로 한다는 것이 진화론의 기본 전제이다. 다윈 이래 이러한 진화론이 부딪친 가장 풀기 어려운 수수께끼 가운데 하나는 자기의 생존 기회를 희생하면서까지 동종의 타 개체를 돕는 이타성(altruism)의 문제였다.[8] 이타행동은 모든 생명체의 자기보존을 위한 이기성과는 역행되는 행동으로, 자기의 번식 가능성을 심각하게 위협할 수도 있을 것이기 때문이다.[9]

8 Cronin, 1991/2016, p. 23.

9 표준적으로 진화심리학자들에게 "이타행동(altruism)은 행위자로서는 적합도 부

이타행동의 문제는 자기보다 남을 우선적으로 배려한다는 점에서 곧 도덕성의 문제라고 볼 수 있는데, 이는 최근 영유아의 사회성 발달 과정에 대한 발달심리학자들의 연구, 유전적으로 인류(人類, Homo Sapience)와 가장 근연종(近緣種)인 고릴라·침팬지·오랑우탄·보노보 같은 영장류 유인원(類人猿, Great Apes)의 이타행동에 대한 영장류학자들의 연구 및 인간 종의 이타행동에 관한 설명이론체계를 모색하려는 진화심리학자들의 연구들을 통해 도덕성의 본유성에 관한 탐구로 접근되고 있다.

1) 영유아발달심리학의 연구

전통적으로 발달심리학의 연구, 특히 인지 능력의 발달 과정이나 도덕성의 발달 과정을 다루는 인지발달심리학의 연구에서는 아동에게 어떤 문제 상황을 제시해 준 다음, 연구 대상으로 선정된 아동으로 하여금 이에 대한 언어적 판단을 하도록 하고, 이를 종속변인으로 하여 해당 인지 능력이나 도덕성 발달의 수준을 추론하는 방식으로 연구가 이루어졌다. 예를 들면, 편찮으신 어머니를 도와 드리려다가 접시를 다섯 개 깨뜨린 아이 A와 친구와 공치기하고 놀다가 접시를 한 개 깨뜨린 아이 B 가운데 누가 더 착한 아이인지를 묻고, 피험자 아동이 이에 대해 판단을 하면 곧 이어 왜 그렇게 생각하는지를 응답하게 하여, 이를

담(fitness cost)을 지면서 수혜자에게는 이득을 가져오는 상호작용을 지칭하는 것" (Kurland & Gaulin, 2005, p. 448)으로 받아들여진다. 곧 자기의 번식적 이기성은 포기하면서, 타 개체에게 이득을 주는 행위가 이타행동인 것이다.

기반으로 피험자들의 도덕성 수준을 판정하는 식으로 연구가 이루어져 왔던 것이다.

이러한 연구들의 배경에는 아동의 도덕 판단은 인지 능력 발달의 부산물이어서, 인지 능력이 어느 정도 발달하여 최소한 언어를 사용하여 의사표현을 할 정도는 되어야 도덕 판단을 할 수 있을 것이라는 전제가 깔려 있었다고 볼 수 있다. 그리하여 이러한 연구들에서는 아동의 인지 발달과 도덕성의 발달이 아동의 언어활동 수준이 활발해진 이후에 이루어지는 것으로 여겨, 인간의 인지 능력이나 도덕성은 비교적 늦은 나이에 발달하는 것으로 간주하게 만드는 결과들이 제시되어 왔던 것이다.

그러나 1980년대에 시작된 "피아제 공격하기" 운동 이후 전개된 많은 연구들에 의해 "피아제의 연구는 아동을 과소평가했다는 비판이 끊이지 않았다."[10] 전형적인 "피아제 공격하기"는 ⅰ) 피아제가 어떤 연령층(예: 6~8세)의 아동이 할 수 없다고 주장한 것 중 하나를 택하고, ⅱ) 아동에게 피아제가 제시했던 것보다 더 친숙한 환경을 만들어 준 다음, ⅲ) 아동이 훨씬 더 이른 나이(예: 4~5세)에 이 능력을 가지고 있음을 보이는 방식으로 진행되었다.[11] 이러한 방향의 많은 연구들을 통해서 아동의 인지 발달은 피아제의 연구들에서 밝혀진 것보다 훨씬 이른 나이에 이루어진다는 사실들이 밝혀지고 있다. 예를 들면, 피아제는 7세 이전의 아동은 자기중심적이므로 다른 사람의 시각에 보이는 장면을 고려하지 못한다고 주장하지만, 실제로 아동들은 4세경이 되면 타

10 Doherty, 2009/2013, p. 31.

11 Doherty, 2009/2013, pp. 31-32.

인의 관점을 이해하고 고려하여 판단을 하는 것으로 드러나고 있는 것이다.[12]

이러한 피아제 공격하기 운동 진영에서 "피아제가 제시했던 것보다 더 친숙한 환경을 아동에게 만들어 주는 방법"으로 채택한 것 중의 한 가지는 복잡한 언어 행동을 종속측정치로 삼지 않고, 영유아들이 일상적으로 보이는 습관적인 행동을 종속측정치로 삼아 분석하는 연구들을 들 수 있다. 예컨대, 어떤 자극에 반복적으로 노출되면 이에 대한 흥미가 사라져 더 이상 주의를 하지 않게 되는 현상인 습관화(habituation)를 이용하여, 영유아가 특정 자극을 응시하는 행동(예: 새로이 관심을 끌거나, 기존의 예상과 어긋나는 결과를 초래한 사건을 더 오래 응시하거나 쳐다본다)이나 특정 자극에 손을 뻗치는 행동(예: 관심이 있거나 더 좋아하는 대상에 대해 손을 뻗친다) 같은 단순한 행동의 관찰을 통해 그들의 심리적인 반응을 추론하는 방식을 발달 연구에 도입하기 시작한 것이다.[13] 그 결과 발달연구자들이 아동의 언어적인 반응에 교조적으로 몰두하던 경향이 사라지게 됨으로써, 발달 연구의 폭이 크게 넓어지게 되었다.

이러한 연구들을 통해 종래까지의 발달 연구들이 영유아의 인지 능력과 도덕성의 발달 수준을 지나치게 과소평가해 왔다는 사실이 밝혀지고 있다. 즉, 아동의 인지 능력과 사회성의 발달 수준이 과거에 상정했던 것보다 훨씬 빨라, 출생 후 2세 이전의 영유아, 특히 출생 후

12 Wimmer & Perner, 1983.

13 Myers, 2007/2008, p. 100, "클로즈업: 유아의 사고능력을 이해하는 연구전략" 참조.

3~4개월의 영아에게서도 나타난다는 사실이 실증적으로 검증되고 있는 것이다. 이러한 결과가 얻어진 것은 앞에서 언급한 바와 같이 전통적으로 언어 행동이나 구체적인 행동 지표를 종속측정치로 삼아 인지 능력이나 사회성의 발달을 다루던 관행에서 벗어나, 언어 습득이나 복잡한 행동발달 이전 시기의 영유아의 특정 행동(예: 응시하기, 손을 뻗치기 등)을 종속측정치로 삼아 연구를 진행하게 된 데에서 그 연원을 찾을 수 있다. 이러한 연구들을 통해서 언어가 학습되기 이전의 영유아들도 이미 타인에 대한 관심과 배려성을 갖추고 있으며, 또한 선(善)에 대한 선호와 악(惡)에 대한 처벌 의지를 갖추고 있음이 밝혀져, 도덕성이 인간에게 본유적으로 갖추어져 있다는 사실에 대한 증거들이 쌓이고 있는 것이다.

(1) 타인에 대한 관심: "사회적 참조"에 관한 연구

사람들이 매우 이른 나이일 때부터 다른 사람에게 관심을 가지고, 그들로부터 주변 세계에 대한 정보를 얻으려는 경향을 보인다는 사실은 "사회적 참조"(social referencing) 현상에 관한 연구들로부터 밝혀졌다. "사회적 참조란 1~2세경의 영유아가 타인의 상황에 대한 해석을 이용하여 자신의 해석을 구성하는 행동을 말한다. 만 1세경의 유아는 애매한 자극을 제시해 줄 경우 곧잘 엄마나 타인을 쳐다보며, 이들이 어떻게 반응하는지에 따라 그 자극에 대한 행동요령을 익힌다. 이러한 행동은 유아가 사회적 정보처리에 대해 상당히 높은 수준의 이해를 하고 있다는 사실을 시사한다.……많은 학자들은 이 행동에 대해 유아가

고전적으로 생각하는 것보다는 어린 나이에 사회적 메시지의 의미를 이해하고 있다는 '유아의 유능성'을 말해 주는 하나의 행동적 예라고 생각하고 있다."[14]

생후 1년이 채 되지 않은 영아들도 애매한 상황에 부딪쳤을 때 타인의 해석을 이용하여 자신의 해석을 구성하는 사회적 참조의 현상을 보인다. 생후 12개월 된 유아를 시각절벽(visual cliff)에 올려 놓은 후 반대편에서 엄마가 긍정적 정서(예: 웃음을 짓는다)나 부정적 정서(예: 얼굴을 찡그린다)를 표현하면, 유아는 엄마가 긍정적 정서를 표현할 경우에는 주저하지 않고 시각절벽을 건너지만, 엄마가 부정적인 정서를 표현할 때는 주저주저할 뿐 시각절벽을 건너려 하지 않는다.[15] 또한 이 시기의 영아에게 애매하게 생긴 장난감을 제시하면 이들은 흔히 뒤에 앉아 있는 엄마를 쳐다보며, 이때 엄마가 긍정 정서를 보내면 그 장난감에 접근하지만, 엄마가 부정 정서를 보내면 장난감에서 회피하는 행동을 보인다.[16] 만 1세경에 즈음하여 나타나는 이러한 영아의 사회적 참조 행동은 이 나이 또래의 영유아도 "애매한 상황에 처하면 타인의 행동을 참조하며, 그들의 반응에 따라 자신의 행동을 조정한다는 점을 함의한다."[17]

최근의 연구에서는 5~6개월 된 영아에게서도 이러한 사회적 참조

---

14 김근영, 2014, p. 1.

15 Sorce, Emde, Campos, & Klinnert, 1985.

16 Walden & Ogan, 1988.

17 김근영, 2014, p. 2.

행동이 나타남이 관찰되었다.[18] 유아의 인지발달 수준을 고려한다면, 이 시기의 영아들이 이러한 사회적 참조 행동을 보인다는 것은, 사람들이 타인에 대해 관심을 가지고 그들이 제공하는 사회적 정보를 추구하여 세상에 대한 지식을 구성하는 행동은 태어날 때부터 갖추어져 있는 것으로 볼 수 있음을 의미하는 것이다. 또한 영유아들은 갓 태어났을 때부터 타인의 고통에 대한 공감적 정서 반응(예: 따라 울기, 우는 아이 달래기, 곤경에 빠진 아이 도와주기 등)을 보인다는 사실도 관찰되었다.[19] 이렇게 생후 매우 이른 시기에 사회적 참조 현상이 관찰된다는 사실은[20] 이 시기의 영유아들이 타인에 대한 관심을 가지고 그들로부터 주변 세계에 대한 정보를 얻으려는 경향을 본유적으로 갖추고 있음

18 Vaillant-Molina & Bahrick, 2012; Walden, Kim, McCoy, & Karrass, 2007.

19 Warneken & Tomasello, 2009a.

20 현재까지는 생후 5~6개월 된 영아에게서도 사회적 참조의 현상이 관찰되고 있다(Vaillant-Molina & Bahrick, 2012; Walden et al., 2007). 그러나 이는 머리를 가누어 다른 사람을 쳐다볼 정도의 머리 회전운동을 스스로 할 수 있는 나이가 5~6개월 정도이기 때문이고, 만약 사회적 참조를 입증할 만한 다른 행동이 찾아진다면 그보다 훨씬 이른 월령(예: 3개월)에서 이러한 현상이 관찰될 가능성도 배제할 수 없다(김근영, 2014, p. 3). 어쨌든 현재로서는 만 12 개월경의 영유아에게서 관찰되는 사회적 참조 현상은 참조 대상이 엄마와 같은 애착 대상인지 아니면 모르는 사람인지에 상관없이(만 1세경의 영유아는 처음 본 연구자가 사회적 정보를 주는 경우에도 이들을 참조하며, 심지어 처음 보는 사람을 엄마보다 더 많이 참조하는 경향을 보이기도 한다: Kim & Kwak, 2011; Walden & Kim, 2005), 참조 대상이 제시하는 대상에 대한 정서적 감염(emotional contagion) 여부와는 상관없이(만일 엄마가 A라는 대상을 가리키며 부정적인 정서메시지를 주면, 유아는 그 A라는 자극에 대해서는 회피행동을 보이지만, 바로 옆에 있던 B라는 자극에 대해서는 별다른 회피행동을 보이지 않는다: Hertenstein & Campos, 2004; Walden & Ogan, 1988), 그리고 참조 대상과의 정서적 공유성 여부와는 상관없이(유아는 애매한 자극일 경우 더 많이 그리고 더 빨리 타인의 행동을 찾으며, 너무 긍정적이거나 부정적인 자극에 대해서는 타인을 참조하는 행동 자체가 줄어든다: Kim & Kwak, 2011) 일관되게 나타나는 것으로 밝혀지고 있다.

을 의미하는 것이다. 여기서 도덕성이란 타인에 대한 관심으로부터 비롯된다는 사실을 생각해 보면, 이러한 영유아의 사회적 참조 현상에 관한 연구의 결과들은 도덕성의 인간 본유성을 강력하게 시사하는 증거가 된다고 해석해 볼 수 있는 것이다.

(2) 타인에 대한 배려: "마음 읽기"와 "틀린 믿음"에 관한 연구

다른 사람에게도 자기와 마찬가지로 특정한 일이나 대상에 대한 바람[願望]과 믿음[信念], 곧 마음상태가 갖추어져 있다고 생각하는 능력이 "마음이론"(theory of mind)이다.[21] 마음이론에 대한 연구들을 통해 타인의 마음 상태를 추론하고 이해하는 "마음 읽기"(mind reading)가 유아 시기부터 가능하다는 사실이 밝혀지고 있다. 이러한 마음이론에 대한 연구는 주로 "틀린 믿음"(false belief)에 대한 이해의 문제를 중심으로 하여 이루어져 왔다.

틀린 믿음에 대한 이해란 자기가 알고 있는 내용[나의 믿음]과 상대방이 알고 있는 내용[타인의 믿음]이 다를 때, 상대방의 행동을 상대방의 관점에서 예측하는 능력을 말한다. 곧 상대방의 마음[타인의 믿음]을 읽고, 그에 따라 그의 행동이 이루어질 것을 예측하는 능력이 갖추어져 있어야 틀린 믿음에 대한 이해가 이루어진 것으로 볼 수 있다.

---

21 "마음이론"이란 영장류학자인 Premack과 Woodruff(1978)가 "침팬지에게도 마음이론이 있는가?"라는 논문을 발표하면서 처음 사용한 용어로, 철학자인 Dennett(1978)이 이 논문에 대한 논평에서 "틀린 믿음"(false belief)을 예로 들어 "마음이론"을 "마음 읽기"와 연결지어 평가한 이후, 유아의 인지와 사회성 발달에 관심을 가지고 있던 발달심리학자들의 주목을 끌면서 1980년대부터 연구가 이루어지기 시작하여, 오늘날까지 연구자들의 관심을 끌고 있는 연구주제이다(Doherty, 2009/2013, pp. 16-18, 23-25 참조).

이때 만일 자기의 믿음에 따라 상대방의 행동을 예측하게 되면, 이는 상대방의 마음을 읽지 못한 것이 된다.

틀린 믿음에 대한 이해를 측정하는 검사는 보통 피험 유아들에게 다음과 같은 이야기를 들려 주는 일부터 시작한다: "ⅰ) 샐리(여자 아이)와 토니(남자 아이)가 있고, 그들 앞에 상자 하나와 항아리 하나가 놓여 있다. ⅱ) 샐리가 가지고 있던 공깃돌을 상자에 넣고, 놀러 나간다. ⅲ) 토니가 상자에서 공깃돌을 꺼내 항아리에 넣고, 놀러 나간다. ⅳ) 잠시 후에 샐리가 돌아와 공깃돌을 찾는다." 이 이야기를 그림과 함께 보여 주면서 들려 준 다음, "샐리는 자기 공깃돌을 어디에서 찾을까?"라고 묻고, 피험 유아가 응답을 하도록 한다.[22]

이 물음에 대해 유아들이 자기의 믿음에 따라 항아리라고 응답하면(피험 유아들은 토니가 공깃돌을 상자에서 꺼내 항아리에 넣은 것을 알고 있다) 틀린 믿음을 이해하지 못한 것이고, 샐리의 믿음에 따라 상자라고 응답하면(샐리는 공깃돌이 항아리로 옮겨진 것을 알지 못하므로, 공깃돌이 자기가 넣었던 상자에 그대로 있을 것이라고 믿는다) 틀린 믿음을 이해한 것이다. 이 물음에 대해 1998년까지 이루어진 178개의 연구를 "사후종합분석"(meta-analysis)을 해보면, 3세 초반의 유아들은 답을 틀리고, 3세 후반의 유아들은 성공과 실패가 반반 정도였으며, 4세 유아들은 대부분 정확한 답을 말하는 것으로 드러났다. 이러한 결과는 틀린 믿음에 대한 이해, 곧 타인의 마음을 읽는 능력은 4세를 기점으로 하여 확실해

22 이는 Wimmer와 Perner(1983)가 Dennett(1978)의 기준에 따라 만든 전형적인 틀린 믿음 측정 과제이다(Doherty, 2009/2013, pp. 26-29에서 재인용).

진다는 사실을 드러내는 것이다.[23]

틀린 믿음의 이해는 타인의 믿음이 나의 그것과 다를 수 있음을 이해하는 것으로, 4세경에 틀린 믿음의 이해력이 확실해진다는 사실은 다른 사람의 관점에서 세상을 바라보고 이해할 수 있는 능력이 4세경에 갖추어짐을 의미하는 것이다. 피아제는 7세 이전의 아동은 자기중심성에서 벗어나지 못하기 때문에 다른 사람의 관점에서 세상을 바라보고 이해하지 못한다고 주장하였는데, 4세경부터 타인의 믿음이 자기의 그것과 다를 수 있다는 사실을 분명히 인식하게 된다는 틀린 믿음에 관한 연구의 결과들은 피아제가 아동의 인지 능력에 대해 지나치게 과소평가해 왔음을 드러내는 좋은 증거라고 볼 수 있다.

그러나 종래까지의 틀린 믿음 관련 연구들은 유아에게 언어로 상황을 설명해 주고 또한 문제 상황에 대한 유아들의 언어적 판단을 종속측정치로 삼아 연구하는 것으로, 이도 또한 유아의 마음 읽기의 능력에 대해 과소평가하는 것이라 주장하는 연구들이 최근에 제시되고 있다. 일군의 연구자들은 유아에게 믿음 유발 상황(예: 샐리와 토니의 상호작용 관찰 상황)에서 언어적인 설명을 곁들이거나 틀림 믿음을 이해했는지 측정할 때 언어적인 반응을 요구하지 않고, 유아들에게 어떤 주인공의 행동을 관찰케 하여 차후 행동에 대한 기대를 유발시킨 다음, 이 기대에 위배되는 사건이 벌어졌을 때 이를 오래 응시하는 행동을 종속측정치로 삼아 연구를 진행하였다.

한 연구에서는 생후 15개월 된 영아들에게 우선 친숙화 시행

23 Wellman, Cross, & Watson, 2001.

(familiarization trial)을 통해 주인공의 행동에 대한 기대를 유발하였다.[24] 피험 영아들은 "사실 믿음 조건"과 "틀린 믿음 조건" 중의 어느 하나에 속하도록 나뉘어졌다. "사실 믿음 조건"의 영아들은 다음과 같은 실제 상황을 보여주었다: ⅰ) 모자를 깊이 눌러 쓴[25] 여자 주인공이 보는 앞에서 왼쪽의 노란색 상자 또는 오른쪽의 초록색 상자에 수박 조각을 넣어둔다. ⅱ) 주인공이 보는 앞에서 수박 조각이 다른 상자로 옮겨진다. "틀린 믿음 조건"의 영아들에게는 "사실 믿음 조건"의 ⅱ)를 다음과 같이 바꾸고 관찰하게 한다: ⅱ) 주인공 모르게(주인공이 뒤를 돌아다 보고 있을 때) 수박 조각이 다른 상자로 옮겨진다. 이러한 친숙화 조건이 끝난 후, 주인공이 수박을 꺼내기 위해 수박이 들어 있는 상자에 손을 뻗치는 장면과 수박이 들어 있지 않은 상자에 손을 뻗치는 장면을 보여 주고, 각 조건에서 영아가 응시하는 시간을 측정한다.

그 결과 "사실 믿음 조건"의 영아들은 주인공이 수박이 들어 있는 상자에 손을 뻗칠 때[기대 부합 상황]보다는 수박이 들어 있지 않은 상자에 손을 뻗칠 때[기대 위배 상황] 더 오래 응시하였다. "틀린 믿음 조건"의 영아들은 주인공이 수박이 들어 있지 않은 상자에 손을 뻗칠 때[기대 부합 상황]보다는 수박이 들어 있는 상자에 손을 뻗칠 때[기대 위배 상황] 더 오래 응시하였다. 이렇게 두 조건 모두 기대 위배 상황에서의 응시 시간이 기대 부합 조건의 응시 시간보다 유의미하게 더 길었던 것이다. 여기서 "사실 믿음 조건"의 결과는 쉽게 이해가 된다. 영아들

24 Onishi & Baillargeon, 2005.

25 영유아는 눈의 시선 방향에 민감하게 반응하므로, 피험 영아가 주인공의 눈을 볼 수 없도록 하기 위한 조작이었다.

은 기대에 부합되는 상황보다는 기대에 위배되는 상황을 목도하면, 이상하게 느끼고 놀라게 되어 더 오래 응시하는 것이다. 이와 똑같은 결과가 "틀린 믿음 조건"에서도 얻어졌다는 사실은 생후 15개월밖에 되지 않은 영아들도 틀린 믿음을 이해하고 있다는 사실을 시사하는 강력한 결과이다. 똑같은 결과가 15개월 된 영아[26]와 25개월 된 영아[27]를 대상으로 한 여러 연구들에서 계속 얻어지고 있다.

이렇게 틀린 믿음에 대한 이해가 생후 15개월짜리 영아들에게서도 가능하다는 결과는 타인의 마음 상태를 추론하고 이해하는 마음 읽기 능력이 태어날 때부터 인간에게 본유하고 있다는 사실을 시사하는 것이어서, 매우 중요한 의미를 갖는다. 언어적인 설명을 통해 틀린 믿음을 생성하고, 또 언어적인 판단을 종속측정치로 삼은 종래까지의 연구에서처럼 "만 4세경에야 틀린 믿음에 대한 이해가 가능하다면, 이는 언어 습득과 관련된 문화 과정 속에, 곧 후천적 학습에 틀린 믿음 이해의 근원이 있음을 시사하는 것이다. 그러나 언어적 설명과 언어적 판단에 의지하지 않는 연구에서 생후 15개월밖에 되지 않은 영아들도 틀린 믿음에 대한 이해가 가능하다는 점이 밝혀졌다는 사실은 틀린 믿음에 대한 이해, 곧 타인의 마음읽기 능력이 언어 습득 기제와는 상관없는 순전히 생물학적 유전성(biological inheritance)에 근원을 둔 능력임을 의미하는 것이다." 이러한 결과들로부터 "인간에게 있어 마음이론의 습득은 강한 진화적 근거를 갖고 있으며, 이는 문화의 보편적 측면, 특히

---

26 Song & Baillargeon, 2008.

27 Sougate, Senju, & Csibra, 2007.

언어적 의사소통에 의해 더욱 심화된다고 결론지을 수 있을 것이다."[28]

이러한 타인의 마음 읽기 능력은 타인이 처해 있는 상황의 특성과 이 상황에서의 타인의 의도를 이해함으로써 타인에 대한 배려 행동으로 이어질 가능성이 있다는 점에서 도덕성의 근거로 작용한다.[29] 어떤 연구에서 생후 14개월 된 영아들은 어른이 양손 가득 물건을 나르다가 한 개를 사고로 떨어뜨리면 다가가서 그것을 집어주며, 양손 가득 물건을 들고 옷장 문을 열려고 하면 다가가서 문을 열어주었다. 이런 도움 행동은 아무런 물질적 보상이나 칭찬이 없어도 자발적으로 나타났다.[30] 또한 생후 12개월 된 영아들은 어떤 사람이 스테이플러로 종이 묶음을 제철하다가 밖으로 나간 사이에 다른 사람이 들어와 스테이플러를 선반 위로 치운 다음, 먼저 사람이 종이 묶음을 쥐고 다시 방에 들어와 두리번거리면, 선반 위를 가리키며 손짓을 하여 스테이플러의 위치를 알려주었다.[31] 이러한 결과들은 모두 생후 1년 정도만 되어도 다른 사람의 사정이나 의도 또는 목표를 이해하여, 그를 도와주려는 이타적 동기를 갖게 됨을 의미하는 것이다.[32]

이러한 결과들은 타인의 마음상태를 이해하는 능력은 언어를 습득하여 이를 원활히 사용하기 전부터 영아들에게 본유적으로 갖추어져 있다는 사실을 드러내 주고 있는 것이다. 이러한 마음 읽기의 능력은

28 Perner & Ruffman, 2005, pp. 214, 216.

29 Tomasello, 2009, p. 7.

30 Warneken & Tomasello, 2006, 2007, 2008.

31 Liszkowski, Carpenter, Striano, & Tomasello, 2006; Liszkowski, Carpenter, & Tomasello, 2008.

32 Tomasello, 2009, p. 7.

타인에 대한 배려를 촉발하여, 어려운 처지에 빠져 있는 사람을 자발적으로 도와주는 행동의 근거로 작용한다.[33] 이와 같이 인간에게 본유적으로 갖추어져 있는 마음읽기의 능력은 타인에 대한 배려, 곧 도덕성의 근거로 작용하며, 따라서 이는 도덕성의 인간 본유성을 드러내는 확실한 증거가 되는 것이다.

(3) 도덕성의 기초: 선(善)에 대한 선호의 본유성 연구

타인의 행동을 참조하여 세상에 대한 지식을 얻고, 타인의 마음을 읽고 이해할 수 있는 능력은 사람들이 사회적 세계를 헤쳐 나가는 과정에서 기본이 되는 바탕이다. "사람들은 주변 사람들의 행위와 의도를 평가함으로써, 그들이 좋은 사람인지 아니면 나쁜 사람인지를 정확하게 판단하여, 누구와 사귀고 누구를 멀리해야 하는지를 적절하세 결정해야 원만한 사회생활을 할 수 있다."[34] 이러한 타인에 대한 평가는 타인의 행동을 통해 그의 마음 상태를 이해함으로써 이루어지는데, 이러한 능력은 매우 어린 영아들도 갖추고 있는 것으로 밝혀지고 있다. 곧 인간은 영아 때부터 착한 사람을 본유적으로 선호하는 경향성을 갖추고 있다는 것이다. 아마도 "착한 사람"은 자기를 보살피고 도움을 줄 수 있

---

33 자폐증(自閉症, autism) 환자들은 틀린 믿음 이해력에 심각한 손상을 보이는데, 자폐증 환자들이 일반적으로 심각한 사회성 결여 증상을 보이는 것은 이들이 타인의 마음읽기 능력이 결핍되었기 때문으로 보인다(Baron-Cohen, Leslie, & Frith, 1985). Baron-Cohen(1995/2005)은 이러한 결과를 염두에 두고 자폐증을 "마음盲"(mindblindness)이라 부르고 있는데, 이러한 사실도 마음 읽기 능력이 사회성, 곧 타인에 대한 배려의 바탕이 됨을 시사하는 것이다.

34 Hamlin, Wynn, & Bloom, 2007, p. 557.

는 "좋은 사람" 또는 "내 편"이라는 사실을 본유적으로 인식하고 있기 때문일 것이다.[35]

최근에 생후 6개월과 10개월 된 영아들도 착한 사람을 나쁜 사람보다 더 좋아한다는 사실이 매우 흥미로운 연구를 통해 밝혀지고 있다.[36] 이 연구는 세 개의 관련된 실험으로 이루어졌는데, 각 실험은 "습관화 단계"(habituation phase)와 종속측정치를 측정하는 "검증 단계"(test phase)의 두 단계로 구성되었다. 우선 실험 1의 습관화 단계에서는 동영상에 빨간 동그라미, 노란 세모, 파란 네모가 등장한다.[37] 각 캐릭터마다 두 눈을 달아서 마치 살아있는 생명체처럼 보이도록 만들었다. 먼저 6개월과 10개월짜리 영아들에게 동그라미 캐릭터가 언덕 아래에 정지해 있다가 언덕을 오르려 하지만, 실패하고 굴러 떨어지는 광경을 두 차례 보여주었다. 그 후 세 번째 시행에서는 세모가 나타나 동그라미가 언덕을 올라가도록 도와주는[원조자: 뒤에서 밀어 올라가게 함] 장면과, 네모가 나타나 동그라미가 언덕 올라가는 것을 방해하는[방해자: 위에서 밀어 떨어뜨림] 장면을 번갈아 여러 번 반복해서 보여주어,[38] 영아들로 하여금 실험 장면과 각 캐릭터에 대해 확실히 인지하도록 하였다.

그 다음 "검증 단계"에서는 "선택 측정치"(choice measure)와 "응시

---

35 Hamlin, Wynn, Bloom, & Mahajan, 2011; Woo, Steckler, Le, & Hamlin, 2017.

36 Hamlin, Wynn, & Bloom, 2007.

37 각 캐릭터의 색깔은 피험 영아들 사이에 평형이 되도록 조작하였다. 즉 세 캐릭터의 색깔이 무선적으로 변화하도록 하여, 피험 영아들의 색깔 선호가 실험 결과에 미치는 영향을 상쇄하도록 조치하였다.

38 이때도 세모와 네모의 역할을 영아들마다 무선적으로 변화시켜, 모양의 선호가 실험 결과에 미치는 영향을 상쇄하도록 하였다. 즉 피험 영아들의 반수는 세모가 도와주는 역할을 하고 네모가 방해하는 역할을 하는 영상을 보았고, 또 나머지 반수의 영아들은 그 반대의 영상을 보도록 하였다.

시간 측정치"(looking time measure)의 두 가지를 측정하였다. 우선 선택 측정은 영아들에게 세모와 네모 두 캐릭터를 제시해 주고, 어느 것에 손을 뻗쳐 가지려 하는지를 관찰해 보았다. 이는 더 선호하는 대상에 손을 뻗쳐 가지려 할 것이라는 전제를 검증해 보려 한 것이었다. 그 결과 6개월 영아들은 100%(12명 중 12명 모두) 도와주는 캐릭터를 선택하였고, 10개월 영아들은 87.5%(16명 중 14명)가 도와주는 캐릭터를 선정하여, 압도적으로 방해자보다 원조자를 선호하는 경향을 드러냈다.

이어서 응시시간 측정은 영아들에게 동그라미가 세모에게 다가가는 영상과 네모에게 다가가는 영상을 보여준 다음, 영아들이 두 영상을 응시하는 시간을 측정하였다. 이는 기대에 위배되는 사건을 목도하게 되면 기대에 부합하는 경우보다 응시시간이 길어질 것이라는 전제를 검증해 보려 한 것이었다. 그 결과 6개월 영아들은 도움자와 방해자를 응시하는 시간에 차이를 보이지 않았으나, 10개월 영아들은 방해자(평균 4.96초)를 도움자(평균 3.82초)보다 훨씬 오래 응시하였다. 응시시간 측정치의 경우에도 10개월 된 영아들은 예측한 바대로 기대 부합 조건[동그라미가 원조자에게 접근할 때]보다는 기대 위배 조건[동그라미가 방해자에게 접근할 때]에서 응시시간이 유의미하게 길었다.

이러한 결과들은 모두 영아들은 생후 10개월만 되면, 더 이르게는 6개월만 되어도 다른 사람이 하는 행동의 의도를 정확하게 인식하여, 남을 도우려는 착한 의도를 가지고 행동하는 원조자[착한 사람]를 남을 방해하려는 방해자[나쁜 사람]보다 더 선호하는 경향을 보임을 의미한다. 사실 이 연구 이전에도 생후 9개월과 12개월 된 영아들에게서도 동일한 결과가 얻어졌는데,[39] 이 연구에서는 6개월 된 영아에게서도 그러한 경향이 드러난 것이다. 언어를 습득하기 훨씬 이전인 생후 6개월만 되어도 선인(善人)을 악인(惡人)보다 선호한다는 이러한 결과는 도덕성의 인간 본유설을 지지해 주는 확실한 증거라고 볼 수 있다.

그러나 위의 실험 결과가 전적으로 도덕성의 본유성을 지지하는 것이라고 보기에는 아직 문제가 있다. 위 실험1에서 원조자는 주인공[동그라미]이 올라가는 것을 도와주었고, 방해자는 주인공이 올라가지 못하고 내려가게 방해하였다. 그렇다면, 실험 1의 결과는 도움과 방해의 선호에 따라 해석하지 않고, 올라감과 내려감의 선호를 반영한 것이라고 볼 수도 있다. 이러한 가능성을 검증해 보기 위하여 연구자들은 실험 2를 실시하였다. 실험 2에서는 습관화 단계에서 세모와 네모 캐릭터에게는 눈을 붙여두고, 주인공인 동그라미에게서는 눈을 떼어버리고 영아들에게 제시하였다. 이는 주인공 동그라미를 무생물인 것처럼 보이게 만듦으로써, 세모와 네모가 동그라미를 도와주거나 방해하는 것이 아니라 단지 올라가거나 내려가는 것으로 여겨지게 하기 위한 조작이었다.

이러한 습관화 단계에 이어 선택 행동을 종속측정치로 삼아 관찰해 보면, 6개월 영아(12명 중 4명이 올라감 선택)나 10개월 영아(12명 중 6명이 올라감 선택) 모두 올라가는 캐릭터와 내려가는 캐릭터의 선택 경향에 아무런 차이를 보이지 않았다. 이러한 결과는 실험 1에서 얻어진 결과는 6개월과 10개월의 영아 모두 원조자를 방해자보다 선호하기 때문에 나온

39 Kuhlmeier, Wynn, & Bloom, 2003, 2004.

것, 곧 이 또래의 영아들도 타인의 행동에서 사회적인 의도를 추론하여 반응할 수 있는 능력을 갖추고 있음을 의미하는 것이다.

실험 1에서 밝혀진 바와 같은 선인을 악인보다 선호한다는 결과가 선에 대한 확실한 선호를 의미하는 것이라면, 그리고 이러한 경향성이 6개월 된 영아에게서도 찾아져 도덕성의 본유성에 대한 확실한 증거가 될 수 있으려면, 이 시기의 영아들은 원조자를 중립적인 사람보다 좋아하지만, 방해자는 중립적인 사람보다 더 싫어해야 된다. 곧 [원조자 〉 중립자 〉 방해자]라는 선호의 위계가 나타나야 한다. 실험 1과 2의 연구자들은 실험 3에서 이러한 추론을 검증해보려 하였다.

이 실험에서 중립자의 조작을 위해 실험1의 습관화 단계에서와는 달리, 세모나 네모 캐릭터가 바닥에서 춤을 추다가 동그라미를 지나쳐 언덕으로 올라가거나[원조자/중립자 조건의 중립자], 언덕 위에서 춤을 추다가 동그라미를 지나쳐 바닥으로 내려가는[방해자/중립자 조건의 중립자] 장면의 영상을 만들고, 6개월과 10개월의 영아들 중 절반에게는 실험1의 원조자 영상과 여기서의 중립자 영상을 번갈아 보여주고[원조자/중립자 조건], 나머지 절반에게는 실험 1의 방해자 영상과 여기서의 중립자 영상을 번갈아 보여주었다[방해자/중립자 조건]. 그리고 나서 선택 행동을 측정한 결과, 6개월 영아는 두 조건 모두에서 87.5%(8명 중 7명)가 원조자[원조자/중립자 조건]와 중립자[방해자/중립자 조건]를 선호하였으며, 10개월 영아도 두 조건에서 모두 87.5%(8명 중 7명)가 원조자[원조자/중립자 조건]와 중립자[방해자/중립자 조건]를 선호하였다.

이러한 위계적 선호[원조자 〉 중립자 〉 방해자]의 능력, 곧 "긍정적 및 부정적 행위자를 선별적으로 판단할 수 있는 능력은 궁극적으로 선/

악 또는 옳음/그름이라는 추상적 개념을 포괄하는 근본적인 바탕, 곧 도덕적 근거를 형성하는 것이라는 사실을 의미한다."[40] 이 연구에서는 이러한 위계적 선호 현상이 생후 6개월이라는 매우 이른 시기에 드러나는 것으로 검출됨으로써, 그리고 이러한 선호가 영아들이 경험해 보지 않은 상황에서 처음 본 대상에 대해서도 나타나는 것으로 검출되고 있다. 이러한 사실은 타인의 행동을 통해 그의 마음 상태를 읽고, 이를 통해 대상인물의 선/악에 대한 즉각적인 판단을 하며, 또한 악인보다는 선인을 선호하는 행동의 근거가 인간에게 본유적으로 갖추어져 있는 것임을 강력하게 시사하는 것이다. 즉 도덕성은 태어날 때부터 인간에게 본유적인 특성이라는 것이다.

타인의 행동을 보고 선/악을 추론하여 악인보다 선인을 선호하는 이러한 경향은 심지어 생후 3개월짜리 영아들에게서도 관찰되었다.[41] 또한 생후 5개월 된 영아들도 제삼자를 돕는 인형이 보상받는 경우를 제삼자를 방해하는 인형이 보상받는 경우보다 더 좋아하였으며, 남을 돕는 인형이 받은 보상과 방해한 인형이 받은 보상 중에서 골라 가지게 하면 후자의 것을 빼앗아 가지려 하였다.[42] 이렇게 선한 행동을 하는 대상을 그렇지 않은 대상보다 더 선호하거나, 규칙의 준수자를 보상해 주고 규칙위반자를 처벌하려는 경향이 매우 어렸을 때부터 관찰된다는 결과들은 앞에서 내린 결론, 곧 도덕성은 인간이 태어날 때부터 갖추고 있는 본유적인 특성이라는 사실을 강력하게 지지해 주고 있는 것이다.

---

40 Hamlin et al., 2007, p. 559.

41 Hamlin & Wynn, 2011; Hamlin, Wynn, & Bloom, 2010.

42 Hamlin, 2012, 2013.

2) 영유아와 침팬지의 도움행동 연구

현생 인류(Homo Sapience)는 그 원시조상인 호모(Homo) 속(屬)이 약 600만~700만 년 전에 침팬지속과 갈라진 이래, 여러 변화를 거듭하다가 약 20만 년 전에 아프리카 북부에서 출현한 것으로 알려지고 있다.[43] 그러므로 고릴라·침팬지·오랑우탄·보노보 같은 유인원(Great Apes) 중에서도 침팬지는 인류와 가장 가까운 근연종으로, 유전부호(genetic code)의 96%를 공유할 정도로 양자 사이의 유사성은 매우 크다.[44] 양자 사이의 이러한 유전적 유사성은 행동적 측면에서 다양한 유사성을 산출하고 있는데, 이러한 행동적 유사성이 가장 잘 드러나는 분야가 이타행동의 영역이다.[45] 이러한 배경에서 침팬지와 인간 영유아 사이의 이타행동의 관련성에 관한 문제는 최근 20~30년 동안 진화심리학자들의 많은 관심을 끌어온 주제였다.

인간의 영유아와 침팬지의 이타행동을 연구하는 일군의 학자들[46]은 이러한 이타행동이 곤경에 빠진 타 개체에의 도움(helping), 주변 세계에 대한 정보의 제공(informing), 그리고 생존에 필요한 자원(예: 음식물)의 공유(sharing)의 세 측면에서 잘 드러나는 것으로 보고, 이 세 측면에서의 양자(인간 영유아와 침팬지)의 공통점과 차이점을 찾아 분석하

---

43 Dunbar, 2014/2015, pp. 12-13, 그림 1-2, pp. 18-19, 그림 1-2; Gamble, Gowlett, & Dunbar, 2014/2016, p. 53, 그림 1-9; Walter, 2013/2014, pp. 35-41 참조.

44 Varki & Nelson, 2007.

45 McCullough & Tabak, 2010, p. 263.

46 이들 중 가장 대표적인 학자들로 독일 막스 플랑크연구소(Max Planck Institute)의 Tomasello와 Warneken을 들 수 있다.

는 연구를 수행하였다. 이러한 연구들에서 공통적으로 밝혀진 사실은 영유아들이나 침팬지는 별 차이 없이 타 개체의 목표추구 행동에 대한 의도적이고 자발적인 도움 행동은 잘 수행하는 것으로 드러나고 있다. 그러나 주변 세계에 대한 정보제공 행동과 생활에 필요한 자원공유 행동의 측면에서는 인간의 영유아는 잘 수행하지만, 침팬지들은 여러 가지 한계를 보이는 것으로 드러나고 있다.[47] 이는 인간과 침팬지의 인지 능력과 문화적 복잡성 등 여러 차이에 그 까닭이 있는 것으로 보인다.

그러나 인류의 가장 근연종인 침팬지에게서도 인간에게서와 마찬가지로 곤경에 빠진 타 개체를 돕는 행동이 자발적으로 나타나고 있다는 사실은 도움 행동의 바탕이 되는 도덕성이 인간에게 본유적으로 갖추어져 있음을 시사하는 중요한 증거가 되는 것으로 볼 수 있다. 이러한 맥락에서 여기에서는 대체로 자발적인 도움행동에 국한하여 영유아와 침팬지에게서 밝혀진 결과를 살펴보기로 하겠다.

생후 14개월 된 영아들은 처음 만난 어떤 어른이 양손 가득 물건을 나르다가 한 개를 사고로 떨어뜨리면 다가가서 그것을 집어주며, 양손

47 Tomasello, 2009; Warneken & Tomasello, 2009a, b.; 그러나 Tomasello 등과는 달리 같은 영장류학자인 de Waal(2016/2017)은 인간의 영유아와 침팬지 등 유인원과의 차이는 그리 크지 않으며, 이들 사이에 차이를 보인 Tomasello 등의 연구 결과는 인간 실험자가 실험이나 관찰을 진행함으로서 유인원들에게 불리한 실험 또는 관찰 장면(영아들의 경우는 관찰자와 피관찰자가 같은 인류이지만, 침팬지 같은 유인원의 경우에는 관찰자와 피관찰자의 종이 다르다)에서 수행된 연구에서 얻어진 결과이기 때문에, 엄밀한 통제 하에서 얻어진 결과라고는 볼 수 없다고 지적한다(특히 pp. 261−320의 제6장 참조). de Waal에 따르면, 인간과 유인원의 협력 행동 같은 사회성의 차이는 조직의 복잡성과 규모의 차이일 뿐, 정보의 제공이나 자원의 공유 등 제반 협력 행동의 차원에서 근본적인 차이는 없다(p. 310)고 주장한다.

가득 물건을 들고 옷장 문을 열려고 하면 다가가서 문을 열어주었다. 이런 도움행동은 아무런 물질적 보상이나 칭찬이 없어도 자발적으로 나타났다. 그런데 어른이 들고 있던 물건을 우연히 떨어뜨리는 것이 아니라 일부러 집어던지거나 또는 옷장 문을 열려고 하는 것이 아니라 다른 일을 하다가 우연히 옷장에 부딪치는 통제조건에서는 이런 자발적인 도움행동이 나타나지 않았다. 곧 통제조건의 영아들은 떨어뜨린 물건을 집어주거나 옷장 문을 열어주지 않았던 것이다.[48]

다양한 상황(어른의 손이 닿지 않는 곳에 떨어진 물건을 집어다 준다거나 양 손을 쓸 수 없는 어른을 위해 옷장 문을 열어주는 등)에서 유연하게 상대방을 도와주기 위해서는 각각의 상황에서 타 개체의 목표를 인식할 수 있어야 하고[마음 읽기], 또 타 개체를 도와주겠다는 이타적 동기를 가지고 있어야 한다.[49] 앞의 연구들에서는 이러한 마음 읽기와 이에 근거한 이타적 도움행동이 영아들에게서부터 나타나고 있다. 이러한 맥락에서 보면, 곤경에 빠진 사람을 도와주는 도움행동은 인간에게 있어 본유적인 행동이라고 추론해 볼 수 있다.

이러한 자발적 도움행동은 인간 영아에게서뿐만 아니라 침팬지에게서도 나타나는 것으로 밝혀져, 도덕성의 인간 본유성에 관한 추론에 무게를 더해 주고 있다. 어떤 연구에서는 동물원에서 인간이 기른 침팬지의 행동을 관찰해 보았다. 이 침팬지는 사람이 물건을 잔뜩 가지고 가다가 우연히 하나가 떨어지는데도 두 손이 꽉 차 있어 떨어진 물건을 집어 올릴 수 없는 것을 보면, 그에게 다가가서 이 물건을 집어 주었다.

48 Warneken & Tomasello, 2006, 2007.

49 Tomasello, 2009, p. 7.

이 침팬지는 인간 영아와 마찬가지로 물건을 가지고 가던 사람이 의도적으로 떨어뜨린 물건은 집어다 주지 않았다.[50]

동물원에서 큰 침팬지에게서 나타나는 이러한 자발적인 도움행동은 자연상태에서 자란 침팬지(자연상태에서 자기 엄마가 기른 침팬지)에게서도 관찰되고 있다. 연구자들은 우선 자연상태에서 자란 침팬지에게 방문에 달린 핀을 빼면 문이 열리는 것을 시범해 보여주고, 따라 하도록 훈련을 시켰다. 이어서 이 침팬지로 하여금 어떤 다른 침팬지가 자기가 여는 방법을 훈련했던 그 문을 열려고 애쓰는 광경을 목도하게 하였다. 이를 본 침팬지는 그 핀을 제거해서, 동료 침팬지가 나갈 수 있도록 도와주었다. 이때 침팬지는 아무런 보상이 없어도 같은 도움행동을 하였다. 놀랍게도 이 침팬지는 다른 동료 침팬지가 문을 열려고 애쓰는 것이 아니라 다른 일을 하다가 문에 부딪치는 통제조건에서는 문을 열어주는 행동을 하지 않았다.[51]

인간의 의도적·자발적인 도움행동이 후천적인 근거를 갖는 것이 아니라 인간에게 본유적인 행동 경향성의 발현일 것이라는 추론은 동일한 도움행동이 영아에게서뿐만 아니라 침팬지에게서도 나타난다는 실험 결과 이외에도 여러 관찰 결과와 추론에서 뒷받침 되고 있다.[52]

첫째, 이러한 의도적·자발적인 도움행동이 생후 14개월이라는 매우 이른 시기에 나타난다는 사실이다. 이 시기는 대부분의 부모들이 아동에게서 친사회적인 행동이 나올 것을 기대하거나 또는 이러한 행동

50 Warneken & Tomasello, 2006.

51 Warneken, Hare, Melis, Hanus, & Tomasello, 2007.

52 Tomasello, 2009, pp. 6–13.

을 훈련시키기도 전이므로, 이 결과는 도움행동의 인간 본유성을 시사하는 것으로 보인다. 그러나 이는 생후 14개월 동안 어른들이 하는 도움행동에 대해 사회학습(social learning)을 했을 가능성도 있다는 점에서 논란을 불러올 수 있는 해석이다.

둘째, 이 실험들에서는 부모가 물질적인 보상을 주거나 언어적인 보상을 주는 것이 도움행동의 크기에 아무런 영향을 가져오지 못하는 것으로 나타났다. 심지어 20개월짜리 유아를 대상으로 한 어떤 실험에서는 물질적 보상을 주면 도움행동이 줄어들기도 하였다.[53] 물질적 보상이 유아의 도움행동을 줄인다는 이러한 결과는 외적 보상(external reward)이 내적 동기(intrinsic motive)를 감소시킨다는 사실을 의미하는 것으로,[54] 도움행동의 본유성을 암시하고 있다.

셋째, 이러한 도움행동은 아직 서구화되지 않은 전통적인 문화권의 동일 연령층의 유아들에게서도 동일하게 나타난다.[55] 이러한 문화 연구의 결과는 도움행동이 문화의 영향을 받아 형성되는 행동이 아님을 시사하는 것이다.

넷째, 생후 18개월짜리 유아들은 피해자에게 공감적 관심(empathetic concern)을 가지고 있을수록, 피해자를 더 많이 도와주었다. 어떤 아이[피해자]의 그림을 제삼자가 찢어버리는 것을 본 유아가 얼굴을 찡그리는 정도를 측정한 후, 피해자의 장난감을 또 다른 아이가 뺏으려고 할 때 피해자를 도와주는 정도는 그의 불행을 보고 얼굴을 찡그린 정도와 비례하고

53 Warneken & Tomasello, 2008.

54 Lepper, Greene, & Nisbett, 1973, 1975.

55 Tomasello, 2009, pp. 11–12.

있었던 것이다.[56] 이러한 결과는 유아의 도움행동을 유발하는 원동력은 타인의 곤경에 대한 관심과 그에 대한 배려에 있음을 의미하는 것이다.

이러한 결과들과 추론들을 고려해 볼 때, 영유아들의 도움행동은 문화적 학습이나 부모의 훈련[사회화] 때문에 산출되는 것이 아니라, 태어날 때부터 인간이 본유하고 있는 도덕성에서 나오는 행동이라는 사실이 확실하다. 곧 의도적이고 자발적인 도움행동의 근거인 도덕성은 인간에게 본유적인 특성임이 분명한 것이다.

3) 진화론자들의 사회성과 이타성에 관한 연구

인간은 다른 어떤 동물들보다 사회적인 동물이다. 지상의 모든 동물들 중에서 벌과 개미 등 곤충의 몇 가지 종류를 제외하고는 인간보다 더 사회성이 뛰어난 동물은 없다. 인간을 포함하여 이렇게 사회성이 뛰어난 동물들은 함께 모여 사는 집단의 크기가 클 뿐만이 아니라, 매우 복잡한 구조로 이루어져 있기도 하다. 이들 초사회적(ultra-social) 동물들의 사회성을 "진사회성"(eusociality)이라 한다.

이들 진사회성 동물들, 그 중에서도 특히 인류의 본유적 사회성은 그들의 문화적 특성과 어울려 인류 사회에 특유한 이타적 행동을 낳는 바탕이 되고 있다. 개체의 보존과 번식 과정의 이기적인 선택을 전제하는 진화론이 부딪친 가장 곤혹스러운 수수께끼는 이러한 인간의 사회성과 이타성의 문제였다. 이는 진화론의 창시자인 다윈으로부터 비롯

56 Vaish, Carpenter, & Tomasello, 2009.

되는 진화론의 가장 중심적인 문제의 하나였던 것이다.[57] 이들 진화론자들은 인간의 사회성과 이타성, 곧 도덕성이 인간에게 본유적인 진화적 속성이라 여기고, 진화 과정의 근본적인 이기성에 위배되는 이러한 사회성과 이타성의 인간 본유성을 설명하는 다양한 이론들을 제시하여 왔다.

(1) 사회적 뇌 가설 연구

현생 인류를 특징짓는 가장 중요한 특징 중의 하나는 유난히 커다란 뇌(腦, brain)를 가지고 있다는 사실이다. 인간의 뇌의 무게는 성인의 경우 약 1,300그램이다. 그러나 지구상에 살고 있는 동물들 중에는 인간보다 큰 뇌를 가지고 있는 동물도 많다. 아프리카 코끼리의 뇌는 약 4,200그램으로 인간 뇌의 세 배 이상이나 크며, 몇몇 고래의 뇌는 무려 9,000그램에 이르기도 하는 것으로 알려져 있다.[58]

뇌의 기능과 관련하여 이러한 뇌의 절대적인 크기보다 중요한 것은 뇌 크기와 신체 크기 사이의 비율, 곧 "대뇌화(encephalization) 지수"이다. 인간의 대뇌화 지수는 8에 가까운데, 뇌에 들어 있는 뉴런의 총 개수에서 인간[약 115억 개]과 비슷한 범고래[grampus, 약 110억 개]의 대뇌화 지수보다 50% 이상 더 높으며, 인간과 가장 근연종인 침팬지의 대뇌화 지수보다 약 2배 이상이나 된다. 게다가 진화 과정에서 가장 최근에 발달되어 고등정신기능과 사회성을 담당하는 영역인 신피질(neocortex)만을 대상으로 할 경우, 뇌의 나머지 부분에 대한 신피질의

57 Cronin, 1991/2016, pp. 23-27, 513-602.

58 Lieberman, 2013/2015, p. 50.

상대적 크기를 가리키는 "신피질 비율"(neocortex ratio)은 인류를 비롯한 영장류의 경우 다른 동물들과는 비교할 수 없을 정도로 높아진다.[59] 이러한 사실은 영장류의 대뇌화 지수가 다른 동물보다 높은 까닭은 전적으로 영장류에게서 신피질이 매우 진화했기 때문임을 의미하는 것이다. 즉 영장류, 그중에서도 특히 인류가 그렇게 큰 뇌를 가지게 된 것은 신피질의 비약적인 발달 때문인 것이다.

인간의 경우 뇌는 몸의 전체 용적에서 약 2%의 비중을 차지할 뿐이다. 그러나 뇌가 신진대사를 위하여 사용하는 에너지는 인간이 사용하는 전체 에너지의 20%에 이른다. 물론 뇌가 활발히 활동할 때의 에너지 소비비율은 이보다 훨씬 높아진다.[60] 이런 점에서 보면 뇌는 매우 소비지향적인 기관이며, 어찌 보면 "우리 인간은 뇌를 먹여 살리기 위해 살고 있다고 해도 과언이 아니다."[61] 인류를 비롯한 영장류가 이렇게 커다랗고 소비적인 뇌를 가지게 된 것은 그것이 생존과 번식에 중요한 문제를 해결하는 데 기여하는 바가 있었기 때문에 선택된 진화적인 해결책이었을 것이다.

이 수수께끼를 풀기 위해 고인류학자(古人類學者)이자 진화인류학자인 던바(Robin Dunbar)는 "사회적 뇌 가설"(social brain hypothesis)을 제시하고 있다.[62] 이 가설은 영장류, 그중에서도 특히 인류의 신피질

---

59 Lieberman, 2013/2015, p. 51, 그림 2-4 참조.

60 태아기의 뇌는 전체 신진대사의 60%까지 소비하며, 이 비율은 생후 1년까지 유지되다가 아동기에 20% 수준으로 점차 감소하는 것으로 알려져 있다(Aiello, Bates, & Joffe, 2001; Leonard & Robertson, 1992).

61 Lieberman, 2013/2015, p. 52.

62 Dunbar, 1998, 2011; 이 문제에 대한 설명 이론으로는 "사회적 뇌 가설" 이외에

이 커진 이유는 이것이 큰 집단을 이루어 많은 동료들과 서로 협력하면서 살아가는 데, 곧 사회성이 증진되는 데 도움을 주었기 때문이라고 주장한다. 그는 화석(化石) 연구를 통해 원원류(原猿類)로부터 영장류와 오스트랄로피테쿠스(Australopithecus) 이래의 호모(Homo) 속에 이르는 고(古)인류, 그리고 현생 인류(Homo Sapience)에 이르기까지의 대뇌의 크기를 측정하고, 각 종(種)이 모여 살았던 평균적인 집단의 크기 사이에 거의 직선적인 관계가 있음을 밝혀내었다. 즉 원숭이류와 영장류 및 호모 속과 현생 인류에 이를수록 대뇌의 크기, 특히 신피질의 크기가 커지며, 또한 사회집단의 크기도 이에 비례하여 커지고 있다는 것이다.[63]

이렇게 사회적 뇌 가설에 따르면, 진사회성 동물인 영장류는 다른 포유류들과는 달리 사회집단을 형성하여 삶을 유지하는 특징을 보이는데, 영장류로부터 고인류를 거쳐 현생 인류에 이르는 진화 과정에서는 사회집단의 크기가 커지는 데 따라 대뇌의 크기가 정비례하여 커지게 되었다는 것이다. 열대 우림 속의 나무 위에서 생활하던 대형 유인원과 갈라져 광활한 육상으로 내려와 살게 되면서, 우리의 원시조상인 호모 속은 포식동물의 위협에 직접 노출되었고, 포식동물로부터의 보

도, 큰 뇌는 창의적 능력을 보태주어 원시 조상들이 부딪치는 생활상의 여러 문제들에 대처하는 방안을 강구하는 데 도움을 주었을 것이라는 "숙명적 혁신 가설"(fatal innovation hypothesis, Gottfredson, 2007)의 관점과, 큰 뇌를 가지고 있는 덕분에 동맹형성과 문화 학습이 가능하게 되고, 이것이 사회적인 경쟁 상황에서의 어려움을 극복하는 데 도움을 주었을 것이라는 "사회적 경쟁 가설"(social competition hypothesis, Flinn, Geary, & Ward, 2005)의 관점이 있다. 그러나 이런 관점들은 사회적 뇌 가설에 비해 설명력에 한계가 있는 것으로 드러나고 있다(Buss, 2012/2012, pp. 622-626; Lieberman, 2013/2015, pp. 52-54).

63 Dunbar, 1992; Sawaguchi, 1988; Schoenemann, 2006.

호를 위해 더 큰 집단을 형성하여 살게 되었을 가능성이 높다.[64] 집단생활이란 기본적으로 집단성원들에 대한 관심과 배려를 요구하므로, 집단의 크기가 커지면 자연히 관심을 기울여야 할 대상이 많아지게 되고, 그 인지적 수요를 감당하기 위해 결과적으로 대뇌의 크기가 커질 수밖에 없었다고 볼 수 있다는 것이다.[65]

던바는 각 영장류의 종별로 각각의 신피질 비율을 토대로 효과적이고 응집력 있는 사회집단의 최대 크기를 계산해 내었다. 그 결과 침팬지에게 있어 가장 효과적인 사회집단의 최대 크기는 50 정도인 데 반해, 인간의 사회집단의 최대 크기는 150 정도로 나타났다. 이렇게 계산된 150을 "던바의 수"(Dunbar's number)라고 하는데, 이는 사람들이 대략 150명 정도의 가족 및 친구들과 서로 동질감을 느끼고 우정을 주고받는 관계를 이루어 살고 있음을 말하는 것이다.[66] 흥미롭게도 고대로부터 현대에 이르기까지 인간이 만든 사회조직의 상당수는 대략 이런 규모로 작동하는 것으로 밝혀지고 있다. 역사상 실재했던 마을의 규모, 다양한 기독교 종파의 교구 규모, 그밖에 기업이나 군대조직의 규모 및 아프리카와 남아메리카에 아직도 남아 있는 수렵-채취민의 집단 등이 대체로 150명 정도이다. 한 예로 오늘날의 군대조직에서 독자적으로 행동조치를 취할 수 있는 최소 단위는 중대(中隊)인데, 그 규모는 150명 정도이다.[67] 또한 45명의 응답자들에게 매년 크리스마스 카드를 보

64 Hill & Dunbar, 1998.

65 Gamble et al., 2014/2016, p. 38.

66 Dunbar, 2008.

67 Dunbar, 1993; Dunbar, 2014/2015, p. 78, 표 3-1; Gamble et al., 2014/2016, pp. 31-38 참조.

내는 사람의 수를 조사해 본 결과 평균이 154명이었으며, 250명의 사람들에게 자기의 삶에서 중요하다고 생각하는 사람의 수를 자세히 기록하게 한 결과 얻어진 평균도 150명이었다.[68] 이러한 사실들은 던바의 수가 현대의 사회생활에도 그대로 적용되고 있음을 드러내는 것이다.

영장류, 그 중에서도 특히 인류의 뇌가 몸집의 크기와 비교해서 비약적으로 커지게 된 데 대한 이러한 사회적 뇌 가설의 설명 양식이 시사하는 것은 인간에게 있어 집단적인 사회생활은 종 특유의 본성적인 삶의 양식이라는 사실이다. 호모 속의 원시조상들이 수상(樹上)생활을 하는 침팬지로부터 갈라져 나와 육상생활과 이족보행(二足步行)을 하게 되면서 그 이전보다 포식동물의 위협을 더 많이 느끼게 되었고, 이러한 위험에 대처하기 위하여 집단의 크기를 늘릴 수밖에 없었다는 것이 사회적 뇌 가설의 전제이다. 그 결과 함께 생활하는 사회집단의 크기가 커지면서, 타 개체에 대한 관심과 배려를 원활히 하여야 하는 데서 나오는 인지적 과부하(cognitive over-load)가 문제로 등장하게 되었고, 이를 해결하기 위해 진화적으로 선택한 해결책이 바로 고등정신 기능과 사회성의 기능을 담당하는 신피질을 발달시킴으로써, 뇌의 크기를 키울 수밖에 없었다는 것이다. 이러한 관점에서 보면, 타인에의 관심과 배려는 집단생활을 하는 영장류 특히 인류의 본유적인 특성이고, 따라서 인류에게 있어서 도덕성은 원초부터 갖추어져 있는 본성임이 분명한 것이다.

68 Gamble et al., 2014/2016, pp. 34-36.

(2) 죄수곤경게임의 컴퓨터 모사 연구

전통적으로 고전경제학에서는 인간을 합리적이며 이기적인 자기이익추구자라고 보는 관점에서 경제활동의 문제에 접근하여 왔다. 즉 경제학자들은 "사회생활의 다양한 영역을 모두 각자가 자기이익을 최대화하기 위해 애쓰는 시장의 확대판"[69]이라고 생각하고 접근하였던 것이다. 이렇게 고전경제학에서 인간의 경제활동을 분석하는 이론적 틀은 인간 존재의 이기성과 합리성을 전제로 하는 것이었다.

이러한 맥락에서 많은 경제학자들과 경제심리학자들은 이기적인 인간의 자기이익추구 과정에서 나타나는 합리적인 선택 행동을 분석하기 위한 개념틀로 여러 게임 상황을 상정하고, 이러한 게임 상황에서의 개인의 합리적이고도 이기적인 선택 행동을 통해 인간의 경제행동을 지배하는 원리들을 찾아내고자 시도하여 왔다. 이러한 게임 상황 가운데 대표적인 것이 "죄수 곤경 게임"(prisoner's dilemma game)[70]이다.

이 게임은 매우 단순한 구조로 이루어져 있다. 은행 강도 혐의로 붙잡힌 A와 B의 두 혐의자를 따로 떨어뜨려 놓고 취조를 하고 있는데, 직접적인 증거가 없어서 혐의자들의 자백이 있어야 기소를 할 수 있다고 생각해 보자. 형사는 이들의 자백을 얻어내기 위해 서로 떨어져 있는 두 혐의자에게 다음과 같은 제안을 하였다: ⅰ) 두 사람 모두 침묵을 지키고 아무도 자백하지 않으면, 경미한 교통신호 위반의 죄를 물어 두 사람 모두 징역 1년, ⅱ) 둘 중 한 사람은 자백을 하고 한 사람은 침

---

69 Gergen, Greenberg, & Willis, 1980, p.vii.

70 Rapoport, 1960.

묵을 지키면, 자백한 사람은 즉각 석방하고 침묵을 지킨 사람은 그 동안 저지른 은행 강도와 재판을 지연시킨 죄를 물어 징역 7년, iii) 두 사람 모두 자백을 하면, 둘 모두를 기소하여 두 사람 모두 징역 5년. 이 경우 선택 행동[자백 또는 침묵]의 결과 두 죄수가 얻게 되는 성과행렬(payoff matrix)은 다음과 같이 정리할 수 있다.

A의 선택

		자 백	침 묵
B의 선택	자 백	A = 5년 ; B = 5년	A = 7년 ; B = 석방
	침 묵	A = 석방 ; B = 7년	A = 1년 ; B = 1년

그림 7-1: 전형적인 죄수 곤경 게임의 성과행렬

이 상황에서 죄수 A와 B가 자기이익을 최대화할 수 있는 가장 합리적인 선택지는 자백[경쟁적인 선택지]일까, 아니면 침묵[협동적인 선택지]일까? A의 입장에서 생각해 보자. A가 B에 대한 의리를 지켜 침묵을 지키고 있을 때 상대방 B도 침묵을 지킨다면, 둘 모두에게 좋은 결과가 초래된다. 그러나 자기(A)가 침묵을 지키고 있는데 상대방(B)이 자백을 한다면, 상대에게는 최선이지만 자기에게는 최악의 결과가 초래된다. A가 유혹을 이기지 못해 자백을 했을 때 B도 자백을 한다면, 그래도 최악의 결과는 피할 수 있다. 이때 B가 의리를 지켜 침묵을 지킨다면, A에게는 그보다 좋을 수가 없다. 그러므로, 상대방이 침묵을 지키던 아니면 자백을 하던 간에, A가 선택할 수 있는 가장 합리적인 선택지는 경생석인 선택지[자백]이다. 이는 B의 경우에도 마찬가지이다. 이렇게 죄수 곤경 게임의 상황에 놓여 있을 때 고전경제학에서 예측하는 이기적 인간의 가장 합리적인 선택은 두 사람 모두 경쟁적인 선택지를 선택하는 것이다.

경제학자들과 경제심리학자들은 이러한 죄수 곤경 게임의 성과행렬을 선택행동에 따른 이익과 손해의 차원으로 변화시켜, 과연 이론적으로 예측하듯이 경쟁적인 선택지의 선택이 실제로 나타날 것인지를 검증해 보려 하였다. 다음의 성과행렬을 예로 들어 보자.

		A의 선택	
		X (경쟁)	Y (협조)
B의 선택	X (경쟁)	A = +1 ; B = +1	A = 0 ; B = +5
	Y (협조)	A = +5 ; B = 0	A = +3 ; B = +3

그림 7-2. 수정된 죄수 곤경 게임의 성과 행렬

두 사람이 이러한 게임을 단 한 번만 하고 만다면, 이 경우에도 A와 B가 각자의 이익을 최대화하기 위해 선택할 수 있는 가장 합리적인 선택지는 X[경쟁적인 선택지]이다. 이를 선택해야 최악의 결과(상대방은 최대의 이익을 보는데, 자기는 아무 것도 얻지 못한다)를 피할 수 있을 것이기 때문이다. 그러나 대학생들을 대상으로 한 여러 연구들에서 응답자들 중 이러한 예측대로 경쟁적인 선택지를 선택한 사람은 실제로 2/3 정도였고, 나머지 1/3 정도는 협조적인 선택지를 선택하는 것으로 나타났다.[71] 물론 경쟁적인 선택지를 선택하는 사람이 협조적인 선택지를 선택하는 사람보다 두 배 가까이 많지만, 고전경제학의 예측과는 달리

71 Taylor, Peplau, & Sears, 2003, p. 323.

협동이 절대적으로 불리한 이러한 극단적인 상황에서도 협동적인 선택지를 선택하는 사람이 1/3이나 된다는 사실은 인간의 선함을 믿는 사람들에게는 한 줄기 밝은 빛이 아닐 수 없다.

만일 죄수 곤경 게임을 단 1회만 하는 것이 아니라, 수없이 반복해서 이러한 게임 상황에 부딪치게 된다면 어떻게 될까? 이 경우 협동적인 선택지를 선택하는 비율은 늘어날까? 아니면 줄어들까? 컴퓨터 프로그램에 해박한 지식을 가지고 있는 정치학자 악셀로드(Robert Axelrod)는 이렇게 죄수 곤경 게임을 반복적으로 실시하면, 협력 행동의 진화에 관한 어떤 귀중한 추론을 할 수 있는 결과를 얻을 수 있을 것이라고 여기고, 이 문제에 관해 매우 흥미 있는 연구를 실시하였다.[72]

그는 경제학·심리학·사회학·정치학·수학 등 여러 분야의 게임이론 전문가들에게 컴퓨터 체스 대회와 비슷한 "컴퓨터 죄수 곤경 게임 대회"(Computer Prisoner's Dilemma Tournament)에 프로그램을 보내 달라고 요청하였다. 각 프로그램은 지금까지의 상대와의 게임 결과를 조회할 수 있고, 그것을 활용하여 이번에 협력할 것인지 말 것인지를 선택할 수 있도록 하였다. 그 결과 모두 14개의 프로그램이 응모하였는데, 이들을 모두 한 차례씩 맞붙게 하여 매 라운드마다 이익을 많이 얻은 프로그램을 선정한 결과, 놀랍게도 최종 승자는 "맞대응"(Tit-for-Tat)이라는 단순한 프로그램이었다.[73]

이 프로그램은 ⅰ) 제일 처음에는 협조한다; ⅱ) 그 다음부터는 먼저 번에 상대방이 선택한 것을 그대로 선택한다. 예를 들면, 상대방이

---

72 Axelrod, 1984/2012.

73 Axelrod, 1980a.

두 번째에 경쟁을 선택했으면, 자기도 세 번째에 그와 마찬가지로 경쟁을 선택하고, 상대방이 두 번째에 협동을 선택했으면, 자기도 세 번째에 협동을 선택한다는 단순한 것이었다. 이 프로그램의 핵심은 협조로부터 시작하여, 그 다음부터는 "눈에는 눈, 이에는 이"라는 맞대응으로 일관하는 것이다.[74]

악셀로드는 이 경기 결과를 두루 알리고, 제2차 대회를 열어 참가해 줄 것을 호소하였다. 이번에는 6개국에서 62개의 프로그램이 참가했는데, 그중에는 "맞대응 전략"의 프로그램도 그대로 들어 있었다. 이번에도 역시 최종 승자는 맞대응 프로그램이었다.[75]

"맞대응" 프로그램은 협조로부터 시작한다는 점에서, 그리고 지속적으로 경쟁을 선택하던 상대방이 중간에 한 번이라도 협조를 선택하면 둘 사이에 협조 관계가 지속될 가능성이 높아진다는 점에서, 기본적으로 직접적 호혜성(direct reciprocity)에 기반을 둔 협조지향적인 전략이다. 계속 이어지는 반복 게임 상황에서 다른 어떤 프로그램보다 이러한 맞대응 전략이 가장 우수하고 지배적인 전략으로 밝혀졌다는 사실은, 지속적인 대면 상황이 빚어지는 인간 사회에서도, 진화 과정에서 협동 행동이 지배적인 행동 양식으로 굳어질 가능성을 시사하고 있다는 점에서 중요성을 갖는다. 악셀로드는 자기의 연구가 갖는 이러한 중요성을 인식하고 생물학자인 해밀턴(William Hamilton)과 함께 협력 행동의 초기 생존 능

74 이 프로그램은 죄수 곤경 게임의 창안자인 심리학자 Rapoport가 제출한 것이었다. 이 프로그램은 제출된 것 중 가장 단순한 단 네 줄짜리 프로그램이었다.

75 Axelrod, 1980b.

력과 그 강건함 및 안정성에 관해 이론적으로 분석하고 있다.[76]

그들에 따르면, "협력이 진화하려면 개인들이 다시 만날 확률이 충분히 커서, 미래에 서로 이해관계로 얽힐 것이라고 믿어야 한다. 그렇기만 하면 협력은 세 단계에 걸쳐 진화한다"[77]는 것이다. 첫째, 상호작용의 기회가 없는 개인들이 산발적으로 협력을 시도한다면 협력은 진화할 수 없지만, 아주 적게나마 대가성 협력을 바탕으로 서로 상호작용하는 무리가 있다면 이들로부터 협력이 진화할 수 있다. 둘째, 협력은 호혜주의를 기초로 하여 진화한다. 셋째, 이러한 호혜주의를 원칙으로 삼아 협력이 일단 안착하면, 이는 덜 협력적인 전략들에 맞서 스스로를 지켜낼 수 있다.

이러한 연구 결과는, 본유적인 진사회성을 기반으로 집단을 형성하여 지속적으로 상호작용을 해 온 현생 인류에게 있어, 공동의 이익을 도모하기 위하여 집단의 성원들과 협력하는 행동의 경향성은 오랜 진화 과정을 거쳐 형성되어, 태어날 때부터 본유적으로 갖추고 있는 행동 특성이라는 사실을 드러낸다. 뿐만 아니라, 이러한 협력 경향성이 호혜주의를 기반으로 하여 진화한다는 결과는 맞대응, 곧 공정성(fairness)에 대한 선호도 인간에게 본유적으로 갖추어져 있는 특성이라는 사실을 시사한다. 이렇게 협력과 공정성에의 선호가 진화 과정에서 형성된 특성이라는 결과들은 도덕성이 인간에게 본유적으로 갖추어져 있다는 사실에 대한 확실한 증거가 된다고 볼 수 있는 것이다. 이렇게 압도적으로 경쟁이 유리한 "죄수 곤경 게임" 상황에서도 두 게임당사자의 관

76 Axelrod & Hamilton, 1981.

77 Axelrod, 1984/2009, pp. 43–44.

계가 오래 지속되면, "맞대응" 전략 곧 협동하는 경향의 전략이 우세하게 된다는 이러한 컴퓨터 모사(computer simulation) 연구들도 도덕성의 진화가능성을 입증해 주고 있는 것이다.[78]

(3) 현대진화론에서의 이타성의 진화기제에 관한 이론

진화론을 연구하는 진화생물학자와 진화심리학자들의 최근의 핵심적인 관심사는 이러한 실험과 관찰을 통해 밝혀진 이타행동의 진화기제를 밝혀보려는 것이다. 진화란 자연선택의 원리에 의한 이기적 투쟁의 결과라는 진화론의 기본 명제에 비추어 보면, 얼핏 보기에 이타행동은 자연선택의 법칙에 어긋나는 것처럼 보인다. 곧 진화란 진화의 단위[79]가 가진 "포괄적합도"(inclusive fitness)를 높임으로써 이루어지는데, 이타행동에 의해 자손을 낳기 전에 죽기라도 한다면 자기 유전자를 후대에 전달할 수 없으므로, 이타행동은 진화 과정에서 선택되지 못하고 도태될 수밖에 없을 것이기 때문이다. 그러나 이타행동이 진사회성 곤충이나 인간을 비롯한 영장류의 특징적인 행동이라는 사실은 어떻게 설명할 수 있는가?

현대진화론에서 이러한 문제는 "포괄적합도"의 개념[80]으로 접근한다. 여기서 "포괄적합도는 어떤 개체나 생물의 성질이라기보다는 그 행동이나 효과의 성질이다. 따라서 포괄적합도는 어떤 개체가 지닌 번

78 McCullough & Tabak, 2010, pp. 264-271; Nowak, 2006; Trivers, 1985.

79 진화의 단위 문제는 복제되어 후대에 전달되는 자기복제자(replicator)를 무엇으로 보느냐의 문제로 정리할 수 있는데, 이에 대해서는 이 장의 주1 참조.

80 Hamilton, 1964.

식성공도[번식적합도]에다가 그 개체의 행동이 유전적 친족의 번식 성공에 미치는 효과를 더한 것이다."[81] 유전자 중심의 관점에서 보면, 포괄적합도를 높이는 일이라면 유전자의 운반체로서의 개체를 희생해서라도 친족의 번식성공도를 높임으로써 유전자의 복제 성공을 가져오는 방안을 생각할 수 있고, 이것이 바로 이타행동이라는 것이다. 이렇게 보면, 이타행동은 자연선택의 원리 속에 자연스럽게 통합된다는 것이 현대진화론의 관점이다. 즉 이타행동을 통해 협력자[시혜자]는 부담(cost)을 지게 되지만, 수혜자는 이득(benefit)을 얻게 되는데, 양자 사이의 근연도 등 특정 확률이 "이득대비 부담비율"(cost-to-benefit-ratio: c/b)보다 커지면, 이타행동이 포괄적합도를 높이는 유리한 행동 양식으로 부각된다는 것이다.

타 개체에게 이익을 가져오는 이타행동은 친족 사이, 직접 접촉하고 있는 동일 집단의 성원들 사이, 직접 접촉하고 있지 않은 동일 집단의 성원들 사이 및 집단 수준에서 나타나고 있는데, 현대진화론에서는 이들 각 수준에서 타 개체를 자기보다 우선적으로 배려하는 이타행동이 나타나는 기제를 설명하기 위한 이론이 각각 다르게 제시되고 있다.[82]

아무런 유전적 연관성이 없는 개체보다는 유전적 연관성이 깊은 친족(kin)에 대한 이타행동이 훨씬 자주 그리고 강하게 나타난다. 곤경에 빠진 친족을 돕는 행동이 타 성원에 대한 이타행동보다 커지는 것은 친족은 나의 유전자를 공유하고 있으므로, 친족을 돕는 것은 나의 유

81 Buss, 2012/2012, p. 44.

82 Nowak, 2006.

전자가 후세에 전수될 수 있는 가능성이 높아지기 때문이다. 이렇게 유전적 근연도가 높은 친족들 사이에 나타나는 이타행동은 친족선택(kin selection)의 개념으로 접근할 수 있는데,[83] 이 이론에 따르면, 친족 사이의 근연도 r이 이득대비 부담비율보다 큰 조건(r 〉 c/b)에서 친족 사이에 이타행동이 늘어난다.

직접 자주 접촉하고 있을 뿐만 아니라 앞으로의 상호작용에 대한 기대도 매우 높은 성원들에 대한 이타행동은 그렇지 않은 성원에 대한 이타행동보다 크게 나타나는데, 이렇게 직접 접촉하고 있는 집단의 구성원에 대한 이타행동은 직접적 교호성(direct reciprocity)의 개념으로 설명할 수 있다.[84] 앞으로 계속 직접 접촉할 가능성이 높은 타 개체를 더 잘 돕는 것은 장래에 자기가 곤경에 빠졌을 때 상대방으로부터 도움을 받을 가능성이 높아지기 때문이라는 것이 이 관점의 골자이다. 이 이론에 따르면, 한 집단의 성원들 중 특정 성원과의 계속적인 접촉 확률 w가 이득대비 부담비율보다 큰 조건(w 〉 c/b)에서 두 성원 사이의 이타행동이 늘어난다.

직접 접촉하지 못하는 성원일지라도 그가 동일 집단의 성원이라는 사실을 알게 되면, 타 집단의 성원에 대해서보다 더 잘 도와주는 경향이 있다. 이러한 간접적 교호성(indirect reciprocity)이 이타행동을 증진

83 Hamilton, 1964.

84 Trivers, 1971; 죄수 곤경 게임이 협력 생성의 진화적 기제가 될 수 있는 제1의 바탕은 죄수 곤경 게임이 반복적으로 이루어진다는 사실, 곧 직접적 교호성의 상황에서 이루어진다는 사실에서 찾을 수 있다. 이러한 점에서 반복적인 죄수 곤경 게임의 상황은 이타행동의 진화기제에 대한 직접적 교호성 이론의 전략적 바탕이 된다고 볼 수 있다(Nowak, 2006, pp. 1560−1561).

시키는 까닭은 곤경에 빠진 동일 집단의 낯선 개체를 도와주면 협력자[시혜자]라는 명성(reputation)을 얻게 되고, 이러한 명성은 시혜자가 비슷한 곤경에 빠졌을 때 모르는 개체로부터 도움을 받을 확률을 높이게 되므로 이타행동이 늘어난다는 것이 간접적 교호성 이론의 골자이다.[85] 이 이론에서는 어떤 개체의 명성에 대해 알게 될 확률(q)이 이득대비 부담비율보다 큰 조건(q 〉 c/b)에서 이타행동이 늘어난다.

직접 접촉하지 못하는 구성원에 대한 이타행동을 간접적 교호성(indirect reciprocity)의 개념 이외에 연결망 교호성(network reciprocity)의 개념 또는 신호이론(signaling theory)으로 설명하려는 시도도 있다.[86] 이 이론은 협력자들은 자기들의 이타행동을 통해서 자기가 가진 유전형적 장점(예: 지능, 신체적 힘, 자원의 풍부함, 친절성, 배우자나 동맹자로서의 가치 등)을 신호로 내보내고, 이 신호를 받는 개체들은 그를 선호함으로써, 이러한 개체들끼리 연쇄망 군집(network cluster)을 형성하게 되어 이타행동이 증가한다고 본다. 여기서는 이러한 연쇄망의 평균 이웃의 수(k)가 이득대비 부담비율보다 큰 조건(k 〉 c/b)에서 이타행동이 증가하게 된다고 예측한다.

위에서 살펴본 것은 모두 개체 수준의 이타행동의 진화 기제에 대한 설명양식들이었다. 그러나 자연선택은 개체 수준에서뿐만 아니라 집단 수준에서도 일어난다.[87] 이렇게 이타행동의 진화는 집단 수준의

85 Nowak & Sigmund, 1998: .

86 Maynard Smith & Harper, 2003.

87 이 문제는 진화론자들 사이에 의견 대립이 심한 주제이다. 위의 개체 수준의 이타행동의 진화를 설명하는 이론의 주창자들은 모두 진화는 개체 수준 또는 유전자 수준에서 이루어질 뿐이라고 주장한 반면, 진화론의 창시자인 Darwin이나 현대

집단선택(group selection) 또는 다수준선택(multilevel selection)의 개념으로 접근하여 이해할 수도 있다.[88] 이러한 집단 수준의 접근에서는 집단 사이의 경쟁을 통해 협력자가 많은 집단이 수혜자만 있는 집단보다 더 번영하게 되어, 이타행동이 늘어나게 된다고 본다. 이 이론에 따르면, 집단의 최대 크기(n)와 집단의 수(m)의 비율과 "부담대비 이득비율"(benefit-to-cost-ratio: b/c) 사이에 [b/c 〉 1 + n/m]의 관계가 성립할 때, 집단선택에 의한 이타행동이 증가한다.

이타행동을 이렇게 시혜자의 부담과 수혜자의 이득 사이의 비율로 계산해서 이해하는 관점에 따라 분석하게 되면, 시혜자의 이타행동도 장기적으로는 자기에게 번식적 이득을 가져오게 되는 것이므로, 이타행동도 결국 이기적인 관점으로 환원해서 이해하는 것이 아니냐는 반론이 나올 수 있다. 그러나 시혜자는 이런 장기적인 이득을 기대하고 곤경에 빠진 사람을 돕는 행동을 하는 것이 아니라, 다만 수혜자의 필요에 의해 그를 곤경으로부터 구출하겠다는 동기에 따라 즉각적으로 행동할 뿐이다.

또한 어떤 사람은 시혜자는 스스로의 돕는 행동으로 인해 쾌락을 얻기 위해 남을 돕는 것이기 때문에, 이는 궁극적으로 이기적인 행동이라고 주장하기도 한다. 그러나 타인이 자기의 도움을 받고 이득을 얻는 것을 보면서 얻는 즐거움을 도움행동으로 인해 사회적 인정이나 물

의 Edward Wilson[열렬한 유전자 중심 진화론자였던 E. Wilson은 최근 입장을 바꾸어 집단 수준의 진화가 가능하다는 이론을 전개하고 있다. 이에 대해서는 그의 최신 저술(Wilson, 2012/2013, pp. 67-75) 참조]은 개체선택과 함께 집단선택의 관점을 제시하고 있다.

88 Wilson & Wilson, 2007.

질적 보상과 같은 자기이익을 누림으로써 얻는 쾌락과 같은 것으로 볼 수는 없다.[89] 더욱이 곤경에 빠진 사람이 얻는 복지를 보면서 얻는 즐거움은 내적 동기에 따른 쾌락(intrinsic pleasure)이고, 따라서 본질적으로 이타적인 성격의 것이다. 뿐만 아니라, 이타행동을 수행하는 것이 본질적으로 내적인 자기보상을 가져오는 것이라면, 이타행동을 유발하는 심리적 기제는 그 자체 생물학적으로 갖추어져 있는 본유성을 갖는 것이라 해석할 수 있는 것이다.[90]

3. 도덕성의 본유성에 관한 유학사상과 현대 과학 연구의 회통(會通)

이상에서 영유아발달심리학, 영장류학, 진화심리학 및 현대진화학의 연구들을 통해 도덕성이 인간에게 본유적인 특성이라는 사실을 확인하였다. 영유아발달심리학의 연구에서는 사회적 참조, 마음 읽기 및 선과 악의 비교와 선호 행동이 생후 3~4개월부터 14~15개월이라는 매우 이른 영아기 때부터 나타난다는 연구 결과들을 통해, 타인에 대한 관심과 배려 그리고 선(善)에 대한 선호가 인간 본성에 본유하고 있다는 사실을 확인할 수 있었다. 이렇게 언어를 습득하기 이전의 영아에게서 이미 사회적 참조와 마음 읽기 및 선에 대한 선호 행동이 나타난다

89 Batson, 2010; Batson, Dyck, Brandt, Batson, Powell, McMaster, & Griffitt, 1988.

90 de Waal, 2007; Warneken & Tomasello, 2009b, p. 456, 각주 1.

는 사실은 곧 도덕성이 인간에게 본유적인 특성이라는 사실을 드러내는 좋은 증거이다.

영장류학(primatology)의 연구들을 통해서는 인간의 영아에게서 나타나는 도움행동이 침팬지에게서도 나타난다는 사실이 밝혀지고 있다. 이러한 연구에서는 동물원에서 인간이 기른 침팬지뿐만이 아니라 자연 상태에서 침팬지 엄마가 기른 침팬지도 다른 침팬지가 곤경 상태에 빠져 있을 때 아무런 보상이 주어지지 않아도 도와주는 행동을 보였다. 즉 그들은 다른 침팬지가 필요로 하는 물건을 집어주거나 옷장 문을 자발적으로 열어주었다. 인간의 영아에게서 뿐만이 아니라 현생 인류와 가장 근연종인 침팬지에게서도 이러한 자발적이고 의도적인 도움행동이 나타난다는 사실은 이러한 도움행동이 인간에게 본유적인 특성에서 연유하고 있다는 사실을 강력하게 지지하는 증거이다.

이타행동의 진화기제에 대한 설명 이론들에 관한 연구들에서도 도덕성이 오랜 세월 동안의 진화 과정에서 형성된 인간에게 본유적인 특성이라는 사실들이 확인되었다. 사회적 뇌 가설에서는 현생 인류와 영장류가 유난히 큰 대뇌화 지수와 신피질 비율에서 드러나는 바와 같이 포유류 같은 다른 동물과는 비교할 수 없을 정도로 커다란 뇌를 갖추게 된 배경에는, 인류의 원시 조상들이 열대 우림의 수상(樹上)생활에서 넓고 광활한 육상생활로 생활 터전을 옮기게 됨으로써, 이러한 생태 조건의 변화에 적응하는 과정에서 부닥친 적응상의 문제[포식동물의 위협]를 해결하기 위한 진화적 선택이 놓여 있음을 확인할 수 있었다. 인류의 원시 조상들은 이 문제를 사회집단의 크기 확장이라는 방법으로 해결하려 하였는데, 이러한 과정에서 동종의 다른 개체에 대한 관심과 배려 및 그들과의 동맹 형성을 위해 필요한 인지적 과부하에 적응하는 과정에서 뇌를 키울 필요가 대두되었다는 것이 사회적 뇌 가설의 골자이다. 이렇게 인류의 뇌 크기의 변화는 인류의 진사회성의 원인이자 결과로서, 타 개체에의 관심과 배려라는 도덕성의 인간 본유성과 밀접한 관련이 있다는 것이 사회적 뇌 가설의 주장이다.

죄수 곤경 게임의 컴퓨터 모사 연구에서는 고전경제학의 이론적 관점에 따르면 경쟁적 행동만이 지배해야 하는 상황에서도 협력 행동이 나타나고, 지속적으로 상호작용이 이루어지는 상황에서는 이러한 협력 행동이 진화 과정에서 안정적이고도 강력한 지배적 행동으로 떠오를 수도 있다는 가능성이 제시되고 있다. 이러한 결과도 인류의 진화 과정에서 도덕성이 안정적인 행동 특성으로 형성됨으로써, 협력 행동의 근거가 되는 도덕성이 인간의 본유적인 특성으로 부각되있을 가능성을 드러내고 있다.

현대진화론자들은 이타행동의 진화 기제에 대한 다양한 수준의 이론들을 제시하고 있다. 현대진화론에서는 친족끼리의 이타행동은 친족선택(kin selection)의 개념으로, 직접 접촉하고 있는 집단의 구성원에 대한 이타행동은 직접적 교호성(direct reciprocity)의 개념으로, 직접 접촉하지 못하는 구성원에 대한 이타행동은 간접적 교호성(indirect reciprocity)의 개념이나 연결망 교호성(network reciprocity)의 개념 또는 신호이론(signaling theory)으로, 그리고 집단 수준의 집단선택(group selection) 또는 다수준선택(multilevel selection)의 개념으로 접근하여 이타행동의 진화에 대해 설명하려 한다. 이타행동의 진화 기제를 밝히려는 이러한 연구들에서도 도덕성의 인간 본유성의 가능성이 점쳐지고 있다.

이러한 맥락에서 보면, 영유아와 영장류에게서 나타나는 타인에 대한 관심과 배려, 선에 대한 선호, 도움행동, 협력행동 그리고 이타행동에 관한 연구 결과들은, 인간에게는 태어날 때부터 도덕성이 본유적으로 갖추어져 있다는 사실을 일관되게 확인해 주고 있다. 이는 유학자들이 2,500여 년 전부터 줄기차게 주장해 온 바이다. 인간은 덕성의 주체로서, 도덕성의 본유성은 인간의 조건이자 존재이유라는 관점은 유학자들이 인간을 파악하는 핵심명제였던 것이다. 그러나 도덕성의 인간 본유성에 대한 유학자들의 이러한 주장은 아무런 논리적인 탐색이나 실제적인 근거가 없는 직관적인 주장일 뿐이었다는 데에 문제점이 있다. 즉 유학자들의 주장에는 이론적 당위성만이 있었던 것이다.

그러나 1980년대 이후에 전개된 현대진화학, 진화심리학, 영장류학 및 영유아발달심리학에서 전개되고 있는 도덕성에 관한 연구들에서는 엄밀한 과학적인 접근을 통해 도덕성의 인간 본유성이 실증적으로 밝혀지고 있다. 전통적인 서구 철학과 서구심리학에서는 도덕성의 부차요소설 또는 하위요소설의 관점에서, 인간의 도덕성은 인지 능력이나 감정 또는 행동 습관의 부차적인 체계일 뿐 인간에게 본유적인 기본 심리구성체가 아니라는 관점이 지배해 왔다. 이러한 맥락에서 보면, 1980년대 이후, 특히 2000년대에 들어서서 탐구되고 있는 도덕성 연구의 이념(?) 또는 이론적 근거를 전통적인 서구의 전통에서 찾을 수는 없다. 도덕성의 인간 본유성에 관한 현대적 연구들의 이론적 배경은 오히려 유학사상의 전통과 밀접히 연결되고 있는 것이다.

이렇게 보면, 도덕성의 인간 본유성에 관한 유학사상의 이론적 지향점은 최근의 현대진화론, 영유아발달심리학, 영장류학 및 진화심리학에서 실증적인 증거를 확보하게 되었다고 볼 수 있다. 이러한 유학의 이론적 이념과 서구의 방법론적인 엄격함의 만남이 바로 동·서의 회통(會通) 또는 통섭(統攝, consilience)[91]이 이루어지는 진정한 모습이라 할 수 있을 것이다.

91 Wilson, 1998.

8장

도덕성의 통합성에 관한 연구

8장

도덕성의 통합성에 관한 연구

앞 장에서는 지난 세기 말엽이후 금세기에 접어들면서부터 영유아 발달심리학, 영장류학, 현대진화론 및 진화심리학 분야를 중심으로 하여 이루어진 도덕성의 인간 본유성에 관한 연구들에 대해 다루었다. 이러한 범 학문적인 과학적 연구들을 기반으로 하여, 도덕성은 생후 1년 이내, 심지어는 생후 3~4개월밖에 되지 않은 영아들뿐만 아니라 인간과 가장 근연종인 침팬지에게서도 관찰되는 특성이라는 사실에 대한 실증적인 자료들이 얻어졌다. 이러한 결과들은 도덕성이 전통적인 심리학에서 가정하고 있듯이 인지와 정서 같은 여타 심리구성체에 부속되는 하위체계가 아니라, 유학사상에서 주장하듯이 인지나 정서 및 동기 체계나 마찬가지로 인간에게 본유하는 기본적인 심리구성체라는 사실을 의미하는 것이다.

도덕의 존재 근거에 대한 이러한 제1의 물음 이외에, 도덕성의 연구에서 탐구해야 할 제2의 연구 주제는 도덕성의 속성에 관한 문제이다. 도덕의 존재 근거에 대한 본유설의 연장선상에서 도덕의 속성에 대한 통합설을 주장하는 유학사상과는 달리, 서구심리학에서는 도덕성의 존재 근거에 대한 부속체계설의 입장에서 도덕성이란 그 존재 근거를 이루는 단일한 심리 특성의 속성만을 띨 뿐이라는 단일차원설을 주장하여 왔다. 이 장에서는 이러한 문제에 대해 최근의 사회 및 문화심리학에서 이루어지고 있는 최신 연구의 결과들을 소개함으로써, 동·서 접근의 회통에 대한 또 하나의 가능성을 확인해 보고자 한다.

1. 도덕심리학의 연구 문제 2: 도덕성의 통합성

전통적으로 서구 현대심리학에서는 삼분체계론의 관점에서 도덕성은 인간의 기본적인 심리구성체인 인지나 정서의 부속체계 또는 특정한 방향으로 행동하는 습관체계일 뿐이라고 인식하는 도덕성의 존재 근거에 대한 부속체계설을 주장하여 왔다. 피아제와 콜버그 같은 인지발달론자들은 도덕성이란 인지 능력의 발달에 부수되는 인지적 판단 능력일 뿐이라고 본다. 프로이트 같은 정신역동론자는 도덕성이란 부모에 대한 애증의 감정으로 인해 갖추어지는 특성, 곧 감정의 부수물이라고 간주한다. 행동주의 학습이론가들은 도덕성이란 도덕적인 상황에서 특정한 방향으로 행동하도록 학습된 습관체계일 뿐이라고 여긴다.

이러한 맥락에서 전통적인 서구심리학에서는 도덕의 속성에 대해 도덕성이란 그 태동 근거가 되는 심성 요소 한 차원의 속성으로 이해할 수 있다는 단일차원설을 통해 이해하려 한다. 인지발달이론에서는 인지 능력의 속성, 곧 도덕적 판단의 속성을 통해 도덕성이 드러나는 것이라 여긴다, 정신역동이론에서는 부모에 대한 애증이라는 감정의 속성, 곧 공포심과 같은 정서적 반응을 통해 도덕의 속성을 이해하려 한다. 학습이론가들은 자극과 반응 및 그 사이에 개재하는 강화의 속성을 통해 기계적으로 도덕성의 문제에 접근하려 한다.

이렇게 도덕의 근거에 대한 부속체계설의 바탕에서 단일차원설을 통해 도덕의 속성에 접근하려는 전통적인 서구심리학의 관점과는 달리, 유학사상에서는 도덕성의 존재 근거에 대한 본유설과 인간 심성 요소들 사이의 관계에 대한 덕성우월주의의 근거 위에서 도덕의 속성에 대한 통합설의 논지를 전개한다.

공자는 일이관지론(一以貫之論)을 통해 이후 유학사상에 일관되는 통합설의 단초를 열고 있다. 《논어》에는 공자가 제자인 증자(曾子)에게 "나의 도는 하나의 이치로 꿰뚫어져 있다"고 말씀하시자, 증자가 이를 "자기를 다하는 충"(忠)과 "자기를 미루어 다른 사람에게 미치게 하는 서"(恕)라고 해석한 구절이 나온다.[1] 여기서 자기를 다하는 충은 도덕 인식을 말하는 것이고, 남에게까지 미루어가는 서는 도덕 실천을 말하는 것이다. 공자가 말하는 도덕 인식은 스스로가 도덕 주체라는 사실을 깨닫는 일을 의미하는 것이다.[2] 그리고 공자가 말하는 도덕 실천의

1 《論語》, 里仁 15.

2 學而 1, 12, 16; 八佾 11, 15, 22; 里仁 7, 14; 公冶長 4, 7, 21; 雍也 18; 述而 30; 子罕 6; 先進 25; 顏淵 22; 子路 2; 憲問 2, 32, 37, 42; 衛靈公 3, 13, 18; 堯

핵심은 보고, 듣고, 말하고, 행동하는 삶의 모든 측면을 예(禮)를 통해 조율하는 일[3]로 요약할 수 있는데, 그 핵심은 이기적·생물적 욕구와 자기지향적 정서를 억제하고, 도덕적 욕구와 타인·규범지향적 정서가 개인의 삶을 지배하는 욕구와 정서의 승화가 이루어지도록 하는 일을 의미하는 것이다.[4] 이렇게 공자는 인지·정서·동기 같은 모든 심적 활동이 도덕성에 의해 통제되는 일을 "일이관지"(一以貫之)라 표현하여, 도덕성은 그 자체 속에 인지·정서·욕구의 속성을 통합하고 있다는 통합설의 논지를 전개하고 있다.

이러한 공자의 통합설을 맹자는 본유적인 도덕성[四端]의 확충론(擴充論)[5]으로 잇고 있다. 맹자는 도덕성의 확충은 마음[心]의 핵심 작용인데,[6] 그 내용은 공자와 마찬가지로 도덕 인식과 도덕 실천을 통해 도덕성이 모든 지적 인식[7]과 정서 및 욕구[8]를 통제하여, 지적 인식과 정

曰 3.

3 顔淵 1.

4 學而 1, 2, 13, 14, 15; 爲政 3; 八佾 20; 里仁 2, 3, 6, 9, 22; 公冶長 5, 6, 9, 14, 24, 27; 雍也 2, 9, 10, 18, 21, 26, 28; 述而 1, 10, 11, 15, 18, 19, 29; 泰伯 10, 13; 子罕 17, 23, 26; 先進 3, 6, 12; 顔淵 2, 19, 20; 子路 4, 15, 16, 20, 24, 25; 憲問 1, 14, 29, 44; 衛靈公 9, 12, 16, 21, 23, 27, 31, 37; 季氏 5; 陽貨 1, 5, 8, 16, 21; 子張 3, 5, 19; 堯曰 1, 2.

5 《孟子》, 公孫丑上 6.

6 告子上 14, 15.

7 梁惠王上 7; 梁惠王下 7;·公孫丑上 2, 4; 公孫丑下 4, 7, 8, 12; 滕文公下 9; 離婁上 27;·離婁下 1; 萬章下 8; 告子上 6; 盡心上 1, 5, 9, 13, 15.

8 梁惠王上 1, 2, 3, 5; 梁惠王下 1, 3, 4, 5, 9, 10, 11, 12; 公孫丑上 1, 2, 3, 4, 5, 6, 7, 8; 公孫丑下 2, 7, 8, 11, 12; 滕文公上 2, 4; 滕文公下 5, 9; 離婁上 2, 3, 7, 8, 9, 12, 22, 27, 28; 離婁下 2, 7, 18, 19, 20, 27, 29, 30; 萬章上 1, 7, 8, 9; 萬章下 5, 6, 7;·告子上 4, 6, 7, 8, 10, 16; 告子下 1, 4, 5, 8, 13, 14, 15; 盡心上 4, 6, 7, 8, 9, 19, 20, 21, 31, 35; 盡心下 4, 11, 23, 24, 37.

서 및 욕구의 승화를 이루는 일로 모두어진다. 이렇게 맹자는 도덕성 속에 갖추어져 있는 인지·정서·욕구의 속성을 일상생활 속에 드러나도록 확충하는 일을 인간 삶의 기초로 삼아야 한다는 확충론을 통해 도덕성의 통합설을 제시하고 있는 것이다.

순자는 도덕성에 의해 나머지 심성 요소들의 통합을 이룰 수 있고 그렇게 되면 사물을 부리는 경지[役物]에 도달하게 된다는 역물론(役物論)을 전개하여,[9] 공자의 통합설을 이어받고 있다. 순자에 따르면 도덕적 통합은 몸[五官]의 주인인 마음[心]의 작용으로,[10] 그 내용은 공자·맹자와 마찬가지로 도덕 인식과 도덕 실천을 통해 모든 지적 인식[11]과 감정 및 욕구[12]가 도덕성에 의해 통제되어, 인지·정서·욕구가 승화되도록 하는 일이다. 이와 같이 순자도 도덕성 속에 인지와 정서 및 욕구의 속성이 내포되어 있는데, 이를 일상적으로 인식하고 드러냄으로써 이기적인 욕구와 감정에 의해 휘둘리지 않고 이들을 부리는 상태를 지향해야 한다는 역물론을 통해 도덕성의 통합설을 제시하고 있다.

유학자들이 제시하는 이러한 도덕의 통합설은 다분히 당위론에 머무르고 있다는 한계를 지니고 있다. 유학의 경전, 특히 선진유학의 경

9 《荀子》, 修身 29-30.

10 天論 24-25; 解蔽 14-15.

11 修身 37; 不苟 3, 6, 16; 榮辱 21, 23, 25, 27, 33; 非相 12; 非十二子 26, 30; 儒效 12, 13, 29, 36; 王制 10, 11, 12, 13, 15; 富國 16, 27; 君道 2, 13, 14; 議兵 19, 28; 天論 25, 36; 正論 23; 解蔽 3, 4, 7, 10, 11; 性惡 8, 13, 14, 18, 21; 成相 9, 10, 16; 大略 23, 25; 子道 17, 18; 哀公 24; 堯問 42, 43.

12 勸學 4; 修身 30, 33, 40; 榮辱 25; 非十二子 36, 38, 39; 儒效 11; 王霸 11; 君道 4, 9, 21; 彊國 6, 8, 20; 禮論 5, 20; 性惡 7-8, 18; 大略 20, 21, 22; 宥坐 8; 法行 20 등.

전 속에는 도덕 인식과 도덕적 욕구 및 도덕적 감정의 근거가 도덕성 속에 내포되어 있다는 사실에 대한 이론적 근거가 부족할 뿐만 아니라, 실증적 증거도 거의 찾아볼 수 없다. 그러므로 도덕심리학의 연구에서 이러한 유학자들의 이론적 입장에만 근거하여 도덕성의 속성의 문제에 접근하기는 힘들다.

그러나 최근에 도덕성의 속성과 그들 사이의 관계에 대한 현대 과학적 접근을 시도하고 있는 연구들이 많이 이루어지고 있다. 서구의 사회심리학자들과 문화심리학자들에 의해 전개되고 있는 이러한 연구들은 이론적으로는 유학사상의 도덕 통합설에 대한 실증적인 검증을 하고 있는 것으로 볼 수 있다. 이러한 방향의 연구들은 앞 장에서 살펴본 도덕의 인간 본유성에 관한 연구들과 함께 도덕심리학 연구의 새 지평(地平)을 열고 있을 뿐만 아니라, 동·서의 학문적 회통(會通)이 이루어지고 있는 흔치 않은 사례가 되고 있는 것이다.

2. 도덕성의 통합성에 관한 현대 과학계의 최신 연구

앞에서도 언급하였듯이, 도덕성에 대한 인지발달이론에서는 도덕성을 인지능력 발달의 부산물로 보고, 도덕적 판단 과정의 분석을 통해 이 문제에 접근해 왔다. 인지발달론자들에게 도덕성은 도덕적 문제 상황에 대한 인지적 추론과 판단의 문제일 뿐이었다. 정신역동이론에서는 이성부모와 동성부모에 대한 애증의 결과 나타나는 동성부모에의 동일시를 통해 도덕규범을 내면화함으로써 형성되는 초자아가 도덕성의 근거라고 여긴다. 이렇게 도덕성을 감정적 반응의 부산물로 여기는 정신역동이론에서는 주로 부적응적인 감정 반응이 야기하는 부적응 행동을 중심으로 도덕성의 문제에 접근해 왔다. 정신역동이론가들에게 도덕성은 다만 감정적 반응의 문제일 뿐이었다.

과연 도덕성은 인지적 추론과 판단의 문제일 뿐인가? 아니면 감정적 반응에 그치는 문제일 뿐인가? 이러한 문제는 도덕성의 통합성에 대한 관심과 직결되는데, 최근에 도덕성을 주제로 삼는 사회심리학자들과 문화심리학자들이 이 문제에 접근하여 괄목할 만한 성과를 내고 있다.

지난 세기 말엽부터 폭발적인 관심을 끌어 온 문화비교의 연구들을 통해 밝혀지고 있는 대표적인 주제의 하나로 꼽을 수 있는 것이 이와 같은 도덕 판단 차원의 문화차의 문제이다. 이러한 연구들에서는 인도와 같은 동아시아 문화권 사람들이 도덕적인 문제 상황이라고 받아들이는 차원은 서구인들의 그것보다 훨씬 넓으며,[13] 따라서 도덕성의 차원은 문화권에 따라 달라질 뿐만이 아니라 한 사회 내에 살고 있는 사람들 사이에서도 성별[14]이나 정치적인 관점[15]의 차이에 따라 도덕 판단의 차원이 달라지기도 한다는 사실들이 밝혀지고 있는 것이다. 여기에서는 도덕성의 통합성과 관련된 최신의 사회심리학과 문화심리학의

---

13 Shweder, Mahapatra, & Miller, 1987; Shweder, Much, Mahapatra, & Park, 1997.

14 Gilligan, 1982.

15 이재호·조긍호, 2014; Graham, Haidt, & Nosek, 2009; Graham, Nosek, & Haidt, 2012; Haidt, 2012.

연구 결과들을 통해 동·서 접근이 회통하는 또 다른 예를 고찰해 보기로 하겠다.

1) 도덕성의 다차원성 이론

전통적으로 인지발달론자들은 도덕성을 정의(justice)의 단일원칙에 따라 개념화하고,[16] 도덕성의 문제를 정의라는 단일차원의 인지적 추론과 판단의 문제로 환원하여 이해하려는 전통을 형성하였다. 그러다가 1980년대에 들어서면서 정의는 남성들이 중시하는 가치일 뿐이라는 관점에서, 여성들의 도덕성을 포괄하기 위해 정의와 더불어 배려(caring)의 원칙도 포함하고자 하는 관점이 대두되었다.[17] 한편 일부의 문화학자들은 이러한 도덕원칙들이 서구 개인주의사회의 도덕 판단 양상을 반영할 뿐, 문화보편적인 도덕원칙이 될 수는 없다고 보았다.[18]

이렇게 도덕성에 관한 사회심리학적 연구들과 문화심리학적 연구들을 통해 도덕성이 단일 차원의 속성으로 구성되어 있는 것이 아니라, 다차원의 속성 또는 내용으로 구성되어 있다는 사실이 밝혀져 왔다. 이러한 방향의 연구들 중에는 인지발달심리학자인 길리건(C. Gilligan)과 문화심리학자인 쉬웨더(Richard Shweder) 및 쉬웨더의 영향을 받은 사회심리학자인 하이트(Jonathan Haidt)의 연구가 대표적이다.

---

16 예: Piaget, 1932/1965; Kohlberg, 1969.

17 Gilligan, 1982.

18 Shweder et al., 1997.

(1) 길리건의 도덕성의 성차 이론

도덕성의 다차원성에 대한 논의의 단초를 연 사람은 여성심리학자인 길리건이었다. 도덕성에 관한 대표적인 인지발달론자인 콜버그의 제자였던 길리건은 "콜버그의 윤리학이 성차적 편견에 기초한다고 공격하였다. 또한 그녀는 콜버그가 중시하는 정의의 원리가 남성중심적인 덕목인데다가, 콜버그의 연구 실험에서조차도 여성들이 전적으로 배제되어 있어서, 그의 방법론은 근본적으로 잘못을 범하고 있다고 맹렬하게 비난하였다. 그녀는 여성들에게는 정의보다는 배려의 원리가 더 친근하다고 주장하면서, 남성 위주의 정의 원리와의 대결 구도를 만드는 데 주력하였다."[19]

길리건은 남성들은 도덕성을 서로 갈등하는 권리들 사이의 경쟁의 문제로 인식하여, 이러한 갈등을 연역적 추론과 추상적 일반원리를 적용하여 해결하려 하는 경향이 있다고 주장하였다. 이에 비해 여성들은 도덕성을 인간관계에 기초하여 인식하여, 이러한 관계에서 빚어지는 갈등을 의사소통을 통한 협상으로 해결하려 한다는 것이다. "길리건에게 있어서 도덕성은 인간관계에서 상호간에 져야하는 배려의 책임을 무시하지 않으면서 선택의 자유와 자기통합성을 유지하려는 노력에 병행하여 발달하는 것, 곧 인간관계에 대한 이해의 증가와 함께 발달하는 것이다. 이러한 관점은……[콜버그가 주장하듯이] 배려에 대한 관심(concern for caring)과 인간관계에서 수행해야 할 사회적 책무(social obligation)는 극복되어야 할 도덕적인 취약성(moral weakness)

---

19 김진, 2013, p. 6.

이나 장애물이 아니라, 인간의 근본적인 존재적 속성인 사회성(social embeddedness)을 깨닫고 있는 데에서 나오는 강점이라는 사실을 강조한다."[20] 이렇게 길리건은 성별에 따른 도덕성에 대한 인식의 차이를 제안함으로써, 도덕성의 다차원성에 대한 논의의 물꼬를 틀고 있다.

그러나 이러한 길리건의 입장은 타인에 대한 관심보다는 개인의 욕구와 감정 중심적일 뿐만 아니라, 집단의 맥락을 고려하더라도 여전히 개인의 개성의 발견을 도덕성의 목표라고 보고 있으며, 또한 자기에 대한 책임과 타인에 대한 책임 사이의 갈등을 핵심 경쟁 요인으로 설정함으로써, 진정한 의미에서의 배려의 도덕성을 다루고 있는 것이라 보기 힘들고, 여전히 개인주의적 윤리학의 범위를 벗어나고 있지 못하다는 비판을 받고 있기도 하다.[21]

(2) 쉬웨더의 3차원 도덕성 이론

문화권에 따라 세상사와 개인을 바라보는 관점에 차이가 있으며, 이러한 개인 존재를 인식하는 관점의 차이는 도덕성에 관한 사고방식에도 차이를 유발한다는 사실에 관심을 가지고 있던 쉬웨더는 자기 동료들과 함께 인류학의 기본 연구 방법론인 참여관찰(participative observation)의 일환으로, 인도 동부 연안의 오리사(Orissa)지역에 오랫동안 머물면서 힌두 인도인과 미국인의 사고양식의 제반 차이를 밝히려는 연구를 수행하였다.[22]

20 Fiske et al., 1998, pp. 940–941.

21 Miller & Bersoff, 1992.

22 Shweder et al., 1987.

이 연구에서 연구자들은 사회적 인습[social convention: 임의적이고 상황에 따라 어느 정도 변할 수 있는 규약]을 위반한 행동인지 아니면 도덕적 규칙[moral rule: 인간관계에서 마땅히 지켜야 할 정의·권리·복지와 관련된 규약]을 위반한 행동인지에 대해 보편적인 기준이 명확하지 않은 일탈 행동, 즉 타인에게 해가 될 것도 없고 불공평할 것도 없는 일탈 행동(예: 한 사람이 길을 걷고 있다가 개 한 마리가 길에 누워 자고 있는 것을 보고는, 그 개에게 다가가 발로 걷어 찬다)에 대한 기술문 39개를 작성하였다. 연구 대상은 인도 오리사에 살고 있는 아동(5~13세)과 성인 및 미국 시카고의 하이드파크 지역에 살고 있는 기독교 백인 가정의 아동과 성인 600명이었다. 이들 개개인에게 위의 행동 기술문 중 13개를 들려 주고, 각 행동이 도덕적으로 죄가 되는 잘못된 행동인지, 잘못된 행동이기는 하나 도덕적으로 죄가 되는 행동은 아닌지 등에 대해 심층면접을 하였다.

이 행동 기술문들에 대해 미국의 아동과 성인들은 사회적 인습을 위반한 행동과 도덕적 규칙을 위반한 사건을 명확히 구분하였다. 그들은 사회적 인습을 위반한 행동이라고 해서 모두가 도덕적 규칙을 위반한 것이라고는 보지 않았다. 그들은 타인을 해치는 행동이나 타인의 권리를 침해하는 행동만을 도덕적 위반 행동이라고 평가하였던 것이다. 그러나 인도의 아동과 성인은 사회적 인습을 위반한 행동과 도덕적 위반 행동을 구분하지 않았다. 그들에게는 사회적 인습 위반 행동은 모두 도덕적 규칙을 위반한 행동이었다. 그들에게는 사회적 질서가 곧 도덕적 질서였던 것이다.

이러한 결과는 미국인과 인도인이 도덕적이라고 여기는 상황의 범주에 커다란 차이가 있음을 의미하는 것이다. 즉 미국인은 사회적 인습 위반 상황과 도덕적 규칙 위반 상황을 명확히 구분하여, 타인의 권리를 침해하거나 타인에게 피해를 입히는 상황만을 도덕적인 상황이라고 여긴다. 곧 개인을 타인과 명확히 구별되는 권리와 자유의 주체라고 인식하는 서구 개인주의 사회에서는 정의[공정성]의 위반 상황만을 도덕적인 상황이라고 간주하여, 도덕성을 매우 좁은 범위로 한정하여 개념화한다. 이에 비해, 개인을 타인과 관계 속에서 연계지어 인식하는 인도와 같은 동아시아 사회에서는 사회생활의 인습을 위반하는 상황도 곧 도덕적인 문제 상황이라고 간주하여, 도덕성을 매우 폭넓게 개념화한다는 것이 쉬웨더 등의 결론이다.

쉬웨더와 그 공동연구자들은 이 연구의 결과와 그 후 도덕성과 관련하여 지속적으로 수집한 600여 개 이상의 면접 및 관찰 결과들을 심층적으로 분석하여, 도덕의 주제가 크게 세 가지 군집(群集)으로 나뉜다는 사실을 확인하고, 그 각각을 "자율성"의 윤리(ethic of autonomy), "공동체"의 윤리(ethic of community) 그리고 "신성"(神性)의 윤리(ethic of divinity)라고 불렀다.[23]

"자율성"의 윤리는 사람들이 누구나 타인과 다른 자기만의 욕구와 감정 및 신념을 지닌 자율적 개인이라는 사실에 기반하여 도출되는 도덕성이다. 따라서 개인은 자유와 권리를 지닌 주체로서, 스스로가 적절하고 합리적이라고 여기는 방식에 따라 특유의 필요와 원망(願望)을 자유롭게 충족시킬 수 있어야 한다는 신념이 자율성의 윤리가 성립하는

23 Shweder et al., 1997.

바탕이다. 그러므로 이러한 자율적인 존재로서의 개체로 이루어진 사회에서는 각자가 서로에게 타격을 주거나 서로를 침해하지 않으면서 평화롭게 공존할 수 있도록 하는 인권과 정의 및 공정성 같은 도덕 개념이 발달한다. 서구 개인주의사회에서 지배적으로 나타나는 윤리가 바로 이 자율성의 윤리이다.

"공동체"의 윤리는 개인이 혼자서만 살아가는 존재가 아니라, 가족·학교·지역·군대·회사·팀·씨족·사회·국가 등 자기보다 더 큰 집단의 구성원으로서 살아가는 존재라는 사실을 기초로 하여 배태되는 도덕성이다. 개인보다 더 큰 이러한 집단들은 그것을 구성하는 개개인의 총합 이상의 실체로서, 이들 집단은 실제로 존재하는 것이자 개인 존재에 의미를 부여하는 것이다. 그러므로 개인들은 이러한 집단을 지켜내기 위해 노력하며, 스스로가 집단 속에서 자신에게 부여된 역할을 다해야 할 의무를 짊어져야 한다고 여긴다. 이런 공동체 지향적인 사회에서는 의무·질서·존경·애국·명성·명예 같은 도덕 개념이 발달한다. 동아시아 집단주의사회에서 지배적인 윤리가 바로 이 공동체의 윤리이다.

"신성"의 윤리는 사람은 이 세계에 내재하는 신적 질서 속의 존재이며, 이러한 초월적 신성은 자연계와 인간사회의 질서에 가득 차 있어서, 모든 존재에게 그 존재의의를 보증하고 있다는 신념을 바탕으로 하여 유발되는 도덕성이다. 여기서는 인간을 단순히 의식을 좀 더 갖춘 동물이라고 여기지 않고 초월적인 존재(신 또는 영혼)와 관련성을 갖는 존재(예: 신의 자녀)라고 인식하여, 이러한 초월자의 의지에 걸맞는 삶을 영위하는 것이 바른 삶의 자세라고 인식한다. 그러므로 이러한 신적 질서를 추구하는 사회에서는 신탁·고결성·순수·승화·고귀함·소명 같은 도덕 개념이 발달한다. 종교와 그에 대한 헌신이 삶의 중심이 되고 있는 많은 사회에서 지배적인 윤리가 바로 이러한 신성의 윤리이다.[24]

쉬웨더 등 연구자들은 인도인의 도덕 판단의 양상을 분석하여, 인도인들의 도덕 판단 양상은 자율성, 공동체성 및 신성의 윤리를 포괄적으로 고려하여 이루어진다는 관점을 제시하고 있다.[25] 다른 일군의 연구자들은 이러한 다차원의 도덕성은 문화 사이에서만이 아니라, 한 문화권 내에서도, 예를 들면 미국이나 브라질이라는 한 문화권 안에 살고 있는 사람들의 경우에서도 사회경제적인 수준이 낮은 계층에서는 동일하게 나타난다는 사실이 밝혀지고 있다. 이들에 따르면, 미국이나 브라질에서 사회경제적 수준이 높은 계층의 사람들은 문화권의 차이에 상관없이 자율성의 윤리만을 통해 도덕 판단을 하지만, 사회경제적 수준이 낮은 계층의 사람들에게서는 자율성뿐만 아니라 공동체성과 신성의 윤리도 도덕 판단의 근거로 활용되고 있는 것이다.[26]

이렇게 서구인들의 도덕 판단의 양상을 분석할 경우에도 자율성·공동체성·신성과 같은 포괄적인 도덕원칙들이 적용될 수 있다는 사실은 도덕성이 단일차원이 아니라, 다차원의 속성으로 이루어져 있음을 드러내는 강력한 증거라고 볼 수 있다. 이러한 다차원의 도덕 원리들이 범문화적으로 적용가능하다는 증거들은 이러한 도덕의 다차원성이 인간의 보편적인 특성이기 때문인지도 모른다.

---

24 Haidt, 2012, pp. 98–101.

25 Shweder et al., 1997.

26 Haidt, Koller, & Dias, 1993.

(3) 하이트의 5차원 도덕기반 이론

사회심리학자인 하이트는 쉬웨더의 3차원 도덕성 이론에 깊은 공감을 느끼고, 미국인과 브라질인에게서 얻은 자기의 자료를 쉬웨더의 관점에서 재분석하여, 쉬웨더의 3차원 도덕성 이론의 타당성을 확신하게 되었다. 본래 그는 쉬웨더 등의 연구[27]를 본 따서, 처음 들으면 당장은 도덕적인 혐오감이 들되, 아무도 모르게 하기 때문에 도덕적 비난도 하기 힘들고, 법규 위반으로 처벌받지도 않을 행동을 진술한 짧은 이야기(예: 기르던 개가 죽었을 때 이를 묻어주지 않고, 아무도 모르게 요리를 해서 가족끼리 먹는 이야기)[28]를 여러 개 만들어, 동료들과 함께 이를 미국인과 브라질인에게 들려주고 그들의 반응을 심층면접하여, 쉬웨더와 유사한 결과를 얻었었다.[29] 그런데 이 연구에서 인습 위반과 도덕 위반의 차이를 명확히 드러낸 것은 공동체의 윤리를 어겨 모멸감을 일으키는 이야기(예: 국기를 찢어 화장실 청소용 걸레로 사용하는 이야기)이거나 신성의 윤리를 어겨 구토감과 상스러운 느낌을 주는 이야기(예: 시장에서 닭을 사다가 요리하기 전에 닭과 성행위를 한 다음 요리해서 먹는 이야기)였다.

이 연구에서 미국인들은 이 두 종류의 이야기를 사회 인습을 위반하기는 하였지만 도덕적 위반을 한 것은 아니라고 응답한 반면, 브라질인들은 두 종류의 이야기 모두 사회 인습뿐만 아니라 도덕도 위반한 것

27 Shweder et al., 1987.

28 하이트는 이를 "무해한 금기 위반 사례"(harmless taboo violations)라고 부르고 있다 (Haidt, 2012, p. 19).

29 Haidt et al., 1993.

이라고 평가하였다. 문화차를 통제하고 사회경제적 요인에 따라 분석해 보면, 미국인이나 브라질인 모두 사회경제적 지위가 높은 계층은 인습 위반과 도덕 위반의 경우를 구별하였으나, 사회경제적 지위가 낮은 계층은 이 둘을 구분하지 않았다. 이는 미국인들이 항상 도덕 위반과 인습 위반 사례를 구분하여 인습 위반 사례는 도덕적인 것으로 여기지 않는 것이 아니라, 어떤 경우(이 연구에서는 사회경제적 수준이 낮은 경우)에는 인습 위반 사례도 도덕 위반 사례로 확대해서 인식함, 곧 도덕적 문제 인식의 범위가 확장되고 있음을 의미하는 것이다.

이 연구를 통해 도덕성의 다차원성에 대해 확신을 얻은 하이트를 중심으로 한 일군의 사회심리학자들은[30] 인류학, 심리학 및 진화심리학의 연구들을 포괄적으로 개관하여, 진화적인 근거를 갖는 문화보편적인 도덕기반(moral foundation)을 찾아내려 하였다. 그 결과 도덕 판단이 다섯 가지 기반[배려/위해, 공정/부정, 충성/배신, 권위/전복, 고결성/타락]을 기초로 하여 이루어진다는 도덕기반이론을 제시하였다.[31]

---

30 Haidt, 2012; Haidt & Graham, 2007; Haidt & Joseph, 2004, 2007; Haidt & Kesebir, 2010; Graham, Haidt, Koleva, Motyl, Iyer, Wojcik, & Ditto, 2012.

31 Haidt와 Joseph(2004)는 이 분야를 개척한 첫 논문에서 네 가지 도덕기반을 제시하고, 거기에 고통(suffering), 위계(hierarchy), 호혜성(reciprocity), 순수(purity)라는 명칭을 부여하였다(p. 59의 표 1). 물론 이 논문에서도 여러 가지 기반이 더 있을 수 있다는 가능성을 언급했고, 제5의 기반의 유력한 후보가 "집단충성심"(group loyality)임을 지적하였다(p. 63의 주 15). Haidt 등은 2005년부터는 계속 여기서와 같은 5차원 도덕기반을 제시해 왔는데, 최근(Haidt, 2012, pp. 170-176)에는 이에 자유/압제(liberty/oppression)를 포괄하여 6차원 기반이론을 제시하고 있다. 이는 독재와 지배에의 반발로 자유를 추구하려는 도덕의 기반을 말한다. 그러나 이는 최근에 추가된 것이어서 아직 논리적 정교화가 부족한 면이 있고, 지금까지의 이론이 5차원 도덕기반 이론을 중심으로 전개되고 있었으므로, 여기에서도 5차원 도덕기반을 중심으로 논의를 전개하기로 한다.

여기서 배려/위해(care/harm) 기반은 신생아와 같이 연약한 대상에 대한 직관적 반응으로, 아이가 고통스러워하거나 스트레스 상황에 놓여있을 때 적응적 기제로 작용하는데, 이는 다른 모든 동물들에게서도 발견되는 것으로 진화적 근거를 갖는 보편적 반응이다. 이러한 반응기제는 누군가의 고통을 덜어주는 일은 옳은 것으로, 잔인한 행동은 옳지 않은 것으로 판단하도록 작용한다. 이 차원에서 특징적으로 유발되는 감정은 동정심(compassion)이며, 배려(caring)와 친절(kindness)이 이 차원과 관련된 덕목(virtue)이다.

공정/부정(fairness/cheating) 기반은 쌍방향의 주고받기가 특징이 되어 있는 교환관계 상황에서 개인들 간의 협동과 동맹 형성을 도모하는 적응기제로 작용한다. 이 차원에서는 공정하게 주고받는 반응은 옳은 행동으로, 교환의 공정성을 깨뜨리거나 상대방을 속이는 반응은 나쁜 행동으로 판단된다. 이 차원의 특징적인 감정 반응은 분노(anger), 죄책감(guilt), 감사함(gratitude) 등이며, 관련 덕목은 공정감(fairness), 정의감(justice), 신뢰감(trustworthiness) 등이다.

충성/배신(loyalty/betrayal)은 집단에 대한 위협이나 도전의 상황에서 단결력 있는 연합을 구성함으로써, 집단의 유지와 번영을 도모하는 적응기제로 작용한다. 이 차원에서는 소속 집단에 충실히 봉사하는 행동은 옳은 것으로, 집단에 해를 끼치거나 배반하는 행동은 나쁜 것으로 판단한다. 이 차원에서 유발되는 특징적인 감정 반응은 집단에의 긍지(group pride)와 배신자에의 격노(rage at traitors) 등이며, 충성심(loyalty), 애국심(patriotism), 자기희생(self-sacrifice) 등이 관련 덕목으로 부각된다.

권위/전복(authority/subversion)은 지배와 복종의 위계 서열 내에서 서로에게 유리한 관계를 다짐으로써, 질서 있는 공동체의 형성을 도모하는 기제로 작용한다. 이 차원에서는 위계 질서를 준수하는 행동은 옳은 것으로, 위계에 도전하거나 이를 깨뜨리는 행동은 나쁜 것으로 상정된다. 이 차원의 특징적인 감정 반응은 존경심(respect)과 두려움(fear)이며, 경의(deference)와 복종(obedience)이 대표적인 관련 덕목이다.

마지막으로, 고결성/타락(sanctity/degradation)은 병원균과 기생충 문제에 대한 적응적 반응 기제로서, 오염을 피하고 청결과 고귀함을 지향하는 기반이다. 이 차원에서는 고귀함과 깨끗함 및 신성을 지향하는 반응은 옳은 것으로, 더러움과 오염 및 신성모독을 가져오는 반응은 나쁜 것으로 받아들여진다. 혐오감(disgust), 숭배감(reverence), 경외감(awe) 등이 이 차원의 대표적인 감정 반응이며, 관련 덕목으로는 절제(temperance), 순결(chastity), 경건(piety) 등을 들 수 있다.[32]

이들 다섯 가지 차원은 정도의 차이는 있지만 어느 누구나 관심을 갖는 판단 규범이고, 자동적인 감정적 평가를 수반하며, 문화적으로 널리 분포하고 있음이 밝혀지고 있다. 또한 최근의 많은 진화생물학과 진화심리학의 연구 결과들에 따르면, 인간은 이 다섯 가지 차원을 유발하는 문제 상황에 대해 생득적인 준비성(innate preparedness)을 갖추고 있을 뿐만 아니라, 이들은 환경 세계에 대해서도 지대한 적응적 가치를 가지고 있음이 밝혀지고 있다. 또한 이들 도덕기반들은 인류의 원시조상 때부터 지속적으로 부딪쳐 온 문제들을 인식하고 수용하며 이에 적

32 이 다섯 가지 도덕 기반에 대한 설명은 주로 Haidt의 최신 저술(Haidt, 2012, pp. 125, Figure, 6.2; 128-154; Graham, Haidt et al., 2012, pp. 12-14)에 의존하였다.

응하는 과정에서 갖추게 된 본유적인 인식단위(module)와 밀접하게 연결되어 있다.[33] 이렇게 이들 다섯 가지는 모두 원시 상황에서부터 지속적으로 작용해온 적응기제들로, 오늘날에도 다양한 현상에 대한 옳고 그름의 반응을 이끌어내는 도덕적 반응의 실질적인 차원으로 작용하고 있기 때문에, 도덕성의 기반(moral foundation)이라고 볼 수 있다는 것이 도덕기반이론의 골자이다.[34]

이 다섯 가지 도덕기반 중 앞의 두 가지[공정과 배려]는 개인의 안녕과 권리 및 자율성을 강조하는 개별화 기반(individualizing foundations)이고, 뒤의 세 가지[충성·권위·고결성]는 집단의 결속을 위한 의무와 자기조절을 강조하는 결속 기반(binding foundations)이다.[35] 이렇게 보면, 자율성의 원리를 중심으로 하여 도덕 판단 능력이 발달해간다고 보는 서구 인지발달론자들의 도덕 판단에 관한 전통적인 연구들은 도덕성에 관한 개별화 기반에만 초점을 맞추어 연구를 진행해왔다고 볼 수 있다.

하이트와 그 공동연구자들은 개인의 문화적 성향에 따라 중시하는 도덕적 기반의 차이를 보일 뿐, 기본적으로 이들 다섯 가지 도덕기반 모두는 진화적 기원을 갖는 문화보편적인 것이어서, 서구인들도 도덕 판단을 할 때 실제로 활용한다는 사실을 밝히고 있다.[36] 하이트를 중심으로 한 연구자들이 이 다섯 가지 도덕기반의 문화보편성을 밝히고

33 Haidt & Joseph, 2004, PP. 59-61.

34 Graham, Haidt et al., 2012, pp. 36-40.

35 Graham, Haidt, & Nosek, 2009.

36 Haidt & Graham, 2007; Haidt & Joseph, 2007.

자 했던 대표적인 영역이 미국 내에서 "문화전쟁"(cultural war)[37]이라고 까지 표현되는 진보주의자(liberal)와 보수주의자(conserbative)들의 도덕 판단 기준의 차이에 관한 문제이다. 이러한 연구들에 따르면, 진보주의자들은 공정과 배려의 두 차원에만 근거하여 도덕 판단을 하는 데 비해, 보수주의자들은 다섯 차원을 모두 이용하여 도덕 판단을 하는 것으로 밝혀지고 있다.[38] 보수주의자들의 경우 이 다섯 차원을 모두 동원하여 도덕 판단을 한다는 사실은 개인주의사회(예: 미국)에서도 이 다섯 차원이 모두 도덕기반으로 작용하고 있음을 의미하는 것이다.

위의 5차원 도덕기반의 설명에서 보았듯이, 각 차원의 기반은 도덕적 상황에서 나타나는 정서, 도덕 판단, 행동 및 덕성을 모두 아우르고 있다. 도덕기반의 복합성(pluralism)[39]에 대한 도덕기반이론의 이러한 관점은, 도덕성이 인지적 판단이나 도덕적 감정 등 어느 하나의 심성 차원에만 국한되는 것이 아니라, 통합성을 갖는 심리구성체라는 사실을 전제로 하여 성립되고 있는 것이다.

2) 도덕 판단의 직관주의 모형: 감정의 우선성과 인지적 합리화의 후속성

하이트는 5차원 도덕기반이론 이외에 도덕 판단에 대한 "사회적 직

37 Graham, Nosek, & Haidt, 2012, p. 15.

38 이러한 경향은 우리나라의 경우에도 마찬가지인 것으로 드러나고 있다(이재호·조긍호, 2014).

39 Graham, Haidt et al., 2012, pp. 4, 12–14.

관주의 모형"(social intuitionist model)을 제시하였다.[40] 이 모형은 도덕적 문제 상황에 접했을 때 이에 대한 추론과 해석 같은 인지적 반응이 선행되어 도덕 판단이 이루어지는 것이 아니라, 당혹감이나 불쾌감과 같은 정서적 반응이 선행되고, 그에 대한 인지적 합리화 과정이 뒤따르게 된다고 주장한다. 즉, 도덕 판단의 과정에서는, 도덕 판단에 대해 합리주의 모형(rationalist model)을 따르는 인지발달이론가들이 주장하듯이, 인지적 추론이 선행되고 이에 의해 도덕 판단이 이루어지는 것이 아니라, 정서 반응이 선행되고 이에 따라 나머지 과정[도덕 판단과 도덕 추론]이 영향을 받게 된다는 것이다.[41]

그는 이러한 주장을 검증하기 위해 "도덕적인 당혹감"(moral dumbfounding)을 유발하는 문제 상황을 제시하고, 이에 대한 판단을 하게 한 다음 그 까닭을 계속 추궁하는 방법으로 직관적 판단 모형을 검증하였다.[42] 이러한 문제에 대해 사람들은 단호하게 어떤 판단을 제

40 Haidt, 2001, 2007, 2012; Haidt & Bjorklund, 2008; Haidt & Kesebir, 2010.

41 Haidt(2001)는 도덕 판단에 대한 직관주의 모형의 주장을 편 첫 논문에 "정서적인 몸통과 그 합리적인 꼬리"(the emotional dog and its rational tail)라는 은유적인 제목을 붙여, 이러한 주장의 설득력을 높이려 시도하고 있다.

42 이들은 하이트의 선행연구(Haidt et al., 1993)를 위해 작성했던 짧은 이야기(무해한 금기 위반 사례)를 기초로 한 것이다. 이러한 문제 상황의 한 가지 예는 다음과 같다: "대학생인 줄리와 마크는 오누이인데, 여름방학을 맞이하여 함께 프랑스를 여행하는 중이다. 어느 날 밤 그들은 해변 근처의 오두막에 함께 머물게 되었는데, 그들은 자기들이 성관계를 가진다면 재미있을 뿐만 아니라, 최소한 서로에게 새로운 경험이 될 것이라고 여겼다. 임신을 방지하기 위해 줄리는 피임약을 복용하였고, 마크는 콘돔을 사용하였다. 그들은 성관계를 즐겼지만, 두 번 다시 함께 성관계를 갖지 않기로 결정하였다. 그들은 그날 밤 일을 아무도 모르는 둘만의 특별한 비밀로 하기로 했는데, 이로 인해 그들은 서로 더 가까워진 것을 느끼게 되었다. 당신은 이 일을 어떻게 생각하는가? 그들이 성관계를 가진 것은 괜찮은 일인가?"

시한다(예: 오누이끼리 성관계를 가진 일은 나쁜 일이다). 그러나 왜 그렇게 생각하는지를 추궁하면, 대부분의 사람들은 문제 상황에 제시되어 있는 것과는 반대되는 이유를 들어 자신의 판단을 옹호하려 한다(예: 근친상간으로 임신을 하면 유전적 결함을 가진 아이가 태어날 테니까; 정서적인 위해를 입을 테니까; 다른 사람들이 알게 되면 따돌림을 당할 테니까 등). 그러나 그럴 때마다 문제 상황에 제시되어 있는 반대 증거를 제시해 주면서(예: 철저히 피임 조치를 취하여 임신할 리가 없다; 그들은 이를 즐기고, 이후에 정서적으로 더 가까워졌다; 둘만의 비밀로 하기로 굳게 약속하였으므로, 다른 사람에게 알려질 리가 없다 등) 응답자가 내린 판단의 근거를 계속 추궁하면, 응답자들은 필경 "모르겠어요. 그 이유를 설명할 수가 없네요. 그러나 그들의 행동이 잘못인 것은 분명하잖아요?"라는 응답을 하게 마련이다.

이러한 결과들에 대해 직관주의 모형에서는 인지발달이론 같은 합리주의 모형에서 주장하듯이 도덕적 추론이 이루어진 다음, 이에 기초를 두고 도덕적 판단을 하게 되는 것이 아니라는 사실을 입증해 주고 있다고 해석한다. 그 대신 도덕적 문제 상황에 부딪치면 우선 직관적인 감정 반응(예: 도덕적 당혹감, 불쾌감 등)이 나타나고, 이어서 이러한 감정 반응에 기초를 둔 도덕 판단이 이루어진 후, 자기의 판단에 대한 합리적인 추론이 이루어지게 된다는 것이다. 즉 도덕적 문제 상황에서는 합리적 추론 모형에서 전제하듯이 [도덕적 추론 → 도덕 판단]을 거치는 것이 아니라, [직관적 감정 평가 → 도덕 판단 → 도덕적 추론]의 과정을 거쳐 도덕적 문제 상황에 대처한다는 것이 직관주의 모형의 주장인 것이다.

이러한 직관주의 모형의 주장은 "전동차 문제"(trolley problem) 상황에서의 응답자들의 반응을 통해서도 입증되고 있다. 전동차 문제 상황은 공리주의적 계산에 따른 선택이 요구되는 상황, 예를 들면 위험에 빠진 다섯 명을 살리기 위해 한 명을 희생시켜야 하는 상황에서, 과연 이러한 공리적 선택[공리주의의 관점에서는 합리적인 선택]이 도덕적 당혹감 때문(예: 아무런 관련이 없는 한 사람을 희생시키는 일을 내가 과연 해야 하는가?)에 위축될 것인지 하는 가상적인 갈등 유발의 상황이다.

톰슨(J. J. Thomson)은 기본안과 비교안의 두 전동차 문제 상황을 제시하고, 응답자들의 반응을 조사하였다.[43] 이 문제 상황의 기본안은 다음과 같다: "통제 불능의 전동차가 당신 눈 앞에서 질주한다. 전동차가 계속 진행하면, 저 앞에서 철도 공사를 하고 있는 5명의 공사원이 치어 죽는다. 당신 앞에는 선로 전환기가 있는데, 그 스위치를 누르면, 전동차는 옆 선로로 빠지게 되고, 그러면 그 앞에 있는 1명의 공사원이 치어 죽게 된다. 당신은 전환기 스위치를 누를 것인가?" [그대로 있으면 5명 죽음; 스위치 누르면 1명 죽음]

이 기본안에 대한 응답자들의 반응과 대조해 보기 위하여 제시한 비교안은 다음과 같다: "기차역의 육교에 서서 통제 불능의 전동차가 저 멀리서 질주해 오고 있는 광경을 보게 되었다. 전동차가 계속 진행하면 선로 저 앞에서 철도 공사를 하고 있는 5명의 공사원이 치어 죽게 된다. 당신 옆에는 마침 매우 뚱뚱한 사람이 커다란 가방을 메고 있는데, 그를 밀어 선로에 떨어뜨리면 전동차가 멈추게 되어 5명의 공사원

43 Thomson, 1985.

은 무사하게 된다. 그러나 떨어진 뚱보는 전동차에 치어 죽는다. 당신은 그 뚱보를 밀어 떨어뜨릴 것인가?" [그대로 있으면 5명 죽음; 뚱보 밀어 떨어뜨리면 뚱보 1명만 죽음]

이 문제의 기본안에 대해 응답자들은 대부분(87%) 전환 스위치를 누르겠다고 응답한다. 공리주의에 따른 결과론적 판단을 한 것이다. 그러나 비교안을 받은 경우 뚱보를 밀어 떨어뜨리겠다는 응답자는 3분의 1도 되지 않았다(31%). 두 문제의 내용은 동일한 데도 불구하고(매우 단순한 어떤 행동을 하면 5명이 살고 그 대신 1명이 죽지만, 그대로 있으면 5명이 죽는다), 응답자들의 응답은 매우 달랐던 것이다. 기본안에 대해 응답자들은 이를 감정적 반응이 개재하지 않는 단순한 계산문제로 받아들였는 데 반해, 비교안에 대해 응답자들은 감정적 반응이 개재되는 도덕적 문제로 인식하고 있음이 드러났는데, 기능적 자기공명영상(fMRI) 등 여러 분석 결과 감정적 반응의 개재 여부가 이러한 응답률의 차이를 유발한 것으로 밝혀졌다.[44]

이러한 결과들에서 밝혀지고 있는 사실은 도덕적 문제에 놓이게 되면, 합리적인 인지적 추론에 따른 판단만을 하게 되는 것이 아니라, 감정적 반응과 인지적 반응이 나타나 함께 작용한다는 사실이다. 이때 대부분의 경우에는 감정적 반응이 우선적으로 나타나고, 인지적 판단과 추론은 이러한 감정적 반응이 주도하는 방향으로 가닥을 잡는다는 것이 도덕 판단에 대한 직관주의 모형의 주장이다.

이러한 직관주의 모형은 합리주의 모형과는 달리 도덕의 통합성을

44 Greene, 2013, pp. 105-131.

전제로 삼고 있는 관점을 취하고 있다. 즉 도덕적 문제 상황에 부딪치면 우선 감정적 반응이 선행되어 나타난 다음, 이러한 감정적 반응에 일치하는 도덕 판단이 이루어지며, 그 후에 이러한 도덕 판단을 합리화하는 방향의 도덕적 추론이 이루어진다는 것이다. 하이트는 이를 "도덕적 직관주의 모형"이라고 불렀지만, 그린(Joshua Greene)은 이를 "도덕 판단의 이중 과정 이론"(dual-process theory of moral judgment)[45]이라 부르고 있다. 이러한 이론들에서는 도덕의 문제는 감정과 인지의 측면이 모두 개재하는 복합적인 것이어서, 이 두 영역이 통합되어야 접근할 수 있는 문제 영역이라는 사실이 분명히 드러나고 있다. 이렇게 도덕성의 통합성은 여러 실증적인 연구들을 통해 확증되고 있는 분명한 사실인 것이다.

3. 도덕성의 통합성에 관한 유학사상과 현대과학 연구의 회통(會通)

이상에서 사회심리학 및 문화심리학의 최신 연구들을 통해 도덕 판단이 다차원적으로 이루어진다는 사실과, 도덕적 문제 상황에 부딪쳤을 때 인지적 판단과 추론만이 아니라 감정적 반응도 이루어지는데, 후자(감정적 반응)가 전자(인지적 판단과 추론)보다 선행한다는 사실이 밝혀졌음을 고찰하였다. 이러한 결과들은 도덕성이 다양한 차원을 포괄

45 Greene, 2013, p. 120.

하는 문제 영역이며, 도덕적 문제는 최소한 감정적 반응과 인지적 판단의 복합적인 작용을 통해 이해되어야 한다는 사실을 의미하는 것이다.

여성학자인 길리건은 전통적인 심리학의 도덕성 연구, 특히 콜버그 등의 인지발달이론에 의한 도덕성 연구는 정의라는 단일한 남성적 가치에 국한하여 연구가 이루어져 왔다고 주장한다. 이러한 도덕성 연구들에서는 인간관계에서의 타인에 대한 배려라는 여성적 가치는 무시한 채 연구가 이루어져 왔기 때문에, 도덕의 다차원적 구조에는 아예 처음부터 문을 닫아놓고 있었다는 것이 길리건의 관점이다. 게다가 전통적인 콜버그 식의 도덕성 연구는 그 방법론에 있어서도 남성중심적이었기 때문에, 최소한 전통적으로 여성적 가치라고 여겨져 온 타인과 인간관계에의 배려를 포괄하는 연구가 이루어져야 도덕성에 대한 균형 잡힌 연구가 될 것이라는 점이 길리건의 의견이었다.

문화학자인 쉬웨더는 미국과 인도의 아동과 성인들에게 사회적 인습과 도덕 규칙의 양 차원에서 애매한 일련의 일탈 행동을 제시해 주고, 각 행동의 옳고 그름을 판정하도록 하였는데, 미국의 응답자들은 대체로 사회 인습 위반 사례와 도덕 위반 사례를 구분하여 판단하였으나(그들은 인습 위반 사례 중 타인에게 해를 입히거나 타인의 권리를 침해한 사례만을 도덕 위반 사례로 판정하였다), 인도의 응답자들은 이 두 사례를 구분하지 않고 사회 인습에 위반되는 행동은 또한 도덕적으로도 옳지 않은 행동이라고 판정함을 발견하였다. 이러한 사실은 미국인, 특히 상류계층의 미국인들은 도덕성을 타인에의 위해나 타인의 권리 침해라는 단일 기준으로 이해하는 경향이 높지만, 인도인은 도덕성을 최소한 세 가지 기준[자율성·공동체성·신성]을 포괄하는 다차원적 구조로 이해하고 있음을 드러내는 것이다.

이러한 쉬웨더의 이론에 크게 공감을 느낀 사회심리학자 하이트는 진화적인 근거를 갖는 문화보편적인 도덕기반(moral foundation)을 찾아내려 하였다. 그는 인류학, 심리학 및 진화심리학의 연구들을 포괄적으로 개관하여, 도덕 판단이 배려/위해, 공정/부정, 충성/배신, 권위/전복, 고결성/타락의 다섯 가지 기반을 기초로 하여 이루어진다는 도덕기반이론을 제시하였다. 그는 이들 5차원의 도덕기반이 진화적 근거를 갖는 문화보편적인 도덕성의 다차원적 구조라는 사실을 다각도로 검토하고, 각 차원의 진화적 근거와 각 차원의 관련 정서 및 유발 행동 등을 폭넓게 제시하고 있다. 이들 5차원의 도덕기반은 개인 존재의 자율성과 관련되는 것[배려/위해, 공정/부정], 사회적 존재로서의 공동체성과 관련되는 것[충성/배신, 권위/전복], 그리고 우주적 존재로서의 초월자의 신성과 관련되는 것[고결성/타락]으로 구분할 수 있는데, 이러한 점에서 하이트와 쉬웨더의 공통성을 확인할 수 있다.

이러한 도덕성의 다차원적 구조 이외에 하이트와 그린의 연구들에서는 도덕적 문제 상황[하이트는 무해한 금기 위반 사례; 그린은 전동차 문제]에 놓여지면, 사람들에게는 우선 정서적인 반응(예: 도덕적 당혹감)이 유발되고, 그 다음 이에 따른 도덕적 판단(예: 오누이끼리의 근친상간은 나쁜 일이다)을 하게 되며, 마지막으로 이러한 판단을 지탱해 줄 수 있는 도덕적 추론(예: 근친상간은 열성유전의 위험을 높이니까 나쁘다)을 하게 된다는 사실이 기능적 자기공명영상(fMRI) 같은 최신의 연구방법을 동원한 연구들을 통해 밝혀졌다. 이렇게 도덕적 문제 상황에 대처할 때는 일반적으로 감정적 반응이 선행되고, 인지적 판단과 추론이 이에 뒤따르는 절차가 동원된다는 것이 직관주의 모형(하이트)과 이중 과정 이론(그린)의 일관되는 주장이다. 이렇게 도덕성은 감정 반응과 인지적 반응의 복합 구조로 이루어져 있다는 것이 이들의 이론의 핵심인 것이다.

이러한 최신 연구들의 결과는 모두 도덕성의 다차원성 또는 통합성을 공통적으로 확인해 주고 있다. 이러한 도덕의 통합성은 선진(先秦) 시대로부터 유학자들이 그들이 인성론을 통해 지속적으로 제시해 온 유학의 기본 신조이다. 그러나 도덕성의 통합성에 대한 유학자들의 이러한 주장은 아무런 논리적인 탐색이나 실제적인 근거가 없는 직관적인 주장일 뿐이었다는 데에 문제점이 있다. 즉 유학자들의 주장에는 이론적 당위성만이 있었던 것이다.

그러나 1980년대 이후에 사회심리학과 문화심리학에서 전개되고 있는 도덕성에 관한 연구들에서는 엄밀한 과학적인 접근을 통해 도덕의 다차원성과 통합성이 실증적으로 밝혀지고 있다. 전통적인 서구 철학과 서구심리학에서는 도덕성의 부차요소설 또는 하위요소설의 관점에서, 인간의 도덕성은 인지 능력이나 감정이라는 단일 차원의 속성만을 가질 뿐이라는 관점이 지배하여 왔다. 이러한 맥락에서 보면, 1980년대 이후, 특히 2000년대에 들어서서 탐구되고 있는 도덕성 연구의 이념(?) 또는 이론적 근거를 전통적인 서구의 전통에서 찾을 수는 없다. 도덕의 통합성에 관한 현대적 연구들의 이론적 배경은 오히려 유학사상의 전통과 밀접히 연결되고 있는 것이다.

이렇게 보면, 도덕의 통합성에 관한 유학사상의 이론적 지향점은 도덕성에 관한 최신 사회심리학과 문화심리학의 연구들을 통해 실증적인 증거를 확보하게 되었다고 볼 수 있다. 이러한 유학적 이론과 서구적 방법론의 만남이 바로 동·서의 회통(會通)이 이루어지는 진정한 모습이라 할 수 있을 것이다.

앞 장과 이 장에서 고찰한 바와 같이, 도덕성의 문제에 대한 이러한 동·서 접근의 회통을 통해 도덕성에 대한 심리학적 연구 분야에 새로운 지평이 열릴 가능성이 점차 높아져 가고 있다. 이러한 새로운 지평은 도덕성에 관한 연구 문제의 정립은 유학적 이론체계로부터 제공받고, 이에 대한 구체적인 연구 방법은 서구의 학문체계들로부터 제공받음으로써 구축될 수 있을 것이다. 곧 도덕성의 문제를 조망하는 관점은 유학사상에서 도출하고, 이 문제에 실증적으로 접근하는 방법론은 서구의 학문체계에서 제공하여, 양자가 상호 보완적으로 통섭을 이루는 일이 도덕심리학 분야에 새로운 지평이 열리는 길이 될 것이다. 아마도 동도서기(東道西器)의 참 모습을 도덕성 연구의 실제에서 보게 될 날이 멀지 않을는지도 모른다.

참고 문헌

유학경전 관련 자료

大東文化硏究院 刊 (1971).《栗谷全書》(1~2권). 서울: 成均館大學校 출판부.

大東文化硏究院 刊 (1997).《退溪全書》(1~5권, 4판). 서울: 成均館大學校 출판부.

民族文化推進會 編 (1976).《국역 퇴계집》(수정판). 서울: 경인문화사.

民族文化推進會 編 (1997).《국역 율곡집》(중판). 서울: 솔.

成百曉 譯註 (1997).《論語集註》. 서울: 傳統文化硏究會.

成百曉 譯註 (1998).《大學·中庸集註》. 서울: 傳統文化硏究會.

成百曉 譯註 (1999).《孟子集註》. 서울: 傳統文化硏究會.

楊倞 (818).《荀子注》. (服部宇之吉編,《漢文大系》卷十五. 東京: 富山房, 1972.)

王夢鷗 註譯 (1969).《禮記今註今譯》. 臺北: 臺灣商務印書館.

王先謙 (1891).《荀子集解》. (服部宇之吉編,《漢文大系》卷十五. 東京: 富山房, 1972.)

李相玉 譯著 (1993).《禮記》(上·中·下). 서울: 명문당.

李珥 (1575?).《小學集註》. (成百曉 역주.《小學集註》. 서울: 전통문화연구회. 1993.)

張基槿 譯 (1980).《孟子新譯》. 서울: 汎潮社.

鄭長澈 譯解 (1992).《荀子》(惠園東洋古典 19). 서울: 惠園出版社.

趙岐 (130-201?).《孟子章句》. (服部宇之吉編,《漢文大系》卷一. 東京: 富山房, 1972.)
朱熹 (1177).《論語集註》. (京城書籍組合編,《原本備旨 論語集註》. 서울: 太山文化社, 1984.)
朱熹 (1177).《孟子集註》. (京城書籍組合編,《原本備旨 孟子集註》. 서울: 太山文化社, 1984.)
朱熹 (1177).《大學章句》. (京城書籍組合編,《原本備旨 大學·中庸》. 서울: 太山文化社, 1984.)
朱熹 (1177).《中庸章句》. (京城書籍組合編,《原本備旨 大學·中庸》. 서울: 太山文化社, 1984.)
朱熹·劉淸之 (1187).《小學》. (윤호창 역.《小學》. 서울: 홍익출판사. 2009.)
何晏 (248).《論語集解》.·(服部宇之吉 編,《漢文大系》卷一. 東京: 富山房, 1972.)
Dubs, H. H. (1966). *The works of Hsüntze*. Taipei: Ch'eng-Wen Publishing Co.(Original ed. published by Arthur Probsthain, London in 1928.)
Harvard-Yenching Institute (1940).《論語引得》. HYI Sinological Index Series, Supplement 16. Cambridge, MA: Harvard University Press.
Harvard-Yenching Institute (1940).《孟子引得》. HYI Sinological Index Series, Supplement 17. Cambridge, MA: Harvard University Press.
Harvard-Yenching Institute (1950).《荀子引得》. HYI Sinological Index Series, Supplement 22. Cambridge, MA: Harvard University Press.
Legge, J. (1970). *The works of Mencius*. New York: Dover.
Watson, B. (1963). *Hsün Tzu: Basic wrightings*. New York: Columbia University Press.

심리학 및 기타 관련 자료

郭沫若 (1945).《十批判書》. 重慶: 科學出版社. (조성을 역.《중국고대사상사》. 서울: 까치, 1991.)
김경호 (2008).《인격 성숙의 새로운 지평: 율곡의 인간론》. 경기: 정보와 사람.
김근영 (2014).《사회적 참조》. 미간행 원고, 서강대학교.

김승혜 (1990). 《원시유교》. 서울: 민음사.
김진 (2013). 《콜버그의 도덕발달》. 울산: 울산대학교 출판부.
김충렬 (1982). 〈동양 인성론의 서설〉. 한국동양철학회 편, 《동양철학의 본체론과 인성론》 (pp. 169−184). 서울: 연세대학교 출판부.
김호권 (1969). 〈도덕성의 발달과 교육〉. 정원식 편, 《정의의 교육》 (pp. 211−234). 서울: 배영사.
노명식 (1991). 《자유주의의 원리와 역사: 그 비판적 연구》. 서울: 민음사.
唐君毅 (1986). 《中國哲學原論: 原性篇》. 臺北: 學生書局.
勞思光 (1967). 《中國哲學史: 古代篇》. 臺北: 三民書局. (정인재 역. 《중국철학사: 고대편》. 서울: 탐구당, 1986.)
牟宗三 (1979). 《名家與荀子》. 臺北: 學生書局.
蒙培元 (1990). 《中國心性論》. 臺北: 學生書局. (이상선 역. 《중국심성론》. 서울: 법인문화사, 1996.)
박재주 (2003). 《서양의 도덕교육 사상: 소크라테스에서 레비나스까지》. 서울: 청계.
박전규 (1985). 《아리스토텔레스의 실천적 지혜》. 서울: 서광사.
배종호 (1982). 〈동양 인성론의 의의〉. 한국동양철학회 편, 《동양철학의 본체론과 인성론》 (pp. 343−367). 서울: 연세대학교 출판부.
徐復觀 (1969). 《中國人性論史: 先秦篇》. 臺北: 商務印書館.
신동은 (2002). 《소학의 실천교육 원리와 현대적 의의》. 미간행 박사학위논문, 연세대학교.
아리스토텔레스. 《영혼에 관하여》. (유원기 역주. 서울: 궁리, 2001.)
양승무 (1986). 〈맹자 성선설의 심리학적 함의에 대한 고찰〉. 동양철학연구회 편, 《중국철학사상논구 1》 (pp. 99−120). 서울: 여강출판사.
柳熙星 (1993). 〈荀子禮論的價值根源研究〉. 미간행 석사학위논문, 中華民國 東海大學.
이강수 (1982). 〈원시 유가의 인간관〉. 한국동양철학회 편, 《동양철학의 본체론과 인성론》 (pp. 185−219). 서울: 연세대학교 출판부.
이상은 (1976). 《유학과 동양문화》. 서울: 범학도서.
이승환 (1998). 〈후기 근대 유학담론의 두 유형: 뚜웨이밍(杜維明)과 에임스(Roger Ames)를 중심으로〉. 《동아연구》 (서강대학교 동아연구소), 35, 363−416.

이재호·조긍호 (2014). 정치성향에 따른 도덕 판단 기준의 차이. 《한국심리학회지: 사회·및 성격》, 28(1), 1-26.
이진숙 (1960/1993). 《프로이드》. 서울: 중앙적성출판부.
張其昀 (1984). 《中華五千年史: 戰國學術編》. 臺北: 華岡書城. (中國文化研究所 譯. 《中國思想의 根源》. 서울: 文潮社, 1984).
정양은 (1970). 〈감정론의 비교연구: 사회적 감정을 중심으로〉. 《한국심리학회지》, 1(3), 77-90.
정양은 (1976). 〈심리구조이론의 동서 비교〉. 《한국심리학회지》, 2(2), 68-79.
정양은 (1986). 〈심리적 사실에 관한 동서 비교〉. 《사회심리학 연구》, 3(1), 1-16.
정양은 (1995). 〈William James의 근원적 경험주의〉. 《학술원 논문집: 인문·사회과학편》, 34집, 1-28.
정양은 (2003). 〈진리적 지식과 현상적 지식〉. 《학술원 논문집: 인문·사회과학편》, 42집, 1-41.
정옥분 (2006). 《사회정서발달》. 서울: 학지사.
정옥분·곽경화 (2003). 《배려지향적 도덕성과 정의지향적 도덕성》. 서울: 집문당.
정인재 (1981). 〈순자의 지식론〉. 강성위 외. 《동서 철학의 향연》 (pp. 323-357). 대구: 이문사.
정인재 (1992). 〈중국사상에서의 사회적 불평등〉. 김영한·정인재·길희성·최재현·조긍호. 《불평등사상의 연구》 (pp. 49-74). 서울: 서강대학교 인문과학연구소.
조긍호 (1990). 〈맹자에 나타난 심리학적 함의 I: 인성론을 중심으로〉. 《한국심리학회지: 사회》, 5(1), 59-81.
조긍호 (1994). 〈순자에 나타난 심리학적 함의 I: 천인관계론에 기초한 연구 방향의 정초〉. 《한국심리학회지: 사회》, 8(2), 34-54.
조긍호 (1995). 〈순자에 나타난 심리학적 함의 II: 인성론을 중심으로〉. 《한국심리학회지: 사회》, 9(1), 1-25.
조긍호 (1997). 〈문화유형과 정서의 차이: 한국인의 정서 이해를 위한 시론〉. 《심리과학》 (서울대학교 심리과학연구소), 6(2), 1-43.
조긍호 (1998). 《유학심리학: 맹자·순자 편》. 서울: 나남출판.

조긍호 (2000). 〈문화유형과 동기의 차이: 한국인의 동기 이해를 위한 시론〉. 《한국심리학회지: 사회 및 성격》, 14(2), 83-122.

조긍호 (2003). 《한국인 이해의 개념틀》. 서울: 나남출판.

조긍호 (2006). 《이상적 인간형론의 동·서 비교: 새로운 심리학의 가능성 탐색 Ⅰ》. 서울: 지식산업사.

조긍호 (2007). 《동아시아 집단주의의 유학사상적 배경: 심리학적 접근》. 서울: 지식산업사.

조긍호 (2008). 《선진유학사상의 심리학적 함의》. 서울: 서강대학교 출판부.

조긍호 (2012). 《사회관계론의 동·서 비교: 새로운 심리학의 가능성 탐색 Ⅱ》. 서울: 서강대학교 출판부.

조긍호 (2017). 《유학심리학의 체계 Ⅰ: 유학사상과 인간 심리의 기본구성체》. 서울: 서강대학교 출판부.

조긍호·강정인 (2012). 《사회계약론 연구》. 서울: 서강대학교 출판부.

조은경 (1994). 〈사회심리학의 최근 동향: 동기와 정서의 복귀〉. 한국심리학회 편, 《심리학 연구의 최근 동향: '94》 (pp. 39-82). 서울 : 한국심리학회.

震檀學會 (1967). 《韓國史: 朝鮮後期篇》. 서울: 을유문화사.

陳大齊 (1954). 《荀子學說》. 臺北: 中華文化出版.

陳來 (1987). 《朱熹哲學硏究》. 北京: 中國社會科學出版社. (이종란·이상성·이종상 역. 《주희의 철학》. 서울: 상지사, 2008.)

蔡錦昌 (1989). 《荀子思想之本色》. 臺北: 唐山出版社.

蔡仁厚 (1984). 《孔孟荀哲學》. 臺北: 學生書局.

馮友蘭 (1948). *A short history of Chinese philosophy*. 臺北: 雙葉書店. (정인재 역. 《중국철학사》. 서울 : 형설출판사, 1977.)

한덕웅 (1994). 《퇴계심리학》. 서울: 성균관대학교 출판부.

胡適 (1961). 《中國古代哲學史》 (二版). 臺北: 商務印書館.

홍숙기 (2004). 《성격심리 상》 (수정판). 서울: 박영사.

黃公偉 (1974). 《孔孟荀哲學證義》. 臺北: 幼獅書店.

Aiello, L. C., Bates, N., & Joffe, T. (2001). In defence of the expensive tissue hypothesis. *Evolutionary anatomy of the primate cerebral cortex* (pp. 57-78). Cambridge, UK: Cambridge University Press.

Allport, G. W. (1940). The psychologist's frame of reference. *Psychological Bulletin*, 37, 1–28.

Allport, G. W. (1968). The historical background of modern social psychology. In G. Lindzey & E. Aronson (Eds.), *The handbook of social psychology* (2nd ed., Vol. 1, pp. 1–80). Reading, MA: Addison–Wesley.

Angell, J. R. (1907). The province of functional psychology. *Psychological Review*, 14, 61–91.

Arrington, R. L. (1998). *Western ethics: An historical introduction*. Blackwell Publishers. (김성호 역. 《서양 윤리학사》. 경기: 서광사, 2003.)

Axelrod, R. (1980a). Effective choice in the prisoner's dilemma. *Journal of Conflict Resolution, 24*, 3–25.

Axelrod, R. (1980b). More effective choice in the prisoner's dilemma. *Journal of Conflict Resolution*, *24*, 379–403.

Axelrod, R. (1984). *The evolution of cooperation*. New York: Basic Books. (이경식 역. 《협력의 진화: 이기적 개인의 팃포탯 전략》. 서울: 시스테마, 2012.)

Axelrod, R. & Hamilton, W. D. (1981). The evolution of cooperation. *Science, 211*, 1390–1396.

Bain, A. (1868). *The senses and intellect* (3rd ed.). New York: D. Appleton.

Bandura, A. (1986). *Social foundations of thought and action: A social cognitive theory*. Englewood Cliffs, NJ: Prentice–Hall.

Barnes, J. (1982). *Aristotle*. Oxford: Oxford University Prass. (문계석 역. 《아리스토텔레스의 철학》. 서울: 서광사, 1989.)

Baron–Cohen, S. (1995). *Mindblindness: An essay on autism theory of mind*. Cambridge, MA: MIT Press. (김혜리·이현진 역. 《마음 盲: 자폐증과 마음이론에 관한 과학에세이》. 서울: 시그마프레스, 2005.)

Baron–Cohen, S., Leslie, A. M., & Frith, U. (1985). Does the autistic child have a theory of mind? *Cognition, 21*, 37–46.

Batson, C. D. (2010). Empathy–induced altruistic motivation. In M. Mikulincer & P. R. Shaver (Eds.), *Prosocial motives, emotions, and behavior: The better angels of our nature* (pp. 15–34). Washington, DC: American Psychological Association.

Batson, C. D., Dyck, J. L., Brandt, J. R., Batson, J. G., Powell, A. L., McMaster, M. R., & Griffitt, C. (1988). Five studies testing two new egoistic alternatives to the empathy–altruism hypothesis. *Journal of Personality and Social Psychology, 55*, 52–77.

Bem, D. J. (1967). Self–perception: An alternative interpretation of cognitive dissonance phenomena. *Psychological Review, 74*, 183–200.

Bem, D. J. (1972). Self–perception theory. In L. Berkowitz (Ed.), *Advances in experimental social psychology* (Vol. 6, pp. 1–62). New York: Academic Press.

Bordt, M. (1999). *Platon.* Freiburg: Verlag Herder. (한석환 역. 《철학자 플라톤》. 서울:이학사, 2003.)

Boring, E. G. (1950). *History of experimental psychology* (2nd ed.). New York: Appleton–Century–Crofts.

Brett, G. S. (1921). *A history of psychology: Medieval and early modern period* (Vol. 1–3). London: George Allen & Unwin.

Buss, D. (2012). *Evolutionary psychology: The new science of the mind* (4th ed.). Pearson Education, Inc. (이충호 역. 《진화심리학: 마음과 행동을 탐구하는 새로운 과학》. 서울: 웅진지식하우스, 2012.)

Buss, D. M., & Kenrick, D. T. (1998). Evolutionary Social Psychology. In D. T. Gillbert, S. T. Fiske, & G. Lindzey (Eds.), *The handbook of social psychology* (4th ed., Vol. 2, pp. 982–1026). Boston, MA: McGraw–Hill.

Cronin, H. (1991). *The ant and the peacock: Altruism and sexual selection from Darwin to today*. Cambridge, UK: Cambridge University Press. (홍승효 역. 《개미와 공작: 협동과 성의 진화를 둘러싼 다윈주의 최대의 논쟁》. 서울: 사이언스북스, 2016.)

Cua, A. S. (1985). *Ethical argumentation: A study in Hsün Tzu's moral epistemology*. Honolulu, HI: University of Hawaii Press.

D'Andrade, R. G. (1992). Schemas and motivation. In R. G. D'Andrade & C. Strauss (Eds.), *Human motives and cultural models* (pp. 23–44). New York: Cambridge University Press.

Darwin, C. (1859). *On the origin of the species*. London: Murray.

Dennett, D. C. (1978). Beliefs about beliefs. *Behavioral and Brain Sciences, 1*, 568–570.

Deuchler, M. (1992). *The Confucian transformation of Korea: A study of society and ideology*. Boston, MA: Harvard University Press. (이훈상 역. 《한국 사회의 유교적 변환》. 서울: 아카넷, 2003.)

de Waal, F. (2007). With the little help from a friend. *PLoS Biology, 5*, 1405–1408.

de Waal, F. (2016). *Are we smart enough to know how smart animals are?* New York: Norton. (이충호 역. 《동물의 생각에 관한 생각: 우리는 동물이 얼마나 똑똑한지 알 만큼 충분히 똑똑한가?》. 서울: 세종서적, 2017.)

Dickinson, G. L. (1967). *The Greek view of life* (4ch ed.). New York: Macmillan. (박만준·이준호 역. 《그리스인의 이상과 현실: 서양철학의 뿌리》. 서울: 서광사, 1989.)

Doherty, M. J. (2009). *Theory of mind: How children understand others' thoughts and feelings*. Hove, UK: Psycholgy Press. (이현진 역. 《마음이론》. 서울: 학지사, 2013.)

Dubs, H. H. (1927). *Hsüntze: The moulder of ancient Confucianism*. London: Arthur Probsthain

Duffy, E. (1962). *Activation and behavior*. New York: Wiley.

Dunbar, R. I. (1992). Neocortex size as a constraint on group size in primates. *Journal of Human Evolution, 22*, 469–493.

Dunbar, R. I. (1993). Coevolution of neocortex size, group size and language in humans. *Behavioral and Brain Sciences, 16*, 681–735.

Dunbar, R. I. (1998). The social brain hypothesis. *Evolutionary Anthropology, 6*, 178–190.

Dunbar, R. I. (2008). Mind the gap: or Why humans aren't just great apes. *Proceedings of the British Academy, 154*, 403–423.

Dunbar, R. I. (2011). Evolutionary basis of the social brain. In J. Docety & J. Cacioppo (Eds.), *Oxford handbook of social neuroscience* (pp. 28–38). Oxford, UK: Oxford University Press.

Dunbar, R. I. (2014). *Human evolution*. London: Penguin Books. (김학영 역.

《멸종하거나, 진화하거나》. 서울: 반니, 2015.)

Eisenberg, N., Fabes, R. A., & Spinard, T. L. (2006). Prosocial development. In W. Damon & R. M. Lerner (Series Eds.) & N. Eisenberg (Vol. Ed.), *Handbook of child psychology: Vol. 3. Social, emotional, and personality development* (6th ed., pp. 646–718). New York: John Wiley & Sons.

Fay, J. W. (1939). *American psychology before William James*. New Brunswick, NJ: Rutgers University Press.

Festinger, L. (1957). *A theory of cognitive dissonance*. Evanston, IL: Row, Peterson.

Festinger, L., & Carlsmith, J. M. (1959). Cognitive consequences of forced compliance. *Journal of Abnormal and Social Psychology*, *58*, 203–210.

Fiske, A. P., Kitayama, S., Markus, H. R., & Nisbett, R. E. (1998). The cultural matrix of social psychology. In D. T. Gillbert, S. T. Fiske, & G. Lindzey (Eds.), *The handbook of social psychology* (4th ed., Vol. 2, pp. 915–981). Boston, MA: McGraw–Hill.

Fiske, S. T., & Taylor, S. E. (1991). *Social cognition* (2nd ed.). New York: McGraw–Hill.

Flinn, M. V., Geary, D. C., & Ward, C. V. (2005). Ecological dominance, social competition, and coalitionary arms race: Why humans evolved extraordinary intelligence? *Evolution and Human Behavior*, *26*, 10–36.

Freud, S. (1933). *New introductory lectures on psychoanalysis* (W. J. H. Sproutt, Trans.). New York: Norton.

Frijda, N. H. (1986). *The emotions.* Cambridge, UK: Cambridge University Press.

Frijda, N. H. (1988). The laws of emotion. *American Psychologist, 43*, 349–358.

Gamble, C., Gowlett, J., & Dunbar, R. (2014). *Thinking big: How the evolution of social life shaped the human mind*. London, UK: Thames & Hudson Ltd. (이달리 역. 《사회성: 두뇌 진화의 비밀을 푸는 열쇠》. 서울: 처음북스, 2016.)

Gergen, K. J., Greenberg, M. S., & Willis, R. H. (1980). Introduction. In K. J. Gergen, M. S. Greenberg, & R. H. Willis (Eds.), *Social exchange:*

Advances in theory and research (pp. vii-xi). New York: Plenum.

Gillbert, D. T., Fiske, S. T., & Lindzey, G. (Eds.), *The handbook of social psychology* (4th ed.). Boston, MA: McGraw−Hill.

Gilligan, C. (1982). *In a different voice: Psychological theory and woman's development.* Cambridge, MA: Harvard University Press.

Gottfredson, L. S. (2007). Innovation, fatal accidents, and the evolution of general intelligence. In M. J. Roberts (Ed.), *Integrating the mind.* Hove, UK: Psychology Press.

Graham, J., Haidt, J., Koleva, S., Motyl, M., Iyer, R., Wojcik, S. P., & Ditto, P. H. (2012). Moral foundation theory: The pragmatic validity of moral pluralism. *Advances in Experimental Social Psychology, 47,* 55−130.

Graham, J., Haidt, J., & Nosek, B. A. (2009). Liberals and conservatives rely on different sets of moral foundations. *Journal of Personality and Social Psychology, 96,* 1029−1046.

Graham, J., Nosek, B. A., & Haidt, J (2012). The moral stereotypes of liberals and conservatives: Exaggeration of differences across the political spectrum. *PLoS one, 7*(12), e50092. ·

Greene, J. (2013). *Moral tribes: Emotion, reason, and the gap between us and them.* New York: The Penguin Press.

Guthrie, W. K. C. (1960). *The Greek philosophers: From Thales to Aristotle.* New York: Harper & Row. (박종현 역. 《희랍 철학 입문: 탈레스에서 아리스토텔레스까지》. 서울: 서광사, 2003.)

Haan, N. (1985). Processes of moral development: Cognitive or social disequilibrium. *Developmental Psychology, 21,* 996−1006.

Haidt, J. (2001). The emotional dog and its rational tail: A social intuitionist approach to moral judgment. *Psychological Review, 108,* 814−834.

Haidt, J. (2007). The new synthesis in moral psychology. *Science, 316,* 998−1002.

Haidt, J. (2012). *The righteous mind: Why good people are devided by politics and religion.* New York: Pantheon Books.

Haidt, J., & Bjorkland, F. (2008), Social intuitionist answer six questions about social psychology. In W. Sinnott–Armstrong (Ed.), *Moral psychology: The cognitive science of morality* (Vol 2, pp. 181–217). Cambridge, MA: The MIT Press.

Haidt, J., & Graham, J. (2007). When morality opposes justice: Conservatives have moral intuitions that liberals may not recognize. *Social Justice Research, 20*, 98–116.

Haidt, J., & Joseph, C. (2004). Intuitive ethics: How innately prepared intuitions generate culturally variable virtues. *Daedalus*, fall, 55–66.

Haidt, J., & Joseph, C. (2007). The moral mind: How 5 sets of innate moral intuitions guide the development of many culture–specific virtues, and perhaps even modules. In P. Carruthers, S. Laurence, & S. Stich (Eds.), *The innate mind* (Vol. 3, pp. 367–391). New York: Oxford.

Haidt, J., & Kesebir, S. (2010). Morality. In S. T. Fiske, D. Gilbert, & G. Lindsey (Eds.), *Handbook of social psychology* (5rh ed., Vol. 2, pp. 797–832). Hoboken, NJ: John Wiley & Sons.

Haidt, J., Koller, S. H., & Dias, M. G. (1993). Affect, culture, and morality, or is it wrong to eat your dog? *Journal of Personality and Social Psychology, 65*, 613–628.

Hall, C. S., & Lindzey, G. (1978). *Theories of personality* (3rd ed.). New York: Wiley. (이상로·이관용 역. 《성격의 이론》. 서울: 중앙적성출판부, 1987.)

Hamilton, V. L., Blumenfeld, P. C., Akoh, H., & Miura, K. (1990). Credit and blame among American and Japanese children: Normative, cultural, and individual differences. *Journal of Personality and Social Psychology, 59*, 442–451.

Hamilton, W. D. (1964). The genetical evolution of social behavior, Ⅰ and Ⅱ. *Journal of Theoretical Biology, 7*, 1–52.

Hamilton, W. Sr. (1854). *The collected works of Dugart Stewart* (Vol. 1–4). Edinburgh, UK: Thomas Constable.

Hamlin, J. K. (2012). *When antisocial others are good: Data from 5- and 3-month-olds*. Unpublished manuscript, University of British Columbia.

Hamlin, J. K. (2013). Moral judgment and action in preverbal infants and toddlers: Evidence for innate moral core. *Current Directions in Psychological Science, 22*, 186–193.

Hamlin, J. K., & Wynn, K. (2011). Young infants prefer prosocial to antisocial others. *Cognitive Development, 26*, 30–39.

Hamlin, J. K., Wynn, K., & Bloom, P. (2007). Social evaluation by preverbal infants. *Nature, 450*, 557–559.

Hamlin, J. K., Wynn, K., & Bloom, P. (2010). Three–month–olds show a negativity bias in their social evaluations. *Developmental Science, 13*, 923–929.

Hamlin, J. K., Wynn, K., Bloom, P., & Mahajan, N. (2011). How infants and toddlers react to antisocial others. *Proceedings of the National Academy of Sciences, 108*(50), 19931–19936.

Hart, D., & Chmiel, S. (1992). Influnce of defense mechanisms on moral judgment development: A longitudinal study. *Developmental Psychology, 28*, 722–730.

Hartshorne, H., & May, M. (1928–1932). *Studies in the nature of character* (Vol. 1–3). New York: Macmillan.

Hertenstein, M. J., & Campos, J. J. (2004). The retention effects of an adult's emotional displays on infant behavior. *Child Development, 75*, 595–613.

Hilgard, E. R. (1980). The trilogy of mind: Cognition, affection, and conation. *Journal of the History of the Behavioral Sciences, 16*, 107–117.

Hill, R. A., & Dunbar, R. I. (1998). An evaluation of the roles of predation rate and predation risk as selective pressures on primate grouping behavior. *Behavior, 135*, 411–430.

Hjelle, L. A., & Ziegler, D. J. (1981). *Personality theories: Basic assumption, research, and applications* (2nd ed.). New York: MaGraw–Hill. (이훈구 역. 《성격심리학》. 서울: 법문사, 1983.)

Höffe, O. (1994–1995). *Klassiker der Philosophie* (Vol. 1–2). München: Beck'sche Verlagsbuchhandlung. (이강서·한석환·김태경·신창석 역. 《철학의 거장들》 1~4. 서울: 한길사, 2001.)

Hoffman, M. L. (1980). Moral development in adolescence. In J. Adelson (Ed.),

Handbook of adolescent psychology. New York: Wiley.

James, W. (1890/1950). *The principles of psychology*. New York: Dover. (정양은 역. 《심리학의 원리》 (Vol. 1-3). 서울: 아카넷, 2005.)

Kant, I. (1888). *The philosophy of Kant: As contained in extracts from his own writings* (New ed.). Glasgow: Maclehose, Jackson. (Selected and Translated by J. Watson.)

Kim, G., & Kwak, K. (2011). Uncertainty matters: Impact of stimulus ambiguity on infant social referencing. *Infant and Child Development, 20*, 449-463.

Kohlberg, L. (1963). The development of children's orientation toward a moral order: I. Sequence in the development of moral thought. *Vita Humana, 6*, 11-33.

Kohlberg, L. (1964). Development of moral character and moral ideology. In M. L. Hoffman & L. W. Hoffman (Eds.), *Review of child development research* (Vol. 1, pp. 383-431). New York: Russell Sage Foundation.

Kohlberg, L. (1969). Stage and sequence: The cognitive-developmental approach to socialization. In D. A. Goslin (Ed.), *Handbook of socialization theory and research* (pp. 347-480). Chicago, IL: Rand McNally.

Kohlberg, L. (1981). *Essays on moral development: The philosophy of moral development* (Vol. 1). San Francisco, CA: Harper & Row.

Kohlberg, L. (1984). *Essays on moral development: The psychology of moral development* (Vol. 2). San Francisco, CA: Harper & Row.

Kohlberg, L. (1986). A current statement on some theoretical issues. In S. Modgil & C. Modgil (Eds.), *Lawrence Kohlberg: Consensus and controversy* (pp. 485-546). Philadelphia, PN: Falmer Press.

Kövecses, Z. (1990). *Emotion concepts*. New York: Springer-Verlag.

Kuhlmeier, V., Wynn, K., & Bloom, P. (2003). Attribution of dispositional states by 12-month-olds. *Psychological Science, 14*, 402-408.

Kuhlmeier, V., Wynn, K., & Bloom, P. (2004, May). Reasoning about present dispositions based on past interactions. *International Conference on Infant Studies*. Chicago, IL.

Kunda, Z. (1990). The case for motivated reasoning. *Psychological Bulletin, 108*,

480–498.
Kurland, J. A., & Gaulin, S. J. C. (2005). Cooperation and conflict among kin. In D. Buss (Ed.), *The handbook of evolutionary psychology* (pp. 447–482). Hoboken, NJ: John Wiley & Sons.
Kurtines, W. M., & Gerwitz, J. (Eds.). (1991). *Moral behavior and development: Advances in theory, research and application*. Hillsdale, NJ: Erlbaum.
Kurtines, W. M., & Gerwitz, J. L. (1995). *Moral development: An introduction.* Boston, MA: Allyn & Bacon. (문용린 역. 《도덕성의 발달과 심리》. 서울: 학지사, 2004.)
Lapsley, D. K. (1999). *Moral psychology.* (문용린 역. 《도덕심리학》. 서울: 중앙적성출판사, 2000.)
Lazarus, R. S. (1982). Thoughts on the relations between emotion and cognition. *American Psychologist, 37*, 1019–1024.
Lazarus, R. S. (1984). On the primacy of cognition. *American Psychologist, 39*, 124–129.
LeDoux, J. E. (2002). *Synaptic self: How our brains become who we are.* Penguin Books (강봉균 역. 《시냅스와 자아: 신경세포의 연결방식이 어떻게 자아를 결정하는가?》. 경기: 동녘사이언스, 2011.)
Leonard, W. R., & Robertson, M. L. (1992). Nutritional requirements and human evolution: A bioenergetics model. *American Journal of Human Biology, 4*, 179–195.
Lepper, M. R., Greene, D., & Nisbett, R. E. (1973). Undermining children's intrinsic interest with extrinsic reward: A test of the 'overjustification' hypothesis. *Journal of Personality and Social Psychology, 28*, 129–137.
Lepper, M. R., Greene, D., & Nisbett, R. E. (1975). Turning play into work: Effects of adult surveillance and extrinsic rewards on children's intrinsic motivation. *Journal of Personality and Social Psychology, 31*, 479–486.
Lieberman, M. D. (2013). *Social*. Brockman, Inc. (최호영 역. 《사회적 뇌: 인류 성공의 비밀》. 서울: 시공사, 2015.)
Liszkowski, U., Carpenter, M., Striano, T., & Tomasello, M. (2006). 12– and 18–month–olds point to provide information for others. *Journal of Cognition and Development, 7*, 173–187.

Liszkowski, U., Carpenter, M., & Tomasello, M. (2008). Twelve-month-olds communicate helpfully and appropriately for knowledgeable and ignorant partners. *Cognition, 108*, 732-739.

MacIntyre, A. (1998). *A short history of ethics*. (김민철 역. 《윤리의 역사, 도덕의 이론》. 서울: 철학과 현실사, 2004.)

Mandler, G. (2007). *A history of modern experimental psychology: From James and Wundt to cognitive science*. Cambridge, MA: The MIT Press.

Markus, H. R., & Zajonc, R. B. (1985). The cognitive perspective in social psychology. In G. Lindzey & E. Aronson (Eds.), *Handbook of social psychology* (3rd ed., Vol. 1, pp. 137-230). New York: Random House.

Maynard Smith, J., & Harper, D. (2003). *Animal signals*. Oxford: Oxford University Press.

McCullough, M. E., & Tabak, B. A. (2010). Prosocial behavior. In R. F. Baumeister & E. J. Finkel (Eds.), *Advanced social psychology: The state of the science* (pp. 263-302). New York: Oxford University Press.

McDougall, W. (1923). *Outline of psychology*. New York: Scribner.

Miller, J. G. (1984). Culture and the development of everyday social explanation. *Journal of Personality and Social Psychology, 46*, 961-978.

Miller, J. G. (1991). A cultural perspective on the morality of beneficence and interpersonal responsibility. *International and Intercultural Communication Annual, 15*, 11-23.

Miller, J. G. (1994). Cultural diversity in the morality of caring: Individually-oriented versus duty-based interpersonal moral codes. *Cross-Cultural Research, 28*, 3-39.

Miller, J. G. (1997). Cultural conceptions of duty. In D. Munro, J. F. Schumaker, & S. C. Carr (Eds.), *Motivation and culture* (pp. 178-192). New York: Routledge.

Miller, J. G., & Bersoff, D. M. (1992). Cultural and moral judgement: How are conflicts between justice and interpersonal responsibilities resolved? *Journal of Personality and Social Psychology, 62*, 541-554.

Miller, J. G., & Bersoff, D. M. (1994). Cultural influences on the moral status of reciprocity and the discounting of endogenous motivation. *Personality and Social Psychology Bulletin*, *20*, 592–602.

Miller, J. G., Bersoff, D. M., & Harwood, R. L. (1990). Perceptions of social responsibilities in India and the United States: Moral imperatives or personal decision? *Journal of Personality and Social Psychology*, *58*, 33–47.

Miller, J. G., & Luthar, S. (1989). Issues of interpersonal responsibility and accountability: A comparison of Indians' and Americans' moral judgement. *Social Cognition, 3*, 237–261.

Munro, D. (1997). Levels and process in motivation and culture. In D. Munro, J. F. Schumaker, & S. C. Carr (Eds.), *Motivation and culture* (pp. 3–15). New York: Routledge.

Myers, D. G. (2007). *Psychology* (8th ed.). New York: Worth Publishers. (신현정·김비아 역. 《심리학개론》. 서울: 시그마프레스, 2008.)

Myers, D. G. (2010). *Social psychology* (10th ed.). New York : McGraw–Hill.

Needham, J. (1969). *Science and civilization in China* (3 Vols.). Cambridge, UK: Cambridge University Prcss. (이석호·이철주·임정대 역. 《중국의 과학과 문명》. 서울: 을유문화사, 1986.)

Nisbett, R. E. (2003). *The geography of thought: How Asians and Westerners think differently and why*. New York: Free Press.

Nowak, M A., (2006). Five rules for the evolution of cooperation. *Science, 314*, 1560–1563.

Nowak, M. A. & Sigmund, K. (1998). Evolution of indirect reciprocity by image scoring. *Nature*, *393*, 573–577.

Nunner–Winkler, G. (1984). Two moralities? A critical discussion of an ethic of care and responsiblility versus an ethics of rights and justice. In W. M. Kurtines & J. L. Gerwitz (Eds.), *Morality, moral behavior and moral development* (pp. 348–361). New York: Wiley.

Onishi, K. H., & Baillargeon, R. (2005). Do 15–month–old infants understands false beliefs? *Science*, *308*, 255–258.

Parkinson, B., & Colman, A. M. (1995). Introduction. In B. Parkinson & A. W. Colman (Eds.), *Emotion and motivation* (pp. xi–xvi. London:

Longman.

Pavlov, I. P. (1927). *Conditioned reflexes*. Oxford, UK: Oxford University Press.

Perner, J., & Ruffman, T. (2005). Infants' insight into the mind: How deep? *Science, 308*, 214-216.

Phares, E. J. (1984). *Introduction to personality.* Glenview, IL: Scott, Foresman & Co. (홍숙기 역. 《성격심리학》. 서울: 박영사, 1989.)·

Piaget, J. (1926). *The language and thought of the child*. New York: Harcourt Brace.

Piaget, J. (1932). *The moral judgement of the child*. (tr. by M. Gabain, New York: Free Press, 1965.)

Pittman, T. S. (1998). Motivation. In D. T. Gilbert, S. T. Fiske, & G. Lindzey (Eds.), *The handbook of social psychology* (4th ed., Vol. 1, pp. 549-590). Boston, MA: McGraw-Hill.

Premack, D., & Woodruff, G. (1978). Does a chimpanzee have a theory of mind? *Behavioral and Brain Sciences, 1*, 515-526.

Rapoport, A. (1960). *Fights, games, and debates*. Ann Arbor, MI: University of Michigan Press.

Ricken, F. (1988). *Philosophie der Antike*. Berlin: Verlag W. Kohlhammer GmbH. (김성진 역. 《고대 그리스 철학》. 서울: 서광사, 2000.)

Roback, A. A. (1964). *A history of American psychology* (rev. ed.). New York: Collier.

Robinson, D. R. (1976). *An intellectual history of psychology*. New York: Macmillan.

Ross, L. (1977). The intuitive psychologist and his shortcomings: Distortions in the attribution process. In L. Berkowitz (Ed.), *Advances in experimental social psychology* (Vol. 10, pp. 174-220). New York: Academic Press.

Russell, B. (1959). *Wisdom of the West: A historical survey of Western philosophy in its social and political setting.* London: Crescent Books. (이명수·곽강제 역. 《서양의 지혜: 그림과 함께 보는 서양철학사》. 서울: 서광사, 2003.)

Salancik, G. R., & Conway, M. (1975). Attitude inferences from salient and relevant cognitive content about behavior. *Journal of Personality and*

Social Psychology, 32, 829–840.

Santrock, J. W. (1975). Moral structure: Interrelations of moral judgment, affect, and behavior. *Journal of Genetic Psychology, 127,* 201–213.

Sawaguchi, T. (1988). Correlations of cerebral indices for 'extra' cortical parts and ecological variables in primates. *Brain, Behavior, and Evolution, 32,* 129–140.

Schoenemann, P. T. (2006). Evolution of the size and functional areas of the human brain. *Annual Review of Anthropology, 35,* 379–406.

Shaffer, J. S. (1981). *Philosophy of mind.* New York: Prentice–Hall. (조승옥 역. 《심리철학》. 서울: 종로서적, 1983.)

Shweder, R. A., Mahapatra, M., & Miller, J. G. (1987). Culture and moral development. In J. Kagan & S. Lamb (Eds.), *The emergence of morality in young children* (pp. 1–83). Chicago, IL: University of Chicago Press.

Shweder, R. A., Much, N. C., Mahapatra, M., & Park, L. (1997). The "big three" of morality (autonomy, community, divinity), and the "big three" explanations of suffering. In A. Brandt & P. Rozin (Eds.), *Morality and health* (pp. 119–169). New York: Routlege.

Skinner, B. F. (1938). *The behavior of organisms: An experimental analysis.* New York: Appleton–Century– Crofts.

Skinner, B. F. (1971). *Beyond freedom and diginity.* New York: Knopf. (차재호 역. 《자유와 존엄을 넘어서》. 서울: 탐구당, 1982.)

Song, H. J., & Baillargeon, R. (2008). Infants' reasoning about others' false perceptions. *Developmental Psychology, 44,* 1789–1795.

Sorce, J. F., Emde, R. N., Campos, J. J., & Klinnert, M. D. (1985). Maternal emotional signaling: Its effect on the visual cliff behavior of 1–year–olds. *Developmental Psychology, 21,* 195–200.

Sougate, V., Senju, A., & Csibra, G. (2007). Action anticipation through attribution of false belief by 2–year–olds. *Psychological Science, 18,* 587–592.

Taylor, C. (1989). *Soures of the self: The making of modern identities.* Cambridge, MA: Harvard University Press.

Taylor, S. E. (1998). The social being in social psychology. In In D. T. Gillbert, S. T. Fiske, & G. Lindzey (Eds.), *The handbook of social psychology* (4th ed., Vol. 1, pp. 58–95). Boston, MA: McGraw–Hill.

Taylor, S. E., Peplau, L. A., & Sears, D. O. (2003). *Social psychology* (11th ed.). Upper Saddle River, NJ: Prentice–Hall.

Thomson, J. (1985). The trolley problem. *Yale Law Journal, 94*, 1395–1415.

Tomasello, M. (2009). *Why we cooperate?* Cambridge, MA: The MIT Press.

Trivers, R. (1971). The evolution of reciprocal altruism. *Quarterly Review of Biology, 46*, 35–57.

Trivers, R. (1985). *Social evolution*. Menlo Park, CA: Benjamin/Cummings.

Tu, Wei–Ming (1985). Selfhood and otherness in Confucian thought. In A. J. Marsella, G. A. DeVos, & F. L. K. Hsu (Eds.), *Culture and self: Asian and Western perspective* (pp. 231–251). New York: Tavistock.

Vaillant–Molina, M., & Bahrick, L. E. (2012). The role intersensory redundancy in the emergence of social referencing in 5½ –month–old infants. *Developmental Psychology, 48*, 1–9.

Vaish, A., Carpenter, M., & Tomasello, M. (2009). Sympathy through affective perspective–taking and its relation to prosocial behavior in toddlers. *Developmental Psychology, 45*, 534–543.

Varki, A., & Nelson, D. L. (2007). Genomic comparisons of humans and chimpanzees. *Annual Review of Anthropology, 36,* 191–209.

Walden, T. A., & Kim, G. (2005). Infants' social looking toward mothers and strangers. *International Journal of Behavioral Development, 29*, 356–360.

Walden, T. A., Kim, G., McCoy, C., & Karrass, J. (2007). Do you believe in magic? Infants' social looking during violations of expectations. *Developmental Science, 10*, 654–663.

Walden, T. A., & Ogan, T, A, (1988). The development of social referencing. *Child Development, 59*, 1230–1240.

Walter, W. J. Jr. (2013). *Last ape standing*. Bloomsbury Publishing Inc. (이시은 역. 《사람의 아버지: 21세기 인간의 진화론》. 서울: 어마마마, 2014.)

Warburton, N. (1995). *Philosophy: The basics.* Routledge. (최희봉 역. 《철학의

주요 문제에 대한 논쟁》. 서울: 간디서원, 2003.)

Warneken, F., Hare, B., Melis, A. P., Hanus, D., & Tomasello, M. (2007). Spontaneous altruism by chimpanzees and children. *PLoS Biology, 5*, 1414–1420.

Warneken, F., & Tomasello, M. (2006). Altruistic helping in human infants and young chimpanzees. *Science, 311*, 1301–1303.

Warneken, F., & Tomasello, M. (2007). Helping and cooperation at 14 months of age. *Infancy, 11*, 271–294.

Warneken, F., & Tomasello, M. (2008). Extrinsic rewards undermine altruistic tendencies in 20-month-olds. *Developmental Psychology, 44*, 1785–1788.

Warneken, F., & Tomasello, M. (2009a). Varieties of altruism in children and chimpanzees. *Trends in Cognitive Science, 13*, 397–402.

Warneken, F., & Tomasello, M. (2009b). The roots of human altruism. *British Journal of Psychology, 100*, 455–471.

Warren, H. C. (1906). The fundamental functions of consciousness. *Psychological Bulletin, 3*, 215–230.

Watson, J. B. (1913). Psychology as the behaviorist views it. *Psychological Review, 20*, 158–177.

Weiner, B. (1974). *Cognitive views of human motivation.* New York: Academic Press.

Wellman, H. M., Cross, D., & Watson, J. (2001). Meta-analysis of theory-of-mind development: The truth about false belief. *Child Development, 72*, 655–684.

Wesley, F. (1972). History of psychology. In H. J. Eysenck, W. Arnold, & R. Meili (Eds.), *Encyclopedia of psychology* (Vol. 2, pp. 57–63). London: Search Press.

Williams, G. C. (1966). *Adaptation and natural selection.* Prinston, NJ: Prinston University Press.

Wilson, D. S., & Wilson, E. O. (2007). Rethinking the theoretical foundation of sociobiology. *Quarterly Review of Biology, 82*, 327–348.

Wilson, E. O. (1998). *Consilience: The unity of knowledge*. New York: Knopf.

Wilson, E. O. (2012). *The social conquest of earth*. Norton & Com. (이한음 역. 《지구의 정복자》. 서울: 사이언스북스, 2013.)

Wimmer, H., & Perner, J. (1983). Beliefs about beliefs: Representation and constraing function of wrong beliefs in young children's understanding of deception. *Cognition, 13*, 103–128.

Woo, B. M., Steckler, C. M. Le, D. T., & Hamlin, J. K. (2017). Social evaluation of intentional, truly accidental, and negligently accidental helpers and harmers by 10–month–old infants. *Cognition, 168*, 154–163.

Wozniak, R. H. (1992). *Mind and body: René Descartes to Willam James*. Washington, DC: American Psychological Association. (진영선·한일조 역. 《마음·뇌·심리: 데카르트에서 제임스까지》. 서울: 학지사, 2011.)

Yeh, C. (1996). *A cultural perspective on interdependence self and morality: A Japan-U. S. comparison*. Unpublished doctoral dissertation, Stanford University.

Zajonc, R. B. (1980). Feeling and thinking: Preferences need no inferences. *American Psychologist, 35*, 151–175.

Zajonc, R. B. (1984). On the primacy of affect. *American Psychologist, 39*, 117–123.

Zajonc, R. B. (1998). Emotion. In D. T. Gilbert, S. T. Fiske, & G. Lindzey (Eds.), *The handbook of social psychology* (4th ed., Vol. 1, pp. 591–632). Boston, MA: McGraw–Hill.

찾아보기

사 항

ㄱ

ㄴ

ㄷ

ㄹ

ㅁ

ㅂ

ㅅ

ㅇ

ㅈ

ㅊ

인 명

국·한문

구미 어문

고전 장·쪽

《孟子》

《荀子》